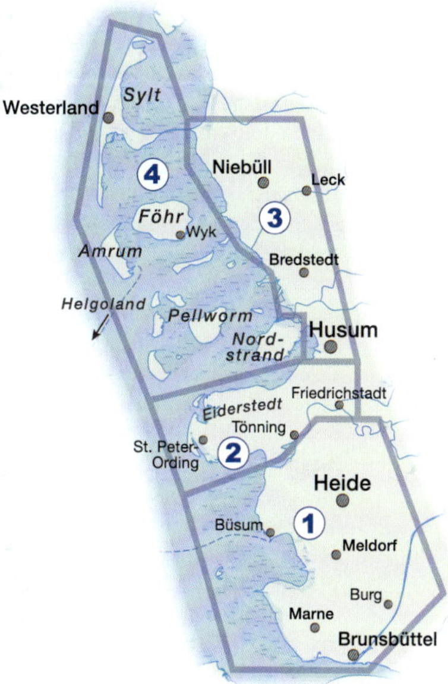
Westerland
Sylt
4
Niebüll
Leck
3
Föhr
Wyk
Amrum
Bredstedt
Helgoland
Pellworm
Husum
Nord-
strand
Friedrichstadt
Eiderstedt
Tönning
St. Peter-
Ording
2
Heide
Büsum
1
Meldorf
Burg
Marne
Brunsbüttel

Unterwegs mit

Dieter Katz

Jahrgang 1964, studierte Wirtschaftswissenschaften, Erziehungswissenschaften und Theologie/Ethik. Der promovierte Pädagoge und begeisterte Fotograf hat – erst familiär erzwungen, dann aus Leidenschaft – jeden Sommer seines Lebens an den deutschen Küsten verbracht. Neben dem vorliegenden Buch hat er für den Michael Müller Verlag auch Reiseführer zu Ostfriesland, Norderney, Föhr &Amrum, Fehmarn und die Ostseeküste geschrieben.

Natürlich, die nordfriesischen Inseln und Halligen sind über jeden Zweifel erhaben und gehören eindeutig zu den schönsten Flecken Deutschlands. Inselfeeling pur eben. Aber die Küste Schleswig-Holsteins? Zugegeben, das war eine Liebe auf den zweiten Blick. Die Küste wirkt immer irgendwie verbaut, weil sich das flache Land zum Schutz vor den gelegentlichen Tobsuchtsanfällen der Nordsee hinter hohen Deichen versteckt. Und wenn ich diese an warmen Sommertagen voll Vorfreude auf ein kühles Bad erklimme, passiert es oft, dass das Meer wegen der Gezeiten gerade nicht da ist. Dann blicke ich auf die augenscheinlich karge, in Wirklichkeit aber außerordentlich fruchtbare braungraue Fläche des Wattenmeers und weiß natürlich, dass das erfrischende Nass verlässlich und in aller Ruhe alle sechs Stunden zurückkehrt. Und genau das ist es, was ich suche: die allerorts spürbare Weite und beneidenswerte Unaufgeregtheit. Schleswig-Holsteins Nordseeküste samt ihren Inseln und Halligen bietet von manchem nichts: Keine Hektik, kaum Großstadt, vielerorts (sogar auf Sylt) keinen Jetset, keinen Nepp, keine VIP-Lokale oder Edelboutiquen dafür viel Unverfälschtes. Stattdessen kann ich am Strand liegen oder mir bei Deichspaziergängen den Wind um die Nase wehen lassen und dabei das Wolkenkino betrachten oder den Seevögeln lauschen. Und wenn mich doch der Tatendrang ergreift, dann reicht ein Fahrrad, um ein paar Kilometer durch die Landschaft zu radeln, um eines der verstreut liegenden Dörfer mit ihren alten Kirchen zu erkunden oder um ein nettes Café anzusteuern.

Was haben Sie entdeckt?

Haben Sie ein besonderes Restaurant, ein neues Museum oder ein nettes Hotel entdeckt? Wenn Sie Ergänzungen, Verbesserungen oder Tipps zum Buch haben, lassen Sie es uns bitte wissen!

Schreiben Sie an: Dieter Katz, Stichwort „Nordseeküste Schleswig-Holstein"
c/o Michael Müller Verlag GmbH | Gerberei 19, D – 91054 Erlangen
dieter.katz@michael-mueller-verlag.de

Nordseeküste Schleswig-Holstein

Dieter Katz

1. Auflage 2020

Inhalt

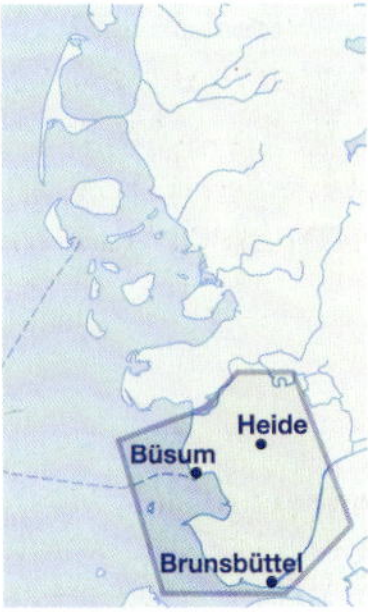

Etwas für Ruhesuchende: ein baumarmes, flaches Land mit satten Weiden und fruchtbaren (Kohl-)Feldern – und natürlich mit den allgegenwärtigen Windkraftanlagen. Eingebettet ist das Ganze zwischen Eider, Elbe, dem Nord-Ostsee-Kanal und den hohen Deichen der Nordsee. Der Badetourismus an den Außendeichen konzentriert sich auf Büsum und Friedrichskoog-Spitze. Städtisch wird es allenfalls in Brunsbüttel und Heide.

Das sattgrüne Eiderstedt ist uraltes Kulturland und von drei Seiten vom Wasser umgeben. Bedeutsam sind die vielen altehrwürdigen Dorfkirchen und riesige Bauernhäuser, so genannte Haubarge. Besonders malerisch sind die historischen Städtchen Tönning und Friedrichstadt. Touristischer Mittelpunkt ist jedoch St. Peter-Ording mit seinem unglaublich breiten und kilometerlangen Strand, auf dem hohe Pfahlbauten stehen.

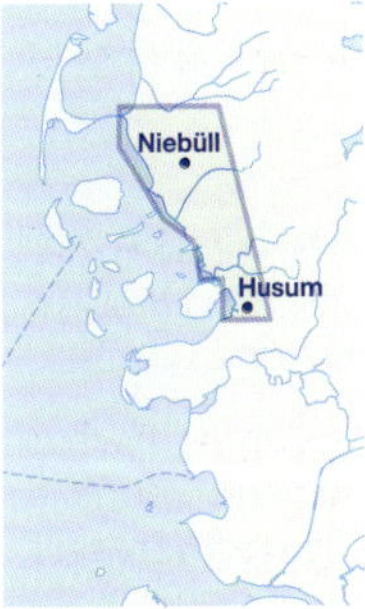

Nordfriesisches Festland ▪ 134

Im Binnenland erstreckt sich ein sanft hügliger Geestrücken mit zumeist recht unspektakulären Dörfern. Doch in Küstennähe wird überdeutlich, dass dieses durch Sturmfluten geplagte, brettebene Land über Jahrhunderte hinweg nur stückweise der Nordsee wieder abgerungen wurde; und zwar durch das mühsame Eindeichen so genannter Köge. Einzige Hafenstadt und sehenswerte Küstenmetropole ist die Theodor-Storm-Stadt Husum.

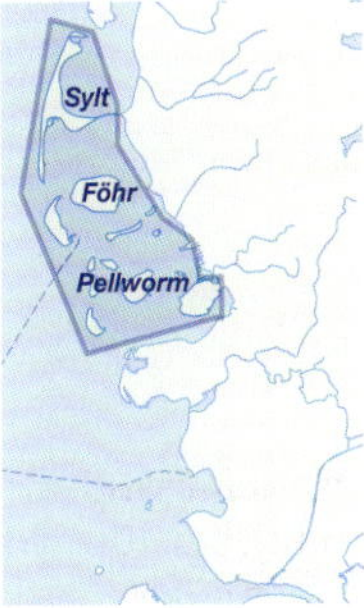

Inseln und Halligen ▪ 172

Wenigstens eine der Inseln und Halligen sollte ihrer Schönheit wegen zum Pflichtprogramm eines jeden Nordseeküstenbesuchers gehören. Alle Inseln und viele Halligen sind bequem (auch für einen Tagesausflug) erreichbar. Helgoland steht wie ein Fels in der Brandung, während Sylt und Amrum reizvolle Düneninseln sind. Die andern Eilande hingegen präsentieren sich als grüne, durch fruchtbare Marschen und Salzwiesen geprägte Oasen.

Nachlesen & Nachschlagen ■ 272

Was haben Sie entdeckt?

Haben Sie ein besonderes Restaurant, ein neues Museum oder ein nettes Hotel entdeckt? Wenn Sie Ergänzungen, Verbesserungen oder Tipps zum Buch haben, lassen Sie es uns bitte wissen!

Schreiben Sie an: Dieter Katz, Stichwort „Nordseeküste Schleswig-Holstein" c/o Michael Müller Verlag GmbH | Gerberei 19, D – 91054 Erlangen
dieter.katz@michael-mueller-verlag.de

nachhaltig, ökologisch, regional

mein Tipp Die besondere Empfehlung unseres Autors

Flutmarker am Strand von Utersum auf Föhr

Rundum Mehrblick: Riesenrad in List (Sylt)

Orientiert

an der Nordseeküste Schleswig-Holsteins

Die Nordseeküste Schleswig-Holsteins ist …

Beneidenswerte Unaufgeregtheit auf langen (Deich-)Spaziergängen verspüren, klare und salzhaltige Luft atmen, unendliche Weite mit dem Fahrrad erkunden, im Strandkorb lesen, Wind und Wellen hautnah erleben, wunderbare Inseln und Halligen entdecken – das ist Nordseefeeling pur.

- Nord-Süd-Erstreckung: max. 140 km
- West-Ost-Erstreckung: max. 35 km
- Küstenlinie: ca. 300 km, zudem ca. 250 km Insel- und Halligküste
- Einwohner: ca. 640.000 (davon 35.000 auf den Inseln) – und ebenso viele Schafe
- Die größten Städte: Husum (23.000 Einw.) und Heide (21.000 Einw.)

… das Land hinter dem Deich

Auf den ersten Blick ist die Nordseeküste Schleswig-Holsteins v. a. eines: flach. Es gibt dort keine Berge, allenfalls ein paar Hügel im Binnenland, und als auffälligsten Höhenunterschied prägen das Bild der Küste die unendlich langen Deiche, auf denen unzählige Schafe als zuverlässige Rasenmäher ihren Dienst tun. Und entlang der Deichlinie erstrecken sich weite Salzwiesen und fruchtbares Marschland, die dem Meer mühsam abgerungen wurden.

Die Nordsee hat die Küste im Laufe der Geschichte immer wieder mit gewaltigen Sturmfluten heimgesucht. Auch heute noch knabbern die Fluten oft zerstörerisch an den in den letzten Jahren im Schnitt auf 8,70 m erhöhten Festlandsdeichen, v. a. im Herbst und Winter. Natürliche lange Sandstrände sucht man an der Küste deshalb vergebens, sieht man einmal vom Strandparadies St. Peter-Ording und den Inselstränden von Sylt, Föhr und Amrum ab.

… von traumhaften Inseln und dem Wattenmeer flankiert

10–30 km vor der Küste liegen die fünf Nordfriesischen Inseln sowie die zehn weltweit einmaligen Halligen, deren Charakter mit dem nahen Festland kaum vergleichbar ist. Zwischen den Inseln und dem Festland erstreckt sich das flache Wattenmeer. Die maßgeblich von den Gezeiten geformte einzigartige Landschaft ist Teil des Nationalparks Schleswig-Holsteinisches Wattenmeer und wurde von der UNESCO zum Weltnaturerbe erklärt. Was bei Ebbe an eine schlammige Wüstenlandschaft erinnert, beherbergt eine Fülle von v. a. sehr kleinen Lebewesen, die sich auf einer Wattwanderung entdecken lassen. Etwa alle sechs Stunden setzt die Flut ein und sorgt dafür, dass das „richtige" Meer zurückkommt. Jenseits des Wattenmeeres thront 70 km vom

Festland entfernt inmitten der Deutschen Bucht das kleine Helgoland und lebt von seinem Mythos als Deutschlands einzige Felseninsel.

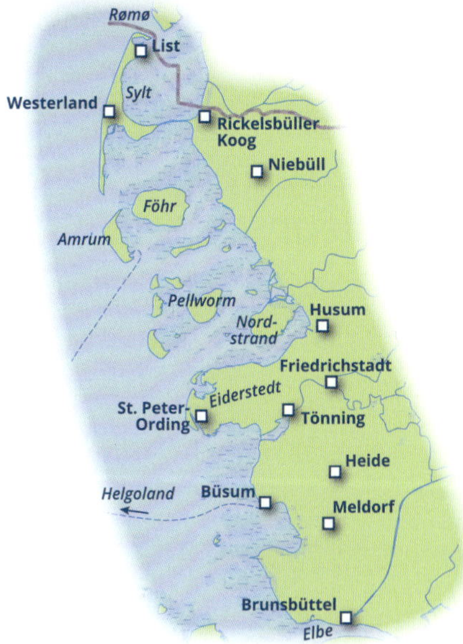

... der nördlichste Zipfel der Republik

List auf Sylt ist die nördlichste Gemeinde Deutschlands und ragt bis dicht an die dänische Insel Rømø heran. Auch der nördlichste deutsche Festlandspunkt liegt in Nordfriesland, und zwar im erst 1981 erbauten Rickelsbüller Koog, der seitdem die Grenze zu Dänemark markiert. Von hier zieht sich die schleswig-holsteinische Nordseeküste weit hinunter bis an die Elbmündung. Und weil der vornehmlich aus Nordwesten kommende Wind weitgehend ungebremst auf die Küste trifft, ist es hier nahezu immer windig. Das hat durchaus Vorteile. Denn wegen der ständigen Brise sind lange Regenperioden an der flachen Westküste und erst recht auf den Inseln eher selten, zumal sich die Wolken oft erst über dem etwas hügeligeren Binnenland entladen.

Dieser nördlichste Zipfel Deutschlands gehört zu den am dünnsten besiedelten Regionen der Republik. Die wenigen Städte haben allenfalls Kleinstadtformat. Dazwischen warten beschauliche, von sattgrünem Bauernland umgebene Kirchdörfer und in Küstennähe die von Kanälen und Wassergräben durchzogenen Köge auf ihre Entdeckung. Alles in allem also nichts für Event- und Shoppingbegeisterte, sondern eine Region zum Radeln und Baden – aber v. a. auch ein Refugium für alle, die weite Landschaften lieben und Ruhe und Erholung suchen.

... trotz touristischer Erschlossenheit nicht überlaufen

Vom Massentourismus mit seinen unschönen Begleiterscheinungen blieb die Nordseeküste Schleswig-Holsteins bis auf wenige Ausnahmen verschont, obwohl die Region jährlich insgesamt 2 Mio. Gäste mit etwa 15 Mio. Übernachtungen zu verkraften hat. Der Andrang konzentriert sich aber nur auf wenige Ferienorte. An der Küste ist dies v. a. der Bade- und Strandhotspot St. Peter-Ording (ca. 3 Mio. Übernachtungen/Jahr). Mit weitem Abstand in der Gunst der Urlauber folgt dann Büsum (1,9 Mio. Übernachtungen). Voll wird es im Sommer v. a. auch auf Sylt (7 Mio. Übernachtungen) und mitunter auch auf Föhr (1,9 Mio. Übernachtungen), doch auch hier findet sich selbst in der Hochsaison immer noch ein ruhiges Plätzchen. Bettenburgen existieren als Relikt des Baubooms der 1970er- und 80er-Jahre nur wenige. Dennoch ist die Baulust ungebrochen, man zielt jetzt aber eher auf nachhaltigen Tourismus und auch auf gut betuchte Kundschaft. Vielerorts entstehen derzeit komfortabel ausgestattete Ferienhäuser, natürlich fast ausschließlich im Friesenhausstil und mit stilechtem Reetdach.

Sightseeing und mehr

Kunst und Kultur

Die Nordseeküste Schleswig-Holsteins ist uraltes Kulturland und verfügt mit steinzeitlichen Gräbern, mittelalterlichen Kirchen, Friesenhäusern, Haubargen und Windmühlen über viele bauliche Schätze. Auch in der Museumslandschaft hat Nordfriesland einiges zu bieten – vom Heimatmuseum bis zum Museum für Moderne Kunst ist alles dabei.

In Nordfriesland und Dithmarschen gibt es ...

- ... etwa 60 Museen – von der Heimatstube bis zur Kunstausstellung mit Weltruhm
- ... etwa 80 historische Kirchen mit z. T. bedeutenden Kunstschätzen
- ... rund 40 historische Windmühlen, von denen etwa 5 noch funktionsfähig sind

Malerische Altstädte

Es gibt sie auch in Nordfriesland, wenn auch nur vereinzelt. Denn oft genug haben Sturmfluten, aber auch Landgewinnungsmaßnahmen die Küstenlinie und Hafenzufahrten zerstört und damit auch die Entwicklung aufstrebender Handelsstädtchen gebremst. Reichlich maritimes Flair und eine schöne Altstadt können Sie in Husum genießen, dem einzigen nennenswerten Hafen der nordfriesischen Westküste (→ S. 137). Ein wunderschönes Altstadtensemble mit reich verzierten Fassaden gibt es auch in dem Holländerstädtchen Friedrichstadt zu bestaunen (→ S. 86).

Windmühlen, Leuchttürme und Haubarge

Sie prägen unser Bild von der Nordseeküste. Doch nur vergleichsweise wenige historische Mühlen haben das durch die Konkurrenz elektrisch angetriebener Industriemühlen hervorgerufene Windmühlensterben überlebt. Und diese sind teilweise in einem erbärmlichen Zustand. Besonders schön renoviert und der Öffentlichkeit zugänglich ist jedoch die Amrumer Windmühle, zugleich die älteste Windmühle Schleswig-Holsteins (→ S. 181).

Und auch bedeutende Leuchttürme gibt es nur auf den Inseln Amrum, Pellworm, Sylt und Helgoland. Mit einer Ausnahme allerdings: dem Leuchtturm Westerheversand. Dieser steht auf einer Warft in den Salzwiesen vor der Westküste und ist geradezu der Inbegriff eines Leuchtturms (→ S. 122).

Eine architektonische Besonderheit sind auch die vielen Haubarge auf der Halbinsel Eiderstedt. Diese weltweit größte Bauform eines Bauernhauses gibt es nur hier (→ S. 130).

Mittelalterliche Kirchen

Wegen der unzähligen uralten Sakralbauten verfügt die Nordseeküste samt ihrer Inseln und Halligen über einen vielfältigen Schatz an kostbarer Kirchenkunst. Die Palette reicht von steinernen oder bronzenen Taufbecken über formvollendete Altäre, Kanzeln und Abendmahlsbänke sowie kunstvoll verzierte Emporen mit wohlklingenden Orgeln bis hin zu mittelalterlichen Fresken. Vor allem auf der Halbinsel Eiderstedt ist die Kirchendichte beeindruckend. Eine Besonderheit sind zudem die „sprechenden Grabsteine“ auf Amrum, Föhr und Sylt (→ S. 180).

Die besten Museen im Überblick

Nolde-Museum: Die Meisterwerke im ehemaligen Wohnhaus und Atelier Ada und Emil Noldes locken scharenweise Kunstliebhaber aus aller Welt ins kleine Seebüll an der Grenze zu Dänemark. Haus und Garten sind quasi eine Art Gesamtkunstwerk. → S. 165

Museum Kunst der Westküste: Internationales Renommee genießt auch diese hochkarätige Gemäldesammlung zum Thema Meer und Küste im kleinen Alkersum auf Föhr. Das gemeinnützige Stiftermuseum geht auf den deutsch-schwedischen Pharmaunternehmer Frederik Paulsen zurück, dessen Vorfahren aus Alkersum stammten. → S. 193

Theodor-Storm-Haus: Kultstätte für Storm-Liebhaber im ehemaligen Wohnhaus des bekannten Dichters in Husum mit einer Dauerausstellung zu Leben und Werk des berühmtesten Sohnes der Stadt. → S. 142

Nordfriesland Museum: In Husums imposantem Nissenhaus untergebracht, widmet sich dieses Museum dem Kultur- und Naturraum der sturmflutgefährdeten Nordseeküste. Die Sammlung geht zurück auf den Husumer Auswanderer Ludwig Nissen, der in New York als bekannter Diamantenhändler zur wirtschaftlichen Elite gehörte. Sonderausstellungen verschiedener schleswig-holsteinischer Kunstschaffender des 19. bis 21. Jh. ergänzen die Ausstellung. → S. 141

Dithmarscher Landesmuseum: Hier wird sehr lebendig die Alltagsgeschichte aus der jüngeren Vergangenheit Dithmarschens thematisiert, zudem präsentiert dieses Museum in Meldorf eine sehenswerte kulturhistorische Sammlung. → S. 50

Museum am Meer: Interessanter Einblick in die Küstenfischerei und v. a. die Krabbenverarbeitung in Büsum, verbunden mit einer Ausstellung zur touristischen Entwicklung des Nordseebades. → S. 71

Steinzeitpark Dithmarschen: In und bei Albersdorf sind die steinzeitlichen Spuren der Region zu besichtigen, bestehend aus verschiedenen vorzeitlichen Grabhügeln und einem Steinzeitdorf, das die Lebensverhältnisse der Jungsteinzeit-Menschen erfahrbar macht. → S. 55

Aktivurlaub

Baden und Outdoor

Baden an traumhaft weiten Stränden? Das ist nur in St. Peter-Ording oder auf den Nordfriesischen Inseln möglich. Ansonsten ist die ganze Region ein Eldorado für Outdoor-aktivitäten aller Art, v. a. aber eignet sich das flache Land hervorragend zum Fahrradfahren.

Tipp: Mit dem Radtourenplaner Schleswig-Holstein können Sie sich unter www.sh-radtourenplaner.de mit wenigen Klicks eine Rundtour vorschlagen lassen.

Strand und Meer

Die Festlandsküste ist in Sachen Badevergnügen das Aschenputtel unter den deutschen Küsten: Bis auf den wunderbar weiten Sandstrand von St. Peter-Ording und den benachbarten Westerhever gibt es keinen natürlichen Badestrand. Das Badeleben an der vollständig eingedeichten und eher brandungsarmen Nordseeküste spielt sich daher zumeist an den grasbewachsenen Außendeichen ab, die hier Grünstrand genannt werden und i. d. R. mit einigen Strandkörben bestückt sind. Oft führt ein Treppchen hinunter ins Watt oder es gibt sogar einen kleinen Badesteg. Das Baden ist hier allerdings nur bei Flut oder genauer: bei auflaufender Flut möglich, denn bei Ebbe zieht sich das Wasser bis weit ins Wattenmeer zurück.

Ganz ähnlich sind die Verhältnisse auf den Marscheninseln Nordstrand und Pellworm sowie auf den Halligen. Das alles muss dem Badevergnügen natürlich nicht abträglich sein, eine bessere Wahl für Badeurlauber sind aber sicherlich die Sandinseln Amrum und Sylt. Diese besitzen zur offenen See hin kilometerlange Sandstrände, oft mit starker Brandung. Und auch Helgoland verfügt mit der vorgelagerten Düneninsel über eine fantastische Badeinsel mit feinstem Sandstrand.

Bei beginnender Ebbe sollte man jedoch niemals ins Wasser gehen, weil der gewaltige Sog des seewärts ablaufenden Wassers selbst für den stärksten Schwimmer lebensgefährlich ist. Die durch die DLRG bewachten Strände sind mit gelb-roten Flaggen gekennzeichnet. Eine zusätzliche gelbe Flagge an den Beobachtungsstationen bedeutet, dass das Baden und Schwimmen aktuell nicht ungefährlich ist. Ist eine rote Flagge gehisst, herrscht Badeverbot.

Radtouren und Fernradwege

Mehrere Tausend Kilometer Radwegenetz stehen zur Verfügung, stets versehen mit den typischen weiß-grünen Wegweisern. Zu beachten ist der oft heftige Wind, der meist aus Westen weht und v. a. bei Rundtouren mindestens einmal garantiert von der falschen Seite kommt.

Dutzende etwa 20–40 km lange Rundtourenvorschläge durch Dithmarschen, Eiderstedt und Nordfriesland sowie eine umfangreiche Übersicht über Radverleihstationen finden Sie kostenlos unter www.nordseetourismus.de und www.echt-dithmarschen.de. Zudem schlängelt sich ab Friedrichstadt der Eider-Treene-Sorge-Weg als 240 km langer Rundkurs durch das größte Niederungsgebiet Schleswig-Holsteins, das sich im Übrigen auch für Kanu- und Kajaktouren eignet.

Wer lieber auf Streckenradwegen unterwegs ist, kann von Brunsbüttel 245 km bis hinauf zur dänischen Grenze radeln. Diese gut beschilderte Strecke ist ein Teilabschnitt des Nordseeküstenradwegs (North Sea Cycle Route), der mit 6000 km Länge einer der längsten ausgeschilderten Radwege der Welt ist und durch acht Länder führt. Empfehlenswert sind aber auch drei Streckenradwege in Ost-West-Richtung: So führt die Nord-Ostsee-Kanal-Route von Brunsbüttel bis Kiel mit einigen Abstechern 325 km durch das landschaftlich reizvolle Hinterland. Interessant ist v. a. die 47 km lange Etappe von Brunsbüttel bis Albersdorf, die nicht nur strikt am Kanal entlangführt, sondern auch die umliegenden Sehenswürdigkeiten streift. Ebenfalls in Umwegen führt der Wikinger-Friesen-Weg von St. Peter-Ording, historischen Spuren folgend, zunächst 62 km über die Halbinsel Eiderstedt bis Friedrichstadt und von dort weiter durch die Flusslandschaft Eider-Treene-Sorge und später an der Schlei entlang bis ins 185 km entfernte Maasholm. Interessant ist zudem die wenig befahrene Dänisch-Deutsche-Grenzroute, die über 130 km vom dänischen Høyer bis nach Flensburg führt.

Wattwandern – Spaziergang auf dem Meeresboden

Eine Wattwanderung ist ein Erlebnis für die ganze Familie. Da jedoch die Priele bei Flut schnell volllaufen und den Rückweg abschneiden können, sollten Sie eine Wattwanderung keinesfalls auf eigene Faust unternehmen. Überall bieten staatlich geprüfte Wattführer/-innen ihre Dienste an. Auf dem Programm stehen sowohl kleine, etwa 1,5 km lange Familienwanderungen im Watt als auch Streckenwanderungen zu den Halligen, oder Sie durchwaten das Meer zwischen Föhr und Amrum (Hin- oder Rückweg per Fähre). Nützliche Infos zum Wattwandern und alles Wissenswerte rund ums Wattenmeer finden Sie ab S. 275.

Familienurlaub

Küsten- und Inselurlaub mit Kindern

Kinder, Strand und Meer – das passt eigentlich immer gut zusammen. Schleswig-Holsteins Wattenmeerküste und v. a. die sandigen Inseln bieten also ideale Voraussetzungen für einen unbeschwerten Familienurlaub. Spannende (Mitmach-)Museen und Tierparks runden das Angebot ab.

Ausflug zu den Seehundbänken

Immer ein Erlebnis für Familien mit Kindern ist eine „Seehundsafari" mit dem Ausflugsschiff, bei der die scheuen Tiere aus nächster Nähe beobachtet werden können. Angeboten werden diese Fahrten v. a. von Büsum, Tönning und Schlüttsiel aus und natürlich auf den Inseln.

Kinderangebote der Gemeinden

Die Tourismus-Services der einzelnen Orte stellen häufig ein spezielles Kinderunterhaltungsprogramm zusammen, dessen Eintritt meist im Gästebeitrag enthalten ist. Die Palette reicht von Kinderfesten, Bastelangeboten und Piratenabenteuern bis zu Clown-Vorführungen oder der öffentlichen Lesung von Gutenachtgeschichten.

In einigen Orten gibt es darüber hinaus kommerzielle Indoor-Spielanlagen mit Klettertürmen, Rutschen, Trampolinen usw.

Familien- und Erlebnisbäder

Und wenn das Wetter mal nicht mitspielt? Schwimmbad geht immer, weshalb es in allen größeren Urlaubsorten auch Freizeit- und Erlebnisbäder gibt, die zumeist auch mit Riesenrutschen, Sprungtürmen oder Strömungskanälen und Außenbecken aufwarten. Große Bäder dieser Art gibt es in Büsum, Heide, St. Peter-Ording und Husum, auf Pellworm, in Wyk (Föhr) und Westerland (Sylt) und auf Helgoland.

Erlebnis Nationalpark Wattenmeer

Fast jeder Ferienort hat ein eigenes Nationalpark-Haus, das dem UNESCO-Welterbe Wattenmeer eine Ausstellung widmet, jeweils unter Berücksichtigung der lokalen Besonderheiten. Gleichzeitig gibt es dort immer ein tolles Angebot speziell für Kinder, z. B. Wattspaziergänge, Vogel-Entdeckungstouren oder Mikroskopierworkshops (Infos unter www.nationalpark-wattenmeer.de). Die bedeutendsten Einrichtungen dieser Art sind das Multimar Wattforum in Tönning (→ S. 96) und das Erlebniszentrum Naturgewalten in List (→ S. 231).

Seehundstation Friedrichskoog

Die nur aus Spenden- und Eintrittsgeldern finanzierte Station ist die einzige ihrer Art an der schleswig-holsteinischen Küste und daher nicht nur etwas für Kinder – die kleinen Heuler sind einfach unfassbar süß. → S. 43

Grachtenfahrt in Friedrichstadt

Das Holländerstädtchen Friedrichstadt vom Wasser aus zu erkunden, ist nicht nur für die Kleinen ein besonderes Erlebnis. Sie können z. B. Grachtenfahrten mit Ausflugsbooten unternehmen, Sie können aber auch Kanus, Tret- oder Elektroboote ausleihen, um das Städtchen auf eigene Faust zu erkunden. Sportliche können auch per SUP durch die Grachten paddeln. → S. 90

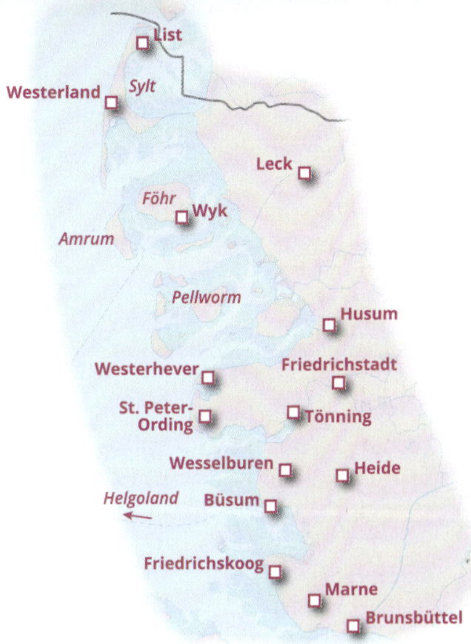

Modellbahnzauber Friedrichstadt

Da leuchten nicht nur Kinderaugen: Kleine, mit Liebe zum Detail aufgebaute Modelleisenbahnanlage im Maßstab 1:87. → S. 89

Draisinenbahnen in Marne und Leck

Eisenbahnromantik und Familienspaß: An der schleswig-holsteinischen Küste gibt es gleich zwei stillgelegte Bahnstrecken, die man mit einer Fahrraddraisine erkunden kann. Eine Strecke führt 9 km durch Dithmarschen von Marne nach St. Michaelisdonn (→ S. 32), die zweite 20 km durch Nordfriesland von Leck nach Unaften. (→ S. 170)

Westküstenpark St. Peter-Ording

Tierpark mit 800 Haus- und Wildtieren zahlreicher Rassen. Hauptattraktion ist ein Freigehege-Robbarium mit täglicher Seehundfütterung. Natürlich gibt es auch einen Streichelzoo, Spielplätze und ein großes Hüpfkissen für Kinder. → S. 117

Phänomenia Büsum

Physik zum Anfassen und Ausprobieren. Die Kinder gehen an Experimentierstationen auf Entdeckungsreise und können physikalische Phänomene auch selbst erzeugen. → S. 73

Schiffe gucken in Brunsbüttel

Nirgendwo kommen einem die dicken Pötte so nahe wie auf dem Nord-Ostsee-Kanal. Mit rund 100 Frachtschiffen täglich ist er die meistbefahrene künstliche Wasserstraße der Welt. In Brunsbüttel mündet der Kanal an der Elbmündung in die Nordsee. Was liegt näher, als von einer Aussichtsplattform die Schiffe in den Schleusenkammern zu beobachten. → S. 26

Helgoland: Fahnenmast an der Landungsbrücke

Unterwegs

an der Nordseeküste Schleswig-Holsteins

Dithmarschen

Dithmarschen ist etwas für Ruhesuchende und besticht durch eine von satten Weiden und fruchtbaren (Kohl-)Feldern und natürlich von den allgegenwärtigen Windkrafträdern geprägte Landschaft. Einen nennenswerten Badetourismus gibt es lediglich in Büsum und ein wenig auch in Friedrichskoog. (Klein-)Städtisches Flair finden Sie allenfalls in Heide und in Brunsbüttel.

Wussten Sie, dass ...

... alle 14 Fähren über den Nord-Ostsee-Kanal kostenlos benutzbar sind. → S. 25

Dithmarschen ist der baumärmste und zugleich auch der älteste Kreis der Bundesrepublik. Er umfasst das fruchtbare Gebiet zwischen Elbe, Nordsee, Eider und dem Nord-Ostsee- Kanal und präsentiert sich in zwei unterschiedlichen Landschaftsformen: Im Osten die hügelige Geest, die sich v. a. in der Nähe von St. Michaelisdonn teilweise bis zu 40 m hoch aufwölbt. Im Westen breitet sich die Marsch aus, ein etwa 10 km breiter Streifen fruchtbaren Lands, das im Laufe der Zeit mithilfe von 14 flachen Kögen dem Meer abgerungen wurde. Heute wird es u. a. als größtes geschlossenes **Kohlanbaugebiet** Europas genutzt.

Vor den hohen Deichen erstreckt sich das weite Wattenmeer. Sandstrände sind hier Fehlanzeige, nur einige sog. **Grünstrände** verbergen sich hinter der 80 km langen Seedeichlinie, weshalb die großen Touristenströme ausbleiben.

Einen Namen machte sich der bereits seit dem Mittelalter „Dithmarschen" genannte Landstrich als ehemals **freie Bauernrepublik.** Zwar hatte Dithmarschen immer Lehensherren, deren Einfluss war jedoch – ähnlich wie in Eiderstedt – nicht sehr ausgeprägt, sodass einflussreiche Dithmarscher Bauerngeschlechter 1477 mit dem Rat der „Achtundvierziger" (→ S. 288) eine eigene Regierung mit eigenem Landrecht bilden konnten.

Die freien Dithmarscher waren also nie Leibeigene irgendeines Adelsgeschlechts oder eines Kirchenfürsten. Das lag v. a. an den geografischen Besonderheiten – wem die mühselige Eindeichung und Kultivierung des fruchtbaren Marschlandes gelang, der hatte auch das Recht, Herr dieses Landes zu sein. Und das war eben eine großbäuerliche Oberschicht, zumindest bis zur

Unterwerfung durch die dänische Krone im Jahr 1559. Das Dithmarscher Landrecht jedoch blieb noch bis zur preußischen Herrschaft 1864 bestehen, was die Dithmarscher bis heute mit gewissem Stolz erfüllt.

Mit 21.000 bzw. 13.000 Einwohnern sind die Kreisstadt Heide sowie Brunsbüttel die größten Städte Dithmarschens. Der überwiegende Teil des ländlich strukturierten Gebiets mit seinen rund 140.000 Einwohnern verteilt sich jedoch auf die drei noch bedeutend kleineren Städtchen Marne, Meldorf und Wesselburen und v. a. auf die 111 Landgemeinden. Kein Wunder also, dass in Dithmarschen bis auf wenige Ausnahmen (Büsum und Friedrichskoog) nicht der Tourismus, sondern die Landwirtschaft die erste Geige spielt.

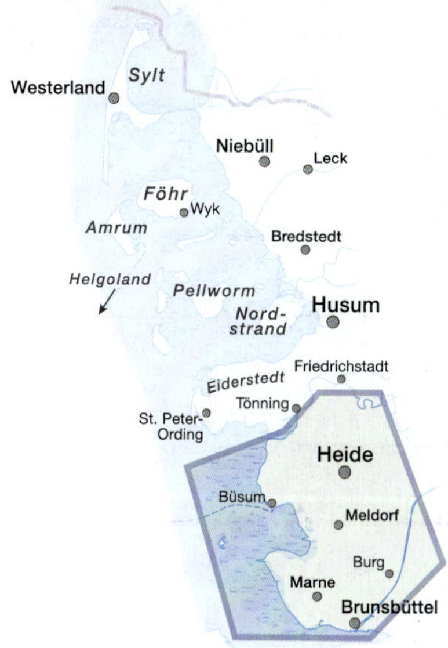

Was anschauen?

Tiefste Landstelle Deutschlands: Nicht spektakulär, aber mit immerhin 3,54 m unter NN Deutschlands tiefster Punkt (in Neuendorf-Sachsenbande). → S. 39

Seehundaufzuchtstation Friedrichskoog: Hier werden alle in Schleswig-Holstein gefundenen „Heuler" wieder aufgepäppelt. Und das sind jährlich immerhin rund 230 putzige Robbenbabys. → S. 43

Dithmarscher Landesmuseum: Sehenswerte kulturhistorische Sammlung, die zudem sehr lebendig die Alltagsgeschichte der jüngeren Vergangenheit Dithmarschens präsentiert. → S. 50

Eidersperrwerk: Deutschlands größtes Küstenschutzbauwerk mit mächtigen Sturmfluttoren, durch das sogar eine Straße führt, die Dithmarschen mit Eiderstedt verbindet. → S. 80

Wo baden?

Perlebucht-Büsum: Im Nordwesten des Nordseeheilbads wurde eine dünenartige, künstliche Insel geschaffen – samt Sandstrand und Lagune fürs tideunabhängige Plantschen und Baden. → S. 70

Friedrichskoog-Spitze: Großer und sehr gepflegter Grünstrand mit reichlich Strandkörben hinter dem Seedeich mit seiner 100 m breiten Deichböschung. Kleine Übergänge führen direkt hinab zum Wattenmeer. Es gibt auch einen Strandbuddelbereich für Kinder. Baden ist nur bei Flut möglich. → S. 42

Was unternehmen?

Draisinenfahrt: Von Marne bis zum 9 km entfernten St. Michaelisdonn können Sie die Marschlandschaft mit einer Fahrraddraisine erkunden. → S. 32

Tagesausflug nach Helgoland: Deutschlands einzige echte Hochseeinsel mit der berühmten „Langen Anna" besuchen und dabei zoll- und mehrwertsteuerfrei einkaufen – mit der MS „Funny Girl" von Büsum aus. → S. 73

Schiffe gucken in Brunsbüttel: Frei zugänglich sind die kleinen Aussichtsplattformen an der Schleuse des Nord-Ostsee-Kanals in Brunsbüttel. Mit rund 100 Frachtschiffen täglich ist der Kanal die meistbefahrene künstliche Wasserstraße der Welt. → S.26

Wasserkoog
Nordfriesland
Husum
Kolden-
büttel
Treene
Schwabstedt
Bergen-
husen
Oldenswort
Friedrichstadt
B 202
Seeth
Norderstapel
Schleswi
Flensbu
Herrenhaus
Hoyerswort
Tetenbüll
Eider
St. Annen
Drage
St. Peter-Ording
B 5
B 202
Lehe
Geschlechter-
friedhof
Süder-
stapel
Alte Sorge
Kotzen-
büll
Katharinen-
heerd
Lunden
Eider
B 202
Tönning
Krempel
Schlichting
Delve
Bargen
Erfde
Welt
Kating
Rehm-
Flehde-
Bargen
Kleve
Holling-
stedt
Bargener
Fähre
Hohner
Fähre
Vollerwiek
Katinger
Watt
Purrenstrom
Hennstedt
Hemme
Fedderingen
Glüsing
Eider
Eiders-
perrwerk
Schülper-
neuensiel
Witten-
wurth
Wiemerstedt
Pahlen
Strübbel
B 5
Stelle
Dörpling
Schülp
Neuen-
kirchen
Linden
Schalkholz
Wesselburener-
koog
Wedding-
stedt
Süder-
heistedt
Barkenholm
Dellstedt
Norddeich
Tellingstedt
Lüdersbütte
Wesselburen
Wesseln
Ostrohe
B 203
Süderdeich
Süderholm
Welmbüttel
Heide-West
2
Osterrade
Gaushorn
Hedwigen-
koog
Heide
Reinsbüttel
Nord-
hastedt
Heide-Süd
Bunsoh
Wester-
deichstrich
Wöhrden
Arkebek
Oester-
deichstrich
Lieth
3
Albersdorf
Stinteck
B 203
Ketelsbüttel
Hemmingstedt
A 23
Warwerort
Odderade
Steinzeit-
park
Dusend-
düwelswarf
Nordermiele
Büsum
Büsumer
Deichhausen
Röst
Nord-Ostsee-Kanal
Epen-
wöhrden
B 5
Sarzbüttel
4
Albersdorf
Marschbahn
Südermiele
Nordermeldorf
Speicherkoog
Meldorf
B 431
Tensbüttel
Miele
Meldorfer
Bucht
Bargenstedt
Schafstedt
Elpers-
büttel
Nindorf
5
Krumstedt
Schafstedt
Süderau
Eggstedt
6
Hanerau-
Hademarschen
militärisches
Sperrgebiet
Busen-
wurth
Windbergen
Süder-
hastedt
Hoch-
donn
Holsten-
niendorf
Dithmarschen
Friedrichskoog-
Spitze
B 5
Gudendorf
Frestedt
Großenrade
Gribbohm
Wacken
Trischen-
damm
Quickborn
Brickeln
Marschbahn
Barlt
Friedrichskoog
Burg
Trennewurth
St. Michaelis-
donn
Buchholz
Kronprinzen-
koog
Helse
Aebtissin-
wisch
Draisinenbahn
Dingerdonn
Kuden
Neuend
Sachse
bande
Dingen
Marner-
deich
Ecklak
Tiefste
Landstelle
Deutschlands
Kaiser-
Wilhelm-
Koog
Marne
Eddelak
Kuden-
see
Nord-Ostsee-Kanal
Diekhusen
Schmedes-
wurth
Averlak
Kudensee
Wilster
Landscheide
Kattrepel
B 5
B 5
Neufeld
Büttel
St. Margarethen
Brunsbüttel
Brunsbüttel
Schleuse
Steinbur
E L B E
B 431
Niedersachsen
Dithmarschen
3,5 km
Oste

Dithmarschen → Karte S. 22

Mit Plastikmüll beflaggt: Segler am Kanalhafen

Brunsbüttel

Schnurgerade führt die Koogstraße als eine Art Einkaufsstraße zur Schleuse des Nord-Ostsee-Kanals – sie ist Lebensader und touristische Attraktion der Hafen- und Industriestadt zugleich. „Schiffegucken", das ist die Hauptmotivation der meisten Besucher.

Zum Greifen nah sind hier an der Schleusenmeile die vielen Frachtschiffe und auch die riesigen Kreuzfahrtschiffe, von denen jährlich über 100 den Kanal passieren. Die Schleuse teilt die Stadt in einen kleineren industriell geprägten Südteil und ein größeres Wohn- und Einkaufsviertel, das sich unmittelbar an die Schleusenanlage schmiegt und Brunsbüttel ein wenig maritimen Charakter verleiht. Am Fuß der Schleuse befinden sich ein kleiner Kurzliege-Yachthafen für die Freizeitskipper und eine Promenade, die sich in den letzten Jahren gemeinsam mit der Koogstraße als „Schleusenmeile" mit Kinderspielplatz, Cafés, Restaurants und Boutiquen usw. zu einem Shopping- und Freizeitviertel gemausert hat. Um Gäste anzulocken, verzichtet man im Innenstadtbereich auf Parkgebühren (Parkscheibe genügt).

Aber nicht nur der Bereich um die Schleuse ist beeindruckend, auch der historische, allerdings knapp 3 km westlich der Schleuse gelegene Ortskern von Brunsbüttel (Brunsbüttel-Ort) hat seinen Reiz, v. a. das Idyll rund um den Marktplatz mit der Jakobuskirche, dem Heimatmuseum und dem „Alten Diakonat" von 1779 („Boie-Haus", Markt Nr. 12), das als eines der schönsten Fachwerkhäuser Dithmarschens gilt. Malerisch liegen hier im Marktgeviert die Häuser rings um den großen, mit Bäumen begrenzten Kirchplatz und vermitteln einen Eindruck davon, wie der Ort aussah, als Brunsbüttel noch ein beschauliches Elbdorf war.

Der Nord-Ostsee-Kanal (NOK) – meistbefahrene Wasserstraße der Welt

1895 erfüllte sich ein lange gehegter Traum: Kaiser Wilhelm II. eröffnete feierlich den damals noch nach seinem Großvater Wilhelm I. benannten Wasserweg zwischen der deutschen Nordsee und der Ostsee. Der Kanal führt von Brunsbüttel bis nach Kiel, wo die Schiffe nach dem Ausschleusen an den Holtenauer Schleusen ihren Weg in die Ostsee finden. Die Zahlen sind beeindruckend: Mehr als 35.000 Frachtschiffe jährlich, die bis zu 235 m lang, 32,5 m breit und 40 m hoch sein dürfen, passieren den Kanal von der Elbmündung bis Kiel oder umgekehrt. Hinzu kommen etwa 17.000 Boote der Sportschifffahrt. Auch wenn das Schiffsaufkommen in den letzten Jahren deutlich abgenommen hat, so ist der 99 km lange, 162 m breite (Sohlbreite 90 m) und 11 m tiefe *Kiel-Canal,* wie er international heißt, doch immer noch die meistbefahrene künstliche Wasserstraße der Welt. Er spart den Umweg um Jütland und den großen Belt, das sind immerhin rund 460 km. Für die aus Hamburg kommenden Schiffe ist der Vorteil noch größer. Diese sparen beispielsweise auf dem Weg von Hamburg nach Rostock rund 800 km (432 Seemeilen) und damit Treibstoff. Der Zeitgewinn ist weniger groß, als man auf den ersten Blick denkt, denn auf dem Kanal gilt ein Tempolimit von 15 km/h (8,1 kn), weshalb die Durchfahrt je nach Verkehrsdichte und Schiffsgröße 6:30–8:30 Std. dauert. Um angesichts der immer größer und schneller werdenden Schiffe die Attraktivität der Wasserstraße dennoch zu erhalten, subventioniert der Staat kräftig. Die Gebühren decken die Kosten nicht einmal zur Hälfte, aber immerhin beschäftigt der Kanal etwa 450 Menschen, und etwa 3000 weitere Arbeitsplätze sind von ihm indirekt abhängig. Nicht nur die Schleusen und der Kanal sind wartungsanfällig, sondern auch die Zufahrten. Und weil sich in der Unterelbe immer viel Schlick ansammelt, ist ein Saugbagger fast ständig damit beschäftigt, die Schleusenzufahrt davon zu befreien.

Mitten in Brunsbüttel an der Nordseite des Kanals lässt sich das Aus- und Einschleusen der Schiffe hautnah auf zwei kleinen Aussichtsplattformen miterleben (→ S. 26). In den vier (und bald fünf) Schleusenkammern werden die Schiffe in 30–45 Min. je nach Wasserstand im Schnitt um nur etwa 1,50 m gehoben oder gesenkt, um die Wasserstandsunterschiede zwischen der tideabhängigen Elbe und dem Kanal auszugleichen. Die beiden kleineren Schleusen messen dabei 125 m (bei einer Nutzbreite von 22 m), die beiden größeren Schleusen sogar 310 m (bei einer Nutzbreite von 42 m). Schiffe bis 235 m Länge dürfen diese Schleuse passieren, sie zählt damit zu einer der größten Schleusen der Welt. Und damit auf dem Kanal keine Unfälle passieren, muss jedes größere Schiff zusätzlich einen Lotsen mit an Bord nehmen.

Bis Ende 2020 schließlich soll in der Mitte der Schleusen auf der sog. Schleuseninsel noch eine fünfte große Schleusenkammer entstehen.

Historisches Segelschiff auf dem Kanal am Burger Fährhaus

Auch die Geschichte des Kanals ist bemerkenswert. Schon zwischen 1777 und 1784 wurde der Traum vom Wasserweg zwischen beiden Meeren durch den weltweit ersten Seekanal verwirklicht, als zwischen Kiel und Rendsburg der 43 km lange Eiderkanal entstand und die Schiffe von hier aus auf einer etwas nördlicheren Route über die Eider zur Nordsee gelangten. Als nach langen Auseinandersetzungen und Kriegen mit Dänemark 1864 die Herzogtümer Schleswig und Holstein an Preußen fielen, nahmen die Pläne für einen neuen, auch aus militärischen Gründen wichtigen Kanal konkretere Formen an. Ab 1887 bewegten 8000 Arbeiter acht Jahre lang 80 Mio. Kubikmeter Erde, um das Bauwerk zu schaffen.

Die neue Wasserstraße zerschnitt Gemeinden und Verkehrswege. Um die Akzeptanz des Jahrhundertbauwerks in der Bevölkerung zu stärken, verfügte daher der Kaiser die kostenlose Nutzung aller Brücken und Fähren. Diese Verfügung gilt nach wie vor: Alle 13 Fahrzeugfähren und die eine Fußgängerfähre (Holtenau) sind kostenlos nutzbar. Zudem überspannen zehn Hochbrücken den Kanal, davon zwei Autobahnbrücken, zwei kombinierte Eisenbahn- und Straßenbrücken und zwei reine Eisenbahnhochbrücken.

Was nur wenig bekannt ist: Das Privileg der ersten Verbindung zwischen Nord- und Ostsee genießt weder der Eiderkanal noch der NOK, sondern der im Mittelalter angelegte *Stecknitzkanal*. Dieser wurde bereits 1381–98 auf Anregung Lübecks gebaut und verlief viel weiter südlich zwischen der Trave bei Lübeck und der Elbe bei Lauenburg (östlich von Hamburg). Seit 1900 ersetzt der 62 km lange *Elbe-Trave-Kanal* diese mittelalterliche Verbindung.

Geschichte

Bis zum Bau des Nord-Ostsee-Kanals war Brunsbüttel eine einfache Siedlung am Mündungstrichter der Elbe. Erstmals urkundlich erwähnt wurde das immer wieder von Sturmfluten heimgesuchte Dorf 1286, doch wegen andauernder Landverluste wurde Brunsbüttel („Der Ort des Brun", also „des Braunen") Mitte des 17. Jh. etwas landeinwärts verlegt und dort nach einem streng rechtwinkligen Grundriss im Stil der Zeit neu aufgebaut. Heute liegt dieses Alt-Brunsbüttel ganz am westlichen Rande der Stadt, weil mit dem Bau der etwas weiter östlich liegenden Kanalschleuse im Jahr 1895 um diese herum ein blühendes Mittelzentrum entstand. Dieses hieß Brunsbüttelkoog, war zunächst selbstständig und erhielt 1948 sogar Stadtrechte. Erst 1970 entstand aus dem alten Brunsbüttel und dem an der Schleuse liegenden Brunsbüttelkoog sowie einigen umliegenden Dörfern die Stadt Brunsbüttel. Nach wie vor sorgen Schleuse und Kanal für krisenfeste Arbeitsplätze, zumal sich wegen der verkehrsgünstigen Lage reichlich Industrie ansiedelte. Mitte des 20. Jh. entstanden zudem ein Ölhafen an der Nordwestseite des Kanals und ein Elbehafen. Gemessen an seinen Warenumschlagszahlen ist Brunsbüttel mit Abstand der größte Hafen der schleswig-holsteinischen Nordseeküste.

Sehenswertes

Schleuseninfo-Zentrum (SiZ): In direkter Nachbarschaft zu den Schleusenanlagen wird im Gebäude der Touristinfo mit Fotos, Filmen, Modellen und diversen Exponaten über den Bau, die Bedeutung und die Funktionsweise des Nord-Ostsee-Kanals informiert. Sie erfahren beispielsweise, dass es in Brunsbüttel wie auch auf der anderen Kanalseite in Kiel-Holtenau zwei kleine und zwei große Schleusenkammern gibt. Es wird aber auch über das derzeit größte Wasserbauprojekt Europas informiert.

- **Museum:** Geöffnet Mitte März bis Ende Okt. tägl. 10.30–17 Uhr. Eintritt 2 €, Schüler ab 6 J. 0,50 €. **Schleusenführungen** März–Okt. So u. Di, Juni–Sept. zudem Mi/Do jeweils um 14 Uhr (Treffpunkt und Anmeldung bei der Touristinfo; Dauer: 75 Min.). Erw. 4,50 €, Schüler ab 12 J. 3 €. Gustav-Meyer-Platz 2, ✆ 04852-391186, www.schleuseninfo.de.

- **Aussichtsplattform Nordseite** (in Brunsbüttel): Die beiden kleinen Aussichtsplattformen sind von Sonnenauf- bis Sonnenuntergang kostenlos zugänglich. **Tipp**: Auf www.traumschiffe-im-kanal.de können Sie sehen, welche Schiffe wann die Schleuse passieren.

Heimatmuseum: Ein buntes Sammelsurium historischer Ausstellungsstücke, die einen interessanten Einblick in die maritime und handwerkliche Vergangenheit der Stadt bieten. Im ehema-

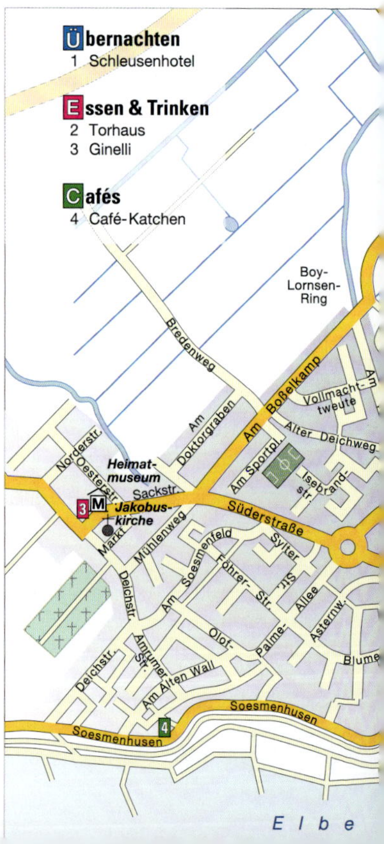

ligen, 1905 errichteten Rathaus gibt es auf zwei Etagen so unterschiedliche Dinge wie ein kleines Klassenzimmer, das ehemalige Büro des Brunsbütteler Schiffsmeldedienstes, eine Schuhmacherwerkstatt und alte Haushaltsgeräte zu sehen. Und man kann sogar eine Sammlung an Blechverschlüssen bestaunen, die man einst für die Gläser aus dem „PANO-Werk" herstellte und die daran erinnern, dass diese Art der heute weltweit in der Lebensmittelindustrie verwendeten Verschlüsse 1938 in Brunsbüttel entwickelt wurde und hier auch heute noch produziert wird. Gelegentliche Sonderausstellungen ergänzen das Angebot.

▪ Geöffnet Di, Do u. Sa/So 14.30–17.30 Uhr, Mi 10–12 Uhr. Eintritt frei, es ist auch ein Audio-Guide für einen unterhaltsamen Rundgang durch Alt-Brunsbüttel erhältlich (3 €). Markt 4, ✆ 04852-7212.

Stadtgalerie: Seit 1992 ist in dem von außen unspektakulär-modern anmutenden Tagungs- und Kulturzentrum Elbeforum die städtische Kunstsammlung untergebracht. Sie zeigt wechselnde Ausstellungen von der Klassischen Moderne bis zur zeitgenössischen Kunst.

▪ Geöffnet Mi–Sa 15–18 Uhr, So 11–18 Uhr. Eintritt frei (Spende erbeten). Von-Humboldt-Platz 5, ✆ 04852-540017, www.stadtgalerie-brunsbuettel.de.

Jakobuskirche: Es muss der Zorn Gottes im Spiel gewesen sein, als während der Predigt des Pastors unter „Donnerschlag" der Blitz einschlug und der

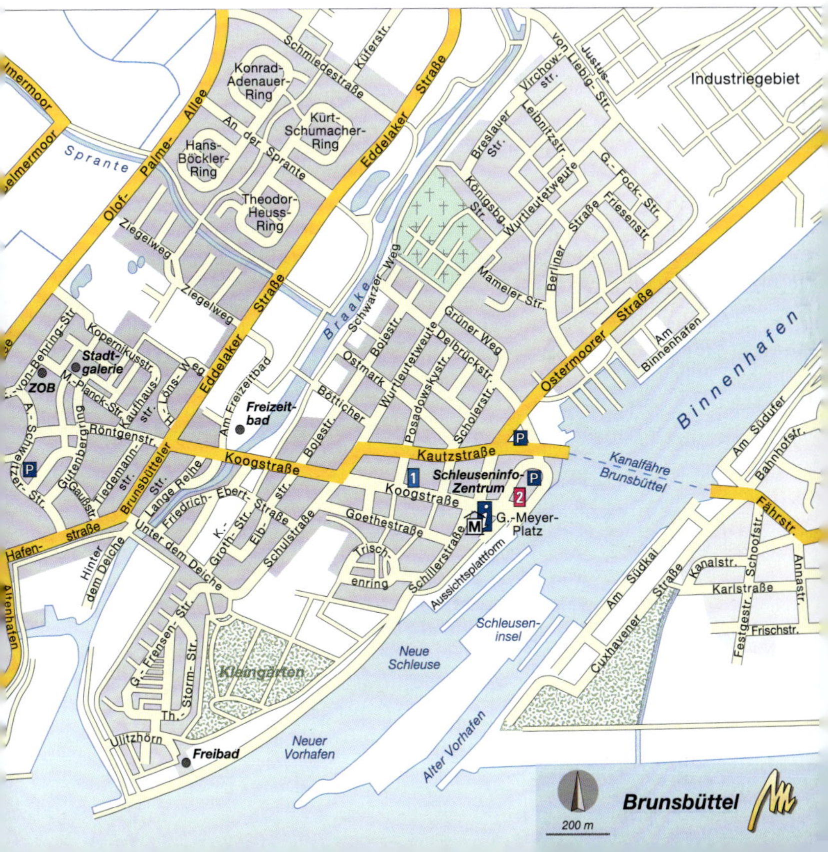

Vorgängerbau der vergleichsweise schlichten Backstein-Saalkirche bis auf die Grundmauern abbrannte. Eine Gedenktafel in der Kirche erinnert an dieses Ereignis und auch daran, dass die tapferen Brunsbütteler im Jahr 1724 ihr Gotteshaus mitten auf dem heute begrünten Marktplatz wieder aufbauten. Außergewöhnlich ist der prächtige weiße Schnitzaltar aus dem 17. Jh., der mit seinem bizarren Knorpelbarockstil zwölf medaillonartige Bildfelder umschließt. Gestiftet wurde der pompöse Altar seinerzeit vom dänischen König Frederik IV., der just zum selben Zeitpunkt die baufällige Schlosskirche in Glückstadt abreißen ließ und – nachdem er vom Brand gehört hatte – deren Altar den Brunsbüttelern überließ. Die dankbaren Brunsbütteler widmeten daraufhin ihrem Landesherren die prächtige Königsloge neben der Orgel, obgleich der König natürlich nie nach Brunsbüttel kam. Schön ist auch der von Putten getragene Taufbrunnen aus Sandstein (um 1700) mit seinem darüberhängenden kunstvoll geschnitzten Deckel sowie die mit zehn Aposteln geschmückte Hängekanzel von 1725.

■ Tägl. 9–17 Uhr geöffnet.

Praktische Infos

Einwohner 13.000

Information **Touristinfo,** Gustav-Meyer-Platz 2 (im Atrium an der Schleuse), 25541 Brunsbüttel, ✆ 04852-391186, www.echt-dithmarschen.de. Kein Gästebeitrag.

Fähre Gleich an 2 Stellen der kleinen Stadt gibt es eine **Auto-Kanalfähre** über den Nord-Ostsee-Kanal; eine davon verkehrt alle 10 Min. rund um die Uhr (im 24-Std.-Takt), die Überfahrt ist kostenlos. Schon eine kleine Seereise hingegen war einst die Fahrt mit der **Elbfähre von Brunsbüttel nach Cuxhaven.** Die Überfahrt dauerte 80 Min.; für das Jahr 2020 ist eine Wiederbelebung dieser Fährverbindung geplant.

Schwimmen **Freizeitbad Brunsbüttel,** innen 25-m-Bahnen, Kinderrutsche; zudem ein beheiztes Außenbecken. Erw. 4,80 €, Kinder 2,50 €, Saunalandschaft 15,50 €. Am Freizeitbad, ✆ 04852-940450. Beheiztes **Freibad Ulitzhörn,** einzigartige Lage direkt an der Kanalmündung mit Blick auf die Schiffe. 50-m-Bahnen,

Von Bäumen umrankt: Jakobuskirche in Alt-Brunsbüttel

kleines Sprungbrett und sogar Strandkörbe gibt es hier zu mieten. Bis 20 Uhr geöffnet. Erw. 4 €, Kinder 1,50 €. Ulitzhörn 1, ✆ 04852-2208.

Veranstaltungen **Wattolümpiade,** jährlich Mitte August durchgeführte Benefizveranstaltung an der Elbmündung, bei der bis zu 500 „Wattleten" in verschiedenen schlammigen Disziplinen wie Wattfußball oder „Wattwolliball gegeneinander antreten. **Kanal-Geburtstag,** eine Art Volksfest mit Fischmarkt und musikalischen Darbietungen, bei dem 3 Tage lang Ende Juni der Geburtstag des Nord-Ostsee-Kanals gefeiert wird. Der Ausklang des Sommers wird dann Anfang September romantisch mit der **NOK-Romantika** gefeiert, bei der die Schleusenstadt mit Lichterketten und Feuerdarbietungen in ein buntes Lichtermeer verwandelt wird; nicht nur in Brunsbüttel, bis hinüber nach Kiel werden dann entlang des Kanals zahlreiche Fackeln und Lichter entzündet.

Wochenmarkt Jeden Di 8–12 Uhr in der Koogstraße.

Essen & Übernachten (→ Karte S. 26/27)

Schleusenhotel 1, ordentlich geführtes 40-Betten-Hotel im Herzen der Stadt, reichhaltiges Frühstücksbüfett. DZ ab 90 €. Koogstr. 67–71, ✆ 04752-9880, www.schleusenhotel.de.

Torhaus 2, durchgehend italienisch-deutsche Küche (Pizza), auch Fischgerichte. Bestechend ist v. a. die Lage. Von der großen Terrasse können Sie schön das Treiben vor der Schleuse beobachten (tägl. 10–21 Uhr). Gustav-Meyer-Platz 3, ✆ 04752-940577.

Ginelli 3, guter, stilvoll eingerichteter Italiener am Marktplatz von Alt-Brunsbüttel. Mo–Fr auch Mittagstisch. Freundlicher Service, kleine Außenterrasse, Di Ruhetag. Markt 5, ✆ 04852-530717.

meinTipp **Café-Katchen 4,** die direkt hinter dem Elbdeich gelegene restaurierte Reetdach-Kate lädt zu einem gemütlichen Stopp, z. B. bei einer Radtour ein. Es gibt auch nette Außenplätze unter den Obstbäumen. Bei viel Andrang müssen Sie mit Wartezeiten rechnen. Es gibt sehr leckere Kuchen und Torten (v. a. Baumkuchen, aber auch kleine Brotzeiten). Mi–So 9–12 Uhr (Frühstück mit Anmeldung) und 14–17.30 Uhr. Soesmenhusen 20 (ganz im Südwesten der Stadt), ✆ 04752-8361360.

Marne

Das kleine Städtchen der Marschen und Köge ist das Zentrum der Südermarsch und v. a. bekannt wegen des guten Bieres – hier wird das Dithmarscher Pils gebraut. Ansonsten geht es hier recht beschaulich zu.

Marne liegt verkehrsgünstig an der B 5, direkt an der Grenze von alter zu neuer Marsch – durch Landgewinnungsmaßnahmen der letzten drei Jahrhunderte ist Marne etwa 7 km ins Binnenland gerutscht. Der letzte Koog wurde erst in den 1930er-Jahren eingedeicht.

Der kleine Ort ist schnell zu Fuß erkundet. Einige Gebäude rund um die St.-Magdalenen-Kirche können nicht darüber hinwegtäuschen, dass auch Marne den Weg so vieler Städtchen geht, in denen viele Läden leer stehen, weil sich am Ortsrand Discounter angesiedelt haben. Aber immerhin hat Marne noch Stadtrechte (seit 1891) und daher auch ein markantes backsteinernes Rathaus, das in einer späten Jugendstilform im Jahr 1915 gegenüber der Kirche errichtet wurde und dessen Vorbild das fast zeitgleich erbaute Büsumer Rathaus ist. Ausgestattet ist es mit einem wuchtigen Schaugiebel und einem Torbogen. Auffällig ist auch die grün-weiß verputzte Sonnenapotheke unweit der Kirche, die an dieser Stelle seit 1755 existiert. Und Marne hat noch immer seine Privatbrauerei, in der nach wie vor die weithin bekannten Dithmarscher Biere gebraut werden.

Der 1934 errichtete Müllenhoff-Brunnen (Markt/Süderstraße) erinnert an den Marner Märchensammler und Germanistik-Professor Karl Viktor

Dithmarschen → Karte S. 22

Müllenhoff (1818–1884) und mit der Gestalt des von einer Elster gekrönten Wunderbaums an eine alte Dithmarscher Sage. Nach dieser Erzählung soll zur Zeit der sog. Dithmarscher Freiheit eine riesige Linde mit gekreuzten Zweigen während der Besetzung des Landes verdorrt sein. Und der Sage nach sollte sie erst wieder ausschlagen, wenn eine Elster darauf genistet und fünf weiße Jungen ausgebrütet hätte, dann nämlich hätte auch Dithmarschen seine Freiheit zurück. An die gleiche Sage erinnert die Skulptur einer riesigen Hasenelster im Stadtzentrum (Königstraße), also einer Elster, die eine Hasenmaske trägt. Mit ihrer aufgesetzten Hasenmaske verkörpert die im Jahr 2000 errichtete Skulptur zudem symbolhaft den Marner Karneval – Marne ist die nördlichste Karnevalshochburg Deutschlands. Merkwürdigerweise ist Marne der einzige Ort im ansonsten eher faschingsfernen Schleswig-Holstein, wo man es schafft, jährlich einen Rosenmontagszug mit etwa 50 Motivwagen und Gruppen auf die Beine zu stellen, und das immerhin schon seit 1978.

Marne: Mühlenhoff-Brunnen

Geschichte

Das Städtchen lag bis ins 18. Jh. hinein direkt am Meer, was auch den erstmals im 12. Jh. erwähnten Namen erklärt – der Name „Marne" hat seine Wurzeln im Angelsächsischen *(Myrne)* und bedeutet „Siedlung am hohen Ufer".

Infolge der (vorübergehenden) Befreiung von der dänischen Herrschaft durch die Schlacht von Bornhöved im Jahr 1227 wurde Dithmarschen zum weitgehend unabhängigen Bauernstaat. Rechtlich unterstand Marne zunächst dem Erzbischof von Bremen, später dem Herzog von Holstein. Und mit dem Bau einer großen Kirche wurde Marne bald eines der Zentren Dithmarschens. Einen richtigen Aufschwung erlebte Marne erst zu preußischer Zeit ab 1867, als in der Gründerzeit neue Köge entstanden und damit fruchtbares Marschland der Nordsee abgerungen wurde. 1891 bekam der aufstrebende Ort sogar Stadtrechte. Die repräsentativen Wohnhäuser aus dem 19. und frühen 20. Jh. prägen z. T. noch heute das Stadtbild.

Sehenswertes

Maria-Magdalenen-Kirche: Erst 1906 auf der alten Marner Kirchwarft erbaut und damit im Stil der Zeit einem frühgotischen Vorbild nachempfunden. Die baufällige Vorgängerkirche wurde kurz zuvor abgerissen (1904). Die neue Saalkirche errichtete man in einem Stilmix aus Neugotik und Neuromanik und stattete sie v. a. im Inneren mit Jugendstilelementen aus. Markant ist v. a. der schmale, aber mit 61,5 m sehr hohe Kirchturm.

Die von vier Figuren auf einem Ring getragene uralte Bronzetaufe (um 1300) stammt noch aus dem Vorgängerbau und ist das mit Abstand älteste Einrichtungsstück der Kirche. Auch die kostbar verzierte Kanzel sowie das Orgelgehäuse (beide von 1603) wurden wiederverwendet. Der hölzerne Altar, die Emporen, das Kirchengestühl und die mit Jugendstilelementen versehenen Glasfenster stammen jedoch aus dem Erbauungsjahr 1906.

▪ Geöffnet Mo/Di u. Do 9–17 Uhr, Mi u. Fr 9–12 Uhr. Österstr. 16.

Heimatmuseum Marner Skatclub: Die in der kleinen Gründerzeitvilla von 1905, dem ehemaligen „Skathaus", untergebrachte Ausstellung geht im Wesentlichen auf die Sammlung des 1873 gegründeten Skatclubs zurück. Das der Geselligkeit der Marner Oberschicht dienende Clubhaus wurde einst nicht nur mit Utensilien des Biertrinkens und Rauchens geschmückt, sondern u. a. auch mit einigen kolonialen Mitbringseln, z. B. mit einem Schild aus Elefantenhaut und chinesischen Richtschwertern. Die Sammlung wurde 1977 von der Stadt übernommen und 1990 durch einen Anbau erweitert. Mit vielen Bildern, Fotos und interessanten Exponaten (v. a. historischen Einrichtungsgegenständen und Handwerksmaschinen) vermittelt sie einen etwas sammelsuriumartigen, aber durchaus interessanten Einblick in die Marner Stadt- und Familiengeschichte. Präsentiert werden darüber hinaus einige vorgeschichtliche Funde aus der Region.

▪ Geöffnet Di–Fr und So 14.30–18 Uhr. Erw. 2 €, Kinder 0,50 €, Familien 3 €. Museumsstr. 2.

Dithmarscher Brauerei: Die heute einzige Privatbrauerei an Schleswig-Holsteins Westküste wurde im Jahr 1884 von der Familie Hintz gegründet und stellt bis heute im nördlichen Ortszentrum ihr Dithmarscher Bier her, das stilvoll und traditionell in Bügelflaschen, den sog. *Beugelbuddeln*, abgefüllt wird.

Heimatmuseum im Skatklub ▲

Dithmarscher Privatbrauerei ▼

Derzeit produzieren und vermarkten gut 40 Mitarbeiter täglich etwa 150.000 Flaschen gängiger Biersorten wie Pils, Dunkel oder Bockbier. Bei einer Besichtigung der Braustätte, die teils über enge Treppen und Gänge führt, können Sie den Brauern über die Schulter schauen sowie die Flaschenabfüllung und das Verpacken der Kisten beobachten. Eine Einkehr im Karlskeller mit Verkostung und kleinem Imbiss rundet die Besichtigung ab.

▪ Besichtigung Di oder Do um 15 Uhr (bis 17.30 Uhr) nach vorheriger Anmeldung. 7 €/Pers., Anmeldung unter ✆ 04851-9620 oder per E-Mail. Privatbrauerei Karl Hintz, Österstr. 18, www.dithmarscher.de.

Marschenbahn-Draisine: Der einstige Bahnabzweig von St. Michaelisdonn über Marne nach Friedrichskoog wurde bereits 1961 eingestellt. Die Gleise von Marne nach St. Michaelisdonn sind aber noch erhalten, sodass Sie diese 9 km lange, stillgelegte Marschenbahnstrecke mit Fahrraddraisinen erkunden können. Maximal vier Personen finden auf der Draisine Platz, jeweils zwei Personen müssen dann kräftig in die Pedale treten. Sie müssen bei der Fahrt auch ein paar kleine Straßen queren, dabei müssen Sie zunächst eine Schranke öffnen (gegebenenfalls Ampeln bedienen) und die Draisine dann über die Straße bzw. den Überweg schieben. Die Draisine ist die einzige in Deutschland mit Stecksegel, das bei entsprechenden Verhältnissen für ein wenig Windunterstützung sorgt. Die Strecke beginnt bzw. endet am alten Marner Bahnhof, wo (wie auch in St. Michaelisdonn) jeweils ein ausgedienter Eisenbahnwaggon als Kiosk bzw. Café dient.

▲ Startpunkt der Draisinenbahn

▼ Kleinod: Neufelder Hafen

■ Geöffnet Mai–Sept. Einfache Fahrt 24 €/Draisine, Hin- und Rückfahrt 36 €. Gefahren wird ca. 70 Min. lang. Mo, Mi u. Fr/Sa ab Marne 12.30 und 15.30 Uhr (in der Gegenrichtung ab St. Michaelisdonn um 11 und 14 Uhr). Di, Do u. So sind die Zeiten umgekehrt, d. h. ab Marne 11 und 14 Uhr (und ab St. Michaelisdonn um 12.30 und 15.30 Uhr). Reservierung möglich. Bahnhofstr. 41, ✆ 04851-957686 (Marne) oder ✆ 04853-807305 (St. Michaelisdonn), www.marschenbahn-draisine.de.

Neufelder Hafen: Ein knapp 6 km südlich von Marne gelegenes Kleinod für Ruhesuchende. Der tideabhängige Hafen mit seinem kleinen Hafenkai beherbergte einmal eine ansehnliche Fischerflotte. Wegen zunehmender Landgewinnungsmaßnahmen und damit zunehmender Verschlickung dient er seit Anfang der 1970er-Jahre jedoch nur noch als Sportboothafen für Boote mit einem Tiefgang von max. 1,50 m. Meeresluft können Sie hier zwar schnuppern, die Außenelbe versteckt sich jedoch hinter einem breiten Gürtel von Salzwiesen, lediglich in der Ferne lassen sich die Schiffe ausmachen. Auf dem Deich laden zwei Restaurants zum Verweilen ein.

Praktische Infos

Einwohner 5800

Information **Touristik Marne-Marschenland e. V.,** Deichstr. 2 (am ZOB), 25709 Marne, ✆ 04851-957686, Buchungshotline ✆ 04851-2122555, www.echt-dithmarschen.de.

Fahrradverleih **Lamberty,** Süderstr. 23, ✆ 04851-597, www.lamberty.de.

Schwimmen **Marner Schwimmhalle,** schnörkellose Halle mit 25-m-Bahnen, Fußbecken für Wechselbäder, Dampfbad und 2 finnischen Saunen. Erw. 3,50 €, Kinder 2,50 €, Sauna 8 €. Wechselnde Öffnungszeiten (zumeist nachmittags und abends). Wilhelmstr. 35, ✆ 04851-4644.

Badestelle Kaiser-Wilhelm-Koog: Wenn Sie die Einsamkeit lieben, können Sie 8 km westlich von Marne die komfortlose Badestelle des Kaiser-Wilhelm-Koogs ansteuern. Nach Überwindung des Elbdeiches müssen Sie noch etwa 150 m seewärts durch die Salzwiesen zum Wattenmeer laufen. Nur eine einsame Dusche inmitten der Schafe und ihren Hinterlassenschaften weist auf das Badevergnügen hin („Janina's Imbiss" 100 m entfernt).

Stadtführung Jeden Do um 11 Uhr (15. Juni bis 15. Okt.). 2 €/Pers. ✆ 04851-957686, Treffpunkt: Touristinfo, Deichstr. 2, Anmeldung nur bei Gruppen nötig.

Wochenmarkt Jeden Mi 8–12 Uhr auf dem Marktplatz rund um die Kirche.

Essen & Übernachten **Marner Hof,** kleines, vergleichsweise einfaches 20-Zimmer-Hotel garni in einem renovierten Altbau, großes Frühstücksbüfett. Die Rezeption ist selten geöffnet, aber Sie erhalten den Zimmerschlüssel jederzeit per Zahlencode unproblematisch am Schlüsselkasten. DZ 80 €. Kleiner Ring 8, ✆ 04 851-9566310, www.marner-hof.de.

Op'n Diek, uriges Lokal direkt auf dem Deich am Neufelder Hafen (6 km südlich von Marne). Es gibt rustikale norddeutsche Küche von einer großen Speisekarte mit Fisch- und Fleischgerichten und leckere Fischbrötchen. Zum Abschluss kann man sich einen leckeren Eiergrog gönnen. Strandkorbterrasse mit Ausblick. Tägl. ab 11 Uhr (Mo Ruhetag). Op'n Diek 3, 25724 Neufeld, ✆ 04851-1840.

Alice Heimathafen, ebenfalls am Neufelder Hafen gelegen, alles ist hier etwas gediegener als im benachbarten Op'n Diek. Es gibt eine relativ kleine Karte mit klassischen Gerichten, die mit frischen Zutaten modern interpretiert werden (z. B. Zanderfilet mit Safranschaum, Lachsfilet in Weißweinsoße). Schöne Terrasse. Tägl. 11.30–21 Uhr (Mo Ruhetag). Op'n Diek 5, 25724 Neufeld, ✆ 04851-9567380.

Dithmarschen → Karte S. 22

St. Michaelisdonn

10 km nordöstlich von Marne liegt St. Michaelisdonn in schöner Lage am Übergang von der flachen Marsch zur hügeligen Geest. Der Ort ist Endpunkt der Draisinenbahn und Heimat einer besonders schön gelegenen historischen Windmühle.

St. Michaelisdonn präsentiert sich als unaufgeregter, für Dithmarschen schon relativ großer Wohnort ohne nennenswerten Tourismus. Am südöstlichen Ortsrand erhebt sich an den Moorwiesen das *Kleve* (Kliff), das heute ein 12 ha kleines Naturschutzgebiet ist. Der für hiesige Verhältnisse mit einer Höhe von bis zu 40 m ü. NN eindrucksvolle Höhenzug markierte vor 5000 Jahren die ehemalige Küstenlinie. Weithin sichtbar und wunderschön auf dem „toten Kliff" gelegen, bildet die Hoper Windmühle „Edda" so etwas wie eine Bilderbuchkulisse (ausgeschildert). Dieser baulich gelungene reetgedeckte Kellerholländer ersetzte im Jahr 1842 einen Vorgängerbau, von dem man einen Balken mit der Aufschrift „A.D. 1666 8. Mai" übernahm. Erst 1959 erhielt die Mühle den Namen „Edda". Ein Mühlenverein kümmert sich um die Erhaltung des nur selten zu besichtigenden historischen Bauwerks. Der benachbarte historische Bauernhof wartet derzeit allerdings noch auf bessere Zeiten.

Draisinenbahnhof: Waggon-Café

Entstanden ist der Ort, als neben einigen Katen auf einer ehemaligen Düne *(Donn)* im Jahr 1611 die St.-Michaelis-Kirche errichtet wurde. Die in Ortsmitte gelegene einfache Saalkirche mit ihrer Holzbalkendecke wurde 1730 nach Westen hin erweitert, der markante freistehende Glockenturm kam erst 1964 hinzu. Im Kircheninneren fehlt das historische Gestühl, bemerkenswert sind v. a. der von einem einheimischen Künstler geschnitzte Barockaltar und die spätbarocke, reich verzierte Taufe (um 1670).

▲ St. Michaelisdonn: Mühle „Edda"

▼ Barlt: Mühle „Ursula"

Durch den Bau der Marschenbahn Hamburg–Westerland 1878 und die Gründung einer Zuckerfabrik 1888 (die allerdings 1995 geschlossen und 2004 abgerissen wurde) erfuhr St. Michaelisdonn einen weiteren Aufschwung. Von hier führte ein 1961 stillgelegter Bahnabzweig bis Friedrichskoog – das Teilstück bis Marne können Sie heute mit einer Fahrraddraisine befahren (→ S. 32).

Erwähnenswert ist zudem das am nördlichen Ortsrand in der alten Schule von Westdorf untergebrachte **Freimaurermuseum,** immerhin das drittgrößte seiner Art in Europa (beim Restaurant St. Michael, Meldorfer Str. 2). Im ersten Stock des Gebäudes residiert die Freimaurerloge und gewährt mit der Präsentation von 5500 Exponaten und rituellen Gegenständen Einblicke in die Geschichte der geheimnisumwitterten Freimaurertradition (geöffnet jeden ersten Samstag im Monat von 15–18 Uhr; ✆ 0172-4541277; www.freimaurer-museum.de).

Windmühlenliebhaber kommen nicht nur in St. Michaelisdonn, sondern auch in der Umgebung auf ihre Kosten. Knapp 7 km nordwestlich steht im Ort **Barlt** mit der Mühle „Ursula" ein interessanter, 1875 erbauter Galerieholländer mit Jalousieflügeln und Windrose. Die von Wirtschaftsgebäuden umgebene Mühle war noch bis 2000 als eine der letzten Vollerwerbsmühlen Deutschlands in Betrieb. Sie wird mitunter noch zur Futtervermahlung betrieben (Führung Fr 10.30 Uhr, Mühlenstr. 5, Rudolf Lindemann, ✆ 04857/329). Im Garten hinter dem Müllerhaus steht eine bemerkenswerte uralte Doppel-Hainbuche, die wohl das Überbleibsel einer einstigen Wallhecke ist. Eine weitere historische Mühle finden Sie 6 km südlich von St. Michaelisdonn im Ort **Eddelak** (Süderstr. 27). Die Windmühle „Gott mit uns" wurde 1865 u. a. unter Verwendung von Teilen des Vorgängerbaus errichtet. Die Mühlentechnik ist noch bemerkenswert gut erhalten. Der reetgedeckte Galerieholländer wird auch „Hochzeitsmühle" genannt, weil er heute auch als Außenstelle des Standesamts Burg-St. Michaelisdonn dient.

Einwohner 3500

Information **Touristinfo St. Michaelisdonn und Umgebung,** Bahnhofstr. 26, 25693 St. Michaelisdonn, ✆ 04853-807305, www.echt-dithmarschen.de. Kein Gästebeitrag.

Schwimmbad Beheiztes Freibad mit 25-m-Becken und Kinderrutsche (tägl. 13–20 Uhr). Burger Str. 18a, ✆ 04853-8249.

Essen & Übernachten ******Landhaus Gardels,** in der ruhigen Ortsmitte gelegenes Ringhotel. 22 mit Liebe zum Detail eingerichtete Zimmer (DZ 140–175 €). Fitness- und Saunabereich. Angeschlossen ist das 2-Sterne-Haus „Der kleine Hans" (DZ inkl. Frühstück ab 112 €). Gutes Frühstücksbüfett. Westerstr. 19, ✆ 04853-8030, www.landhaus-gardels.de.

Abendrestaurant Gardels, gehobenes Niveau, Speisen mit frischen Zutaten (z. B. Sauerfleisch, Filet-Topf, Entenbrust oder Kabeljau), So Ruhetag. Westerstr. 19, ✆ 04853-8030, www.kleiner-hans.de.

Hohenkamp Camping, sehr gepflegter, auf einer Anhöhe neben dem Sportflugplatz von St. Michaelisdonn gelegener Campingplatz mit gut 50 Stellplätzen, auch renovierte Zimmer im Haupthaus zu mieten (60 €, Gemeinschaftsküche). Hopen 55, ✆ 0173-1467190, www.hohenkamp-camping.de.

Dithmarscher Gänsemarkt, 5 km nördlich von St. Michaelisdonn gibt es in Gudendorf eine Gänsefarm, die sich zum Familienausflugsziel gemausert hat. Sie können den Kükenstall besuchen (Eintritt frei), Ihre Kinder im Spielhaus „Gans im Glück" toben lassen, in der Markthalle Bettwaren und Kissen erwerben, und natürlich können Sie im großen Café/Restaurant Leckereien aus der Farmküche und frische Kuchen (z. B. Eierlikörtorte) genießen (Hunde haben keinen Zutritt). April–Dez. tägl. 10–19 Uhr (Mo Ruhetag). Hauptstr. 1, 25693 Gudendorf, ✆ 04859-445.

Dithmarschen → Karte S. 22

Burg

Hier geht es wie so oft in Dithmarschen ruhig und beschaulich zu, und doch ist der Luftkurort Burg ein wenig anders als die übrigen Ortschaften der Region. Der Grund dafür ist, dass Burg eben gerade nicht im Marschland liegt, sondern am Rande eines hohen Geestkerns und damit in einer ungewöhnlich hügeligen Landschaft. Zudem grenzt der Ort an den Nord-Ostsee-Kanal.

Ein großer Parkplatz an der kleinen Freilichtbühne bietet einen guten Ausgangspunkt für eine Ortserkundung. Diese Freilichtbühne lehnt sich an die Rückseite eines mächtigen, teils 10 m hohen Erdwalls, bei dem es sich um den Rest einer Flucht- und Schutzburg aus dem frühen 9. Jh. handelt. Dieser einst nahezu kreisrunde sog. Bökelnburgwall hat einen Durchmesser von etwa 100 m, im Inneren befindet sich ein Friedhof.

Zentraler Punkt des kleinen Ortes ist jedoch der erhöht liegende Marktplatz nahe der St.-Petri-Kirche. Drei schöne historische Gebäude schmücken die Ostseite des Platzes: ein reetgedecktes niederdeutsches Fachwerk-Hallenhaus (Haus Nr. 8), das um 1750 errichtet wurde, und ein nur wenige Jahrzehnte jüngerer, weiß getünchter Backsteinbau (Haus Nr. 9), in dem sich seit 1839 eine „priveligierte" Apotheke befindet. Das Privileg bzw. die Konzession zum Betrieb dieser Apotheke wurde damals noch vom dänischen König verliehen (der auch Herzog von Holstein war). Das älteste Gebäude ist jedoch das rechts neben der Apotheke vor der Kirche am Denkmal gelegene ehemalige

Schön und schlicht: Petri-Kirche Burg

Diakonat (Große Bergstr. 11) aus dem Jahr 1613. Der kleine Ort hat auch zwei Museen zu bieten: 300 m westlich des Ortskerns befindet sich das Burger Museum, knapp 2 km außerhalb im Burger Wald gibt es zudem ein Waldmuseum mit Aussichtsturm.

Geschichte

Der Ortsname Burg leitet sich vom historischen *Bökelnburg* (plattdeutsch für „Buchenburg") ab, weil sich der Burgwall damals in einem Stück Buchenwald befand. Und auch heute noch ist der einst zum Schutz vor Wikingern, Franken und Slawen mit hohen Palisaden gespickte steile Wall dicht mit Buchen bewachsen. In Norddeutschland tragen übrigens zahlreiche lediglich von einem hohen Erdwall umgebene Schutzanlagen im Namen die Bezeichnung „Burg" oder gelten als Fluchtburg, und das auch ohne jene steinernen Gebäude, die man gemeinhin als Burg bezeichnen würde. Im Inneren des Walls fanden damals die Burgbesatzung und die schutzsuchende Bevölkerung in einfachen Blockhäusern Zuflucht. Der in exponierter Lage am Geestrand gelegene Burgwall hat eine maritime Tradition, weil in früheren Zeiten die Küstenlinie bzw. einzelne Meeresarme bis dicht an die Stadt heranreichten. Noch im 18. Jh. gab es in der Burger Au eine Werft und eine bedeutsame Torfschifffahrt. Und mit dem Bau des Nord-Ostsee-Kanals bekam der Ort sogar einen Kanalhafen, der 1940 jedoch wieder zugeschüttet wurde.

Sehenswertes

Petri-Kirche: Direkt hinter dem Marktplatz liegt das dörflich wirkende, weiß getünchte Gotteshaus, dessen kleiner Turmaufsatz fast mittig auf dem Kirchendach platziert ist. Ursprünglich bestand der auf das 12. Jh. zurückgehende Kirchenbau aus Feldsteinen, die jedoch im Laufe der Zeit weitgehend durch Ziegelsteine ersetzt wurden. Weil die Kirche in früheren Zeiten eine wertvolle Reliquie des Hl. Petrus besaß, wurde sie im Spätmittelalter zur viel besuchten Wallfahrtskirche – heute geht es hier wesentlich ruhiger zu. Die Innenausstattung des fast rechteckigen,

Die Doppeleiche – Symbol der Zusammengehörigkeit von Schleswig und Holstein

Die heutige Einheit des nördlichsten deutschen Bundeslandes hat eine lange Vorgeschichte. Bis Mitte des 15. Jh. herrschten die Schauenburger Grafen über Schleswig und Holstein. Als dann der letzte Schauenburger Graf, Adolf VIII., kinderlos starb, wählte die schleswig-holsteinische Ritterschaft dessen Neffen, den dänischen König Christian I., zum Landesherrn. Mit diesem wurde im Jahr 1460 im sog. *Ripener Privileg* vereinbart, dass die zwei Herzogtümer „auf ewig ungeteilt" *(up ewig ungedeelt)* bleiben sollten. Jedoch galt das von Deutschen und Dänen besiedelte Herzogtum Schleswig (das Gebiet nördlich der Eider) weiterhin als königlich-dänisches Lehen, während das ausschließlich von Deutschen besiedelte Holstein (das Gebiet zwischen Eider und Elbe) nach wie vor Teil des Heiligen Römischen Reiches Deutscher Nation blieb und damit Reichslehen war. Bei einer Trennung hätte Schleswig also vom dänischen König und Holstein vom deutschen König als Lehen an einen neuen Landesherrn vergeben werden können. In der Folgezeit war Dänemark allerdings immer wieder bestrebt, auch Holstein ganz seinem Königreich zuzuschlagen.

Als 1848 die endgültige Einverleibung ins dänische Königreich drohte, erhoben sich die durch den zunehmenden Deutschnationalismus ermutigten Holsteiner und die deutschsprachigen Einwohner im südlichen Schleswig gegen die Dänen, hatten jedoch zunächst keinen Erfolg damit. Erst nach dem Deutsch-Dänischen Krieg von 1864 wurden Schleswig und Holstein dann 1867 schließlich gemeinsam preußisch.

Zur Erinnerung an die Revolte von 1848 wurden an deren 50. Jahrestag 1898 überall in dem nun zum deutschen Kaiserreich gehörenden Schleswig-Holstein Doppeleichen gepflanzt. Die Doppeleiche hatte man als Symbol für die Zusammengehörigkeit von Schleswig und Holstein gewählt, zum einen, weil die Eiche als „deutscher Baum schlechthin" galt, zum anderen, weil Doppeleichen Bäume sind, die zwar zwei getrennte, manchmal auch zusammengewachsene Stämme haben, aber eine gemeinsame Krone bilden. Man kann sie nicht voneinander trennen, ohne dass der ganze Baum zerstört oder schwer beschädigt wird.

Etwa 100 Doppeleichen haben in Schleswig-Holstein die Zeit überdauert, eine davon befindet sich neben der Petri-Kirche in Burg (Dithmarschen), die sich allerdings erst in einer Höhe von etwa 2 m teilt.

Auf ewig ungeteilt: Doppeleichen-Gedenkstein in Burg

einschiffigen Baus mit einer Erweiterung an der Südseite ist vergleichsweise spartanisch, historisch bedeutsam sind lediglich die schlichte Holzkanzel (1621) und das Holzkruzifix (14. Jh.) über dem Altar. Ein Schiffsmodell an der Seitenwand erinnert an die maritime Tradition Burgs.

Neben der Kirche befindet sich eine Doppeleiche mit einem Gedenkstein zum Aufstand von 1848 mit der Aufschrift „Up ewig ungedeelt" (→ Kasten S. 37). Richtung Marktplatz befindet sich ein von drei Eichen eingerahmtes Denkmal für die Gefallenen des deutsch-französischen Krieges von 1870/71.

▪ Die Kirche ist gewöhnlich geöffnet. Falls nicht, erhält man den Kirchenschlüssel von Mi–So zwischen 14 und 18 Uhr im „Lütten Café" (Krenzerstr./Burgstr.).

Burger Museum: Seit dem Jahr 2003 hat ein engagierter Förderverein in einer ehemaligen Sattlerei ein interessantes Heimatmuseum eingerichtet. In einer mit Fotos, maritimen Exponaten, Schiffsmodellen und v. a. mit einer originalen Kapitänskajüte ausgestatteten Ausstellung erhält man Einblick in die Burger Schifffahrt. Außerdem gibt es verschiedene historische Werkstätten und Läden zu sehen: Neben den Gerätschaften der alten Sattlerei können Sie eine historische Uhrmacherwerkstatt, einen Frisörladen, einen Kaufmannsladen und eine altertümliche Zahnarztpraxis bewundern. Höhepunkt und ganzer Stolz des Museums ist aber sicherlich die im Obergeschoss platzierte historische Originaleinrichtung der örtlichen königlich-dänischen Apotheke. In verschiedenen kleinen Räumen können Sie die komplette Einrichtung der alten Landapotheke bewundern, also nicht nur den Verkaufsraum, sondern auch die Materialkammern (mit Giftkammer), das Kontor („Büro"), das Laboratorium und auch die „Stosskammer" (zum Zerkleinern der Heilkräuter mit Mörsern). Zum Haus gehört auch ein gepflegter Apothekergarten mit einheimischen Arzneipflanzen, und ein kleines Museumscafé gibt es auch.

▪ Geöffnet Mai–Okt. Di u. Fr–So 14.30–16.30 Uhr. Zudem im April ab Ostern So 14.30–16.30 Uhr. Erw. (inkl. Führung) 3 €, Schüler 1,50 €. Große Mühlenstr. 6, ✆ 04825-902200, www.burger-museum.de.

Waldmuseum: Ungewöhnlich für die waldarme Nordseeküstenregion gibt es auf dem höchsten Punkt des 1,5 km von der Ortsmitte gelegenen, 65 m hohen Wulfsboom ein Waldmuseum. Dieses ist im Unterbau eines 21 m hohen und sehr massiv wirkenden **Aussichtsturms** untergebracht, der an dieser für schleswig-holsteinische Verhältnisse durchaus exponierten Stelle 1914 errichtet wurde. Von einer verglasten Aussichtsplattform haben Sie knapp über den Baumkronen des 50 ha großen Waldes einen schönen Ausblick über weite Teile Dithmarschens und hinüber zu der den Nord-Ostsee-Kanal überspannenden Hochdonner Eisenbahnbrücke.

Die Ausstellung selber präsentiert das Ökosystem Wald und insbesondere die heimische Tier- und Pflanzenwelt u. a. mit zahlreichen Tierpräparaten. Aber auch die Burger Heimatgeschichte, Fossil- und Bernsteinfunde sowie die Mooreichen sind Ausstellungsthemen. Entstanden ist das Museum am Fuße des Turms im Jahr 1968 aus der pädagogischen Auswertung einer Schulwaldarbeit an der Realschule Burg und wird seitdem auch gerne von Schulklassen besucht.

Neben dem Museum befindet sich ein umzäuntes Areal mit einem schön gestalteten Waldlehrpfad, der mit Rutschen und Schaukeln auch Spielmöglichkeiten für Kinder bietet. Zudem führt ein etwa 2 km langer, ebenfalls mit Infotafeln bestückter Rundwanderweg durch den angrenzenden Wald. Dabei kommen Sie an einem Teich vorbei, bekommen einen schönen Bestand japanischer Lärchen sowie alter Buchen und Eichen zu sehen, können ein Torfmoospolster bestaunen und v. a. eine hier in der Nähe gefundene Mooreiche, die aus der Zeit um Christi Geburt stammt und von dem Moor konserviert wurde.

▪ Geöffnet Karfreitag bis Ende Okt. Di–So 11–17 Uhr (Mo Ruhetag). Erw. 2,50 €, Kinder (4–18 J.) 1,50 €. Für Kinder liegen Quizbögen zur spielerischen Museumserkundung bereit. Die Zufahrt über die Waldstraße ist beschildert. Von einem Waldparkplatz geht es 250 m zu Fuß hinauf zum Museum mit dem Aussichtsturm. Waldstr. 141, ✆ 04825-2985, www.burger-waldmuseum.de.

Praktische Infos

Einwohner 4300

Information **Touristinfo,** Holzmarkt 5 (im Ladengeschäft „Tee-Burg"), 25712 Burg, ✆ 04825-901194, www.echt-dithmarschen.de. Kein Gästebeitrag.

Kanuverleih für Paddeltouren in der Burger oder Wilster Au. Achterhörn 7, 25554 Neuendorf-Sachsenbande, ✆ 0162-2122510. Infos unter www.wilsterau-kanu.de.

Schwimmen Beheiztes **Erlebnisfreibad** mit 80-m-Wasserrutsche und Wildwasserkanal. Geöffnet Mai–Sept. 10–20 Uhr. Erw. 3,50 €, Kinder 2 €. Am Sportplatz 10, ✆ 04825-8857.

Wochenmarkt Jeden Fr 8–12 Uhr auf dem Marktplatz.

Essen & Übernachten **Dat lütte Café,** kleines Café im historischen Gebäude in Ortsmitte. Es gibt wunderbare Tortenkreationen. Gartenplätze vorhanden. Geöffnet nur Fr–So 14–18 Uhr. Krenzerstr. 1, ✆ 04825-923938.

mein Tipp **Burger Fährhaus,** traditionsreiches, 1895 erbautes Restaurant, Café und Hotel in wunderbarer Lage direkt am Burger Fährübergang des Nord-Ostsee-Kanals. Nur 6 liebvoll eingerichtete Zimmer, zum großen Teil mit Kanalblick (DZ 100 €), gutes Frühstück und ein wirklich gutes Restaurant, in dem v. a. Produkte aus der Region verarbeitet werden (z. B. Filet vom Schleswiger Geestschwein oder Rumpsteak von der Husumer Färse). Und mit dem „Fährhaus-Bräu" wird hier sogar ein eigenes Craft-Bier gebraut. Vom Restaurant und dessen Terrasse können Sie wunderbar das Treiben auf der Kanalfähre und den regen Schiffsverkehr beobachten. Geöffnet tägl. 11.30–22 Uhr (im Winter Di Ruhetag). Hafenstr. 48, ✆ 04825-2417, www.burger-faehrhaus.de.

Burger Museum ▲

Waldmuseum ▼

In der Umgebung

Tiefste Landstelle Deutschlands: Die Zugspitze mit ihren 2962 m Höhe kennt jeder als höchsten Berg Deutschlands. Wenn Sie aber auch mal an der tiefsten Stelle Deutschlands stehen wollen, lohnt ein kurzer Abstecher von gut 6 km mit der kostenlosen Fähre über den Nord-Ostsee-Kanal nach Neuendorf-Sachsenbande. Hier liegt mit immerhin 3,54 m unter NN Deutschlands tiefster Punkt (sieht man einmal vom Seegrund des bei Timmendorfer Strand gelegenen Hemmelsdorfer Sees ab, der sogar 39 m unter dem Meeresspiegel liegt). Ohne eine Jahrhunderte andauernde Eindeichung der Elbe und ohne die Niederschlags-Entwässerung dieses fruchtbaren Marschlandes würde der Wasserspiegel hier in der Wilstermarsch um 5 m höher stehen. Ein

Faster, harder, louder ...

Eldorado der Heavy-Metal-Szene: W:O:A

Einmal im Jahr am ersten Augustwochenende wird es laut in Wacken – sehr laut! Und voll. Denn dann pilgern unter dem Motto „faster, harder, louder" 85.000 Metal-Fans aus aller Welt in das kleine 1900-Seelen-Dorf, um das seit über 30 Jahren stattfindende Wacken-Open-Air-Festival zu besuchen. Doch die Dorfbewohner stehen mehrheitlich zu dem Festival – und verdienen zumeist auch ganz gut daran. 1990 aus einer Bierlaune entstanden und mit lediglich 800 Besuchern in Wackens Sandkuhle veranstaltet, hat sich das W:O:A mittlerweile zum Mega-Event entwickelt und auf die umliegenden Äcker mit einer Fläche von 300 Fußballfeldern ausgedehnt. Auf insgesamt acht Bühnen treten am dreitägigen Festival-Wochenende von früh bis spät etwa 150 Bands verschiedener Genres auf. Alles, was in der Metal-Szene Rang und Namen hat, gibt sich hier die Ehre. Traditionell eröffnet wird die gigantische Party jedoch durch die Feuerwehrkapelle des Dorfes. Auch die Infrastruktur ist monströs. Das Gelände ist mit mehr als 45 km Bauzaun abgesperrt bzw. unterteilt und verfügt über ein riesiges Campingareal. Um Logistik und Infrastruktur für eine solche Menschenmenge gewährleisten zu können, wurde ein elektrisches System installiert, das eine Stadt mit 70.000 Einwohnern versorgen könnte. Zudem gibt es eine unterirdische Bier-Pipeline mit einer Zapf-Kapazität von 10.000 Litern pro Stunde und überdies 1300 Toiletten und 500 Duschen. Wacken hat sich längst zu Europas Mekka der Heavy-Metal-Anhänger gemausert. Jahr für Jahr sind die 240 € teuren Tickets bereits nach wenigen Stunden ausverkauft.

hölzerner Pfahl an einem Parkplatz direkt neben der Landstraße weist auf diese exponierte Stelle hin. Die untere hölzerne Tafel erklärt anschaulich, dass der genaue Vermessungspunkt von Deutschlands tiefster Landstelle etwas entfernt halbrechts auf der Weide zufinden ist (also etwa auf „zwei Uhr" rechts neben dem Haus). Sitzmöglichkeiten und Infotafeln laden an der gepflegten Anlage zur Rast ein, zudem zeigt ein Flutmarker, wie hoch hier ohne entsprechenden Küstenschutz das Wasser bei den vergangenen Sturmfluten gestanden hätte. Deutlich wird die Lage unterhalb des Meeresspiegels auch durch einen artesischen Brunnen – man hat hier eine Bohrung in die wasserführende Schicht in etwa 25 m Tiefe vorgenommen. Und da in einer Senke unterhalb des Grundwasserspiegels das Wasser unter Überdruck steht, kommt es hier ohne Pumpen von selbst an die Oberfläche.

▪ Anfahrt: An der Landstraße zwischen Burg (Dithmarschen) und Wilster gelegen, 500 m vor Neuendorf-Sachsenbande auf der rechten Seite (Infos auch unter www.tiefsteland stelle.de).

Wacken: Nur 10 km weiter nördlich von Deutschlands tiefster Landstelle liegt Wacken. Der kleine, beschauliche und vollkommen unspektakuläre Ort gerät einmal im Jahr in die Schlagzeilen und wird dann zum viel besuchten Mekka der Heavy-Metal-Freunde (→ Kasten S. 40). Außerhalb der Festivalzeit erinnern nur ein Getreidesilo mit dem Logo des Wacken-Open-Air sowie das dazugehörige Souvenirgeschäft („Wackenstore") an das bedeutende Ereignis.

3,54 m unter NN: Deutschlands tiefste Stelle

Dithmarschen → Karte S. 22

Friedrichskoog

Das auf einer eingedeichten Landzunge gelegene Friedrichskoog besteht eigentlich aus zwei Orten, nämlich aus Friedrichskoog mit der weithin bekannten Seehundstation und dem rund 5 km davon entfernten Friedrichskoog-Spitze mit seinem großen Grünstrand.

Seit die schleswig-holsteinische Landesregierung zum großen Ärger der Friedrichskooger beschloss, den an der Elbmündung gelegenen Tidehafen im Jahr 2015 wegen des zu teuren Unterhalts zu schließen, macht das leere Hafenbecken einen ziemlich trostlosen Eindruck. Dort, wo sich früher die Krabbenkutter tummelten, macht sich jetzt gähnende Leere breit. Das von einem breiten Salzwiesengürtel gesäumte Vorland hat die Hafenzufahrt mit dem Sperrwerk schnell versanden lassen. Sie wurde 2017 verschlossen, ein

Sachte Deichböschung: Grünstrand Friedrichskoog-Spitze

Schöpfwerk soll nun die Entwässerung übernehmen. Was mit dem Hafenbecken geschehen soll, ist bislang offen, angedacht ist ein wie auch immer gestalteter Erlebnishafen mit der bekannten und für Touristenströme sorgenden Seehundstation auf der Westseite und dem großen Indoor-Spielplatz mit seiner charakteristischen Wal-Form auf der Ostseite des Hafens.

Erwähnenswert im nun sehr ruhig gewordenen Friedrichskoog ist überdies die an der zum Vorort Spitze führenden Koogstraße gelegene Windmühle „Vergissmeinnicht“. 1860 erbaut und für genau 100 Jahre in Betrieb, wurde sie dann zum Restaurant umgebaut. Doch nachdem dieses nur noch zwischenzeitlich für Hochzeiten genutzt wird, wartet nun auch „Vergissmeinnicht“ auf bessere Zeiten.

Lebendiger geht es in **Friedrichskoog-Spitze** zu, das seit 2004 anerkanntes Nordseeheilbad ist und fast ausschließlich aus Ferienwohnungen und -häusern besteht. Schnurgerade führt die Straße in den kleinen Badeort hinein zum Seedeich, den ein Stahlturm der Badeaufsicht krönt. Davor liegen der Parkplatz und ein paar Restaurants. Und sogar eine kleine Einkaufspassage mit Touristinfo gibt es hier. Über den großen Treppenturm gelangen Sie auf den Seedeich mit seiner 100 m breiten Deichböschung. Dort erstreckt sich ein sehr gepflegter, über 1 km langer und mit bunten Strandkörben gespickter Grünstrand. Kleine Übergänge führen hinab ins Wattenmeer, einen Sandstrand gibt es, wie üblich an der schleswig-holsteinischen Nordseeküste, nicht, nur eine Art Riesensandkiste zum Buddeln für Kleinkinder.

Direkt An der Südseite des Grünstrandes wurde im Jahr 1936 ein 2,2 km langer Damm aus Basaltblöcken als Schutzmaßnahme errichtet, da ein großer Priel den Hauptdeich zu unterspülen drohte. Ursprünglich sollte er sogar bis zur 12 km entfernten Insel Trischen führen, erfüllte aber bereits in seiner jetzigen Dimension seinen Zweck, die Strömungen aufzuhalten bzw. zu verändern. An der Westseite des Damms hat sich im Laufe der Zeit ein stattliches Vorland mit Salzwiesen gebildet. Sie können den Damm über eine schmale Teerdecke begehen, ihn allerdings nicht mit dem Rad befahren. Der Trischendamm führt von der Deichkrone zunächst geradeaus und dann in einer leichten Rechtskurve tief ins Wattenmeer in Richtung der in der Ferne erkennbaren Ölplattform Mittelplate. Infotafeln über das Wattenmeer machten aus dem Damm eine Art Naturlehrpfad.

Geschichte

Friedrichskoogs Geschichte ist kurz. Das ganze Gebiet um Friedrichskoog wurde erst im 19. und 20. Jh. durch Eindeichung dem Meer abgerungen, um auf diese Weise fruchtbares Ackerland zu gewinnen. Benannt wurde es nach dem damaligen Herrscher, dem dänischen König Friedrich VII. Bei der bereits 1853 begonnenen Eindeichung wurde v. a. auch die damals unbewohnte Dieksander Hallig in den Koog einbezogen, die heute in etwa die Westspitze des Friedrichskoogs bildet. An diese Hallig erinnert nur noch die Namensgebung des weiter südlich gelegenen Ortsteils Dieksanderkoog. Dieser wurde allerdings erst später in der Zeit des Nationalsozialismus im Jahr 1935 eingedeicht und trug bis 1945 den Namen Adolf-Hitler-Koog.

Friedrichskoog war schon immer ein Platz für Ruhesuchende; nennenswerten Tourismus gibt es in Friedrichskoog-Spitze erst seit Ende der 1990er-Jahre. Seitdem stabilisiert sich die Zahl der Gäste auf überschaubare 20.000 (bei knapp 190.000 Übernachtungen) pro Jahr.

Sehenswertes

Seehundstation Friedrichskoog: Sie sind die Sympathieträger der Nordseeküste: Seehunde und Kegelrobben. Seit 1992 ist die Station in Friedrichskoog für die Aufzucht der jährlich etwa 230 in Schleswig-Holstein gefundenen, Heuler genannten Robbenbabys zuständig. Um nach der Aufpäppelung die Wiederauswilderung nicht zu gefährden, werden die Jungtiere allerdings mit möglichst wenig Kontakt zum Menschen gehalten. Aus diesem Grund ist der Aufzuchtbereich auch nicht für Besucher zugänglich, wohl aber zwei Dauerhaltungsbecken, in denen die Besucher die Seehunde in

Blick von oben: Seehundstation Friedrichskoog

Dithmarschen → Karte S. 22

Seehunde – die putzigen Gesichter Nordfrieslands

Kein Tier an der Nordsee ist so beliebt wie der Seehund, der gewissermaßen zum Wappentier der Küste geworden ist – Ausflugsschiffe machen geradezu Jagd auf ihn.

Die meiste Zeit des Jahres verbringen die Seehunde auf offener See. Müssen sie sich ausruhen, lassen sie sich einfach an der Wasseroberfläche treiben. Doch in den Sommermonaten kommen sie ins Wattenmeer. Seehunde sind keinesfalls soziale Tiere, sondern im Wasser Einzelgänger. Nur auf den Sandbänken, die sie zum Schutz aufsuchen, liegen sie in Gruppen beieinander, heben immer wieder ihre Köpfe und prüfen die Umgebung. Aber auch hier meiden sie tunlichst jeglichen Körperkontakt und halten eine Privatzone von etwa 1,3 m um sich herum ein, die gegen jeden Eindringling erbittert verteidigt wird, was zur Folge hat, dass die Seehunde ihre Ruhestunden auf der Sandbank hübsch gleichmäßig verteilt genießen.

Auf den Sandbänken werden auch die Jungen gezeugt, geboren und etwa alle drei Stunden gesäugt. In den Monaten Juni und Juli bringen die Seehundweibchen ein Junges zur Welt. Durch ständiges lautes Rufen hält es Kontakt zur Mutter und wird daher Heuler genannt. Der größte Feind der Heuler ist der Mensch. In seinem verzückten Bemühen, den süßen Seehundbabys näherzukommen, kann er ihnen erheblichen Schaden zufügen, denn viele Tiere ziehen sich durch hastiges Davonrobben Nabelwunden zu, an denen sie letztlich sterben können. Bei häufigen Störungen auf der Sandbank kann es auch passieren, dass die Seehunde ihre Neugeborenen vernachlässigen. In aller Regel kehren sie aber nach der Nahrungssuche wieder zu den Heulern zurück. Schon nach gut einem Monat wiegen die kleinen Seehunde etwa 25 kg und werden selbstständig.

Auch zum Wechsel des Haarkleids sind die Seehunde auf ungestörtes Sonnenbaden angewiesen, denn nur durch die UV-Strahlung des Sonnenlichts kann der Körper das zum Fellwechsel benötigte Vitamin D aufbauen.

Männliche Seehunde werden bis zu 1,70 m lang und bringen bis zu 150 kg auf die Waage (Weibchen 1,40 m und 100 kg). 35 Jahre kann ein weiblicher Seehund alt werden, die Männchen schaffen maximal 25 Jahre. Mit ihrem stromlinienförmigen Körper und den zu Flossen umgebildeten Gliedmaßen sind sie hervorragend an das Leben im Wasser angepasst. Etwa 30 Min. und bis zu 200 m tief können sie tauchen und dabei Nasen- und Ohrenöffnungen verschließen. Meist dauert ein Tauchgang aber nur wenige Minuten.

Jahrhundertelang hat man die Seehunde v. a. wegen ihres Fells gejagt. Für die Gäste der mondänen Inselbäder war es im 19. Jh. zudem ein Freizeitvergnügen, die Robben abzuknallen. In den 1930er-Jahren wurden für den fast ausgerotteten Seehund vor der deutschen Küste endlich Schonzeiten eingeführt. Aber erst seit 1973 ist die Jagd auf die Tiere ganz verboten, sodass es mit den Beständen wieder aufwärtsging. 1988, 2002 und zuletzt 2007 brach eine ansteckende Seehundseuche aus, verursacht durch das Staupevirus. 60–80 % der Tiere fielen diesem Virus zum Opfer, aber zum Glück hat sich die Population wieder erholt. Der Seehundbestand im schleswig-holsteinischen Wattenmeer wird heute auf 8800 Tiere geschätzt. Hinzu kommen etwa 630 Kegelrobben (→ S. 282), davon allein 550 rund um Helgoland.

ihrem Element (auch durch ein Sichtfenster unter Wasser) beobachten können. Zudem gibt es verschiedene, teils interaktive Ausstellungsbereiche, die alles Wissenswerte über die Seehunde und Kegelrobben und auch über andere Meeressäuger vermitteln.

Schon von Weitem erkennen Sie das Wahrzeichen der Station: die schwarze ehemalige Rettungsbake der nahen Insel Trischen. Eine Wendeltreppe führt hinauf zur Bake, die in ihrem Inneren eine kleine Ausstellung über die Friedrichskooger Rettungsstation der DGzRS beherbergt. Zudem haben Sie von dort oben einen wunderbaren Blick über das Gelände der Aufzuchtstation, über Friedrichskoog und auf die vorgelagerten Salzwiesen am Deich.

Rechtlich ist die Station ein eingetragener Verein, der seinen Betrieb ausschließlich aus Eintritts- und Spendengeldern finanzieren muss.

▪ Ganzjährig tägl. 10–16 Uhr geöffnet, April–Okt. auch bis 18 Uhr. Eintritt 7 €, Kinder (2–16 J.) 5 €, Familien 19 €. Fütterungszeit der Dauerhaltungstiere tägl. 10.30 und 14 Uhr, im Sommer auch um 17.30 Uhr, Jungtier-Fütterung der Heuler tägl. 11 und 15 Uhr. Bistro vor Ort. An der Seeschleuse 4, ☎ 04854-1372, www.seehundstation-friedrichskoog.de.

Insel Trischen: Sehenswert ist die zur Gemeinde Friedrichskoog gehörende und im Mündungstrichter zwischen Elbe und Eider gelegene Vogelschutzinsel zweifellos, aber besuchen können Sie diese nicht. Von Friedrichskoog-Spitze ist die etwa 12 km vor der Küste liegende Insel aber immerhin am Horizont als dunkler Streifen erkennbar, v. a. vom Trischendamm aus.

Die kleine halbmondförmige Insel hat eine Dünen- und Strandseite zum Meer hin und Salzwiesen an der Wattseite. Sie ist heute ein wertvoller Rastplatz für bis zu 330.000 Zugvögel zahlreicher Arten. Zudem brüten hier jährlich 15.000–20.000 Vogelpaare. Bewohnt ist das nur 1,8 km² große Eiland lediglich zwischen März und Oktober von einem

Dauergast im Schaubecken

Vogelwart, der in einer kleinen zum Schutz vor Hochwasser auf Stelzen errichteten Blockhütte lebt.

Trischen hat eine im wahrsten Sinne des Wortes bewegte Geschichte. Die Insel entstand vor rund 400 Jahren aus aufgespülten Sanden und hatte bis ins 20. Jh. hinein auf den Seekarten den Namen *Den Busch* oder *Buschsand*. Dann setzte sich der Name Trischen durch, der wahrscheinlich eine aus dem Niederländischen abgeleitete Eindeutschung von „dat Rießig" (der Buschbewuchs) ist, die im Laufe der Zeit von den heimischen Fischern als „t'rischen" ausgesprochen wurde – und dabei blieb es.

Bereits seit 1784 existierte hier zur Orientierung für die Schifffahrt ein weithin sichtbares Seezeichen. Dieses wurde bis 1950 elf Mal versetzt bzw. an anderer Stelle erneuert, weil die einzige Insel des Dithmarscher Wattenmeeres unaufhörlich unter dem Seezeichen „hindurchwanderte". Dadurch verlagert sie sich bis heute immer mehr nach Osten in Richtung Festland, und das mit einer Geschwindigkeit von etwa 3 m pro Monat, wobei die Insel ständig an Größe verliert. Nach 46 Jahren schließlich wurde im Frühjahr 1996 auch das letzte Seezeichen Trischens, die

Buschlandbake, entfernt und an der Seehundaufzuchtstation in Friedrichskoog wieder aufgebaut. Bis zur Errichtung einer Naturschutzstation auf Stelzen diente diese bei Sturmflut auch dem dortigen Vogelwart als Schutzraum.

Ende des 19. Jh. kam es zu starken Auflandungen, weshalb man die nun Trischen genannte Insel landwirtschaftlich nutzen wollte. Ein Ringdeich wurde errichtet wie auch eine Viehtränke und ein stattliches steinernes Schäferhaus. 1925 deichte man zudem mit enormem Aufwand einen 78 ha großen Teil der Insel ein und baute innerhalb dieses Trischenkoogs Weizen, Roggen und Hackfrüchte an. Doch trotz teurer Sicherungsmaßnahmen war die „Wanderung" der Insel nicht aufzuhalten. Mehrere große Sturmflutschäden am Deich in den 1930er- und 40er-Jahren beendeten die hochfliegenden Pläne, die Insel dem Menschen zunutze zu machen. Zudem veränderte der als Küstenschutzmaßnahme erbaute Trischendamm die Strömungsverhältnisse zum Nachteil der Insel. 1947 wurde Trischen endgültig wieder sich selbst überlassen.

Direkt Ungeachtet der landwirtschaftlichen Nutzungspläne erkannte man die Bedeutung der Insel für den Vogelschutz; bereits 1909 wurden hier in der Brutzeit Vogelwärter zum Schutz vor Eierdieben stationiert.

Ölplattform Mittelplate: Ebenso unerreichbar wie die Insel Trischen, aber ebenfalls von den Deichen aus deutlich sichtbar ist die Erdöl-Bohr- und Förderinsel, die nach dem vor der Küste liegenden Wattgebiet Mittelplate genannt wird. Seit 1987 ist hier Deutschlands einzige Bohrplattform in Betrieb. Die unter der Mittelplate liegenden ölführenden Sandsteinschichten werden in einer Tiefe von 2000–3000 m durch 19 Bohrungen erschlossen. Die Ölfördermenge liegt bei 1,4 Mio. Tonnen jährlich, wobei der Rohstoff seit 2005 von der Bohrinsel aus über eine Pipeline zur Landstation Dieksand gebracht wird (zwischen Friedrichskoog-Spitze und Friedrichskoog). Schon seit 2000 wird der östliche Teil des Ölfelds auch über eine Horizontalbohrung direkt von Dieksand aus angezapft. Dort wird das gewonnene Öl von Wasser, Sand und

Willi Wal: Indoor-Spielhalle für Kinder

Fremdstoffen gereinigt und per Pipeline nach Brunsbüttel und Hemmingstedt weitergeleitet.

▪ In der Friedrichskooger Deichpassage gibt es den **Mittelplate Info-Point,** wo die Besucher umfassend über das Leben und Arbeiten auf der Bohrplattform sowie die regionale Erdölförderung informiert werden. Geöffnet Ostern bis Okt. Do–So 14–17 Uhr, Eintritt frei. Koogstr. 141, ✆ 04854-9050.

Praktische Infos

Einwohner 2500

Information **Tourismus-Service Friedrichskoog,** Koogstr. 141 (Deichpassage), 25718 Friedrichskoog, ✆ 04854-219010, www.friedrichskoog.de, www.echt-dithmarschen.de. Kurabgabe Erw. 2,50 € (Nebensaison 1,70 €), Kinder 1 € (0,50 €). Parkgebühr (März–Okt.) Tageskarte 6 € (bis 2 Std. 2 €).

Fahrradverleih **Fahrrad Classen,** (auch Gokarts), Hoogen 12 („Haus Windrose"), Friedrichskoog-Spitze, ✆ 04854-1497 oder 1738, www.fahrradverleih-classen.de.

Indoor-Spielpark **„Willi Wal",** die charakteristische walförmige Spielhalle am alten Hafen ist 125 m lang und 2 Etagen hoch und damit das größte Walgebäude der Welt. Hier können die lieben Kleinen v. a. an Regentagen auf über 2500 m² nach Herzenslust toben. Es gibt z. B. ein Kletter-Labyrinth, Rutschen, eine Trampolinanlage für Groß und Klein sowie eine Elektro-Kart-Bahn. Geöffnet tägl. 11–19 Uhr (außerhalb der Schulferien nur 14–19 Uhr, dann Mo Ruhetag). Eintritt: 8,90 € (Kinder ab 2 J.), Erw. 6,90 €, Familien 27,90 €. Am Hafen 10, ✆ 04854-9098231.

Essen & Übernachten **Vor Anker 5,** von außen relativ unscheinbar, aber es gibt leckere, rustikale Speisen in großen Portionen (z. B. Nordseekrabben mit Bratkartoffeln und

Spiegelei oder Folienkartoffeln mit Lachs) und einen sehr freundlichen Service. Kinderspielplatz vorhanden. Hafenstr. 123 (in Hafennähe), ☏ 04854-909962.

Seaside 26 **2**, vielleicht die beste, aber durchaus rustikale Küche von Friedrichskoog-Spitze. Relativ große Karte, z. B. Pannfisch, Lammschulter oder Tagliatelle. Nicht im touristischen Zentrum in der Nähe der Deichpassage, sondern in Deichnähe bei der Ferienhaussiedlung am nördlichen Strandabschnitt gelegen; modernes Ambiente, Terrasse. Do Ruhetag. Buchsandstr. 26, ☏ 04854-904874.

Zur Spitze **3**, solides Touristenrestaurant und Café mit gemütlichem Ambiente direkt vor der Deichtreppe. Bodenständige Küche (lecker ist z. B. die hausgemachte Kohlroulade oder der Matjes). Große Strandkorbterrasse. Tägl. geöffnet. Koogstr. 140, ☏ 04854-1262.

*****Möven-Kieker** **1**, Restaurant und Hotel garni mit 12 individuell gestalteten Zimmern im Norden von Friedrichskoog-Spitze (DZ mit Balkon 105–150 €). Frühstücksbüfett (auch für Nicht-Hausgäste) tägl. 8–11 Uhr. Das Restaurant bietet vergleichsweise einfache Gerichte. Strandweg 6, ☏ 04854-9045880, www.moeven-kieker.de.

Camping am Nordseedeich **4**, gepflegter und ruhiger 2000-m²-Platz mit Schatten spendenden Bäumen, ohne Zäune und Dauercamper direkt hinter dem besagten Deich im Ortsteil Spitze, ein paar Hundert Meter vom Grünstrand entfernt. Nette Betreiber, Hunde willkommen. Süderdeich 4, ☏ 04854-9045819, www.camping-am-nordseedeich.de.

Meldorf

Meldorf ist die ehemalige „Hauptstadt" Dithmarschens und hat mit dem Meldorfer Dom ein hoch aufragendes Wahrzeichen, das noch heute eindrucksvoll von der einstigen Bedeutung des kleinen Städtchens zeugt.

Zudem gibt es in Meldorf mit dem *Schleswig-Holsteinischen Landwirtschaftsmuseum* und v. a. mit dem *Dithmarscher Landesmuseum* zwei für die Region wichtige Museen. Ansonsten gruppiert sich im kleinen Städtchen Meldorf alles um das im Volksmund auch *Dithmarscher Dom* genannte hohe Kirchenbauwerk, das früher sogar als Seezeichen diente. Davor erstreckt sich der kopfsteingepflasterte Marktplatz, der von einigen malerischen Häusern flankiert wird. Von dort zweigen alle teils verwinkelten Gassen und Straßen der Innenstadt ab. Sie können den Ort daher vom Marktplatz aus im Rahmen eines Stadtspaziergangs erkunden und dabei einige bemerkenswerte Gebäude entdecken, die heute noch einen Eindruck von der ursprünglich engen Bebauung des ehemals mittelalterlichen Stadtkerns vermitteln.

Direkt im Norden der Kirche steht ein auf den ersten Blick eher bescheidenes Fachwerkgiebelhaus (Nordermarkt 5). Es ist jedoch das einzig verbliebene Beispiel der Stadtkern-Architektur des 17. Jh. Ganz in der Nähe in der Norderstr. 1 (Ecke Markttwiete) steht mit dem recht unscheinbaren, im Stil des dänischen Klassizismus errichteten Traufenhaus (Nanny-Peters-Stift) noch ein besonderes Gebäude. Es ist ein sog. Stampflehmhaus und das vermutlich älteste genutzte Massivlehmhaus Deutschlands. Am Ende der Norderstraße und damit auch am Rand der Altstadt befindet sich die heute hinter Bäumen versteckte Nordermühle (Messnerstraße). Dieser 1863 erbaute Kellerholländer namens „Fortuna" wurde zu einem Sommerhaus umgebaut, ein wesentlicher Teil der Mühlenausstattung blieb jedoch erhalten.

Auf der gegenüberliegenden südlichen Seite der Altstadt gibt es übrigens mit der Südermühle noch eine weitere Windmühle. Dieser im Jahr 1892 errichtete und 1984 von Grund auf rekonstruierte Galerieholländer namens „Christel" in der Süderstr. 64 dient heute als Restaurant. In den umliegenden Gassen im Süden des Meldorfer Doms lassen sich noch einige schöne Winkel entdecken, wie z. B. die Burgstraße.

Am interessantesten erscheint jedoch der Osten der kleinen Altstadt. Hier befindet sich beispielweise das **Alte Pastorat** (Papenstr. 2), das aus drei interessanten Gebäudeteilen besteht: einem mittelalterlichen Hauptgebäude auf Feldsteinfundamenten, dem prächtigen, im Jahr 1601 angebauten Fachwerkhaus mit Backsteingiebel und einem Fachwerk-Erweiterungsbau von 1935. Die historischen Gebäude beherbergen eine von der Stiftung Mensch betriebene Museumsweberei, eine Töpferei und einen schönen kleinen Laden, in dem Sie die in den Werkstätten produzierten Artikel auch gleich erwerben können. Ein kleines Stück weiter (Gartenstr. 2) befindet sich ein weiteres prächtiges Fachwerkhaus mit Backsteingiebel. Dieses jedoch ist ein originalgetreuer Nachbau eines ursprünglich 1592 in der Norderstraße erbauten Dithmarscher Stadthauses. Von hier sind es nur noch ein paar Schritte in nördliche Richtung bis zum Dithmarscher Landesmuseum.

Geschichte

Im Mittelalter lag Meldorf noch direkt an der gleichnamigen Nordseebucht, wobei die prächtige Kirche als Seezeichen diente. Doch aufgrund von Landgewinnungs- und Küstenschutzmaßnahmen befindet sich das Städtchen nun rund 10 km von der Nordsee entfernt, gewissermaßen direkt im Herzen Dithmarschens. Besiedelt wurde dieser ursprünglich weit ins Wattenmeer hineinreichende, leicht erhöhte Geestrücken vor etwa 2000 Jahren. Zunächst befand sich hier ein Thingplatz (Versammlungsplatz) der nordelbischen Sachsen mit dem Namen Melinthorp

Schmuckstück am Marktplatz: Meldorfer Dom

(von *mellen* = wählen). Mit der Christianisierung wird schon für das Jahr 1076 der Bau einer Kirche erwähnt. Bereits 1265 bekam Meldorf das Stadtrecht verliehen und wurde so zum Hauptort Dithmarschens. Diesen Rang verlor die Stadt erst im 16. Jh. an das verkehrsgünstiger gelegene Heide. Bis zur Gründung des Dithmarscher Gesamtkreises im Jahr 1970 fungierte Meldorf aber immer noch als Hauptort des Kreises Süderdithmarschen (und hat heute wieder das Kfz-Kennzeichen MEL).

Sehenswertes

Meldorfer Dom (St.-Johannes-Kirche, „Dom der Dithmarscher"): Dieser Kirchenbau ist der bedeutendste mittelalterliche Bau an der schleswig-holsteinischen Nordseeküste. Deshalb wird die St.-Johannis-Kirche auch stolz „Meldorfer Dom" genannt, obwohl sie nie Bischofssitz war. Aber sie war das Zentrum der Christianisierung des Landes. Zunächst stand hier ab dem 11. Jh. eine kleine Feldsteinkirche. Bereits kurz vor dem Jahr 1300 wurde dann diese dreischiffige, frühgotische Gewölbebasilika nach (nur) 50 Jahren Bauzeit fertiggestellt. Das Gotteshaus diente zeitweise auch als eine Art Rathaus der freien Bauern, die hier ihre wichtigsten Urkunden verwahrten. Das heutige historisch-neugotische Aussehen erhielt die Kirche allerdings erst in der 2. Hälfte des 19. Jh.

Das Bronzetaufbecken mit seinen drei Tragfiguren stammt noch aus der Erbauungszeit. Größter Schatz der Kirche ist jedoch der spätgotische Schnitzaltar. Im Mittelfeld sieht man die Kreuzigungsszene, um die herum vier auf den Flügeln dargestellte Passionsszenen angeordnet sind. Ende des 16. Jh. kamen noch zwei mit Szenen aus der Leidensgeschichte Jesu bemalte Außenflügel hinzu.

Ein besonders ungewöhnliches Kunstwerk des in norddeutscher Backsteingotik erstrahlenden und damit erhaben wirkenden Doms ist das große, aus Eiche geschnitzte Chorgitter (1603). Es ist eine Stiftung des damals dänischen Landvogts und zeigt in der oberen Reihe einige Apostel, aber auch die vier versinnbildlichten Tugendfiguren Glaube, Klugheit, Liebe und Gerechtigkeit. Gekrönt wird das Gitter vom Wappen des Königs von Dänemark auf gleicher Stufe mit Adam und Eva, darüber befindet sich nur noch der gekreuzigte Christus. Bemerkenswert sind auch die mittelalterlichen Deckenmalereien.

▪ Geöffnet Mo–Fr 10–12 und 14–16.30 Uhr, Sa 10–12 Uhr, So 14–17 Uhr (nur Ostern bis Okt.). Nordermarkt 1, https://kirche-meldorf.de/meldorfer-dom.

Dithmarscher Landesmuseum: Das Museum beherbergt eine sehenswerte kulturhistorische Sammlung, für die im Jahr 1872 eigens ein Museumsgebäude erreichtet wurde. Dieser heutige Nordflügel ist das älteste für Museumszwe-

Sehenswerte Ausstellung: Dithmarscher Landesmuseum

cke errichtete Bauwerk Schleswig-Holsteins. Dort wird in einer Art Zeitreise die Regionalgeschichte Dithmarschens dargestellt, angefangen beim Deichbau des ausgehenden Mittelalters über die Geschichte der einstigen Bauernrepublik bis hin zur Wohnkultur im 19. Jh.

Der vielleicht schönste Museumsraum ist der „Swin'sche Pesel" mit seiner mächtigen Kassettendecke, dem überreich mit Schnitzverzierungen versehenen Schrank und den reich verzierten Betten (Nachbauten). Lange dachte man, dies sei die prunkvolle gute Stube (Pesel) eines wohlhabenden Dithmarscher Bauernhauses. Neuere Forschungen legen jedoch nahe, dass dieser Raum trotz der reich verzierten Besucherbetten ab 1559 der Gerichtssaal des Landvogts *Markus Swin* (1523–1585) war. Der berühmte Spruch „Das kann doch kein Schwein lesen" wird übrigens auf *Markus Swin* zurückgeführt. Dieser musste als Landvogt nach dem Ende der Bauernrepublik alle Besitzdokumente beglaubigen, doch die waren teilweise unleserlich geworden, sodass sie „nicht einmal mehr ein Swin" lesen konnte.

Zu sehen gibt es zudem eine im Stil des ländlichen Rokoko eingerichtete Fliesenstube *(Döns)* von 1799, die 1906 für das Museum erworben wurde, kurz bevor der Bauernhof, aus dem die Fliesenstube stammt, abbrannte.

Der Nordflügel ist durch ein gläsernes Foyer mit der ehemaligen Meldorfer Gelehrtenschule von 1859 verbunden. Dieses heute „Südflügel" genannte Museumsgebäude präsentiert sehr lebendig die Alltagsgeschichte Dithmarschens ab dem Jahr 1870. Zu bestaunen gibt es beispielsweise begehbare Wohnräume, historische Kolonialwarenläden, eine Landarztpraxis und einen Operationssaal, ein Schulzimmer, einen Tabakladen, einen Friseurladen, einen alten Kinosaal und noch vieles mehr. Natürlich zeugen auch landwirtschaftliche Exponate und Ausstellungsstücke

Osterrader Bauernhaus

der beginnenden Industrialisierung wie alte Traktoren, Pflüge, Mähdrescher, Werkstätten oder auch die Maschinen einer Sauerkrautfabrik von der raschen Veränderung der Lebens- und Arbeitswelt in den verschiedenen Erwerbszweigen Dithmarschens bis Mitte des 20. Jh.

▪ Ganzjährig Di–Fr 11–16.30 Uhr sowie So 11–16 Uhr (im Juli/Aug. auch Sa 11–16 Uhr) geöffnet (Mo Ruhetag). Erw. 5 €, Kinder (6–17 J.) 3 €, Familien 10 €. Bütjestr. 2–4, ✆ 04832-600060, www.landesmuseum-dithmarschen.de.

Schleswig-Holsteinisches Landwirtschaftsmuseum und Osterrader Bauernhaus: Kernstück des kleinen Museums ist eine **Landmaschinensammlung**, die ursprünglich in den 1970er-Jahren vom langjährigen Direktor der Landwirtschaftsschule St. Michaelisdonn zusammengetragen wurde und für die an dieser Stelle im Jahr 1981 dieser Museumsbau errichtet wurde. Eine dampfbetriebene Dreschmaschine, der erste selbst fahrende Mähdrescher (1935), alte Traktoren und viele andere Gerätschaften vermitteln eindrucksvoll die ursprüngliche Arbeitsweise der Landwirte. Auf der Empore befindet sich derzeit eine Modellbahn.

Hinter dem Museum steht das prächtige **Osterrader Bauernhaus**. Dieses aus dem 17. Jh. stammende Dithmarscher

Bauernhaus veranschaulicht das Leben und Arbeiten auf einem Geestbauernhof. Unter einem Dach bot es Platz für Mensch, Vieh und die Ernte. In dem in Ständerbauweise errichteten Gebäude bildet die Diele mit ihrem Lehmstampfboden das Zentrum. Rundherum gruppieren sich die Ställe, im hinteren Teil befinden sich die Wohnräume mit der original gekachelten *Döns* (beheizbare Stube) mit Ofen, dem *Pesel* (Saal) mit den *Alkoven* (Bettstellen) und eine Kammer. Das Bauernhaus, das im Jahr 1907 von Osterrade hierher versetzt wurde, gilt als zweitältestes Freilichtmuseum im deutschsprachigen Raum. Zudem gibt es hier einen **Rosengarten** mit einer berühmten Anpflanzung alter Sorten, die seit den 1970er-Jahren von ihren Fundorten an alten Friedhofsmauern, Kirchen oder Bauerngärten hierher versetzt wurden.

▪ Geöffnet Di–Fr 10–16 Uhr, Sa/So 11–16 Uhr (Mo Ruhetag). Eintritt 3 €, Kinder 1 €, Familien 4,50 €. Das Bauernhaus ist nur von April–Okt. geöffnet. Die Grundidee zum Betrieb des Museums ist, Menschen mit Behinderung ein Tätigkeitsfeld zu geben. So wird beispielsweise das angegliederte **Café Neue Holländerei** von der Meldorfer „Stiftung Mensch" betrieben. Jungfernstieg 4, ✆ 04832-999499, www.landwirtschaftsmuseum-schleswig-holstein.de.

„Wattwurm": NABU-Haus im Speicherkoog

Speicherkoog: Der 10 km westlich von Meldorf an der **Meldorfer Bucht** gelegene, 5000 ha große Koog ist der jüngste in Dithmarschen und wurde erst 1979 vollständig eingedeicht. Durch den Bau dieses Kooges konnte die Seedeichlinie der Meldorfer Bucht von 30 km auf rund die Hälfte verkürzt werden. Den Namen erhielt er wegen seines ausgedehnten Staubeckens hinter dem Deich. Ohne dieses würde bei Sturmflut die Entwässerung der angrenzenden Gebiete nicht mehr funktionieren, es käme im Binnenland durch aufgestautes Wasser zu Überflutungen. Bedeutsam ist der Speicherkoog auch für den Tourismus und insbesondere für den Naturschutz: Der von einem Wohnmobilstellplatz flankierte Stausee ist v. a. auch bei Windsurfern beliebt. Zudem befindet sich an der Sielschleuse mit dem neuen *Meldorfer Hafen* ein kleiner Sportboothafen. Jenseits des Deiches gibt es einige Badestellen. Mit dem Kronenloch und dem Wöhrdener Loch befinden sich im Koog auch zwei bedeutende Naturschutzgebiete. Das südlich gelegene *Kronenloch* ist ein großes Salzwasser-Biotop. Über dieses und die Region informiert vor Ort das **NABU-Nationalparkhaus „Wattwurm"** (Fr–So 11–17 Uhr, Eintritt frei), von dem aus auch ein 500 m langer Naturlehrpfad auf Bohlen durch die Schilfflächen und das Sanddorngebüsch führt. Das nördlich gelegene *Wöhrdener Loch* hingegen besteht hauptsächlich aus Salzwiesen, zu deren naturnaher Beweidung auch die Konik-Pferde eingesetzt werden, eine robuste, halbwilde osteuropäische Ponyrasse. Heute dient nur noch ein kleiner Teil des Speicherkooges der landwirtschaftlichen Nutzung, zudem ist der südliche Speicherkoog der Bundeswehr vorbehalten, die hier außerhalb der Vogelbrut-Saison Waffentests durchführt.

▪ **Badestellen:** Es gibt im Speicherkoog drei kurtaxenfreie Badestellen am Grünstrand, an denen Sie auch einige Strandkörbe mieten können (6 €): **Elpersbüttel** (südlich des Hafenbeckens; großer Parkplatz, WC, Kiosk), 2 km nördlich davon **Nordermeldorf** (Parkplatz, WC) und noch einmal 5 km weiter ganz im Norden des Koogs vor der 300-Einwohner-Gemeinde **Warwerort** (Strandbistro, Campingplatz).

Praktische Infos

Einwohner 7400

Information Touristinfo Mitteldithmarschen, Nordermarkt 10, 25704 Meldorf, ✆ 04832-97800, www.echt-dithmarschen.de und www.meldorf-nordsee.de. Kein Gästebeitrag.

Stadtführung Anfang Mai bis Mitte Sept. Di um 17 Uhr, Dauer 2 Std. Erw. 5 €, Schüler (10–18 J.) 4 €. Treffpunkt: Touristinfo am Marktplatz. Zudem gibt es verschiedene Themenführungen.

Einkaufen Domgoldschmiede zu Meldorf 4, direkt am Marktplatz wird hier seit drei Generationen edler Schmuck nach historischen Vorbildern hergestellt, aber in der Silberschmiede v. a. auch Tafelsilber in alter Handwerkskunst. Bekannt ist die traditionelle Werkstatt auch für ihre sehr schöne Mineraliensammlung im Steinkeller. Kostenfrei zu besuchen während der normalen Öffnungszeiten: Mo–Sa 9–12 Uhr und Mo–Fr 14–18 Uhr. Nordermarkt 9, ✆ 04832-1329.

Essen & Übernachten Hotel zur Linde 5, kleines Hotel in einem historischen Gebäude in zentraler Lage am Marktplatz mit ein wenig in die Jahre gekommenen, aber sauberen Zimmern, die nach und nach renoviert werden. DZ 86–99 €. Gutes Frühstücksbüfett. Im rustikal eingerichteten Restaurant gibt es schmackhafte gutbürgerliche Küche (gute Fischspeisen und Steaks vom Lavagrill, aber auch regionale Gerichte wie z. B. Mehlbüdel). Südermarkt 1, ✆ 04832-95950, www.linde-meldorf.de.

mein Tipp **Brasserie & Restaurant V 3**, schräg gegenüber dem Landesmuseum gelegen, trennen sich die Räumlichkeiten in Restaurant und Brasserie, in der Sie einerseits kreativ zubereitete Speisen genießen können (z. B. hausgemachtes Sauerfleisch, Filetpfanne, aber auch Veganes und Vegetarisches) oder andererseits Kleinigkeiten wie Flammkuchen oder Ziegenkäse im Speckmantel zu sich nehmen können. Schöne Gartenterrasse. Tägl. geöffnet. Klosterstr. 4, ✆ 04832-601480.

Dom Café Meldorf 6, kleines Café am Marktplatz mit großer Kuchenauswahl, in dem Sie auch nett frühstücken und auch kleine Mittagsspeisen (auch vegan) zu sich nehmen können. Kleine Kinderspielecke. Im Sommer stehen auch Tische draußen auf dem Marktplatz. Di–Fr 9–17 Uhr, Sa/So 11–17.30 Uhr (Mo Ruhetag). Südermarkt 4, ✆ 04832-3444.

Badestelle Nordermeldorf

Café Küste 7, mit historischem Mobiliar eingerichtetes Café, in dem Sie nicht nur große Kuchen- und Tortenstücke genießen können, sondern auch ein leckeres Frühstück und sogar kleine Mittagsgerichte. Tägl. 8.30–18 Uhr (Mo Ruhetag). Zingelstr. 31, ✆ 04832-9798444.

Eiscafé Böthern 8, modern gestalteter, aber traditioneller Familienbetrieb, in dem die Familie Böthern schon seit 1938 leckeres Speiseeis aus natürlichen Rohstoffen herstellt. Einige Tische auch in der Fußgängerzone vor dem Haus. März–Dez. tägl. 10–18 Uhr, im Sommer bis 22 Uhr. Süderstr. 13, ✆ 04832-1351.

Café am Hafen 2, kein Café im eigentlichen Sinn, sondern eher ein Hafenkiosk mit Tischen und Strandkörben vor dem Haus. Am 12 km westlich von Meldorf gelegenen Speicherbecken zwischen Wohnwagenpark, Surferstrand und Deich gelegen. Speicherkoog 17, Gemeinde Nordermeldorf.

Ferienanlage Achtern Diek 1, kleiner und ruhig gelegener Campingplatz und Wohnmobilhafen am Rande des Speicherkooges, auf dem es im bauernhofartigen Haupthaus auch fünf Erdgeschoss-Ferienwohnungen gibt. Brötchenservice, Minimarkt und Außensauna vor Ort. Stinteck 4, Gemeinde Nordermeldorf, ✆ 04832-6029946, www.ferien-achtern-diek.de.

Albersdorf

Die hügelige Geestlandschaft bei Albersdorf hat eine Höhe von 42 m ü. NN. Sie war nie von den Nordseefluten bedroht und ist daher ein uralter Siedlungsraum, was sich v. a. an zahlreichen Grabstätten aus der Bronze- und Jungsteinzeit zeigt.

Der Luftkurort Albersdorf ist v. a. wegen seiner etwa 50 archäologischen Bodendenkmäler bekannt, die sich rund um den Ort verteilen. Dies sind größtenteils bis zu 5500 Jahre alte Gräber aus der Jungsteinzeit, bei denen es sich somit um die ältesten erhaltenen Bauwerke Norddeutschlands handelt (→ Kasten S. 298). So findet sich beispielsweise mitten im bewaldeten Kurpark ein steinzeitliches Großsteingrab, das von einem bronzezeitlichen Urnengräberfeld aus dem 1. Jt. v. Chr. umgeben ist. Wesentlich beeindruckender ist jedoch der **Brutkamp**, ein monumentales, auf einer Anhöhe gegenüber der Gemeinschaftsschule gelegenes Großsteingrab, das auch das Wappen des Ortes ziert. Von allen Kammergräbern Schleswig-Holsteins hat es den größten

Deckstein, der knapp 23 t wiegt und auf nur vier Trägersteinen ruht. Ganz in der Nähe des Brutkamp (Johannes-Buhmann-Wurth 30) befindet sich der **Aussichtsturm Kaiserberg** (21 m hoch), der 1930 auf einem heute bewaldeten bronzezeitlichen Grabhügel als Stahlkonstruktion errichtet wurde. Von der Aussichtsplattform in 36 m Höhe ü. NN haben Sie einen schönen Rundumblick. Zudem beschäftigt sich ein kleines Museum mit der Dithmarscher Vorgeschichte (derzeit im alten Bahnhofshotel), v. a. aber ist der am südlichen Ortsrand gelegene Steinzeitpark selber eine Art Reise in die Vergangenheit.

Ansonsten ist das 1281 erstmals als *Aluerdesdorpe* erwähnte Albersdorf heute ein eher unscheinbarer kleiner Ort, der bis 2007 ein bedeutender Bundeswehrstandort war. Ortsbildprägend ist die uralte **St.-Remigius-Kirche,** die um 1200 aus Feldsteinen errichtet wurde, der hölzerne Turm wurde jedoch erst 1889 aufgesetzt (nur Sa 10–12 Uhr geöffnet). Schmuckstück ist die von vier den Hl. Georg darstellenden Figuren getragene spätgotische Bronzetaufe (1470). Auch die Kanzel (1621) sowie der im Knorpelbarockstil geschnitzte Altar (1645) sind bemerkenswert.

Sehenswertes

Steinzeitpark Dithmarschen: Sozusagen ein archäologisches Open-Air-Museum. Der Steinzeitpark ist eine urgeschichtliche Kulturlandschaft, die jederzeit frei zugänglich ist, das kleine Steinzeitdorf auf dem Gelände ist jedoch eintrittspflichtig. Auf dem durch Spazierwege erschlossenen, 40 ha großen Areal des **Steinzeitparks** finden sich neun verschiedene Grabhügel und Großsteingräber aus der Jungsteinzeit. Das **Steinzeitdorf** hingegen macht die Lebensverhältnisse der Jungsteinzeit-Menschen aus der Trichterbecherkultur (4200–2800 v. Chr.) erfahrbar, deren Namen sich von der typischen Form der Keramikgefäße aus dieser Zeit her-

Uralt: St.-Remigius-Kirche

leitet. Zu sehen gibt es einen Opferplatz und einen begehbaren Grabhügel, die archäologischen Vorbildern nachempfunden wurden.

▪ Geöffnet April–Okt. Di–So 11–17 Uhr. Erw. 6 €, erm. 3 €, Familien 14,50 €. Süderstr. 47, www.steinzeitpark-dithmarschen.de.

Museum für Archäologie und Ökologie: Hier wird die Besiedlungsgeschichte der Ur- und Frühzeit mit der Umweltgeschichte der Region kombiniert. Originale Ausstellungsstücke wie ein Auerochsenschädel oder Waffen der Steinzeitmenschen, Modelle und zahlreiche Poster vermitteln einen Einblick in die Entstehung und beginnende Kultivierung der Geest- und Marschlandschaft. Zu sehen gibt es auch eine Nachbildung des Schalensteins des Großsteingrabes von Bunsoh (4 km nordöstlich von Albersdorf). Zukünftig soll das Museum in ein neu gestaltetes Eingangsgebäude des Steinzeitdorfes integriert werden.

■ Geöffnet März–Okt. und in den Weihnachtsferien Mi–So 11–17 Uhr (Mo/Di Ruhetag). Erw. 2,50 €, Jugendl. 1 €, Familien 5 €. Bahnhofstr. 29 (direkt am Bahnhof), www.museum-albersdorf.de.

Praktische Infos

Einwohner 3500

Information **Steinzeitpark Dithmarschen,** Süderstr. 47, 25767 Albersdorf, ✆ 04 835-971097, www.steinzeitpark-dithmarschen.de und www.echt-dithmarschen.de.

Schwimmen **Freizeitbad,** schönes und großes Freibad nördlich des Ortes. Mit 77 m langen Rutschen, einem Strömungskanal und einem Sprungturm. Geöffnet Mai–Sept. 9.30–20 Uhr, Erw. 3,40 €, Kinder 1,50 €. Weg zur Badeanstalt 20, ✆ 04835-972502.

Essen & Übernachten **Hotel Bess,** kleines Hotel mit liebevoll eingerichteten Zimmern in einer renovierten, weit über 100 Jahre alten Stadtvilla. DZ 109 €, Wintergarten mit Kamin, in dem auch das liebevoll angerichtete Frühstück serviert wird. Fitnessraum und Sauna. Brutkampsweg 3, ✆ 04835-978300, www.hotel-bess-albersdorf.de.

Café/Restaurant Waldesruh, Gaststätte mit über 110-jähriger Tradition und mit Tanz-Café und Biergarten am Rande des Kurparks. Große Speisekarte mit gutbürgerlicher Küche (auch Mittagstisch). Mi abends gibt es hier einen Single-Treff und sonntagnachmittags noch den traditionellen Tanz-Tee. Di Ruhetag. Grossers Allee 1, ✆ 04835-354.

Tellingstedt

Inmitten weitläufiger Moorlandschaft im einst unwegsamen Schwemmland südlich der Eider liegt Tellingstedt auf einem leicht erhöhten Geestrücken. Das bemerkenswerte Umland bietet sich mit seinen Eiderfähren geradezu für Ausflüge v. a. mit dem Fahrrad an.

Im wahrsten Sinne des Wortes steinalt ist die auf einem Hügel stehende **St.-Martin-Kirche,** die den historischen Kern des Ortes bildet. Sie war einst eine der fünf Hauptkirchen Dithmarschens und ist – noch heute deutlich sichtbar – in ihrem Ursprung ein Feldsteinbau aus dem 12. Jh., dessen schlanker Dachreiter im Gegensatz zu der ansonsten sehr massiven Bauweise geradezu zierlich wirkt. Das schlichte bronzene Taufbecken mit seinem später aufgesetzten Deckel wurde um 1200 gefertigt. Die mächtige, durchgängige Holzbalkendecke wurde für den Einbau der Orgel und des Barockaltars 1745 kurzerhand durchbrochen. Die seitlich über dem Nordportal thronende Orgel ist die älteste noch bespielbare Orgel Schleswig-Holsteins (1642). Der Altar von 1698 stammt aus der zuvor abgerissenen Tönninger Garnisonskirche und zeigt daher noch immer das Stadtwappen von Tönning, einen Schwan mit Tonne. Die erkerartige Schnitzkanzel stammt von 1604. Das parkähnliche Areal um die Kirche, der frühere Kirchhof, ist von einem doppelten Lindenkranz umgeben und bildet zusammen mit dem hölzernen Glockenturm und einem Kriegerdenkmal ein wirklich schönes Ensemble.

Ab dem 17. Jh. wurde Tellingstedt (= Siedlung des „Tello") ländliches Zentrum für zahlreiche Handwerker wie Weber, Glaser, Schumacher und – da es in der Gegend bei Schalkholz reichhaltige, wenn auch qualitativ nicht sehr hochwertige Tonvorkommen gab – v. a. für Töpfer. Aus diesem Grund waren einfache Tonwaren aus Tellingstedt (Vorratskrüge, Geschirr u. v. m.) an der gesamten Westküste weit verbreitet. Erst 1999 schloss die letzte von einst-

Tellingstedts bedeutende Feldsteinkirche

Dithmarschen → Karte S. 22

mals 17 Töpfereien – damit endete die über 300 Jahre währende Tradition der Töpferkunst, an die heute nur noch ein kleines Töpferdenkmal in der Ortsmitte (Töpferstraße) erinnert.

Zu trauriger Berühmtheit gelangte Tellingstedt im Jahr 1969 durch den tragischen Unfalltod der Schlagersängerin *Alexandra*, um den sich bis heute Suizid- und Mordgerüchte ranken. Die damals 27-jährige Sängerin mit der markanten sehnsuchtsvollen Stimme war auf dem Weg in den Urlaub nach Sylt, als sie zu Tode kam. Ein weiteres Opfer war ihre Mutter, die wenig später im Krankenhaus ihren Verletzungen erlag, ihr auf der Rückbank schlafender 6-jähriger Sohn Alexander hingegen trug nur leichte Blessuren davon. Die unter bürgerlichem Namen *Doris Wally Treitz* geborene Sängerin feierte in der Schlagerszene noch kurz zuvor mit Liedern wie „Mein Freund, der Baum" oder „Zigeunerjunge" einen geradezu kometenhaften Aufstieg. Erst 2006 wurde an der Unfallstelle (Albersdorfer Str. 41) ein Gedenkstein aufgestellt. Die damalige unfallträchtige Straßenkreuzung über die B203 existiert allerdings längst nicht mehr.

Rund 10 km nördlich von Tellingstedt, ganz in der nordöstlichen Ecke Dithmarschens, mäandert die eingedeichte Eider durch eine malerische Flusslandschaft. Fußgänger und Fahrradfahrer können hier an den Sommerwochenenden mit der **Bargener Fähre** oder der **Hohner Fähre** über die Eider setzen. Beide Fähren über die in diesem Bereich stark gewundene Eider sind etwa 12 km voneinander entfernt.

Einwohner 2700

Information 25782 Tellingstedt. **Touristinformation Amt Eider,** Tannenweg 2a, 25774 Krempel, ✆ 04882-61010, und Amt Kirchspielslandgemeinden Eider (Hennstedt), ✆ 04836-9900, www.echt-dithmarschen.de/urlaubsorte/eider.

Essen & Übernachten **Jägerstube Barkenholm,** 12 km westlich von Tellingstedt gelegene Gaststätte mit gutbürgerlicher Küche (gute Steaks oder Schnitzel, zudem im Nov. z. B. Elchessen). Kinder- und hundefreundlich. Hier können Sie auch renovierte Zimmer (mit Fototapete) mieten, DZ 72 €. Geöffnet tägl. 17–

20.30 Uhr, Sa/So auch 11.30–13.30 Uhr (Mi Ruhetag). Dorfstr. 28, ✆ 04836-1426, www.jaegerstuben-barkenholm.de.

In der Umgebung

Bargener Fähre: Seit 1554 gibt es hier, zwischen den kleinen Ortschaften Delve-Schwienhusen und Erfde-Bargen, eine Fährstelle, die bis 1960 im regulären Betrieb Personen, Waren und Fahrzeuge über die Eider setzte. Dann machte einige Kilometer weiter südlich bei Pahlen der Bau einer Straße mit Klappbrücke die Fährverbindung überflüssig. Doch im Jahr 2001 hat ein Fährverein die alte Verbindung wieder aufleben lassen und transportiert an den Sommerwochenenden mit einer 18 PS starken und 9 m langen Motorfähre Fußgänger und Radfahrer über die an dieser Stelle 108 m breite Eider. An der Fährstelle in Schwienhusen gibt es zudem eine schöne *Badestelle* mit einem kleinen Sandstrand.

Bargener Fähre

▪ Fährbetrieb Mai–Sept. Sa/So und feiertags 10–19 Uhr. Erwachsene 1 €, Kinder 0,50 €, Fahrräder frei. www.bargener-faehre.de.

Hohner Fähre: Auch zwischen Tielenhemme (Eiderdeich) und Hohn (nahe Friedrichsgraben) hat man eine alte Fährverbindung (von 1634) wieder aufleben lassen, die ebenfalls wegen des Neubaus der Brücke bei Pahlen im Jahr 1961 ihren regulären Dienst einstellen musste. Nachdem durch einen Fährverein 1999 mit einem schmalen Holzboot eine Übersetzmöglichkeit geschaffen wurde, die bis 2013 bestand, versieht hier seit 2014 ein Prahm (viereckiges Wasserfahrzeug mit wenig Tiefgang) mit 12 Sitzplätzen samt Fahrradhalterungen als neue Fähre mit einem 50-PS-Motor seinen Dienst.

▪ Fährbetrieb Mai–Sept. Sa 11–17 Uhr, So und Feiertags 10–17 Uhr. Erwachsene 1 €, Kinder 0,50 €, Fahrräder frei. Fährmann: ✆ 0176-97880942, www.faehrverein-hohn.de.

Hemmingstedt

Verkehrsgünstig im Zentrum Dithmarschens zwischen Meldorf und Heide gelegen ist der auf einem Vorgeestgürtel gelegene Ort v. a. durch seine weithin sichtbare Erdölraffinerie bekannt.

Diese wirkt wie ein Fremdkörper an der sonst so idyllischen Nordseeküste, ist aber der größte Arbeitgeber im Landkreis. Hemmingstedt ist damit auf den ersten Blick eine wenig ansehnliche Industriegemeinde. Das aber mit Tradition, fand hier doch 1856 die weltweit erste Erdölbohrung statt – drei Jahre bevor im US-Bundesstaat Pennsylvania erstmals erfolgreich nach Öl gebohrt wurde. Als ein Bauer damals einen Viehbrunnen graben wollte, stieß er auf sandige, übel riechende Erde. Er zog den Geologen *Ludwig Meyn* zurate, der daraufhin die Bohrung veranlasste. Doch im Gegensatz zu den erfolgreich angezapften amerikanischen Ölquellen fand man bei Hemmingstedt auch in 25 m Tiefe zunächst nur bitumenhaltigen Sand, den man zu Lampenöl und Wagenschmiere weiterverarbeitete. Erst nach dem Ersten Weltkrieg fand man hier in 400 m Tiefe eine Erdölschicht, die bis 1935 ausgebeutet wurde. Heute erinnert nördlich von Hemmingstedt (westlich von Heide an der B 203 am Abzweig nach Lohe-Rickelsdorf) eine alte, noch bis 1989 im Ölfeld Heide zum Einsatz gekommene Ölpumpe an diese erste Bohrung.

Aber nicht wegen des Erdöls ist Hemmingstedt der wichtigste historische Identifikationspunkt ganz Dithmarschens, sondern wegen der „Schlacht bei Hemmingstedt" (→ Kasten S. 60), die im Jahr 1500 3 km südlich des Ortes stattfand. Im Zuge eines aufkeimenden Nationalismus wurde im Jahr 1900 zur 400. Wiederkehr des Jahrestags der Schlacht auf der **Dusenddüwelswarf** („Tausendteufelswarft") ein **Denkmal** errichtet. Kern ist ein riesiger Findlingsblock, in dem der Schlachtruf „Wahr di Garr, de Bur de kumt" (Nimm dich in Acht, Garde, der Bauer, der kommt) gemeißelt wurde. Zur 500. Jahrfeier im Jahr 2000 kam ein **Infopavillon** hinzu. Anfahrt: Auf halber Strecke zwischen Meldorf und Hemmingstedt westlich der B5 (ausgeschildert).

Bemerkenswert ist zudem die aus Feld- und Ziegelsteinen im 14. Jh. errichtete Marienkirche in der Ortsmitte. In der klar gegliederten Wehrkirche mit ihren hellweißen Wänden und der dunklen Balkendecke sticht v. a. Dithmarschens älteste „protestantische" Kanzel hervor (von 1560), ebenso wie der im selben Jahr im Stil des Manierismus (Spät-Renaissance, um 1560) erbaute Altar. Vor der Kirche wurde ein großer Schalenstein aufgestellt, der von einem steinzeitlichen Megalithgrab stammt. Im Ort gibt es noch die Mühle „Margaretha", einen Kellerholländer von 1858 (Bahnhofstr. 7). Ab 1922 wurde die Mühle von einem noch vorhandenen Glühkopfmotor angetrieben, der mit heimischem Rohöl betrieben wurde.

Dusenddüwelswarf: Denkmal

Einwohner 2800

Information 25770 Hemmingstedt. **Touristinfo Heide,** Markt 28, 25746 Heide, ✆ 0481-2122161, www.echt-dithmarschen.de.

Essen & Trinken **Hofcafé Fünf Linden,** geräumiges Café in der Hofscheune und im großen Garten. Große Auswahl an leckeren Torten und Kuchen (auch gluten- oder laktosefrei). Auf dem Kornspeicher gibt es Ausstellungen für Kunstgewerbe, Schmuck und Keramik. Geöffnet Mi–So 14–18 Uhr (Mo/Di Ruhetag). Dorfstr. 49 (am nördlichen Ortsrand, östlich der Bahnlinie), ✆ 0481-6838324.

Dusenddüwelswarf – David gegen Goliath

Dithmarschen ist fruchtbar und liegt zudem strategisch günstig an der Elbmündung. Kein Wunder, dass der dänische König 1473 den deutschen Kaiser dazu drängte, ihm Dithmarschen als Lehen zu geben, was dieser auch tat. Daraufhin wandten sich die faktisch sich selbst verwaltenden Dithmarscher (→ S. 288) empört an den Papst, gehörten sie doch seit jeher formell zum Erzbistum Bremen. Und tatsächlich nahm der Kaiser auf Anweisung des Papstes die Lehenserteilung Dithmarschens wieder zurück.

Doch das dänische Königshaus dachte gar nicht daran, seine Ansprüche aufzugeben, im Gegenteil. 1499 forderten die Dänen die erneute Unterwerfung der wohlhabenden Bauernrepublik und verlangten überdies hohe Steuern.

Das brachte das Fass zum Überlaufen. Dithmarschens Bauern widersetzten sich, hatten aber unglücklicherweise keine Bundesgenossen, weil der politisch schwache Bremer Erzbischof ebenso wie die Hansestädte keine Hilfe schicken konnte oder wollte. Also baute das kleine Dithmarschen eine eigene Streitmacht auf, wobei jeder männliche Einwohner vom 14. Lebensjahr bis zum Greisenalter Waffendienst leisten musste. Auf diese Weise kamen 6000 eher schlecht bewaffnete Männer zusammen und damit eigentlich viel zu wenige, um der militärischen Übermacht des Dänenkönigs standhalten zu können.

Um die unbeugsamen Dithmarscher mit aller Härte zu unterwerfen und um fette Beute zu machen, rückte am 13. Februar 1500 der dänische König samt seinem 12.000-Mann-Heer und seiner aus 4000 Söldnern bestehenden berüchtigten Elitetruppe, der „Schwarzen Garde", ein. Schnell und kampflos wurde Dithmarschens einzige Stadt Meldorf erobert, weil sich die Dithmarscher aus ihr zurückgezogen hatten. Die wenigen verbliebenen Alten, Kranken und selbst Frauen mit Säuglingen wurden schonungslos von den Landsknechten der Schwarzen Garde massakriert. Durch dieses überaus brutale Blutbad wollte man den Kampfeswillen der Dithmarscher brechen.

Am nächsten Tag setzte Tauwetter mit Wind, Schnee- und Graupelschauern ein, doch der König gab den Befehl, weiterzuziehen. Er wollte damit schlicht die Kosten für den teuren Einsatz der Schwarzen Landsknechtgarde sparen, die bei einer Verzögerung des Feldzugs auf ihn zugekommen wären. Also setzte sich das schwerfällige Heer am Morgen des 15. Februars auf dem schmalen Dammweg von Meldorf nach Norden in Bewegung, alles in allem ein fast 10 km langer Tross. Die Schwarze Garde ritt voraus, dahinter folgten die Ritter zahlreicher norddeutscher Adelsgeschlechter mit ihren Gefolgsleuten.

Jetzt kam die Stunde der Dithmarscher Streitmacht. Man hatte nämlich zuvor einen Späher gefangen, der unter Folter verriet, welchen Weg die königlichen Truppen zu nehmen planten. Also warfen die Dithmarscher bei der sog. Dusenddüwelswarf bei Hemmingstedt rasch eine Schanze quer zur schmalen Heerstraße auf, positionierten dort ein paar Kanonen und warteten auf den riesigen, aber schwerfällig heranrückenden Truppenverband.

Nun ging alles recht schnell. Die kühnen Dithmarscher hielten die Sielschleusen der nahe gelegenen Seedeiche für die hereinkommende Flut offen, sodass die umliegenden sumpfigen Felder zunehmend im kalten Wasser versanken. Als das königliche Heer die Schanze erreichte, eröffnete die Bauernarmee mit ihren wenigen Kanonen das Feuer. Die kampferprobte Schwarze Garde wollte ihre Geschütze in Stellung bringen, was auf dem engen Damm schwierig war. Jetzt wagten die mittlerweile rund 3000 Dithmarscher einen Vorstoß. Dabei legten sie Helme, Harnische und Stiefel ab und blieben so auf dem durchnässten Boden viel beweglicher, überwanden mit langen Spießen, die sie als Springstangen nutzten, die Wassergräben und griffen die feindlichen Truppen von beiden Seiten an. Sie rissen die feindlichen Reiter mit den schweren, unbeweglichen Rüstungen in den Morast, wo sie sie niedermetzelten. Und auch die Fußsoldaten waren wegen ihrer schweren Ausrüstung im überfluteten Gelände der wild kämpfenden Bauernarmee unterlegen.

Es folgte ein heilloses Durcheinander – wegen der Enge des Heerweges konnten die nachfolgenden Truppen nicht eingreifen und standen den fliehenden Landsknechten im Weg. In dieser aussichtslosen Lage gab der am Ende des Trosses in Meldorf weilende Dänenkönig den Befehl, die Wagen und Geschütze in die Gräben zu fahren, um so einen Fluchtkorridor zu schaffen. Damit fiel zwar der gesamte Fuhrpark der königlichen Artillerie samt Kanonen und tausenden Waffen den Dithmarschern in die Hände, aber es konnte sich wenigstens ein Teil des Heeres retten. Dennoch fanden rund 4000 Menschen, also ein Drittel des dänischen Heeres, in nur 3 Std. auf dem Schlachtfeld den Tod, viele durch Ertrinken – die Bauern metzelten in rücksichtsloser Brutalität alles nieder, was sich ihnen in die Quere stellte. Nicht nur der Anführer der Schwarzen Garde starb im Kampf, auch nahezu alle Adelsfamilien Schleswigs und Holsteins hatten Opfer zu beklagen.

Im Mai 1500 kam es endlich zu einem Friedensschluss, der fast sechs Jahrzehnte lang der Bauernrepublik die Unabhängigkeit sicherte. 1559 wurde Dithmarschen dann von einem 18.000 Mann starken königlich-dänischen Heer endgültig erobert.

St.-Jürgen-Kirche auf Deutschlands größtem Marktplatz

Heide

Bekannt ist Heide v. a. durch einen Superlativ: Das Städtchen hat deutschlandweit den größten unbebauten Marktplatz. Ein weiteres Wahrzeichen der einwohnerstärksten (Klein-)Stadt Dithmarschens ist zudem der formschön-imposante Wasserturm.

Der mit einer Fläche von 4,7 ha größte Marktplatz Deutschlands erinnert nicht nur daran, dass in Heide einst bedeutende Viehmärkte stattfanden. Nach wie vor wird hier jeden Samstag der Wochenmarkt abgehalten, und das nun schon seit über 500 Jahren. An marktfreien Tagen dient die riesige Fläche dann fast vollständig als Parkplatz, von dem aus Sie den kleinen historischen Kern der Innenstadt bequem zu Fuß erkunden können. Markant und angesichts der Größe des Platzes dennoch fast ein wenig verloren wirkt die weiß getünchte St.-Jürgen-Kirche in dessen Südwestecke. Davor erstreckt sich die Friedrichstraße, die mit ein paar Nebengassen Heides kleine Fußgängerzone bildet. Ein wenig südlich davon liegt Lüttenheid (kleine Heide), ein gemütliches, durch einige Kleinbürgerhäuser des 18. und 19. Jh. geprägtes Viertel inmitten der Kleinstadt. Hier lebten einst die weniger reichen Bürger wie Schmiede oder Stellmacher (Wagner) und betrieben ihre Werkstätten in Schuppen und Hinterhöfen. Heute ist diese einstige Siedlung gewissermaßen Heides kulturelles Zentrum mit der vielleicht ein wenig zu großspurig genannten *Museumsinsel Lüttenheid*, die nicht viel mehr ist als ein Ensemble kleiner Häuser, das zu einem Heimatmuseum umgestaltet wurde. Gleich daneben befindet sich in einem Eckhaus zudem das Brahms-Haus, ein Museum, das dem Komponisten Johannes Brahms gewidmet ist.

Geschichte

Heide wurde 1404 erstmals urkundlich als „Uppe de Heyde" erwähnt. Damals war die Gründung des am Kreuzungspunkt zweier Überlandstraßen gelegenen Ortes so etwas wie das Ergebnis einer frühen Gebietsreform, indem man vier Siedlungen einfach zusammenschloss. In deren Mitte wurde als neues Zentrum eine Kapelle errichtet, die später zur St.-Jürgen-Kirche erweitert wurde. Schnell siedelten sich zahlreiche Händler und Handwerker an, und bereits ab 1434 versammelten sich hier die Oberen der Bauernrepublik Dithmarschen. Diese allsamstägliche Versammlung wurde stets im Freien abgehalten, und zwar genau dort, wo sich noch heute der große Marktplatz befindet. Und spätestens ab 1447, als im verkehrsgünstig gelegenen Heide auch das Obergericht der Achtundvierziger (→ S. 288) eingerichtet wurde, avancierte der Ort zum unangefochtenen wirtschaftlichen und politischen Zentrum Dithmarschens und lief dem einstigen Zentrum Meldorf eindeutig den Rang ab. Mit der „Letzten Fehde" im Jahr 1559 verlor die Bauernrepublik ihre Unabhängigkeit, Heide wurde dabei völlig zerstört. Bei der Vormachtstellung der Stadt blieb es jedoch bis heute – Heide ist nach wie vor die Kreisstadt des Kreises Dithmarschen.

Sehenswertes

St.-Jürgen-Kirche: Benannt nach dem Hl. Georg (niederdeutsch St. Jürgen), wurde das am Rande des riesigen Heider Marktplatzes stehende, mit einem hölzernen Turmaufsatz versehene Gotteshaus im 17. Jh. auf den Mauerresten einer zuvor in Flammen aufgegangenen Vorgängerkirche errichtet. Ungewöhnlich für eine doch eigentlich von außen schlichte Kirche ist v. a. der reich verzierte Altaraufsatz (von 1699), der bis in die helle Kassettendecke (von 1880) hineinreicht. Barock ist auch die holzgeschnitzte Taufe (1641). Die hübsche Seitenempore wurde im 16./17. Jh. mit verschiedenen biblischen Szenen bemalt. Vor der hellweiß angemalten Kirche mit dem tief heruntergezogenen Ziegeldach steht ein Brunnen, der die Legende des drachentötenden Ritters St. Georg darstellt.

▪ Geöffnet Mo–Fr 12–16 Uhr und Sa 10–13 Uhr. Markt, ✆ 0481 689110. Im Jahr 2020 bleibt die Kirche wegen Renovierung geschlossen.

Museumsinsel Lüttenheid: In einer renovierten „Alten Schmiede" und einem „Pferdestall" sowie im Geburtshaus des plattdeutschen Dichters *Klaus Groth* (1819–1899) wurde das örtliche Heimatmuseum mit dem Klaus-Groth-Museum zu einer gemeinsamen Ausstellung zusammengefasst. Dargestellt wird die Geschichte der Stadt von ihren Anfängen in der Bauernrepublik Dithmarschens bis zur Gegenwart. Größte Bedeutung für die Entwicklung der Stadt hatten dabei die verschiedenen Handwerkszünfte. Daher sind auch diverse Werkstätten wie die eines Stellmachers, eines Zimmermanns, eines Schuhmachers (1841 gab es 180 Schuhmacher in der Stadt) und auch eine Goldschmiede zu bewundern. Zudem zeugen chinesisches Porzellan und Silberschmiedearbeiten (z. B. ein kunstvoll gearbeiteter Papagei als Trinkbecher) vom Wohlstand der Heider Oberschicht im 17. Jh. Bemerkenswert ist auch der bei einer Stadtgrabung im Jahr 1988 gefundene älteste Kachelofen des Nordens. Er wurde 1559 beim Brand von Heide verschüttet und aus kleinen Bruchstücken rekonstruiert.

Im schönen Giebelhaus von 1796 erinnert seit 1914 eine mit Möbeln aus dem 19. Jh. bestückte Ausstellung an das Leben und Werk von *Klaus Groth*, der die niederdeutsche Sprache auch in der großbürgerlichen Gesellschaft literaturfähig machte. Er verbrachte seine Kindheit und Jugend in diesem Haus, weshalb hier wohl auch sein Geburtszimmer mit Alkoven und Ofen und die damalige Küche rekonstruiert wurden. Groth brachte es vom einfachen Müllerssohn bis zum Professor für deutsche Sprache und Literatur in Kiel und starb dort hoch angesehen, kurz nachdem ihm die Städte Kiel und Heide zu seinem 80. Geburtstag die Ehrenbürgerschaft verliehen hatten.

▪ Geöffnet Di–Do und So 11.30–17 Uhr, Fr 11.30–14 Uhr und Sa 14–17 Uhr. Erw. 2,50 €, Schüler 1 €, Familien 4,50 €. Lüttenheid 40, ✆ 0481-63742.

Brahms-Haus: Fast 70 Jahre lang befand sich dieses Haus im Besitz der Familie Brahms. Wenngleich der berühmte Komponist selbst nie darin gewohnt hat, so hat er in seinen Jugendjahren hier doch viel Zeit bei seinem Großvater verbracht. Daher entschloss sich die Brahms-Gesellschaft 1988 für den Erwerb des Hauses, um es in ein Museum zu verwandeln, das an das Leben und Werk von *Johannes Brahms* (1833–1897) erinnert. Glanzstück der Ausstellung ist das Tafelklavier aus dem Jahr 1855, das ursprünglich beim Instrumentenbauer Ritmüller in Göttingen stand, bei dem Johannes Brahms und Clara Schumann oft zu Gast waren.

Formschön: Wasserturm

Auf den Spuren von Brahms können Sie sich auch einen 45 Min. langen Film ansehen.

▪ Geöffnet April–Okt. Di–Do 11.30–15.30 Uhr, Fr 11.30–13.30 Uhr, Sa 13.30–15.30 Uhr. Erw. 2 € (ermäßigt 1,50 €), Verbundkarte mit der Museumsinsel 3,50 €. Lüttenheid 34, ✆ 0481-63186, www.brahms-sh.de.

Wasserturm: Vor dem formschönen historischen Wasserturm im Herzen der Stadt breitet sich eine hübsche kleine Grünanlage mit Teich aus, in dem sich der 1903 errichtete Zweckbau anmutig spiegelt. Mit einer Höhe von 45 m überragt der Wasserturm nicht nur den örtlichen Kirchturm, sondern auch die meisten Leuchttürme der nahen Küste und ist damit – wen wundert's? – der höchste Wasserturm Schleswig-Holsteins. Der Sockel des technischen Denkmals besteht aus Granit, darauf wurde leicht konisch der backsteinerne Turm gemauert, der von einem 225 m³ großen Wasserbehälter gekrönt wird. Der Turm diente bis zu seiner Stilllegung im Jahr 1989 der örtlichen Wasserversorgung, heute befindet sich im ehemaligen Wassertank in luftiger Höhe ein großes Trauzimmer.

▪ Führungen: Juli/Aug. jeden Do 17–18 Uhr (Anmeldung in der Touristinfo). Im Park vor dem Turm wurde auch das steinzeitliche Ganggrab von Schalkholz wiederaufgebaut.

Praktische Infos

Einwohner 21.000

Information **Touristinfo Heide,** Markt 28 (Altes Pastorat), 25746 Heide, ✆ 0481-2122161, www.echt-dithmarschen.de.

Schwimmen **Dithmarscher Wasserwelt,** Freizeitbad mit Innen- und Außenbecken (Solebecken), 80-m-Riesen-Wasserrutsche, Springbereich, Eltern-Kind- und Saunalandschaft. Bistro vor Ort. Erw. 8 €/Tag, Jugendl. 4 €, Sauna 14 €. Hinrich-Schmidt-Str. 16, ✆ 0481-9060.

Stadtrundgang Mai–Sept. jeden Do 17–19 Uhr (5 €, Anmeldung bei der Touristinfo). Zudem einige Themenführungen.

Veranstaltungen **Hohnbeer** (→ Kasten S. 67), letzter Samstag im *Februar*.

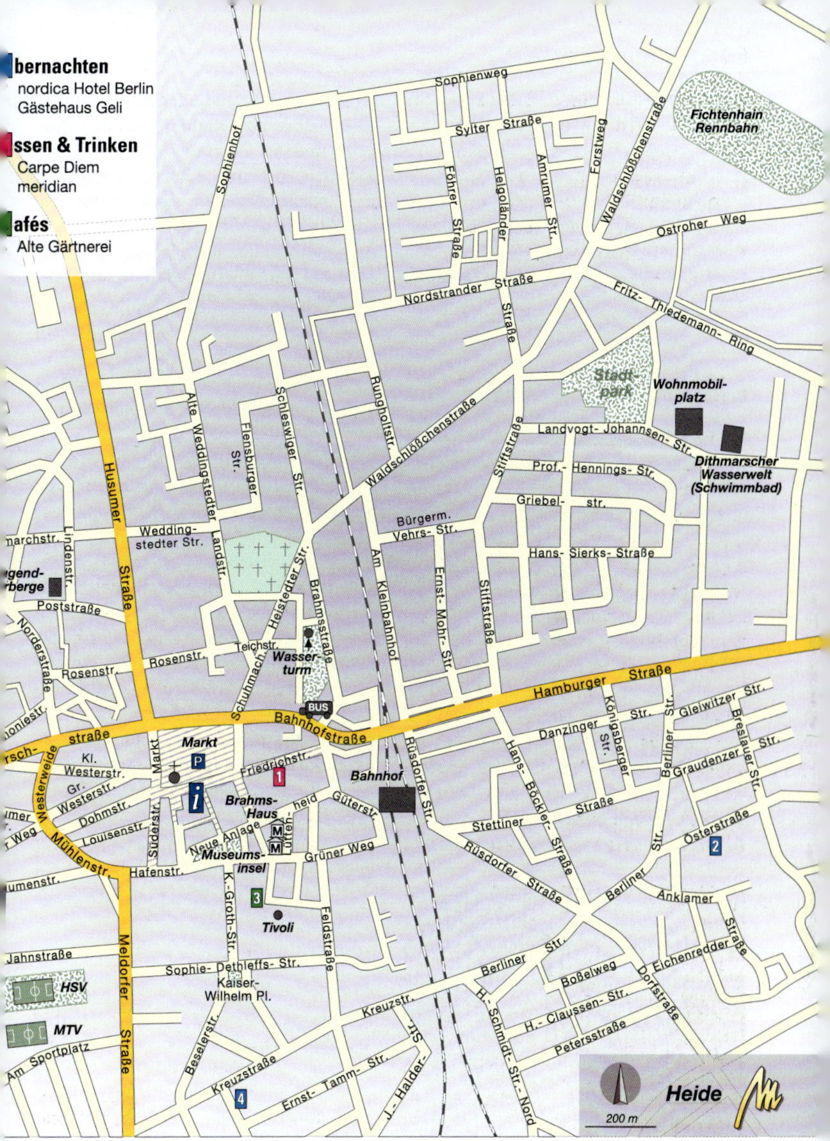

Heider Marktfrieden, alle 2 Jahre (2021, 2023 ...) am *ersten Juliwochenende* stattfindendes Historienspektakel, das mit mittelalterlichem Marktgeschehen, Freilichttheateraufführungen, einer Bauernhochzeit, dem Ring- und Rolandsreiten und einem großen Festumzug an die Zeit des 15. und 16. Jh. erinnert, als Dithmarschen eine freie Bauernrepublik war. Das 4-tägige Spektakel lockt jährlich rund 200.000 Besucher an (www.heider-marktfrieden.de).

Essen & Übernachten nordica Hotel Berlin – Heide 2, Hotelkomplex in Stadtrandlage mit allem Komfort (auch Saunabereich inkl. Außenpool), reichhaltiges Frühstücksbüfett, DZ 115–150 €. Im Restaurant **meridian 2** gibt es eine relativ kleine Karte mit vorwiegend mediterraner Küche (tägl. ab 17.30 Uhr). Österstr. 18, ✆ 0481-2122161.

Mein Tipp **Carpe Diem in der Rosengasse 1**, schöne, heimelige Lage in einem Innenhof, es gibt schmackhaft-rustikale Gerichte, z. B. prima Lammfilet, Cordon bleu oder leckeres Sauerfleisch (auch Mittagstisch). Nachmittags gibt's im Café Rosalie auch frische Waffeln, zudem wird die Location abends zur (Musik-)Kneipe. Geöffnet Mo–Sa 9.30–1 Uhr (So Ruhetag). Etwas versteckt gelegen, querab in der Fußgängerzone (Friedrichstr. 22), ✆ 0481-683005.

Alte Gärtnerei Oesterreich 3, Zierpflanzengärtnerei mit GaLaBau und Café inmitten der Stadt. Bei schlechtem Wetter sitzt man im alten Erdgewächshaus oder im Glashaus unter einem alten Feigenbaum, bei Sonne natürlich im Garten. Es gibt hausgemachte Torten (z. B. Feigentorte) und an Samstagen und feiertags auch ein leckeres Genießerfrühstück. Im Sommerhalbjahr Mi–Fr 14–18 Uhr, Sa und feiertags 10–17 Uhr (So–Di geschlossen). Tivolistr. 22, ✆ 0481-67537.

Gästehaus Geli 4, hundefreundliche Frühstückspension mit gemütlichen, sauberen Zimmern, ruhige Lage etwas außerhalb des Zentrums, DZ ab 70 €. Vereinsstr. 7, ✆ 0481-683 083, www.gaestehaus-geli.de.

In der Umgebung

Deutsche Zweiradsammlung: 4 km nordöstlich am Ortsrand von Ostrohe hat der inzwischen verstorbene ehemalige Landwirt und Schlosser Walter Thede über 200 Kleinmotorräder, Mopeds und 50 Fahrräder zusammengesammelt, die nun dicht gedrängt im ehemaligen Kuhstall stehen. Das Besondere: Es handelt sich ausschließlich um heute kaum noch bekannte deutsche Marken v. a. aus den 1920er-Jahren. Für Zweirad-Enthusiasten ist das Museum ein echter Hingucker und so etwas wie ein Geheimtipp.

■ Wenn das Museum geschlossen ist, einfach eine der aushängenden Telefonnummern anrufen, dann kommt sofort jemand und führt durch die interessante Sammlung. Besser jedoch ist eine unkomplizierte Anmeldung unter ✆ 0481-87242, ✆ 0175-4953198 oder ✆ 0481-256. Eintritt frei, Spende erbeten. Kringelkrug 14, 25746 Ostrohe.

■ Ganz in der Nähe des Zweiradmuseums, kurz vor dem Ortseingang von Ostrohe (von Weddingstedt kommend), befindet sich mit der *Grabkammer Steenoben* ein noch relativ gut erhaltenes Megalith- bzw. Hünengrab aus großen Findlingsbrocken (Hinweisschild an der Ostroher Straße, → Foto S. 299).

Weddingstedt: Natürlich hat der Name des 5 km nördlich von Heide gelegenen Ortes nichts mit dem englischen Wort für „Hochzeit" zu tun. Aber es würde passen – in der 1880 errichteten, weiß gestrichenen und schön restaurierten Hochzeitsmühle Weddingstedt, die

Raritäten im Kuhstall: Deutsche Zweiradsammlung

auch *Mühle Aurora* heißt, kann man nämlich standesamtlich heiraten. Die Mühle war noch bis 1996 in Betrieb. Bemerkenswert ist zudem die *St.-Andreas-Kirche*. Sie ist eine der ältesten Kirchen in Dithmarschen und wurde in Teilen bereits um 1200 aus Feldsteinen errichtet. Zudem läutet im nebenstehenden Holzturm die älteste Glocke Dithmarschens (Ende 13. Jh.). Nach dem vernichtenden Kirchenbrand bei der „Letzten Fehde" der freien Dithmarscher (1559, → S. 288) wurde die Kirche wieder neu aufgebaut und bekam eine weitgehend barocke, aber nicht unbedingt prunkvolle Einrichtung mit einem Chorgestühl und dem dominierenden, bis zur Decke reichenden Holzaltar (1640). Bei dem vorausgegangenen Brand war auch die hier gehütete Dithmarscher Landeschronik zerstört worden. Der wohl noch aus der Erbauungszeit stammende Turmrest an der Westseite der Kirche diente den Dithmarschern zunächst als Taufkapelle und später als Gefängnis.

Heider Hohnbeer – das Hahnenfest

Es ist eine Art Gildefest, mit dem alljährlich am letzten Samstag im Februar das Ende des Winters eingeläutet und der heimatliche Gemeinschaftssinn gefördert wird. Außerdem feiert man zu dieser Gelegenheit die Erhaltung der plattdeutschen Sprache – *Beer* ist das plattdeutsche Wort für „Fest" (und nicht für Bier). Der Ursprung des Festes liegt in mittelalterlichen Erntefeiern der Eggen (Feldgemeinschaften bzw. Ortsteile), in einer Zeit also, als Heide aus vier nach den Himmelsrichtungen benannten, weitgehend selbstständigen Feldgemeinschaften bestand. 1841 beschlossen dann die Eggenbrüder der Öster-, Norder- und Süderegge, das Hohnbeer-Fest jährlich wieder aufleben zu lassen. Der alte Grenzstein dieser drei Heider Eggengemeinden (Dreeggensteen von 1601) steht noch heute vor der Kirche am Marktplatz.

Ursprünglich wurde in ganz Dithmarschen bei solchen Festen ein Hahn *(Hohn)*, Freiheits- und Fruchtbarkeitssymbol, in eine Holztonne gesperrt. Diese wurde mit Steinen beworfen und dabei zerstört, um dem geschundenen Tier seine Freiheit wieder zu geben. Doch schon im Gründungsjahr des Gemeinschaftsfestes in Heide wurde der Hahn nur noch symbolisch auf ein Holzfass gestellt und stattdessen ein Boßelwettkampf (→ S. 295) eingeführt. Höhepunkt des Hahnenfests ist der große Festtag aller drei (noch heute jeweils als eigener Verein bestehenden) Eggen am letzten Samstag im Februar. Dieser beginnt mit einem Morgenumzug um 6 Uhr. Mittags findet das Straßenboßeln statt, dann folgt ein großer Festumzug durch die geschmückte Stadt und abends der große Festball im denkmalgeschützten Festsaal des Ballhauses Tivoli. Selbstverständlich tragen die Eggenbrüder dabei ihr traditionelles Ornat (ihr sog. *Eggenlokal*) mit schwarzem Anzug, schwarzem Mantel und Zylinder, mit weißem Hemd, Fliege, Schal und weißen Handschuhen. Bis heute dürfen nur Männer Mitglieder einer Egge sein.

Wöhrden

In Wöhrden ist das ursprüngliche Ortsbild eines Wurtendorfes noch vorbildhaft erhalten. Namengebend ist die große Wurt in der Ortsmitte, auf deren höchster Stelle sich die sehenswerte Kirche mit ihrem wuchtigen Turm erhebt.

Um den zentralen Platz vor der Kirche verläuft eine Ringstraße, von der strahlenförmig die Gassen zur Marsch hinabführen. Hier steht auch das älteste bewohnte Haus Dithmarschens (Ecke Hafenstraße), das sog. Materialienhaus, dessen prächtiger Backsteingiebel einschließlich der Fachwerkbalken aus dem Jahr 1519 stammt und damit aus einer Zeit, als Dithmarschen noch eine Bauernrepublik war.

Einst direkt am Meer gelegen, verlor das erstmals 1281 urkundlich erwähnte Wöhrden wie so viele Orte in Dithmarschen durch die Landgewinnungsmaßnahmen allmählich seine Hafen- und Handelsfunktion und damit im Laufe der Zeit an Bedeutung. Weil die ursprünglich mittelalterliche **St.-Nicolai-Kirche** zunehmend verfiel, entstand an gleicher Stelle noch zu dänischer Zeit 1785–1789 ein Neubau, das Monogramm des dänischen Königs Christian VII. über dem Seiteneingang erinnert daran. Dieses Gotteshaus gilt heute als eine der schönsten Barockkirchen Dithmarschens. Das hellweiße und mit Goldtönen akzentuierte Innere des Saalbaus mit Emporen und Logen konnte seine spätbarocke Farbgebung im Rokokostil weitgehend erhalten. Die Antonius-Wilde-Orgel von 1593 wurde vom Vorgängerbau übernommen und ist eine der wertvollsten historischen Orgeln Deutschlands. Auch das Altarrelief (1613) sowie der Messingleuchter mit Doppeladler (von 1643) stammen vom Vorgängerbau. Der im Zentrum hängende und mittels eines Flaschenzugs senkbare Taufengel jedoch wurde erst zur Einweihung des Neubaus (1788) entsprechend der damaligen Mode anstelle eines Taufbeckens angeschafft.

Ältestes Haus Dithmarschens

Einwohner 1300 (verteilt auf 11 Ortsteile)

Information 25797 Wöhrden. **Touristinfo Heide,** Markt 28, 25746 Heide, ✆ 0481-2122 160, www.echt-dithmarschen.de und www.woehrden.de.

Essen & Übernachten **Gasthof Oldenwöhrden,** mit historischen Fotografien dekorierter, traditionsreicher Dorfgasthof. Das Sandsteinportal stammt noch aus dem historischen Vorgängerbau von 1634. Im täglich geöffneten Restaurant wird rustikale Dithmarscher Küche serviert (Schnitzelpfanne, Kohlroulade, Mehlbüddel, Bohnen & Speck). Frühstück im Wintergarten. 13 Zimmer im hellen Landhausstil (DZ 125 €). Zudem gibt es einen kleinen Naturbadebereich mit Sauna (Aufpreis) und Ruheraum. Große Str. 17, ✆ 04839-95310, www.oldenwoehrden.de.

Seebad und Zentrum der Krabbenfischerei: Büsum

Büsum

Längst hat sich das ehemalige Fischerdorf nicht nur zum Zentrum der Krabbenfischerei der schleswig-holsteinischen Nordseeküste entwickelt, sondern eindeutig auch zu Dithmarschens touristischer Hochburg.

In den Sommermonaten brodelt das Leben in Büsums Zentrum, dann schlendern unentwegt Urlauber durch die enge Fußgängerzone (Allestraße) und rund um den Hafen, der aus mehreren großen Hafenbecken besteht. Quasi in den Ort hinein ragt der Museumshafen (Hafenbecken 1). Flankiert vom markanten Leuchtturm liegen hier historische Segler, Kutter und der Oldtimer-Seenotrettungskreuzer *Rickmer Bock* von 1944. Auch der alte Hafenkran von 1921 hat an dieser Stelle die Zeit überdauert. All dies sorgt für maritimes Flair, ebenso wie das hierher versetzte alte Molenfeuer von 1928. Schön ist auch die auffällige Persil-Uhr im Stil der 1920er-Jahre, die eine Replik von 1998 ist. Im rechten Winkel zum Museumshafen erstreckt sich das Hafenbecken 2, von dem das eine oder andere Ausflugsschiff startet. Ansonsten ragen hier die Masten der Kutter in den Himmel, begleitet vom ständigen Geschrei der Möwen. Das Becken flankiert den Ort bis hin zu den Slipanlagen der beiden Büsumer Schiffsreparaturwerften. Auch in den beiden größeren Hafenbecken 3 und 4 legen zahlreiche bunte Kutter, aber auch einige Frachter an. Dort, inmitten des weniger romantischen Industriehafens, beherbergt eine ehemalige Lagerhalle das sehenswerte **Museum am Meer.** Am Ende des dritten Hafenbeckens startet auch das große Ausflugsschiff „Funny Girl" Richtung Helgoland. Von der Ortsmitte ist es bis dorthin zu Fuß aber schon ein recht weiter Weg. Der ganze Hafenbereich wird abgeschlossen von einer Seeschleuse. Diese ist zugleich ein Sperrwerk, sodass der Hafen als einziger Hafen an der Westküste tideunabhängig genutzt werden kann.

Viel ist in Büsum von der Idylle eines alten Fischerdorfes also nicht mehr geblieben, historische Bausubstanz ist Mangelware. Lediglich um den Kirchplatz mit der hübschen **St.-Clemens-Kirche** herum lässt sich erahnen, wie das alte Büsum einmal ausgesehen hat (→ Foto S. 313). Wie andernorts an der Küste hat der aufstrebende Tourismus auch hier für einige Bausünden gesorgt, die man so langsam wieder zu glätten versucht. Und natürlich hat das Nordseebad Büsum auch einen gepflegten Strand. Dieser erstreckt sich allerdings als Grünstrand vor dem breiten Seedeich kilometerlang um den Ort herum, flankiert von einer schönen Promenade mit einer großen Watttribüne und bestückt mit einer Unmenge an Strandkörben. Doch allein ein Grünstrand scheint für den immer härter umkämpften Tourismusmarkt nicht mehr auszureichen, zumal wenn bei Ebbe das Meer einfach weg ist. Deshalb ist im Jahr 2013 im Nordwesten von Büsum eine inselartige Freizeitlandschaft samt Lagune zum Plantschen und Baden entstanden, die **Perlebucht** heißt. Dieses mit reichlich Strandkörben bestückte, dünenartige Areal besteht aus drei Teilen: einem Familienbereich im Süden (mit reichlich Spielgeräten und Platz zum Sandbuddeln), in der Mitte aus einem Aktivbereich mit tideunabhängigen Wassersportangeboten und Gastronomie, Beachvolleyball usw. und einem Areal im Norden mit einem weitgehend naturbelassenen salzwiesenartigen Bereich. Am Beginn der Lagune steht das unübersehbare Hochhaus, vielleicht die markanteste Landmarke der gesamten Westküste. Von außen ist es nicht unbedingt schön anzusehen, aber von den (Ferien-)Wohnungen im Inneren hat man einen traumhaften Blick auf Büsum und die Küste.

Geschichte

Bis 1585 war das leicht erhöht liegende Büsum noch eine von Sturmfluten ge-

Perlebucht: Freizeitinsel und Badelagune

plagte Insel, die dann zum Schutz mittels Deichen mit dem Festland verbunden wurde. Der Name Büsum geht auf das 1140 erstellte Ortsregister des Bremer Bischofs zurück, in dem der Ort erstmals als *Biusne* bezeichnet wird und damit als „Ort der Binsen in den Dünen", die es hier damals noch gegeben hat.

Schon sehr früh spielte in Büsum der Tourismus eine Rolle – ab 1818 gab es erste Badekarren, und bereits seit 1837 trägt Büsum den Titel Nordseebad. Von da an entwickelte sich das kleine Fischerdorf beständig zu einem lebendigen Kur- und Urlaubsort. Ein rasanter Aufschwung erfolgte ab 1883, als die Bahnanbindung nach Heide fertiggestellt wurde, schon um 1900 wurden fast 10.000 Übernachtungen gemeldet, heute sind es über 1 Mio. Um die Attraktivität zu steigern, wurde 1904 am Grünstrand erstmals ein Stück Sandstrand aufgeschüttet. Und seit 1920 kamen die beliebten Dampferfahrten nach Helgoland hinzu.

Anfang des 20. Jh. etablierte sich in Büsum v. a. auch die Krabbenfischerei, weil es jetzt möglich wurde, den leicht verderblichen Fang zu kühlen und somit zu den Märkten des Hinterlands zu transportieren. So avancierte die Speisegarnele bald vom „Arme-Leute-Essen" zur Delikatesse. Zur Blütezeit des Krabbenfangs im Jahr 1948 fuhren 136 Krabbenkutter hinaus, heute sind es keine 20 mehr – dennoch ist Büsum der größte Kutterhafen der Küste. Und seit 2015 der Hafen in Friedrichskoog geschlossen wurde, gehen auch die letzten Friedrichskooger Fischer von Büsum aus ihrer Arbeit nach.

Sehenswertes

Leuchtturm: Büsums Wahrzeichen zwischen Deich und Museumshafen ist seit 1913 in Betrieb. Sein Betonfundament wird im weichen Boden von 41 Pfählen getragen. Der Turm hat eine Höhe von 25,5 m und besitzt, was selten ist, zwei umlaufende Galerien.

Wahrzeichen: Leuchtturm

Noch bis in die 1950er-Jahre war der aus gusseisernen Segmenten mit einem Gesamtgewicht von 55 t zusammengefügte Leuchtturm noch schwarz gestrichen, dann bekam er seinen typisch rot-weißen Anstrich. Leider ist der Turm nicht zu besichtigen.

Museum am Meer: Das mitten im Gewerbegebiet zwischen den Hafenbecken liegende Museum ist leicht an dem ausrangierten historischen Kutter („BÜS 95") zu erkennen, der neben der Museumshalle auf dem Trockenen liegt. Es vermittelt mit maritimen Exponaten und der Vorführung verschiedener Filme einen interessanten Einblick in die **Küstenfischerei** und v. a. die Krabbenverarbeitung. Der zweite Ausstellungsschwerpunkt ist die **touristische Entwicklung** Büsums von den Anfängen mit Badekarren im Jahr 1818 bis heute. Sonderausstellungen ergänzen das Programm.

→ Karte S. 22

▪ Geöffnet März–Okt. und in den Weihnachtsferien So–Fr 11–17 Uhr, Sa 13–17 Uhr. Erw. 3 €, Jugendl. (13–18 J.) 1,50 €, Kinder 1 €, Familien 5 €. Am Fischereihafen 19, ✆ 04834-6734, www.museum-am-meer.de.

St.-Clemens-Kirche: Die spätmittelalterliche Kirche mit ihrem weiß leuchtenden Mauerwerk und der roten Dachkuppe wurde im 15. Jh. auf einer aus Klei aufgeworfenen Dorfwurt (oder Warft) errichtet, aber mehrfach baulich verändert.

Das Gotteshaus mit seiner eingezogenen Holzbalkendecke beherbergt einige Kunstschätze. Ältestes Ausstattungsstück ist die von vier Männerskulpturen getragene Bronzetaufe aus dem späten 13. Jh. Sehr alt ist auch eine Figur des Gekreuzigten (1495), die wohl ursprünglich mit den an den Wänden platzierten, Johannes und Maria darstellenden Holzfiguren eine Triumphkreuzgruppe bildete. Der bäuerlich-barocke Altar von 1712 wird eingerahmt von den Symbolfiguren „Glaube" und „Hoffnung", die Kanzel stammt von 1729. Und natürlich gibt es auch in der Büsumer Kirche ein schönes Votivschiff, das von 1807 stammt.

Der freistehende Glockenturm von 1514 auf dem parkartigen Kirchhof ist heute eine Gedächtnishalle. Daneben sitzt auf einer Parkbank die 2009 installierte lebensgroße Bronzefigur des Neocorus (1550–1630). Dieser war Pastor von Büsum, v. a. aber gilt er als erster Chronist Dithmarschens.

▪ Geöffnet Mo–Fr 8–12 Uhr sowie Mo–Do 13–16 Uhr. Kirchenstr. 13.

Büsumer Meereswelten: Direkt unter dem Erlebnisbad befanden sich viele Jahre lang die sog. Meereswelten, deren 39 Schauaquarien allerdings relativ klein waren, v. a. für die etwas größeren Fische wie z. B. die Katzenhaie oder Rochen. Zu sehen gab es immerhin 180 Tierarten aus aller Welt, wie Korallen- oder Feuerfische, aber natürlich auch viele Fische aus der Nordsee, zudem Reptilien in Terrarien und sogar eine Meeresschildkröte. Nun soll ein neues Aquarium am Fischereihafen entstehen.

▪ Geplante Eröffnung Anfang 2021. Öffentliche Fütterung Di und Fr um 16 Uhr, Kontakt:

Spätmittelalterlich: St.-Clemens-Kirche

☏ 0173-8625377, Fischreihafen 19 (Museum am Meer), www.aquarium-buesum.de.

Phänomania Büsum: Physik zum Anfassen in einem wellenförmig gestalteten Gebäude im Gewerbegebiet am Hafen. An mehr als 200 Experimentierstationen geht man auf Entdeckungsreise und kann Phänomene selbst erzeugen oder beobachten, sogar in einem Astronauten-Trainer kann man sich ausprobieren.

■ Geöffnet März–Nov. und in den Weihnachtsferien tägl. 10–18 Uhr. Erw. 9,50 €, Kinder 6 €, Familien 30 €. Bistro vor Ort. Dr.-Martin-Bahr-Str. 7, ☏ 04834-965517, www.phaenomania-buesum.de.

Praktische Infos

Einwohner 5000

Information **Tourist Marketing Service Büsum GmbH,** Südstrand 11, 25761 Nordsee-Heilbad Büsum, ☏ 04834-9090. Kurabgabe/Gästekarte Mai–Okt. 3 € (Nov.–April 1,50 €), Kinder sind frei. www.buesum.de.

Fahrradverleih Ihre Dienste bieten u. a. an: **Dethlefs,** Westerstr. 14, ☏ 04834-962 612, www.fahrradverleih-buesum.de; **Joe's Fahrradverleih,** Alleestr. 50a, ☏ 04834-2378; **Mike's Bikes,** Strandstr. 17, ☏ 04834-9144, www.bernstein-resorts.de; **Mindemann,** Nordseestr. 27, ☏ 04834-95820, www.buesum-ferienwohnungen.de.

Schiffsausflüge Von April–Okt. werden von der Reederei *Adler-Eils* tägl. verschiedene Ausflüge ab Ankerplatz Fischerkai (Ecke Museumshafen) angeboten. Tickets online oder im Pavillon vor Ort; zudem ab Helgolandkai (gut 15 Min. Fußweg) Fahrten zur **Hochseeinsel.** Infos unter ☏ 04834-3612, www.adler-eils.de. **Hafenrundfahrt** mit dem Helgoländer Börteboot „Hein Mück", Dauer 45 Min. Erw. 8,90 €, Kinder (4–14 J.) 5,90 €, Familien 22,90 €. **Küstenfahrt** mit der MS „Ol Büsum", 1 Std. entlang des Badestrands und der Küste. Erw. 9,90 €, Kinder (4–14 J.) 5,90 €, Familien 24,90 €. **Seehundfahrt** mit der MS „Ol Büsum" oder der „Lady von Büsum", Fahrt zur Seehundbank, Dauer 2:30 Std. Erw. 22 €, Kinder (4–14 J.) 12,90 €, Familien 56 €. **Fangfahrt mit dem Krabbenkutter** MS „Hauke", April–Okt. tägl. 9, 11, 13.15 und 15.15 Uhr, Dauer 1:45 Std. Erw. 19 €, Kinder 12 €, Familien 48 €. **Tagesausflug nach Helgoland:** Büsum ist „der" Hafen für Helgolandtouristen – zwischen April und Okt. kommen von hier aus mit der MS „Funny Girl" jährlich 150.000 Besucher auf die Insel (3–4 Std. Inselaufenthalt). Abfahrt tägl. 9.30 Uhr ab Helgolandkai, zurück in Büsum um 18.30 Uhr. Erw. 42,90 €, Kinder (4–14 J.) 23 €, Familien 110 €.

Schwimmbad **Piraten Meer,** Meerwasser-Wellenbad mit Erlebnisrutschen. 1000 m² große Saunalandschaft (Indoorsaunen und Watten-Panorama-Sauna mit Meerblick und Dampfbad). Südstrand 9, ☏ 04834-909133. Bis April 2021 wird das Bad grundsaniert.

Stadtführungen März–Sept. jeden Di um 17.17 Uhr Hafenbummel mit Museumsführung (Museum am Meer), Treffpunkt Persil-Uhr auf dem Ankerplatz, Erw. 3,50 €, Kinder 1,50 €.

Veranstaltungen **Hafenmeile Büsum,** 3-tägiges maritimes Rahmenprogramm (Mitte/Ende Juli) mit großem „Sky in Flames"-Feuerwerk am Samstagabend, außerdem mit Kutterregatta, der traditionsreichen Jagd der Kutterflotte auf das „Blaue Band" (seit 1895).

Wochenmarkt Fr 7–12 Uhr auf dem Parkplatz Lehnsweg.

Essen & Übernachten (→ Karte S. 74/75)

Strandhotel Hohenzollern **5**, gute Lage und hauseigener Brückensteg zum Deich. Die 43 zweckmäßig eingerichteten und sauberen Zimmer sind gut zur Hälfte seewärts ausgerichtet, ein gewisser Renovierungsstau lässt sich jedoch nicht übersehen (DZ 120–140 €). Sauna auf Wunsch. Halbpension möglich. Gutbürgerliches **Restaurant** mit großer Auswahl im Haus. Strandstr. 2, ☏ 04834-9950, www.strandhotel-hohenzollern.de.

mein Tipp **Zur alten Post** **11**, Hotel im Neubau und Traditionsgaststätte von 1889 mit uriger Gaststube im historischen Gebäude im Zentrum gegenüber der Fischerkirche. Abwechslungsreiche Speisekarte, nicht nur mit Fisch- und Krabbenspezialitäten, auch z. B. mit Wild oder vegetarisch. Im 2017 erbauten Gästehaus gibt es schöne, helle Zimmer und große Bäder, große Zimmer im Altbau. DZ 120–150 € (Parkplatz 8 €/Tag). Hafenstr. 2, ☏ 04834-95 100, https://zur-alten-post-buesum.de.

Tum Stüürmann **12**, zentral gelegenes Hotel und Restaurant. Ordentliche Zimmer mit guten Betten. Freundlicher Service, zudem gibt es ein angeschlossenes Gästehaus mit 31 Zimmern (kein Aufzug). DZ 104–120 €, prima Frühstück. Gutes, gemütlich-schickes Restaurant (Halbpension möglich) mit küstenüblicher Auswahl (Hering, Scholle, hausgemachte

Dithmarschen → Karte S. 22

Kohlroulade). Geöffnet 17–21 Uhr (Nebensaison Mi Ruhetag). Hafenstr. 11–17, ✆ 04834-8382, www.hotel-stuermann.de.

*****Hotel Morgensonne 4**, sauberes 21-Zimmer-Hotel garni in ruhiger Lage (5 Min. Fußweg zur Innenstadt). Abwechslungsreiches Frühstück. Halbpension im benachbarten Restaurant „Moin Moin“ möglich. DZ 100–105 €. Johannsenallee 31–33, ✆ 04834-909133, www.hotel-morgensonne-buesum.de.

Restaurant Moin Moin 6, hier gibt es leckere Vorspeisen (Scampi- oder Pilzpfanne), ansonsten Suppen, Salate, Penne und auch Dithmarscher Spezialitäten wie Schichtkohl oder hausgemachtes Sauerfleisch, die in der offenen Küche zubereitet werden. Unkompliziert kneipenähnliches Ambiente; man sitzt im Wintergarten oder an (recht) kleinen Tischen. Geöffnet tägl. ab 18 Uhr (Mi Ruhetag). Deichstr. 20, ✆ 04834-3979.

meinTipp **Kolles Alter Muschelsaal 13**, familiengeführtes Traditionslokal mit 100-jähriger Geschichte, dessen Wände komplett mit Muscheln beklebt sind; natürlich isst man hier v. a. frisch zubereitete Fisch-, Krabben- oder Muschelgerichte mit Salz- oder Bratkartoffeln. Es gibt aber auch Lamm und andere Fleischgerichte. Mi–So ab 12 Uhr, Di nur ab 17 Uhr geöffnet, Mo Ruhetag. Hafenstr. 27, ✆ 04834-2440.

Störtebeker Steakhaus 8, wenn es einmal kein Fisch sein soll, dann ist dieses kleine, gemütliche Steakhaus mit guter Küche eine echte Alternative (z. B. Filetsteak oder große Burger). Dank der offenen Küche können Sie den Köchen zuschauen. Hohenzollernstr. 12, ✆ 04834-9843415.

Ralf's Restaurant 3, an der Perlebucht im Schatten des Hochhauses gelegen, von außen im ersten Moment an einen Imbiss erinnernd, aber innen gemütlich und v. a. mit einer prima Küche nicht nur für Fisch-, sondern auch für Fleischliebhaber (beste Steaks, Sauerfleisch oder einfach mal Cevapcici). Geöffnet tägl. ab 17 Uhr, im Sommer auch 12–14 Uhr. Nur Barzahlung. Hummergrund 4–6, ✆ 04834-8500.

Hafenpick 14, hervorragender Fischimbiss in bester Lage, von dessen (wenigen) Sitzplätzen man einen wunderbaren Blick auf das Geschehen am Museumshafen hat. Der Fisch wird hier frisch und lecker zubereitet, die Fischsuppe ist prima, trotz der oft langen Schlange am Tresen wird man recht schnell bedient. Geöffnet tägl. 11.30–18 Uhr. Am Hafen 2, ✆ 0151-46541491.

meinTipp **Fisch Möller 9**, Fischgeschäft und -imbiss mit riesiger Auslage im Hafengebiet direkt am Werftgelände. Die Nordseekrabben werden noch mit dem eigenen Kutter gefangen. Hinter der Halle gibt es eine große Sonnenterrasse mit Blick auf die zu reparierenden Kutter. Einfach an der Theke bestellen und bezahlen, das Essen (z. B. Fisch aus der Pfanne oder Matjes-Spezialitäten) wird dann an den Tisch gebracht. Am Fischereihafen 10, ✆ 04834-938080.

Café Bohne 7, ein Paradies für alle, die Süßes mögen. 100 verschiedene Torten (!) sind wechselweise im Angebot. Zudem gibt es sehr

leckeres Eis und Waffeln und natürlich verschiedene Tee- und Kaffeespezialitäten. Von außen im 80er-Jahre-Look, innen modern gestaltet, ein paar Schritte abseits der Fußgängerzone gelegen. Geöffnet tägl. 13–18 Uhr. Moltkestr. 2, ✆ 04834-984788.

Wiebkes Blaubeerpfannkuchen 10, stylisch eingerichtetes kleines Bistro und v. a. Café im Stadtzentrum mit ein paar Tischen vor dem Haus. Es gibt große Portionen an leckeren Waffeln und natürlich prima Pfannkuchen – und nicht nur den namengebenden Blaubeerpfannkuchen. Im Sommerhalbjahr tägl. 11–18 Uhr geöffnet (Di Ruhetag). Hohenzollernstr. 10, ✆ 04834-960171.

mein Tipp **Gasthof Leesch 1**, 7 km nordöstlich von Büsum finden Sie mitten in der Dithmarscher „Einöde“ in dem Dorf Reinsbüttel Feinschmeckerküche auf hohem Niveau in gediegenem Ambiente. Freundlicher Service. Die Karte frisch zubereiteter Qualitätsspeisen ist saisonabhängig (z. B. Tatar vom Dithmarscher Weiderind, Fischpfanne „Uthlande“, Deichlammrücken oder Tranche vom Kabeljau). Geöffnet Di–So 12–14 und 17.30–21 Uhr (Mo Ruhetag). Dorfstr. 14, 25764 Reinsbüttel, ✆ 04833-2289.

Camping zur Perle 2, gepflegter, direkt hinterm Deich an der Perle-Bucht gelegener

Komfortplatz mit Parzellen-Camping, allerdings weitgehend ohne Schatten spendende Bäume. In der Hauptsaison auch Kinderanimation. Dithmarscher Str. 43, ✆ 04834-9621180, www.campingplatz-zur-perle.de.

In der Umgebung

Büsumer Deichhausen: Der 360-Einwohner-Ort im Osten des großen Nordseeheilbads lebt von seinem kurtaxenfreien, von Strandkörben gesäumten Grünstrand. Hier gibt es auch ein schmuckes Strandhaus mit Touristinfo, DLRG-Station, Sanitäranlagen und Lesesaal. Obwohl direkt in Nachbarschaft zum nur knapp 2 km entfernten Namensvetter Büsum gelegen, ist der Bade- und Erholungsort Büsumer Deichhausen nach wie vor eine selbstständige Gemeinde.

Information Strandhaus, Strandkorbmiete 6 €. Achtern Diek 28, 25761 Büsumer-Deichhausen, ✆ 04832-3868, www.echt-dithmarschen.de (kein Gästebeitrag).

Westerdeichstrich: Die kleine, keine 4 km nördlich von Büsum gelegene, unscheinbare Nordseegemeinde lebt vom Tourismus und damit vom benachbarten Büsum. Ortsbildbestimmend ist die alte Windmühle „Margaretha" von 1845. Der Galerieholländer samt Müllerhaus wurde 1972 zu einem Wohnhaus mit Restaurantbetrieb umgebaut. Die Segelflügel sind seitdem nicht mehr windgängig.

Der 2 km westlich des 900-Seelen-Dorfs gelegene und sehr gepflegte 2 km lange Grünstrand (kostenpflichtig und mit FKK-Abschnitt) ist etwas für Ruhesuchende. Hier gibt es auch ein kleines Deichrestaurant (mit Touristinfo).

Information Touristinfo, Neuenkoog 13 (Gerhard-Dreeßen-Hus), 25761 Westerdeichstrich. Kurabgabe/Gästekarte Mai–Okt. 1,20 € (Nebensaison 0,60 €), Strandkorbmiete 5 €, Parkplatz 2 €. ✆ 04834-962256, www.echt-ditscharschen.de.

Fahrradverleih Beim Camping „In Lee", Stinteck 37, ✆ 04834-8197.

Essen & Übernachten Mühlenhof, Hotel und Restaurant im Müllerhaus und in der Mühle Margaretha (s. o.). Im Hotel gibt es gepflegte, im Bauernstil eingerichtete Zimmer (DZ 110–130 €), gutes Frühstücksbüfett. Das Restaurant hat einen anderen Pächter, hier gibt es eine kleine Karte mit gutbürgerlicher Küche (Schnitzel und Steak, aber auch Käseplatte oder Strammer Max). Dorfstr. 22, ✆ 04834-9980, www.hotel-muehlenhof.com.

Westerdeichstrich: Mühle „Margaretha"

Campingplatz Baasner, eine Art Geheimtipp. Gewissermaßen umgeben von drei größeren Plätzen am Neuenkoog von Westerdeichstrich befindet sich dieser absolut kleine, aber liebevoll gestaltete Platz für Wohnmobile und Wohnwagen (nur 6 Stellplätze) in ruhiger Lage und in Strandnähe. Neuenkoog 4, ✆ 04834-984608, www.campingplatz-baasner.de.

Hedwigenkoog: In der gut 8 km nördlich von Büsum gelegenen Gemeinde Hedwigenkoog gibt es mit der Badestelle Westerkoog eine weitere, noch wesentlich ruhigere Naturbadestelle mit kostenlosem Parkplatz, Spielplatz, Schutzhütte und sogar ein paar Strandkörben vor dem Übergang ins Wattenmeer. Hier im entlegenen Hedwigenkoog, in einer längst abgerissenen Baracke eines Luftwaffenlazaretts aus dem Zweiten Weltkrieg wurde übrigens im Jahr 1943 die in Heide und v. a. in Hamburg aufgewachsene Heidemarie Jiline Sander geboren, die später unter ihrem besser bekannten Namen *Jil Sander* Karriere als international bekannte Modedesignerin gemacht hat.

Information Fremdenverkehrsverein, Westerkoog 10, 25761 Hedwigenkoog, ✆ 04834-9270, www.hedwigenkoog.de. Kein Gästebeitrag.

→ Karte S. 22

Wesselburen

Das kleine und angenehm ruhige Städtchen ist der Mittelpunkt der Nordermarsch und nennt sich stolz Hebbelstadt, weil der Dichter Friedrich Hebbel hier seine ersten Lebensjahre verbrachte.

Natürlich ist dem Dramatiker und Lyriker **Friedrich Hebbel** ein eigenes **Museum** gewidmet. Zentrum der mit nur 3200 Einwohnern erstaunlich kleinen Stadt ist jedoch die vom Marktplatz umgebene und alles überragende Bartholomäuskirche, die auf dem höchsten Punkt der Siedlung errichtet wurde.

Allseitig fallen von hier aus die Sträßchen mit ihren kleinen Bürgerhäusern zur Marsch hin ab. Es kann durchaus entspannend sein, beispielsweise anlässlich des hier mittwochs und samstags stattfindenden kleinen Wochenmarkts durch die teils verwinkelten Gassen des historischen Ortskerns zu schlendern und das eine oder andere Haus näher zu betrachten. Für die einen ist Wesselburen die Hebbelstadt, für die anderen die Wiege des Kohlanbaus. Und mit dem **Kohlosseum** am Ortsrand kann das Städtchen mit einem weiteren Ausflugsziel aufwarten.

Geschichte

Wesselburen ist die erste und größte Wurten-Siedlung Norddithmarschens – wahrscheinlich wurde sie bereits im 9. Jh. auf zwei Wurten errichtet, die man nach und nach durch Aufschüttungen erweiterte. Im 12. Jh. wurde dann an der höchsten Stelle der Wurt der Grundstein für eine Kirche gelegt, wobei die erste urkundliche Erwähnung auf das Jahr 1281 zurückgeht.

Marktflecken wurde der Ort erst im Jahr 1625. Einen Tiefpunkt der Stadtgeschichte stellte das Jahr 1736 dar, als eine Feuersbrunst nahezu alle Gebäude zerstörte. Zu preußischer Zeit ab 1868 bekam Wesselburen ein Amtsgericht, welches 100 Jahre lang bis 1970 seinen Dienst tat. 1869 sorgte die Eröffnung einer großen Zuckerfabrik für Aufschwung, wenig später wurde der Ort an das Eisenbahnnetz (Strecke Heide–Büsum) angeschlossen. 1899 verlieh man dem aufstrebenden Ort sogar die Stadtrechte. Doch wegen der zunehmenden Einfuhr billigen Rohzuckers und v. a. weil man merkte, dass sich der Boden hervorragend für den massenhaften Anbau von Weißkohl eignete, stellte man die Zuckerfabrik 1915 auf Sauerkraut-Produktion um, die erst 1995 eingestellt wurde.

Sehenswertes

St.-Bartholomäus-Kirche: Ein kleiner, aber unverwechselbarer Zwiebelturm thront auf der wegen ihres fast quadratischen Grundrisses beinahe etwas mächtig wirkenden Kirche, um die herum sich das Städtchen entwickelt hat.

Nach dem großen Stadtbrand von 1736 begann man damit, auf den mittelalterlichen Außenmauern bis 1738 das nun völlig neu gestaltete Gotteshaus im norddeutsch-barocken Stil zu errichten. Auch die Innenausstattung stammt daher weitgehend einheitlich aus dieser Zeit, wie etwa der mit barockweißen hölzernen Figuren geschmückte Altar sowie die ebenso prächtig verzierte Kanzel und sogar die von Engelsputten getragene Kalksteintaufe mit kunstvollem Schalldeckel. Ein zweites Taufbecken, das älteste Dithmarschens aus der Zeit um 1200, bildet einen Kontrast zur sonstigen Einrichtung, ebenso wie zwei dahinter platzierte gotische Figuren (Maria und Johannes) in der Südostecke bei der Kanzel.

Das sehr geräumige, quadratische Kirchenschiff mit schmalem Chor hat eine umlaufende Empore und ein beigefarbenes Tonnengewölbe, das in seiner Spitze von einem flachen Sternenhimmel gekrönt wird. Ungewöhnlich ist der „blaue Stuhl" gegenüber der Kanzel und der „rote Stuhl" unter der Orgel. Die Logenplätze im „roten Stuhl" wurden an wohlhabende Bürger verkauft, die so den Neubau der Kirche mitfinanzierten. Der „blaue Stuhl" jedoch wurde als Loge dem damaligen Herzog Carl-Friedrich von Holstein-Gottorf vorbehalten, der diese allerdings nur einmal benutzte, nämlich zur Einweihung der Kirche. Um zu versinnbildlichen, dass die weltliche Macht des Fürsten über der durch den Pastor vertretenen kirchlichen Macht steht, wurde die Fürstenloge ein wenig höher als die Kanzel angebracht.

Drei mit Figürchen gekrönte Beichtstühle im Altarraum zeugen davon, dass die Ohrenbeichte in Dithmarschen noch bis zum Ende des 18. Jh. üblich war. Schließlich hatte Martin Luther die Einzelbeichte nie abgeschafft, sogar vehement verteidigt. Einer der Beichtstühle zeigt den Kirchenpatron Bartholomäus (ein Jünger Jesu), die anderen Johannes den Täufer und Petrus.

■ Tägl. 10–16 Uhr geöffnet. Marktstr. 2.

Kohlosseum: Im riesigen, noch urgetreu mit alten Holzbalken ausgestatteten Obergeschoss eines alten Fabrikgebäudes der ehemaligen Zucker- und späteren Sauerkrautfabrik wurde 2008 das „Kohlosseum" eröffnet, um an die große Tradition des Kohlanbaus in der Region zu erinnern. Der einheimische Gärtner und „Kohlpionier" Eduard Lass fand in den 1890er-Jahren heraus, dass sich der vom nassen Nordseeklima geprägte Marschboden hervorragend zum Anbau der Kohlpflanze eignet. Von da an wurde der Kohlanbau in Dithmarschen zu einer tragenden Säule der Landwirtschaft, und das ist bis heute so – noch immer ist die Region das größte geschlossene Kohlanbaugebiet Europas.

Das Museum am südlichen Stadtrand bietet nicht nur einen gründlichen Einblick in den Kohlanbau und in die Kohlverarbeitung, sondern taucht tief in die gesamte Geschichte der Region ein. So informieren Schautafeln über die Entstehung, Besiedlung und Eindeichung der Küsten, viele landwirtschaftliche Gerätschaften illustrieren den mühsamen Arbeitsalltag der Kohlbauern.

Im großen Bauernmarkt im Erdgeschoss können Sie neben zahlreichen regionalen landwirtschaftlichen Produkten wie z. B. Schafseife oder Hautpflegeprodukten auf Kohlbasis auch das in Gläsern abgefüllte Wesselburener Biosauerkraut erwerben.

▪ Eintritt frei (Spendenbox). Zu besichtigen zu den Öffnungszeiten des großen Bauernmarktes im Erdgeschoss. Mo–Fr 9–18 Uhr, Sa 10–15 Uhr (Jan. bis Ostern Mo Ruhetag), Di–Do Vorführungen in der Krautwerkstatt um 14, 15 und 16 Uhr. Bahnhofstr. 20 (am südlichen Ortsrand), ✆ 04833-45890, www.kohlosseum.de.

Hebbel-Museum: In der alten Kirchspielvogtei aus dem Jahr 1737 pflegt man das Andenken an den großen deutschen Dichter Christian Friedrich Hebbel (1813–1863), der jedoch eigentlich dänischer Untertan war, weil das zu Dänemark gehörende Herzogtum Holstein erst nach Hebbels Tod an Preußen fiel.

Der aus relativ ärmlichen Verhältnissen stammende Hebbel verbrachte in Wesselburen die ersten 22 Jahre seines Lebens. Kurzzeitig als Laufbursche im Dienste des hiesigen Kirchspielvogts (ein kirchlicher Verwaltungsbeamter), brachte er es bald schon zum Schreiber der Kirchspielvogtei, in der er von 1827–1835 tätig war.

In der heute noch weitgehend original eingerichteten Schreibstube fand er auch Zeit und Muße, die umfangreiche Bibliothek seines Dienstherren zu studieren; bald schon entstanden hier seine ersten Gedichte. Unterstützt von insbesondere weiblichen Gönnern führte Hebbels Weg über zahlreiche Umwege nach Wien, wo er 1846 eine wohlhabende Burgschauspielerin heiratete und 1863 dort im Alter von 50 Jahren verstarb.

In zehn historischen Räumen gibt die Ausstellung im Erdgeschoss anhand von Dokumenten, kostbaren Handschriften, Urkunden, Bildern und Fotos Einblicke in das Leben und Werk Hebbels. So erinnert ein nachgebautes Geburtszimmer an seine Kindheit und Jugend. Der karge Alkoven unter der Bodentreppe war Hebbels originaler Schlafplatz, den er sich mit dem Kutscher teilen musste. Seine entbehrungsreichen Wanderjahre und die zu dieser Zeit entstandenen Dramen sind ebenso Themen der Ausstellung wie

Kohlosseum Wesselburen

seine vergleichsweise wohlhabende Wiener Zeit.

▪ Geöffnet Mai–Okt. Di–So 11–13 und 14–16 Uhr (Di–Do auch bis 17 Uhr), Nov.–April nur Di u. Do 14–17 Uhr (von Mai–Okt. öffentliche Führung jeden 1. und 3. Dienstag im Monat um 14.30 Uhr). Erw. 3 €, Jugendliche ab 13 J. 2 €. Österstr. 6, ✆ 04833-4190.

Eiderhafen Schülperneuensiel: 7 km nördlich von Wesselburen hat sich am ehemaligen Eiderufer durch Anlandungen ein Vorland gebildet. Deshalb ist dieser wenig bekannte, kleine Sportboothafen heute durch ein kurzes Siel mit der Eider verbunden. Dennoch eröffnet sich an diesem ruhigen Flecken ein schöner Blick über das Siel auf die breite Eider und das dahinter liegende Tönning.

Praktische Infos

Einwohner 3200

Information **Tourismusverein Wesselburen e. V.,** Am Markt 5, 25764 Wesselburen, ✆ 04833-4101, Buchungshotline: ✆ 0481-2122 555, www.echt-dithmarschen.de.

Fahrradverleih **Krüger-Rad,** Wulf-Isebrand-Str. 15a, ✆ 04833-2948, www.krueger rad.de; **Meerfahrrad,** Mühlenstr. 24, Norddeich (Nachbarort), ✆ 0171-3532117, www.meerfahrrad.de.

Indoor-Spielpark **Pelotero,** in der 2500 m² großen Halle neben dem Freibad können sich Kinder richtig austoben (Trampolin, Hüpf- und Kletterburgen). Geöffnet im Sommerhalbjahr tägl. 11–19 Uhr, ansonsten tägl. 14–19 Uhr, Fr–So 11–19 Uhr. Erw. ab 16 J. 6,80 €, Kinder 7,90 €. Bistro vor Ort. Alte Schützenwiese 1, ✆ 04833-42280, www.pelotero.de.

Schwimmen **Freibad Wesselburen,** beheiztes Freibad am nördl. Ortsrand. Zwei 25-m-Becken, große Liegewiese, Spielplatz. Geöffnet Mo 13–19 Uhr, Di–So 10–20 Uhr. Erw. 3,50 €, Jugendl. 1,50 €. Alte Schützenwiese 3, ✆ 04833-42280.

Wochenmarkt Jeden Mi und Sa 8–12 Uhr auf dem Marktplatz.

Essen & Trinken **Gartencafé Süderdeich,** liebevoll eingerichtet, wunderbare Kuchenauswahl mit großen Tortenstücken. Natürlich können Sie auch im schönen Garten sitzen. 1,5 km südlich von Wesselburen in Süderdeich gelegen. Hauptstr. 34, ✆ 04833-425999.

mein Tipp **Ulmenklause,** gemütlich-einfach im hellen nordischen Stil eingerichtetes Restaurant und Café im historischen Haus am Markt, nette Terrasse. Es gibt durchgehend warme, schmackhafte heimische Gerichte (Hering, Kohlpfanne, Sauerfleisch, Scholle) zu fairen Preisen und nachmittags hausgebackene Kuchen und Waffeln. Di Steak-Tag, Do Dithmarscher-Büfett ab 18 Uhr, So Frühstücksbüfett. Di–So ab 12 Uhr geöffnet (Mo Ruhetag). Jeden 1. Sa im Monat Live-Musik. Am Markt 4, ✆ 04833-5455505.

Eidersperrwerk

Es ist eines der größten Sturmflut-Schutzwerke Europas, durch das sogar ein Straßentunnel führt, der den Kreis Dithmarschen mit der Halbinsel Eiderstedt verbindet.

Vor Errichtung von Deutschlands größtem Küstenschutzbauwerk war die Eider gut 100 km flussaufwärts, also bis hinauf nach Rendsburg, tideabhängig. Trotz langer Flussdeiche kam es daher in der Vergangenheit auch viele Kilometer landeinwärts immer wieder zu schweren Sturmflutschäden, letztmals bei der großen Sturmflut von 1962.

Anstatt die Eiderdeiche immer weiter zu erhöhen, entschlossen sich die Verantwortlichen damals zur Eiderabdämmung und zum Bau eines Sperrwerks. Mit dem 1967–1973 erbauten, gut 300 m langen Sperrwerk und einem knapp 5 km langen Damm wurde die schleswig-holsteinische Deichlinie mit einem Schlag von 60 km auf nunmehr exakt 4,8 km verkürzt und das Hinterland vor den Überflutungen der Nordsee gesichert.

Doch nach wie vor fließen bei Ebbe und Flut beständig große Mengen Wasser durch die weitgehend geöffneten, je 40 m breiten Doppelhubtore des Bauwerks. Der natürliche Strömungsverlauf und auch die Entwässerung der Eider sind damit weitgehend gewährleistet. Die Gezeiten sind damit auch noch im Eidervorland spürbar. Doch wenn eine Sturmflut droht, werden die mächtigen Doppeltore von je 250 t Gewicht einfach abgesenkt und schützen so das Binnenland.

Unter dem Sperrwerk hindurch führt ein 236 m langer Straßentunnel, der Dithmarschen und Eiderstedt verbindet. Auf der Nordseite und unmittelbar vor dem Tunneleingang auf der Südseite des Sperrwerks gibt es kostenlose Parkplätze (jeweils mit Restauration).

Mächtiger Sturmflut-Schutz: Eidersperrwerk

Dithmarschen → Karte S. 22

Von dort aus führt ein Fußweg mit Aussichtsplattform über das Sperrwerk, von dem aus sich das Geschehen bequem beobachten lässt. Auf der Nordseite können Sie dabei auch dem Treiben in der 75 m langen und 13 m breiten Schleusenkammer folgen, durch die der überschaubare, zumeist aus Ausflugsschiffen, Fischkuttern und Freizeitbooten bestehende Schiffsverkehr zwischen Eider und Nordsee geregelt wird. Der kleine Schleusenhafen ist v. a. Heimat einiger Tönninger Fischkutter, da von hier aus die Wege zu den Fanggründen deutlich kürzer sind als von Tönning aus.

Durch den Bau des Sperrwerks entstanden im ehemaligen Mündungstrichter der Eider zwei 1000 bzw. 1500 ha große Naturschutzgebiete: auf der Südseite das *Dithmarscher Eiderwatt* und auf der Eiderstedter Seite das Naturschutzgebiet *Katinger Watt* (→ S. 100).

Information Tourismusverein Wesselburen e. V., Am Markt 5, 25764 Wesselburen, ✆ 04833-4101, www.echt-dithmarschen.de und www.wesselburenerkoog-ort.de (Unterkünfte). Das Sperrwerk (Dammstraße) gehört zur Gemeinde Wesselburenerkoog (150 Einwohner).

Baden Naturbadestelle Wesselburenerkoog, kurtaxen- und parkgebührenfreier, kleiner Grünstrand (Liegewiese) südlich des Eidersperrwerks (Eiderenten-Ring 30, beim Campingplatz). Kinderspielplatz und separater Hundestrand vor Ort. Von hier können Sie auch zum 2 km entfernten Sperrwerk laufen.

Schiffsausflug Zu den **Seehunden mit Seetierfang**, von April–Okt. 2-mal tägl. ab dem Schleusenvorhafen am Eidersperrwerk (von Tönning kommend) mit der MS „Adler II". Parkplätze vorhanden. Dauer knapp 2:30 Std. Erw. 20,50 €, Kinder bei 2 Erw. frei, sonst 16 €, Familien 41 €. Tickets auf dem Schiff oder am Kiosk auf der Südseite. ✆ 04651-9870888, www.adler-schiffe.de.

Essen & Übernachten Aussichtspavillon am Eidersperrwerk, vorne ein touristisches Imbiss-Restaurant, hinten befindet sich jedoch eine nette Gaststube mit Blick auf die Eider. Aufgrund des großen Andrangs sind die Imbissspeisen (Matjes, Nordseekrabben, Labskaus) jedoch immer frisch. Auf der Südseite des Sperrwerks am großen Besucherparkplatz gelegen. März–Okt. tägl. geöffnet. Dammstraße, Wesselburenerkoog, ✆ 04833-2587.

meinTipp **Koog Café,** sehr gemütlich in einer ehemaligen Schmiede der Streusiedlung Wesselburenerkoog direkt an der Straße Richtung Eidersperrwerk eingerichtet. Es gibt frisch gebackene Kuchen, Kaffee und Teespezialitäten, herzhafte Kleinigkeiten (Suppen oder belegte Brote). Von der Strandkorbterrasse haben Sie einen entspannenden Blick auf die Marschlandschaft. Besuchenswert sind auch die Geschenk-Boutique und der kleine Hofladen. Geöffnet wochentags 12–17 Uhr, Sa/So 10–17.30 Uhr, dann auch leckeres Frühstück. Dammstr. 20, 25764 Wesselburenerkoog, ✆ 04833-425885.

Camping Wesselburenerkoog, von der Straße vor dem Sperrwerk führt ein Stichweg zu einer kleinen Ferienhaussiedlung und zu diesem schönen, familienfreundlichen, abgelegenen und relativ preiswerten Platz direkt am Deich. Dahinter gibt's einen sehr einfachen Natur-Grünstrand. Freundlicher Service, Restaurant-Lieferservice (es gibt kein Restaurant vor Ort). Dammstr. 1, ✆ 04833-1441, www.camping-wesselburenerkoog.de.

Lunden

Zusammen mit den Nachbargemeinden Krempel und Lehe entwickelte sich Lunden zu einer kilometerweit lang gestreckten Ansiedlung, die auf einer vormaligen Düne im nördlichen Dithmarschen entstand. Eine Besonderheit ist der alte Dithmarscher Geschlechterfriedhof.

Lunden wurde 1140 erstmals urkundlich erwähnt, weil zu dieser Zeit die noch heute sehenswerte Wehrkirche auf einer flutsicheren Wurt errichtet wurde. Der flutsicher auf einer großen Binnendüne in der Eiderniederung errichtete Ort war der wohl nördlichste Punkt des „Heiligen Römischen Reiches Deutscher Nation", also des Herrschaftsbereichs der römisch-deutschen Kaiser (vom Spätmittelalter bis 1806). Lunden hatte im 16. Jh. sogar kurzzeitig Stadtrechte, büßte danach aber deutlich an Bedeutung ein und ist heute ein eher beschaulich wirkender Ort.

Weithin bekannt ist Lunden v. a. wegen des **Geschlechterfriedhofs,** der die inmitten des Ortes gelegene Kirche umgibt und der wohl schon so alt wie die Kirche selber ist. Jahrhundertelang war hier die zentrale Begräbnisstätte bedeutender Dithmarscher Bauerngeschlechter, die nicht nur während der Dithmarscher Bauernrepublik in der Region großen Einfluss hatten. Es ist der einzige Friedhof dieser Art in Deutschland, dessen Besonderheit seine 13 (von ehemals 19) erhaltenen Grabkeller sind, die hier vom 15. bis zum 17. Jh. angelegt wurden, die letzte Bestattung auf dem Friedhof fand 1945 statt.

Zudem gibt es über 50 weitere Familiengräber, die mit wuchtigen Grabplatten oder Stelen bedeckt sind und mit Schriftzügen, Wappen oder Hausmarken über die jeweiligen Verstorbenen informieren. Die bis zu 2 t schweren Grabplatten waren mit Eisenringen versehen, damit sie mithilfe von vier Pferden zur Seite gezogen werden konnten, wenn ein Familienmitglied bestattet werden musste.

Besonders hervor sticht der „Sühnestein" von 1537, auf dem die Ermordung des für die Geschichte der Bauernrepublik Dithmarschen so wichtigen *Peter Swyn* dargestellt ist (er war Rat der „Achtundvierziger" → S. 288); auf seiner dahinter liegenden Grabplatte befindet sich die Inschrift „Pater Patrie", also „Vater des Vaterlandes", und verweist so auf Swyns große Bedeutung für die Bauernrepublik Dithmarschen.

Der älteste Teil der weiß getünchten **St.-Laurentius-Kirche** (Ostern bis Erntedankfest tägl. 9–17 Uhr geöffnet)

Lunden: Laurentius-Kirche mit Geschlechterfriedhof

stammt aus dem späten 12. Jh. Das lang gestreckte, auf einer hohen Sanddüne errichtete Gotteshaus wurde 1470 erweitert. Der Turm wurde erst beim Wiederaufbau 1834 aufgesetzt, als ein verheerender Brand das Kircheninnere zerstörte; einzig der mächtige, 40-armige Messingleuchter blieb von der ursprünglichen Einrichtung erhalten.

Am südlichen Ortsrand, in der geräumigen ehemaligen Lundener Schule, befindet sich das Heimatmuseum **NaTourCentrum Lunden.** Auf drei Etagen werden hier die Natur- und Kulturgeschichte sowie der Naturschutz in der Eider-Treene-Sorge-Flusslandschaft thematisiert (auch mit einer Multimedia-Schau sowie Touchscreen-Monitoren). Ein Themenraum widmet sich beispielsweise der Entstehung der Moore, andere Räume zeigen eher die Facetten des ländlich geprägten Ortslebens anhand originaler Exponate. So gibt es zahlreiche Kleinbauerngeräte, eine Webstube, eine alte Uhrmacherei, eine Druckerei, eine Landarztpraxis, einen liebevoll gestalteten Tante-Emma-Laden, und auch ein alter Klassenraum darf in der ehemaligen Schule natürlich nicht fehlen. Stolz ist man auch auf das umfangreiche Auswanderer-Archiv, das sich der Nordamerika-Emigration im 19. Jh. widmet. Das NaTourCentrum organisiert auch naturkundliche Wanderungen in der Region (ganzjährig nur Do 14–16 Uhr geöffnet. Eintritt 3 €, Kinder 1 €. Wilhelmstr. 18, ✆ 04882-1425).

Einwohner 1700

Information **Touristinformation Amt Eider,** Tannenweg 2a, 25774 Lunden-Krempel, ✆ 04882-61010, www.gemeinden-lunden-lehe-krempel.de und Amt Kirchspielslandgemeinden Eider (Hennstedt), ✆ 04836-9900, www.echt-dithmarschen.de/urlaubsorte/eider.

Schwimmen **Freibad Lunden,** beheiztes Freibad mit Wasserrutsche und Sprungturm. Geöffnet tägl. 10–20 Uhr, Erw. 3 €, Kinder 1,50 €. Brunnenstr. 68, ✆ 04882-63042. **Badestelle Wollersum,** 2 km westlich von Lunden gibt es sogar eine kleine Eider-Badestelle mit Steg (und Wohnmobilstellplatz), die früher einmal ein Eiderhafen war.

Essen & Übernachten **Lindenhof 1887,** Hotel & Restaurant, 6 freundliche Zimmer und modern-helle Gasträume in einem renovierten Gründerzeithaus, DZ 130 €. Der Küchenchef kocht schmackhafte regionale Spezialitäten, z. B. Nordseescholle, gelegentlich gibt's auch ein Wild-Büfett. Geöffnet Mi–Mo 11.30–13.30 und 18–21 Uhr. Friedrichstr. 39, ✆ 04882-407, www.lindenhof1887.de.

Eiderstedt

Das sattgrüne Eiderstedt ist von drei Seiten vom Wasser umgeben. Besuchermagnet ist St. Peter-Ording an der Westküste, vor dem sich der breiteste Sandstrand der deutschen Küste erstreckt. Im Hinterland lohnen die Städtchen Tönnig und Friedrichstadt, beschauliche Kirchdörfer, reetgedeckte Haubarge und der berühmte Westerhever Leuchtturm einen Besuch.

Wussten Sie, dass...

... das historische Packhaus von Tönning zum längsten Adventskalender der Welt umgestaltet wird → S. 98

Geradezu ideal lässt sich das absolut flache Eiderstedt mit dem Fahrrad erkunden. Zwölf Rundtouren über die Halbinsel sind ausgeschildert, die zu speziellen Sehenswürdigkeiten wie Kirchen, Mühlen oder Leuchttürmen führen.

Die etwa 30 km lange und 15 km breite Halbinsel Eiderstedt ragt ähnlich weit in die Nordsee wie die Westseiten der Inseln Amrum und Sylt. Aufgrund dieser buchstäblich hervorragenden Lage haben sich auch an Eiderstedts Westküste beeindruckende Sandmassen angelagert. Eiderstedt ist gewissermaßen Festland und Insel zugleich – es entstand ab dem Jahr 1000 aus den Landresten einer infolge zahlreicher Sturmfluten zerfurchten Küstenlandschaft im Mündungsdelta der Eider. Wegen der verheerenden Fluten blieben hier nur drei große, durch schmale Wasserläufe getrennte, halligähnliche Inselerhebungen übrig, die man als sog. Harden (so hießen Dänemarks unterste Verwaltungsbezirke) verwaltete. Durch mühselige Landgewinnungsmaßnahmen, Eindeichungen und die Etablierung des Dreilandenkoogs im Jahr 1613 wuchsen diese drei Harden, nämlich **Utholm** (der Westen mit dem Hauptort Tating), **Everschop** (die Mitte mit Garding) und **Eyderstede** (der Osten mit Tönning), dann wieder zur Halbinsel zusammen, die heute Eiderstedt genannt wird.

Der Kern des fruchtbaren Eiderstedt ist somit uraltes Kulturland. Nirgendwo sonst in Europa gibt es so viele **altehrwürdige Kirchen** auf engstem Raum, in fast jedem Dorf steht ein sehenswertes historisches Gotteshaus. Wegen der insgesamt 18 alten Steinkirchen wird Eiderstedt auch „Insel der historischen Kirchen" genannt.

Schon im 12. und 13. Jh. war die Eider ein viel befahrener Verkehrs- und Handelsweg. Aufgrund der guten Handelsbeziehungen konnten sich die gottesfürchtigen Eiderstedter auch die kostspieligen Gotteshäuser leisten, deren steinerne Baumaterialien sie mangels eigener Steinbrüche importieren mussten. Heute jedoch ist der Unterhalt der oft baufälligen Gotteshäuser für die Kirchengemeinden eine kaum zu tragende finanzielle Belastung.

Auf der Halbinsel leben etwa 22.000 Menschen, aber auch ca. 40.000 Rinder und Milchkühe sowie 20.000 Schafe. Die größten Orte sind Tönning (5200 Einwohner) und St. Peter-Ording (4000 Einwohner). Seit 1970 gehört Eiderstedt zum Kreis Nordfriesland.

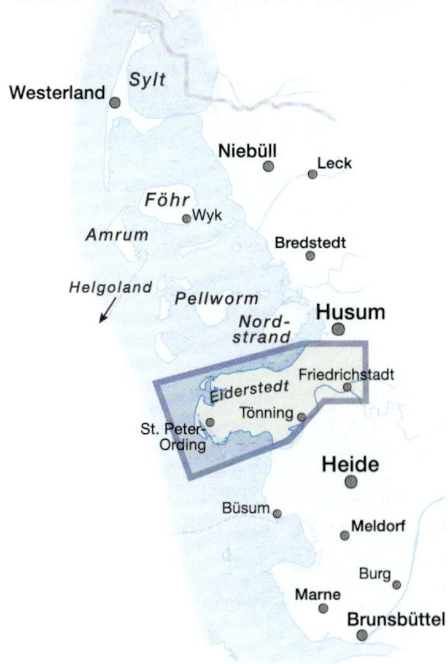

Was anschauen?

Friedrichstadt: Das von Grachten durchzogene Holländerstädtchen mit seiner perfekt restaurierten Altstadt und den prächtigen Bürgerhäusern im Stil der niederländischen Backsteinrenaissance ist immer einen Ausflug wert. → **S. 86**

Tönning: Beschaulich an der Eider gelegene Hafenstadt, die auch wegen des Multimar-Wattforums (Nationalpark-Infozentrum) einen Besuch lohnt. → **S. 94**

Roter Haubarg bei Witzwort: Ein beeindruckendes Beispiel der nur in Eiderstedt vorkommenden Bauernhausform. Unter anderem sind hier ein bäuerliches Museum sowie ein uriges Restaurant/Café untergebracht. → **S. 129**

Wo baden?

St. Peter-Ording: Ein Strand der Extraklasse, auf dem die Restaurants zum Schutz vor den Fluten auf riesigen Pfählen stehen. Der Strand ist 12 km lang und bis zu 2 km breit und sogar mit dem Auto befahrbar. → **S. 114**

Westerhever: Weiter Sandstrand mit spektakulärer Aussicht. Badeort und naturnaher Wattenmeer-Erlebnisraum zugleich, der allerdings nur nach längerem Fußmarsch oder mit dem Rad zu erreichen ist. → **S. 122**

Was unternehmen?

Leuchtturm Westerheversand: Wegen seiner exponierten Lage und seinen beiden symmetrischen Leuchtturmwärterhäuschen ist dies der wohl bekannteste Leuchtturm der Republik. → **S. 122**

Fahrradtour von Kirche zu Kirche: Die 18 mittelalterlichen und die zwei neuzeitlichen Kirchen der Halbinsel lassen sich auf insgesamt fünf 23–38 km langen Rundtouren entdecken. Ein entsprechender Radwegeführer ist bei den Tourist-Informationen für 5 € zu haben oder unter www.eiderstedt-entdecken.de einzusehen.

Storchendorf Bergenhusen: Ein Ausflug tief ins Hinterland, aber für Storchenfans ein Muss. Rund 20 Storchenpaare ziehen in Bergenhusen jedes Jahr ihre Jungen auf und machen das kleine Dorf zu einer der größten Weißstorchkolonien Nordeuropas. → **S. 93**

Friedrichstadt

Eigentlich liegt Friedrichstadt nicht direkt in Eiderstedt, sondern weiter landeinwärts, stellt aber gewissermaßen das Tor zur Halbinsel dar. Es ist sicherlich das malerischste Städtchen im Westen Schleswig-Holsteins und eignet sich perfekt für einen schönen Ausflug.

Dort, wo die Treene in die Eider mündet, wurde Friedrichstadt (fries.: *Fräärstää*) im 17. Jh. nach holländischem Vorbild erbaut. Wegen der vielen kunstvollen Giebelhäuser, Grachten und Brücken wird die Stadt auch „Klein Amsterdam" oder „Holländerstadt" genannt. Der Mittelburggraben teilt die von Wasserläufen umgebene und nahezu perfekt restaurierte Altstadt in zwei etwa gleich große Hälften. Diese sind auf ihren schnurgeraden Sträßchen, die sich rechtwinklig schneiden, bequem zu Fuß zu erkunden.

Ausgangs- und Mittelpunkt Friedrichstadts ist der Marktplatz. Neun wunderschöne Treppengiebelhäuser aus dem 17. Jh. bilden die Fassade an der Westseite des Marktplatzes und sind so etwas wie das Wahrzeichen des kleinen Städtchens. Auf dem Markt befindet sich auch das kleine, aber bemerkenswerte hölzerne Brunnenhäuschen von 1879. Es beschirmt den Pumpschwengel und ist auf jeder der vier Seiten mit plattdeutschen, den Genuss von Wasser lobpreisenden Versen des Heimatdichters *Klaus Groth* (→ S. 63) verziert. Begrenzt wird der Marktplatz durch einige Eisenstangen, die ursprünglich zum Anbinden der Pferde dienten und daran erinnern, dass hier bis ins 20. Jh. hinein zweimal jährlich ein gut frequentierter Pferdemarkt stattfand. Vom Marktplatz aus lohnt ein Spaziergang in die südlich abzweigende Prinzenstraße, die so etwas wie Friedrichstadts Fußgängerzone ist.

An fast jeder Ecke der Stadt stößt man auf interessante, oft rosenberankte

Bauwerke, auf deren besondere Geschichte kleine Infotafeln hinweisen. Besonders prächtig ist das 1637 erbaute *Paludanushaus* (Prinzenstr. 28), in dem einst ein wohlhabender Weinhändler und Remonstrantenprediger wohnte. Unten links neben der schönen Rokokotür wurde eine Kanonenkugel eingemauert, die von einer Beschießung im Jahr 1850 stammt. Bemerkenswert ist auch das *Neberhaus* nördlich des Marktplatzes (Am Mittelburgwall 24), das in den Gründerjahren der Stadt als typisch holländisches Wohnhaus errichtet wurde und heute das Restaurant „Holländische Stube" beherbergt. Auf der Flucht vor der Französischen Revolution lebte hier 1795 der spätere französische „Bürgerkönig" *Louis Philippe*, der unter einem Decknahmen in der Stadt als Hauslehrer arbeitete.

Die für Friedrichstadt so charakteristischen an den Häusern angebrachten Hausmarken sind ein Erbe der niederländischen Erbauer. Oft sind es farbig gefasste Reliefs an den Giebeln der Gebäude, die einen Hinweis auf die ehemaligen Eigentümer geben, z. B. über deren Handwerksberuf. In einer Zeit ohne Straßennamen und Hausnummern war das zur Orientierung durchaus praktisch. Heute besinnt man sich wieder auf diese Tradition, restauriert behutsam die alten Hausmarken oder führt diesen Brauch mit neu angefertigten Reliefs fort.

Ein weiteres Markenzeichen der auch bei holländischen und v. a. dänischen Touristen beliebten Stadt sind die unzähligen Rosen, die im Sommer mit ihrer ganzen Blütenpracht die Kopfsteinpflasterstraßen und Giebelhäuser schmücken und in der Holländerstadt eine ähnliche Rolle spielen wie in Holland selbst die Tulpen. Sie sind auch der Grund, weshalb jeden Sommer in der Altstadt das Fest Friedrichstädter Rosenträume gefeiert wird.

An die jüdische Vergangenheit der Stadt erinnert v. a. die ehemalige, 1847 eingeweihte Synagoge, die heute als Kultur- und Gedenkstätte genutzt wird

Holländerstädtchen: Marktplatz mit Mittelburggraben

(Am Binnenhafen 17). Der alte jüdische Friedhof (von 1676) ganz im Nordwesten der Altstadt ist hingegen weniger besuchenswert. Er präsentiert sich heute als eine von einer Hecke umfasste Wiese, in deren Mitte ein paar kleine, kreisförmig unter einem Baum angeordnete Grabsteine die Zeit überdauert haben. Lohnenswerter ist da schon ein Spaziergang am nahen Treeneufer. Dieser breit gestaute Unterlauf der Treene begrenzt den Norden der Stadt und wirkt an dieser Stelle wie ein See. Hier können Sie östlich des Grachtenanlegers im schönen Treene-Freibad im Sommer echte Badefreuden genießen.

Auch ist es schön, Friedrichstadt vom Wasser aus zu erleben, sei es im Rahmen einer Grachten- oder Treenefahrt auf einem Ausflugsschiff, mit einem geliehenen Kanu oder per Stand-Up-Paddling.

Doppelgiebelhaus Prinzenstraße

Geschichte

Benannt wurde das hübsche „Holländerstädtchen" nach Herzog Friedrich III. von Schleswig-Holstein-Gottorf, der hier im feuchten Mündungstrichter des in die Eider fließenden Flüsschens Treene einen geometrisch geplanten Handelsort anlegen ließ. Zu diesem Zweck baute man zunächst einen Damm zwischen Treene und Eider und leitete das Treenewasser durch mehrere Kanäle und Schleusen in die Eider. Auf diese Weise entstand eine kleine, von Grachten durchzogene Insel, auf der 1621 das erste Haus errichtet werden konnte. Der Herzog lockte mit Zoll- und Steuerfreiheit und v. a. mit dem Privileg der freien Religionsausübung zunächst eine in den spanisch besetzten und damit katholischen Niederlanden glaubensverfolgte protestantische Religionsgemeinschaft, die Remonstranten, in seine neue Siedlung, wenig später kamen auch Angehörige anderer Konfessionen. Friedrichstadt wurde zu einer „Stadt der Toleranz", zeitweise lebten hier sieben unterschiedliche Religionsgemeinschaften friedlich nebeneinander. Sie bauten die damals noch von weit mehr als den heutigen vier Grachten durchzogene Stadt auf und verhalfen Friedrichstadt zu schneller Blüte. Heute sind es mit den deutschen und dänischen Lutheranern, den Katholiken, den wenigen Mennoniten und den sonst eigentlich nur in den Niederlanden existierenden Remonstranten immerhin noch fünf Religionsgemeinschaften. Die Exilanten, denen das Niederländische als Amtssprache gewährt wurde, brachten ihre Kultur und damit auch ihre Baukunst mit. Und die holländischen Siedler verstanden sich v. a. auch auf die Kunst, das moorige Gelände um Friedrichstadt trockenzulegen.

Zu großen Zerstörungen kam es im Jahr 1850, als im eigentlich schon zugunsten der Dänen entschiedenen Schleswig-Holsteinischen Krieg die verbliebenen schleswig-holsteinischen Truppenverbände in einer letzten Kraftanstrengung versuchten, das von dänischen Truppen besetzte Friedrichstadt einzunehmen. Durch die Bombardierung wurde ein Drittel der Stadt zerstört, so auch das ehemalige Rathaus und die alte Remonstrantenkirche.

Sehenswertes

Museum Alte Münze: Das hiesige Stadtmuseum ist in einem ehemaligen Speicher von 1626 untergebracht, der heute als eines der bedeutendsten Bauwerke der niederländischen Renaissance-Architektur in Norddeutschland gilt. Gegenstand der auf drei Ebenen gestalteten Ausstellung ist v. a. die Alltagskultur (Wohnen, Handwerk) der 400 Jahre alten Holländerstadt. Natürlich liegt ein Schwerpunkt der Ausstellung auf der für die Geschichte der Stadt so prägenden Religionsvielfalt. 1708 kauften die Mennoniten die „Alte Münze" und nutzen seitdem den Anbau als Betsaal und den Garten als Friedhof. Heute wird der Betsaal mit seiner schlichten, aus dem frühen 19. Jh. stammenden Ausstattung jedoch hauptsächlich von der dänischen Gemeinde als Gottesdienstraum genutzt. Museumsbesucher können von oben einen Blick in den Saal werfen.

Der Museumsname trügt allerdings: Münzen wurden hier nie geprägt, weil der Stadt das bei ihrer Gründung vom Herzog zugesagte Münzprivileg dann doch nicht zuerkannt wurde.

▪ Geöffnet April/Mai und Okt. Di–So 12–16 Uhr, Juni–Sept. Di–So 11–17 Uhr. Am Mittelburgwall 23, ✆ 04881-87422 und 1511, www.friedrichstadt.de.

Tischlereimuseum: Eine Tischlerei aus alter Zeit, die – ausgestattet mit historischen Werkzeugen und altertümlichen Maschinen – anschaulich illustriert, wie das traditionelle Tischlerhandwerk einst ausgeübt wurde. Bis 1998 noch arbeitete der damals 92-jährige Tischler *Jacob Hansen* in dieser Tischlerei seines Großvaters. Fast alle Maschinen werden über eine Transmission (Treibriemen) von einem zentralen Motor angetrieben.

▪ Geöffnet von Ende Juni bis Anfang Sept. tägl. 11.30–16 Uhr. Eintritt 2,50 € (Kinder bis 15 J. frei). Ostermarktstr. 15, ✆ 0163-1730056.

Modellbahn-Zauber: Kleine Modelleisenbahnanlage mit Liebe zum Detail. Durch die kleine Halle am Rande von Friedrichstadt fahren über 60 Zuggarnituren auf mehr als 1200 m Gleissystem im Maßstab 1:87 (Spur H0). Jede halbe Stunde wechselt die Beleuchtung ihren Tag- und Nachtrhythmus. Vor der Halle begrüßt ein originaler Wohnwerkstattwaggon die Besucher.

Brunnenhäuschen am Marktplatz

▪ Geöffnet in der Saison (April–Okt. und in den Weihnachtsferien) tägl. 11–17 Uhr. Erw. 7,50 €, Kinder 5 €, Familien 19 €. Brückenstr. 18, ✆ 04881-938858, www.modellbahn-zauber.de.

Remonstrantenkirche: Es ist die einzige Kirche dieser Konfession außerhalb der Niederlande. Sie wurde nach einer Kriegszerstörung im Jahr 1854 anstelle des Vorgängerbaus errichtet. Offenbar etwas hastig, denn der markante Kirchturm neigte sich schon während der Bauzeit etwas nach Westen, was Sie noch heute – am deutlichsten von der Prinzenstraße aus – erkennen können. Das Innere der durch die großen Rundbogenfenster sehr hellen Kirche ist betont schlicht gehalten, nur der aufwendige Messingleuchter versprüht etwas Glanz. Im Mittelpunkt steht jedoch die Kanzel und damit das Wort Gottes. Remonstranten (lat. *remonstrare* = zurückweisen) betonen den freien Willen des Menschen und spalteten sich Anfang 17. Jh. in den Niederlanden von der evangelisch-reformierten Kirche ab, weil sie deren calvinistisch geprägte Lehre von der Vorherbestimmung (Prädestinationslehre) ablehnten. Sie wurden daraufhin verfolgt oder mussten ihre niederländische Heimat verlassen.

▪ Ostern bis Okt. tagsüber geöffnet. Kirchenstr. 2.

St.-Christophorus-Kirche: Die lutherische Saalkirche von 1649 ist die heute älteste Kirche Friedrichstadts und präsentiert sich als helle, einfach gestaltete Saalkirche nach niederländischem Vorbild. Auch die Backsteine zum Bau wurden, wie damals in Friedrichstadt üblich, aus den Niederlanden importiert. Vermutlich stammen die Schnitzkanzel, das Taufbecken und die große Kirchenglocke von einer Kirche aus Alt-Nordstrand, die 1634 bei der großen Sturmflut *(Burchardiflut)* unterging. Das im Stil des niederländischen Barock gemalte Altarbild „Beweinung Christi" hingegen stammt vom Tönninger Barockmaler *Yurian (Jürgen) Ovens* (1623–1678), der 20 Jahre in Friedrichstadt lebte und unter dem Altar auch beerdigt ist. Als Stifter hat er sich in der linken oberen Ecke mit gefalteten Händen verewigt. Das an der Holzbalkendecke hängende Votivschiff (eine Schaluppe) stammt von 1738. Der wuchtige Westturm bekam seine jetzige Gestalt samt der geschwungenen Turmhaube erst im Jahr 1762.

▪ Ostern bis Okt. tagsüber geöffnet. Am Mittelburgwall 40.

St.-Knut-Kirche: Das kleine katholische Gotteshaus ist sozusagen die Mutterkirche der Katholiken an der schleswig-holsteinischen Westküste, weil sie der erste katholische Kirchenbau nach der Reformation war. Erst 1853 wurde der turmlose Saalbau aus Ziegeln im neugotischen Stil erbaut und mit alten Ausstattungsstücken belebt (Kruzifix von 1230, Apostelfiguren aus dem 17. Jh.). Die Kirche dient heute auch profanen Zwecken, z. B. Konzerten und Ausstellungen.

▪ Ostern bis Okt. tagsüber geöffnet. Am Fürstenburgwall 15.

Praktische Infos

Einwohner 2500

Information **Tourismusverein Friedrichstadt und Umgebung e. V.,** Am Markt 9, 25840 Friedrichstadt, ✆ 04881-93930, www.friedrichstadt.de. Kein Gästebeitrag.

Baden Teenebad Friedrichstadt; schönes **Flussfreibad** an der Teene mit Sprungturm, Rutsche und Liegewiese. ✆ 04881-473.

Fahrradverleih Über die **Touristinfo** oder direkt bei **Radverleih Reiner Dirks**, ✆ 0172-4534713.

Grachtenfahrten 1-stündige Ausflugsfahrten April–Okt., Erw. 10 €, Kinder (5–14 J.) 5 €. Auch Ausflugsfahrten auf der Treene nach Schwabstedt im Angebot. **Friedrichstädter Grachten- und Treeneschifffahrt Günther Schröder** (rote Linie), Anleger Stapelholmer Platz, ✆ 04881-876395 und -94. **Friedrichstädter Grachtenschifffahrt Christian Prinz** (blaue Linie), Anleger Am Deich, ✆ 04881-937597.

Boots- und Kanuverleih, SUP Tret- und Elektro-Boote: Grachtenschifffahrt Schröder, Treeneufer, ✆ 04881-7365. **Kanus:** Kanu Kunterbunt, Lohgerberstr. 35, ✆ 04881-937778, www.kanu-kunterbunt.de. **SUP:** SUP-Friedrichstadt, mobile Station am „Hundebadestrand" Westersielzug, ✆ 0151-59438071.

Stadtführung Ostern bis Okt. tägl. 11–12.30 Uhr. 4 € (Kinder 3 €), Treffpunkt/Info an der Touristinfo (Am Markt 9). Auch Themenführungen oder eine Kombination mit einer Grachtenführung sind im Angebot. Alternativ können Sie für 7,50 € einen Audioguide bei der Touristinfo ausleihen und so die Stadtführung auf eigene Faust unternehmen.

Veranstaltungen/Feste Friedrichstädter Rosenträume, *Anfang Juli*, an einem Sommerabend feiert sich die Stadt mit Musik, Essen und anderen Verkaufsständen rund um den Marktplatz, auf dem sich international renommierte Rosenzüchter mit ihrer blühenden Pracht präsentieren.

Friedrichstädter Lampionfest, *letztes Juliwochenende*, mit Livemusik, Familienprogramm, Feuerwerk und als Höhepunkt einem Lampionkorso auf den Grachten, bei dem musizierende und lustig geschmückte Boote in einer Karawane an den Zuschauern vorbeiziehen. Den Abschluss bildet ein Feuerwerk über dem Westersielzug.

Friedrichstädter Kulturnacht, *letzter Samstag im August*, Ateliers, Museen und Künstler öffnen von 18–24 Uhr ihre Türen für nächtliche Kulturschwärmer.

Herbstzauber, *Mitte September*, Livemusik, Kunsthandwerk und Kinderprogramm in den Friedrichstädter Einkaufsstraßen.

Wochenmarkt Fr 7–12 Uhr auf dem Marktplatz.

Essen & Übernachten (→ Karte S. 91)

******Ringhotel Aquarium 4**, das wahrscheinlich erste Haus am Platz ist verteilt auf mehrere zusammenhängende historische Gebäude. Saubere Zimmer, teilweise mit relativ kleinen Bädern (Altbau), kleines Hallenbad/Sauna vor Ort. Frühstücksbüfett im rückwärtigen großen Speisesaal. DZ 136–156 €. Viele skandinavische Gäste, Parkplätze im Innenhof kostenpflichtig (7 €), Parken in den Nebenstraßen aber kein Problem. Im Restaurant gibt es ambitionierte, schmackhafte Gerichte mit frischen Zutaten von einer relativ kleinen Karte. Schöne Außenplätze an der Gracht, aufmerksamer Service. Am Mittelburgwall 4–8, ✆ 04881-93050, www.hotel-aquarium.de.

Hotel Klein Amsterdam 1, moderne Zimmerausstattung mit Ausblick auf den Marktplatz, haustierfreundlich. Essen und Frühstücksbüfett nebenan im Restaurant „Holländische Stube“. DZ ab 115 €. Am Mittelburgwall 28, ✆ 04881-939029, www.kleinamsterdam.net.

*****Pension Marktblick 5**, 8 modern eingerichtete Zimmer mit renovierten Bädern im historischen Gebäude am Marktplatz, schöner Frühstücksraum im 1. Stock, freundliches Personal. DZ 95 € (Buchungsportale). Am Markt 24, ✆ 04881-9389436.

meinTipp **Holländische Stube 3**, Restaurant im Treppengiebel-Kaufmannshaus von 1623 mit guter regionaler Küche (z. B. Lammkeule) und nettem Service in historischem Ambiente. Es gibt auch Tische im Biergarten an der Hauptgracht mit Blick hinüber zum Marktplatz. Geöffnet tägl. 12–14.30 und 18–21 Uhr. Am Mittelburgwall 24–26, ✆ 04881-93900.

Meeresküche Metzner 7, Fischbraterei und Fischimbiss am Marktplatz. Neben verschiedenen Fisch- und Fleischgerichten gibt es auch eine große Auswahl an Fischbrötchen. Tische auch vor dem Haus. Geöffnet Sa–Mo 11–20.30 Uhr, sonst 11–15.30 Uhr (Mi Ruhetag). Prinzenstr. 40, ✆ 04881-1553.

Fischgeschäft Zeeden 6, einfaches Fischgeschäft vom alten Schlag, in der Seitenstraße gelegen. Hier gibt es hervorragende frische Fischbrötchen. Westermarkstr. 11, ✆ 04881-7956.

Prinzenstube 9, gediegen schönes Café und Restaurant im Barockstil. Bekannt für seine leckeren Torten; mittags gibt es aber auch einen Restaurantbetrieb (z. B. Steak mit Pfifferlingen oder Nordseescholle). Geöffnet tägl. 11–18 Uhr, Mi Ruhetag. Prinzenstr. 24, ✆ 04881-9375656.

Blumenhaus Café 8, hausgemachte Kuchen und Torten ohne künstliche Hilfsmittel und Geschmacksverstärker, zudem Bistro mit Flammkuchen und Snacks. Auch Tische in der Fußgängerzone vor dem Haus. Prinzenstr. 25, ✆ 04881-937806.

meinTipp **Kajüte 1876 2**, schöne Bier- und Weinbar sowie Café mit netten Sitzmöglichkeiten an der Gracht. Es gibt leckere Flammkuchen, eine prima Weinauswahl, und mit dem Kajütenbräu „1621“ (Gründungsjahr der Stadt) wird hier ein eigenes, extra für Friedrichstadt gebrautes Bier ausgeschenkt. Nur Do/Fr 16–23 Uhr und Sa 14–24 Uhr geöffnet. Holmentorstr. 11, ✆ 04881-9372750.

In der Umgebung

Koldenbüttel: Das schöne Dorf mit einigen reetgedeckten Häusern liegt nur 2 km nordwestlich von Friedrichstadt und lohnt einen kurzen (Fahrrad-)Ausflug. Schnurgerade läuft die Hauptstraße auf die markante weiße St.-Leonard-Kirche mit ihrem gepflegten Kirchhof zu. Diese wurde schon vor 1200 von friesischen Einwanderern errichtet. Beeindruckend ist v. a. der figurenreiche Altar, der auf die Zeit um 1490 zurückgeht. Der einzeln stehende hölzerne Glockenturm (um 1461) ist der älteste seiner Art in Schleswig-Holstein. Vor der Kirche befindet sich das später als Leichenhalle genutzte alte Pastorat, dessen bemerkenswerter Nord-

Lüttje Dörpsmuseum in Koldenbüttel

giebel noch aus der Erbauungszeit von 1614 stammt. Davor sind einige landwirtschaftliche Geräte platziert, und im alten Feuerwehrhäuschen gegenüber der Kirche wurde mit dem **Lüttje Dörpsmuseum** ein kleines, für jedermann kostenlos zugängliches Heimatmuseum eingerichtet. Es zeigt v. a. Gerätschaften der dörflichen Alltags bis 1950 (der Raum ist von Mai–Okt. tägl. 10–18 Uhr geöffnet). Zudem zieren einige Kunstplastiken das Dorf, dessen Ortsname so viel wie „kalte (im Sinne von erkaltete/einst verlassene) Siedlung" bedeutet. Beachtenswert ist v. a. die Skulptur „Der Klootstockspringer" des Künstlers *Lothar Frielings* (Mühlenwarft im Süden des Dorfes im Graben neben dem neuen Feuerwehrhaus).

Storchendorf Bergenhusen: Auch ein Ausflug ins immerhin 17 km östlich von Friedrichstadt gelegene 750-Einwohner-Dorf Bergenhusen, das bereits zum Kreis Schleswig-Flensburg gehört, ist lohnenswert. Umgeben von den Feuchtwiesen der Flussniederung zwischen Eider, Treene und Sorge finden seit jeher zahlreiche Weißstörche auf den Reetdächern des auf einem Geesthügel gelegenen Bergenhusen ideale Brutbedingungen vor. Knapp 20 Storchenpaare halten hier von März bis September ihre Horste besetzt und machen das kleine Bergenhusen zu einer der größten Weißstorchkolonien Nordeuropas. Eine Sonderausstellung des NABU im **Michael-Otto-Institut** in der Ortsmitte (Groosstroot 1) informiert darüber. Zudem werden entsprechende Führungen angeboten (Mitte März bis Mitte Sept. tägl. 10–18 Uhr, ✆ 04885-570, www.bergenhusen.nabu.de). Sehenswert sind übrigens auch die Dorfkirche von 1712, eine barocke Saalkirche sowie die restaurierte Windmühle „Margaretha" im Ortsteil Lüttensee.

Den Lebensraum der Weißstörche und die örtlichen Sehenswürdigkeiten können Sie bequem auf dem 4,3 km langen Rundweg „Lüttensee" erwandern. Eilige können das Dorf aber auch auf dem ebenfalls am Friedhof beginnenden, nur 750 m langen Rundweg „Storchendorf Bergenhusen" erkunden.

Essen & Trinken **Landgasthof Hoier-Boier,** benannt nach dem örtlichen Namen für Storch gibt es hier bodenständige regionale Küche. Mo/Di geschlossen, sonst ab 17.30 Uhr geöffnet. Dörpstroot 12, 24861 Bergenhusen, ✆ 04885-901499, www.hoier-boier.de.

Eiderstedt → Karte S. 86

Malerischer Eiderhafen in Tönning

Tönning

Malerisch am Mündungstrichter der Eider gelegen, gilt Tönning vielen als die schönste Hafenstadt der Westküste. Bedeutsam ist zudem das zentrale Informationszentrum des Nationalparks Schleswig-Holsteinisches Wattenmeer, das Mulitmar Wattforum.

Die beschauliche Hafenstadt besticht durch ihren idyllischen Stadtkern zwischen Gezeitenhafen und Marktplatz. Der lang gestreckte historische Hafen ist Heimat weniger Kutter und der Dienstschiffe des Wasser- und Schifffahrtsamtes sowie einiger Freizeitboote und -yachten. Er wurde an dieser Stelle bereits im Jahr 1613 wie ein Haken in die Stadt gegraben und ist daher flankiert von teils malerischen Häusern. Bemerkenswert ist dabei v. a. das zentral gelegene Haus mit dem kleinen Glockentürmchen von 1624. Einst als Unterkunft für Seeleute und als Lotsenschule genutzt, dient es heute als *Skipperhuset* der dänischen Minderheit als Schullandheim. Direkt gegenüber auf der Hafensüdseite steht unübersehbar das berühmte historische Packhaus, dessen breite Front jährlich im Dezember zum längsten Adventskalender der Welt umgestaltet wird. Nebenan befindet sich der Tonnenhof des Wasserstraßen- und Schifffahrtsamtes, das seit 1884 in Tönning beheimatet und für sämtliche Bundeswasserstraßen im Gebiet der schleswig-holsteinischen Nordseeküste zuständig ist.

Ein Deichdurchlass *(Stöpe)* führt vom Hafen zum Schlosspark. Der ehemalige Schlossgraben dient heute als Ententeich, der kleine Park selber den Menschen zur Erholung – das einst prächtige Schloss selbst wurde 1735 abgerissen. Nördlich des Parks liegt der Marktplatz, auch dieser ist von alten Giebelhäusern umgeben und von der altehrwürdigen St.-Laurentius-Kirche mit ihrem auffälligen Barockturm gekrönt. Ringsherum laden einige Geschäfte, Cafés und Restaurants zum Bummeln und Entspannen ein.

Geschichte

Tönning (fries.: *Taning*) fand seine erste Erwähnung im Jahr 1187 und ist bis heute der Hauptort Eiderstedts. Der Ort liegt geschützt am 9 km langen und 2 km breiten Mündungstrichter der Eider, der auch Purrenstrom genannt wird (*Purrn* bezeichnet auf Eiderstedter Platt die Nordseegarnele).

Im 15. Jh. entwickelte sich Tönning aufgrund seiner strategisch günstigen Lage zu einem lebhaften Handelsplatz. Das jedoch missfiel den Nachbarn, weshalb der aufstrebende kleine Ort während einer Fehde mit den Dithmarschern im Jahr 1414 niedergebrannt wurde. Doch Tönning fand schnell wieder zu alter Stärke zurück. Im Jahr 1590 wurde dem Ort an der Eider das Stadtrecht verliehen, und zwar vom Gottorfer Herzog, der sich hier bis 1583 mit dem Schloss bereits eine prächtige Nebenresidenz hatte errichten lassen. Diese wurde gegen Ende des Dreißigjährigen Kriegs (1645) zur Festung ausgebaut. Der Eiderhafen wurde bereits 1613 gegraben und hat seine Form bis heute weitgehend behalten. In dieser Zeit waren es v. a. niederländische Einwanderer, die der Stadt zum Aufschwung verhalfen. Der Grund dafür war, dass diese hier hervorragenden Käse produzierten, der bald zusammen mit Produkten der landwirtschaftlichen Überproduktion des fruchtbaren Eiderstedter Lands wie Fleisch, Wolle und Weizen zu einem der Hauptexportgüter im Tönninger Hafen wurde.

Im Großen Nordischen Krieg (1700–1721) wurde Tönning von der dänischen Armee schwer bombardiert, die nach ihrem Sieg das Schloss, das Zeughaus und die Garnisonskirche schleifen ließ. Der erneute Aufschwung kam mit dem Bau des Eiderkanals im Jahr 1784. Dieser *Schleswig-Holsteiner Canal* folgte ab Rendsburg dem natürlichen Flusslauf der Eider und mündete hier in die Nordsee. Das historische Packhaus erinnert noch heute an diese für die Stadt so segensreiche Epoche. Und weil während der kriegerischen Auseinandersetzungen zwischen Frankreich und England (1803–1807) die Briten im

Eiderstedt → Karte S. 86

Der weiße Schwan auf der gelben Tonne: Tönnings Stadtwappen

Tönnings Stadtnamen kann man auf dänisch, friesisch und plattdeutsch mit „Tonne" übersetzen. Der Sage nach wurde Tönning an jener Stelle gegründet, an der ein auf einer Tonne stehender Schwan an Land getrieben wurde. Es gibt aber noch eine weitere Sage, an die das markante Stadtwappen – ein weißer Schwan auf einer im Wasser treibenden Tonne – erinnert: Während einer fürchterlichen Sturmflut seien die Menschen zum höchsten Punkt der Stadt um die St.-Laurentius-Kirche geflohen und sollen dort in großer Verzweiflung um ein Ende der alles verschlingenden Flut gebetet haben. Da sei plötzlich ein Schwan auf einer Tonne sitzend vorbeigetrieben. Ab diesem Moment sei die tagelang steigende Flut wieder zurückgegangen – und die Menschen waren gerettet.

Zuge der Kontinentalsperre den Hamburger Hafen blockierten, profitierte das kleine Tönning abermals von seiner direkten Nähe zur Nordsee und erlebte erneut eine kurze Blüte – nun wurden die wichtigsten Hamburger Waren einfach über Tönning verschickt. Doch mit dem Bau des Nord-Ostsee-Kanals (früher Kaiser-Wilhelm-Kanal, → S. 24) 1887–1895 geriet Tönning schlagartig ins handelspolitische Abseits – und so ist es bis heute geblieben. Seit dem Bau des gewaltigen Eidersperrwerks im Jahr 1973 verlagerte sich sogar der Fischereibetrieb an den Außenhafen des 10 km entfernten Sperrwerks. Aber immerhin ist Tönning seit 1964 staatlich anerkannter Erholungsort.

Tönnings großer Sohn ist der zu seiner Zeit sehr bekannte *Friedrich von Esmarch* (1823–1908), der, u. a. als Unfallchirurg an der Kieler Universität tätig, als Begründer des Samariterwesens und des zivilen Rettungsdienstes in Deutschland gilt. Ihm wurde noch zu Lebzeiten (1905) im Schlossgarten ein Denkmal in Form eines lebensgroßen Standbilds gesetzt.

Sehenswertes

Multimar Wattforum (Nationalparkforum): Im Jahr 1999 in futuristisch-gläserner Architektur errichtet und als externes Projekt Teil der Weltausstellung *Expo* im Jahr 2000 in Hannover ist dieses Gebäude quasi die Mutter aller schleswig-holsteinischen Wattenmeer-Nationalparkhäuser. Es hat ausschließlich diesen faszinierenden Lebensraum vor unserer Küste zum Thema.

Zu sehen gibt es viel: 37 Aquarien zeigen die Tiere des Wattenmeeres. Hier tummeln sich über 280 Arten an Fischen, Quallen, Krebsen, Muscheln, Schnecken und sogar hier aufgezogenen Seepferdchen, bei denen übrigens die Männchen den Nachwuchs austragen. Besonders beeindruckend ist ein Großaquarium mit einer 6 x 6 m großen Panoramascheibe, in dem Rochen, Katzenhaie, Seewölfe und Störe langsam durchs Wasser schweben. Zu bestimmten Zeiten gleitet ein Taucher durch das riesige Becken, füttert die Tiere und erklärt über ein Wassermikrofon das Verhalten der Tiere. Kinder

Multimar Wattforum: großes Nationalpark-Infozentrum

können in einem Brandungsbecken selbst Wellen erzeugen und so die Reaktion der Tiere beobachten. Es dient auch als eine Art „Streichelaquarium", in dem Seesterne oder Krebse unter Aufsicht berührt werden dürfen. Hier können die Kinder auch durch einen kleinen Tunnel kriechen, über dem die erzeugten Wellen zusammenschlagen, zudem gibt es im Außenbereich einen schönen Abenteuerspielplatz. Erklärt wird auch das Zustandekommen von Ebbe und Flut. Nicht zuletzt ist die Welt der Wale Thema – neben dem Skelett eines 6 m langen Minkwals (Zwergwal) ist auch das 17,5 m lange Skelett eines gestrandeten Pottwals zu bestaunen, dessen eine Körperhälfte durch eine Kunststoffhalbschale nachgebildet wurde. Über 200.000 Besucher jährlich illustrieren den Erfolg dieses Ausstellungskonzeptes.

■ Ganzjährig geöffnet, April–Okt. 9–18 Uhr, Nov.–März 10–17 Uhr (Fütterung per Taucher im Großaquarium im Sommerhalbjahr nur Mo und Fr um 14 Uhr, im Winterhalbjahr nur Mo und Do um 14 Uhr). Erw. 9 €, Kinder (4–15 J.) 6 €. Shop und kantinenartiges Restaurant vor Ort. Parken etwas entfernt im Gewerbegebiet (ausgeschildert). Dithmarscher Str. 6a, ✆ 04861-96200, www.multimar-wattforum.de.

St.-Laurentius-Kirche: Mit ihrem auffälligen Barockturm überragt die aus dem 12. Jh. stammende, ursprünglich mittelalterliche Saalkirche den Tönninger Marktplatz. Mittelalterlich ist allerdings nur noch die romanische Nordfassade mit ihren kleinen Rundbogenfenstern, denn das Gotteshaus wurde in seiner Geschichte mehrfach umgebaut. Ihr heutiges Aussehen mitsamt dem stattlichen Turm erhielt die Kirche im Jahr 1706, nachdem sie während des Großen Nordischen Krieges durch Beschuss schwer beschädigt worden war.

Das Kircheninnere wirkt trotz oder gerade wegen der kunstvollen dunklen Bemalung des Tonnengewölbes und der dazu in Kontrast stehenden weißen Wände wie auch wegen des naturhölzernen Kirchengestühls erstaunlich harmonisch und stammt bis auf wenige Ausnahmen relativ einheitlich aus der Barockzeit. Sogar der emporenartige, von oben begehbare Lettner (die Chorraumabtrennung) ist noch erhalten und fügt sich ins Gesamtbild. 33 verzierte Messingstäbe gestatten den Durchblick in den Altarraum; sie sind jeweils mit dem Namen ihrer Stifter versehen.

Kunstvoll: Laurentius-Kirche

Das über dem hölzernen Lettner hängende spätgotische Triumphkreuz (1500) zeigt den Gekreuzigten und ihm zu Füßen Maria und Johannes den Täufer. Der Altarraum bietet einen würdigen Rahmen für den stattlichen 8 m hohen Gemäldealtar (17. Jh.). Vor diesem steht zentral ein prächtiger Taufstein aus schwarzem Marmor mit sechs Reliefs aus Alabaster (von 1641). Weil er vom Schuster *Broder Peters* gestiftet wurde, zeigt er ein Relief von dessen Hausmarken, nämlich Schaftstiefel und Schusterwerkzeuge. Die anderen Reliefs zeigen die klassischen biblischen

Eiderstedt → Karte S. 86

Taufmotive wie Geburt und Taufe Christi. Gekrönt wird die bemerkenswerte Taufe von einem beeindruckenden, mit rankenartigem Schnitzwerk verzierten Taufdeckel, der über musizierenden Putten Johannes den Täufer mit einer Taube als Symbol des Hl. Geistes darstellt.

Auch die große Orgel auf der Empore und die üppig verzierte Kanzel stammen aus der Barockzeit (1703).

▪ Tägl. 9–18 Uhr geöffnet, in der Saison Do um 10 Uhr Kirchenführung mit Turmbesteigung. In der Kirche finden regelmäßig erlesene Konzerte statt. Johann-Adolf-Straße, www.kirchenmusik-in-toenning.de.

Packhaus: Das fast 78 m lange Packhaus erinnert an die goldenen Zeiten, als Tönning der westliche Ausgangspunkt des durch Schleswig-Holstein führenden, 1784 fertig gestellten Eiderkanals zwischen Nord- und Ostsee war. Heute wird das schöne Packhaus für Veranstaltungen wie beispielsweise Antikmärkte genutzt und beherbergt im Obergeschoss zudem eine Ausstellung der „Gesellschaft für Tönninger Stadtgeschichte". Zahlreiche Exponate bieten einen facettenreichen Überblick über die wechselhafte Tönninger Stadtgeschichte. Thematisch beginnt der Rundgang bei der Tönninger Frühgeschichte und berichtet in einzelnen Stationen über den Bau von Kirche, Schloss und Hafen, informiert aber auch über die Fischerei, das Handwerk, den Deich- und Sielbau, die Tönninger Eisenbahnverbindung und die einstige Viehausfuhr nach England.

Jedes Jahr zur Adventszeit verwandelt sich das weihnachtlich dekorierte und beleuchtete Packhaus zum weltweit längsten Adventskalender – jeden Tag wird dann eines der riesigen Fenster symbolisch als Adventstürchen geöffnet. An den Adventswochenenden findet im Packhaus ein beliebter Weihnachtsmarkt statt.

▪ Geöffnet Mai–Sept. Fr–So 15–17.30 Uhr sowie an den vier Adventswochenenden. www.packhaus-toenning.de.

Praktische Infos

Einwohner 5200

Information **Tourist- und Freizeitbetriebe Tönning,** Am Markt 1, 25832 Tönning,

Café mit Hafenblick: Alte Werft

📞 04861-61420, www.toenning.de. Gästekarte 15. Mai bis Sept. 2 €/Tag (Kinder frei), in der Nebensaison (April, Anfang Mai und Okt.) 1,20 €.

Baden **Grünstrand:** Tönning verfügt über die älteste Badestelle der Region, die sogar einen Badesteg hat. Es gibt auch einen kleinen Buddelstrand für Kinder. **Meerwasser-Freibad:** Solarbeheiztes und direkt neben dem (Grün-)Badestrand gelegenes, 50 m langes Kombibecken. Große Liegeflächen und zahlreiche Strandkörbe bieten Platz zum Sonnenbaden. Mai–Sept. tägl. 10–20 Uhr geöffnet. Erw. 4 €, Schüler 2 €, Familien 10 €. Strandweg 2, www.foerderverein-meerwasserfreibad-toenning.de.

Fahrräder **Esso-Tankstelle,** Gardinger Chaussee 2, 📞 04861-617169. **Pedalerie,** Stiftweg 5, 📞 04861-3549515. **Touristinfo** (E-Bikes), Am Markt 2, 📞 04861-61420.

Schiffsausflüge Ausflugsfahrt zu den **Seehunden mit Seetierfang.** Von April–Okt. 2-mal tägl. ab Eiderkaje mit MS „Adler II". Parkplätze vorhanden. Dauer: knapp 2:30 Std. (während der Fahrt wird ein Schleppnetz an Bord geholt und dann der Fang fachkundig erklärt). Erw. 20,50 €, Kinder bei 2 Erw. frei, sonst 16 €, Familien 41 € (Kombikarte mit dem Multimar Wattforum Erw. 23,50 €, Kinder 16,50 €, Familien 65,50 €). Tickets in der Touristinfo oder direkt am Schiff. 📞 04651-9870888, www.adler-schiffe.de.

Stadtführungen Jeden Do (April–Okt.) um 10.45 Uhr vor der St.-Laurentius-Kirche (neben dem Eingang zur Touristinfo). Erw. 5 €, Kinder 3 € (zuvor findet um 10 Uhr eine kostenlose Führung in der St.-Laurentius-Kirche statt). Zusätzliche Führung Di 10.45 Uhr (nur Mitte Juli bis Mitte Aug.).

Wochenmarkt Mo 7–12 Uhr auf dem historischen Marktplatz.

Essen & Übernachten **Gästehaus Lexow** **3**, schöne Lage, historisches Ambiente. DZ 100–115 €, die meisten mit Blick auf den historischen Hafen, auch Ferienwohnungen. Am Hafen 36/37, 📞 04861-96080, www.gaestehaus-lexow.de.

Café Hafenblick **3**, im Nebengebäude des Gästehauses Lexow (s. o.) befindet sich das Café mit seinem schönen Biergarten und einer Terrasse, wo es neben leckeren Torten (Friesentorte) auch Riesenwindbeutel und mitunter auch warme Speisen gibt. Geöffnet tägl. 10–21 Uhr. Am Hafen 38, 📞 04861-1533.

******Bio Hotel Miramar** **6**, moderne Einrichtung in einem alten Schulgebäude in Bahnhofsnähe. Erstes Bio-Hotel in Schleswig-

Holstein (die Küche verwendet zu 100 % Bioprodukte, Naturkosmetik im kleinen Wellness- und Saunabereich, statt Minibar ein Kühlschrank in der Lobby, E-Auto-Verleih, Yoga-Angebote usw.). 34 komfortable Zimmer, leckeres Frühstücksbüfett, DZ 180 €. Im Bio-Restaurant „Alte Schule" **6** gibt es gute regional-saisonale Küche, z. B. Rehkeule und natürlich auch Vegetarisches. Westerstr. 21, ✆ 04861-9090, www.biohotel-miramar.de.

*****Godewind 4,** traditionelles Restaurant/Café in schönem Ambiente mit Hafenterrasse. Die Küche ist eher etwas fettlastig-rustikal (Bratfisch, Lamm). Außerdem kleines Hotel mit 6 vergleichsweise einfachen Zimmern mit einem ebensolchen Frühstück im Wintergarten. Am Hafen 23/24, ✆ 04861-6600, www.romantisches-hotel-godewind.de.

Alte Fischerei-Genossenschaft 8, auf der Hafensüdseite gelegener Krabben- und Fischhandel, zudem Räucherei und einfaches Fischbistro mit z. B. Matrosenscholle, Fischsuppe und prima Fischbrötchen. Geöffnet nur März–Okt. 8–18 Uhr und Sa 8–13 Uhr (So Ruhetag). Am Eiderdeich 12, ✆ 04861-96160.

MeinTipp **Weingarten am Schlosspark 5,** mit Sinn für Details in einem Stilmix zwischen Naturholz und gold schimmerndem Stuck eingerichtet, gibt es hier kreative, mediterran angehauchte Küche (z. B. Kräuter-Crèpes, Miesmuschel-Pasta, Lammfilet und prima Rumpsteak-Variationen) und zudem eine große Auswahl an Weinen. Geöffnet Di–So 17–23 Uhr (Mo Ruhetag). Herrengraben 8, ✆ 04861-1003.

Zum Goldenen Anker 2, Hotel-Restaurant mit 12 relativ großen Zimmern am Hafen (DZ 87–97 €), kleines Hallenbad/Sauna/Dampfbad vorhanden. Gutes Frühstücksbüfett. Im Restaurant mit seinem relativ kleinen Gastraum gibt es v. a. klassische Fischgerichte, nachmittags auch hausgebackene Kuchen; schöne Terrasse auf dem Hafendeich. Tägl. ab 11 Uhr geöffnet. Am Hafen 32, ✆ 04861-218, www.hotel-goldener-anker.de.

Fischhandlung Guszinski 1, in diesem einfachen Fischimbiss gibt es mehr als nur frisch belegte Fischbrötchen in großer Auswahl. Die warmen und kalten Fischgerichte, aber z. B. auch ein kleines Frühstück können Sie auch auf der Terrasse mit Blick auf den Hafen genießen. Geöffnet Mo–Fr 9–18 Uhr, Sa/So 10–18 Uhr, bei viel Betrieb auch bis 22 Uhr. Am Hafen 33, ✆ 04861-740.

Zum alten Anleger 9, etwas versteckt am Eiderdeich (beim Campingplatz) gelegen; dafür gibt es einen wirklich schönen Ausblick auf die Eider, eine große Terrasse und einen lichtdurchfluteten Gastraum. Große Karte mit gutbürgerlicher Küche, insbesondere die Fischgerichte sind schmackhaft. Geöffnet tägl. 12–22 Uhr. Am Eiderdeich 2, ✆ 04861-610240.

Alte Werft 7, Bistro-Café im alten, riesigen Holzschuppen der ehemaligen Holzschiffswerft am Hafenbecken, lediglich ein paar Tische auf dem Rasen und in der Halle. Die Schienen der alten Helling (Slipanlage) sind noch vorhanden und passen zum urig-einfachen Ambiente. Es gibt Currywurst, Pommes, Fish'n'Chips und hausgemachte Kuchen, die am Ausschankwagen bestellt und abgeholt werden (Selbstbedienung). Nur im Sommer geöffnet. Am Eiderdeich 19.

Comfort-Camp-Eider 10, großzügige, von Hecken oder teilweise alten Bäumen gesäumte Stellplätze in Zentrumsnähe. Die Wohnmobilplätze sind sogar direkt auf dem Eiderdeich gelegen. Brötchenservice und Imbiss vor Ort. Insgesamt ein wirklich schöner Platz, obwohl das Gelände ein wenig an eine Industriebrache erinnert. Am Freizeitpark 1a, ✆ 04861-617148, www.campingplatz-toenning.de.

Camping-Lilienhof 11, eine recht kleine Oase der Ruhe gut 2 km außerhalb von Tönning mit altem Baumbestand und einfachen, teilweise in die Jahre gekommenen, aber sauberen Sanitäreinrichtungen. Hunde willkommen. Brötchenservice. Katinger Landstr. 5, ✆ 04861-439, www.camping-lilienhof.de.

In der Umgebung

Katinger Watt: Ein Kleinod für Naturbegeisterte. Das noch zur Stadt Tönning gehörende, aber 8 km südwestlich gelegene Katinger Watt ist ein etwa 1500 ha großes, ehemaliges Watt- und Salzwiesengebiet auf der Binnenseite des Eidersperrwerks. Mit dem Bau des Sperrwerks wurde es aus Hochwasserschutzgründen eingedeicht und hat sich seitdem zu einem einzigartigen Refugium für die Pflanzen- und Tierwelt entwickelt. Die umfangreiche Bedeichung wurde erst im Jahr 1991 fertiggestellt. Heute besteht das Katinger Watt zu jeweils einem Drittel aus offenen Feuchtwiesen, Wald und landwirtschaftlich genutzten Ackerflächen.

Naturlandschaft Eidermündung: Infohaus Spökenkieker

Sie können sich dem Gebiet auf drei Arten nähern: Zunächst empfiehlt sich der v. a. für Kinder interessante Besuch des **NABU Naturzentrums** im Westen des Naturschutzgebiets (an der Straße Richtung Welt). Dann gibt es noch den **Naturerlebnisraum Wald** im ehemaligen Katinger Watt (hinter dem Sperrwerk gleich rechts Richtung Tönning), durch den ein 3,5 km langer Rundweg mit Infostationen und einem Kletterparcours für Kinder („Eichhörnchenparcours") führt. Auf dem Gelände gibt's außerdem noch den Aussichtsturm *Kiek ut* auf dem Schafsberg. Darüber hinaus können Sie das **Infohaus Spökenkieker** im Osten des Gebiets (noch ein Stück weiter Richtung Tönning) mit seiner kleinen Ausstellung über die Menschen und Tiere in Eiderstedt besuchen.

NABU Naturzentrum Katinger Watt (Lina-Hähnle-Haus) Bunt und kindgerecht wird hier nicht nur über die Entstehungsgeschichte und die zukünftige Entwicklung des Katinger Watts informiert, sondern anhand von Fotos, Präparaten und auch Filmen über weitere Naturthemen der Nordseeküste. Zudem werden täglich naturkundliche Führungen ins Katinger Watt sowie Eiderfahrten angeboten. Sehenswert ist v. a. auch die Ausstellung im blumenreichen Garten des weitläufigen Areals. Geöffnet April–Okt. tägl. 10–18 Uhr, Eintritt 1,50 €, Kinder 1 €, Familien 4 €, zudem gibt's Kombitickets mit dem Multimar Wattforum Tönning und der Seehundstation Friedrichskoog. Katingsiel 14 (Ortsteil von Tönning, 3 km nördlich des Eidersperrwerks an der Straße Richtung Welt), ✆ 04861-8004, www.schleswig-holstein.nabu.de.

Info-Haus Spökenkieker Das gepflegte, allerdings sehr kleine reetgedeckte Infohaus (ein ehemaliger Bauschuppen) informiert beispielsweise über die Entstehung und Nutzung des Katinger Watts und über deren Bewohner (zu sehen gibt es z. B. einen ausgestopften Seeadler). Im Mündungsgebiet der Eider gab es vor der Eindeichung hier auch eine *Grüne Insel*, nach der sich der das Haus betreuende Verein benannt hat („Grüne Insel Eiderstedt e. V."). Geöffnet Mai–Sept. tägl. außer So 11–16 Uhr. Eintritt frei. An der Kreisstraße Richtung Tönning/Groß-Olversum gelegen. Schäfer Weg 9, ✆ 04861-617088, www.spoekenkieker-sh.de.

Mein Tipp **Essen & Trinken Schankwirtschaft Wilhelm Andresen,** im früheren Eiderhafen Katingsiel befindet sich die älteste Schankwirtschaft der Nordseeküste Schleswig-Holsteins. Schon im Jahr 1613 wurde mit der Fertigstellung der damaligen Schleuse dem Haus, das vorher an gleicher Stelle stand, eine Konzession zum Alkoholausschank erteilt. Das

Eiderstedt → Karte S. 86

jetzige Reetdach-Haus wurde im Jahr 1668 als typisch friesisches Langhaus erbaut und schmiegt sich heute dicht an den benachbarten alten Eiderdeich. Vor dem Haus stehen ein paar Tische, die zur Rast einladen. Längst hat die Schankwirtschaft mit ihrer alten Kachelstube (mit original Delfter Kacheln) und den übrigen historisch belassenen Gastzimmern Kultstatus erreicht und ist u. a. berühmt für ihre Eiergrog-Spezialität, die nach altem Hausrezept nicht nur an kalten Wintertagen hergestellt wird. Deftige Bratkartoffelgerichte, Krabben- und Matjesbrote, Bauernfrühstück oder Krabbensuppe und leckere Kuchen gibt es natürlich auch. April–Okt. und in den Winterferien tägl. 12–22 Uhr geöffnet (Mo Ruhetag, außer in den Ferien), Nov.–März nur Sa/So 12–22 Uhr. Katingsiel 4 (Tönning), ✆ 04862-370.

Älteste Kirchentür Schleswig-Holsteins: Kotzenbüll

Kotzenbüll: Der wenig schmeichelhafte Ortsname bedeutet so viel wie „Siedlung des Kotzos" (Patriarch). Vom 15. bis zum 18. Jh. war das kleine, 3 km nordwestlich von Tönning gelegene 230-Einwohner-Dorf weit bedeutender und zeitweise sogar Sitz des königlich-dänischen Repräsentanten Eiderstedts, des sog. *Stallers*. Das erklärt auch den für das kleine Dorf ungewöhnlich großen Kirchenbau. Die Tür der auf einer hohen Warft gelegenen, reich ausgestatteten **St.-Nikolai-Kirche** stammt aus dem 15. Jh. und ist damit die älteste Kirchentür Schleswig-Holsteins. Viel mehr ist aktuell jedoch von den Kirchenschätzen nicht zu sehen, weil die Kirche einsturzgefährdet und derzeit geschlossen ist. Bleibt zu hoffen, dass bald die nötigen Mittel für eine Restaurierung aufgetrieben werden, damit die Besucher wieder einen Blick auf die üppige, teils uralte Ausstattung werfen können, wie z. B. die fünf Altäre und den großen, reich verzierten Flügelaltar von 1506. Sechs Register der Orgelpfeifen gehören zu den ältesten überhaupt und stammen ebenfalls noch aus dem frühen 16. Jh.

Um 1800 gab es in Kotzenbüll 13 große Bauernhäuser, sog. *Haubarge*, heute existiert mit dem 1 km südlich gelegenen **Mars Skipper Hof** nur noch einer. Als Verein geführt, kümmert man sich auf dem Hof v. a. um die Inklusion Behinderter mit Nichtbehinderten und hat das Anwesen zu einem Erfahrungsfeld zur Sinnes- und Wahrnehmungsschulung umgestaltet. Über 80 Spielstationen im Garten und im großen Haubarg laden dazu ein, die eigenen Sinneskräfte zu erleben – aber nur, wenn man ein wenig Zeit mitbringt und sich auf die Erfahrungsfelder (z. B. die Klänge von Windharfen) einlässt. Im Zirkuswagen ist ein Café eingerichtet.

▪ Gardinger Chaussee 3, ✆ 04861-617480, www.eingartenfuerdiesinne.de.

Vollerwiek

Auf den ersten Blick eine kleine Streusiedlung auf der Südseite der Halbinsel Eiderstedt, die über eine nette Badestelle verfügt.

Doch Vollerwiek hat noch mehr zu bieten. In erster Linie ist es die romanische, leicht erhöht auf einer Warft in der Ortsmitte stehende **St.-Martin-Kirche,** die wegen ihrer Kirchenschätze einen kurzen Stopp lohnt. Mit ihren z. T. feldsteinernen Seitenwänden geht sie im Kern auf das Jahr 1113 zurück. Das Innere des Kirchleins wirkt mit seiner hellblauen Sternendecke recht heimelig. Die Triumphkreuzgruppe stammt aus dem 15. Jh. Auch der wunderbare gotische Klappaltar mit seinen kunstvoll geschnitzten Figuren stammt aus dieser Zeit und ist damit der älteste Schnitzaltar Eiderstedts (von 1480). Die Kanzel mit Schalldeckel hingegen stammt aus der Renaissance (1587). Die Nordempore wurde 1613 mit biblischen Szenen verziert.

Direkt gegenüber der Kirche liegt der **Haubarg Peersboos** („Pferdestall") von 1849, ein prächtiger Bau mit hohem Reetdach, Gauben und Giebeln, in dem heute Ferienwohnungen untergebracht sind.

Der Name Vollerwiek bezieht sich übrigens wahrscheinlich auf einen männlichen Vornamen und bedeutet so viel wie die Bucht *(Wiek)* des Volkers *(Fuller)*.

Einwohner 200

Information 25836 Vollerwiek. **Tourismus-Zentrale St. Peter-Ording** (für die gesamte Halbinsel Eiderstedt), Touristinfo 25836 Garding, ✆ 04862-469, www.spo-eiderstedt.de. Kein Gästebeitrag.

Baden Im Sommer lockt im Südwesten des Ortes eine gepflegte, **bewachte Badebucht** vor dem Deich die Besucher an (Erw. 2 €, Kinder 0,50 €; Parkplatz kostenfrei). Wie üblich am Wattenmeer handelt es sich um einen Grünstrand, auf dem hier sogar einige wenige Strandkörbe stehen. Vor Ort gibt es einen gemütlichen Imbiss und einen kleinen Campingplatz.

Essen & Trinken/Einkaufen **Himbeerhof Jürgens**, am Ortseingang können Sie zur Beerenzeit im Sommer Himbeeren, Stachel- und Johannisbeeren selber pflücken oder im kleinen Bauernladen kaufen oder im sehr einfach gestalteten „Glücks-Café" neben der Plantage an einfachen, teils überdachten Tischen hausgemachten Obstkuchen essen. Geöffnet tägl. 12–18 Uhr (nur Juli/Aug.). Am Wagenak 1.

Eiderstedt → Karte S. 86

Welt

Das kleine Dorf mit dem großen Namen wurde nahe der Eidermündung auf zwei Warften errichtet.

Der bemerkenswerte Ortsname ist wahrscheinlich vom Wort *Wehle* abgeleitet, welches im Niederdeutschen ein Wort für eine wassergefüllte Vertiefung ist, die in dieser Gegend oft nach Deichbrüchen entstand (auch Kolk, Brack oder einfach Teich genannt). Das Ortsschild jedenfalls scheint nicht nur für „Welt-Bürger" eine gewisse Anziehungskraft zu besitzen – es wurde schon mehrfach entwendet.

Die Ursprünge des Ortes gehen auf das 9. Jh. zurück, womit Welt zu den ältesten Siedlungen Eiderstedts zählt. Die einzelnen Siedlungsstätten wurden später zu einer Großwarft verschmolzen, die heute mit etwa 9 ha die größte Warft der Halbinsel ist. Im Mittelalter war Welt ein bedeutender Ort in Eiderstedt, weshalb man auf einer zweiten Dorfwarft den ehemals hölzernen Kirchenbau im 13. Jh. durch einen standesgemäßen Neubau ersetzte. Der Turm der heutigen, in gotischer Ziegelbauweise errichteten und später mehrfach veränderten **St.-Michael-Kirche** wurde jedoch erst 1908 angefügt. Charakteristisch ist die weiße Kanzel von 1578 (Eiderstedter Typ) sowie die Sandstein-Taufe von 1521. Der Gemälde-Klappaltar wurde um 1600 gefertigt und zeigt die Taufe Jesu, eine Abendmahlsszene und die Kreuzigung. Der kunstvolle Messingkronleuchter im Kirchenschiff stammt ebenfalls aus dem 17. Jh. Wegen dringender, zunächst jedoch nicht finanzierbarer Renovierungsarbeiten wurde die Kirche in Welt 1966 für ein gutes Jahrzehnt geschlossen, die Gottesdienste finden seither im benachbarten Vollerwiek statt. Die St.-Michael-Kirche wird heute nur noch als Sommerkirche und v. a. für weltliche Veranstaltungen wie Vorträge und Ausstellungen genutzt (Ostern bis Mitte Okt. geöffnet). Das Kirchengestühl wurde daher entfernt und durch schlichte Holzstühle ersetzt.

Einwohner 210

Information 25836 Welt. **Tourismus-Zentrale St. Peter-Ording** (für die gesamte Halbinsel Eiderstedt), Touristinfo 25836 Garding, ✆ 04862-469, www.spo-eiderstedt.de und www.gemeinde-welt.de. Kein Gästebeitrag.

Essen & Übernachten **Möllner-Hof** (Kirchspielkrug Welt), Hotel und einfacher Landgasthof mit traditioneller Küche (Geflügel, Lamm, Fisch und Wild) und einer Gaststube im alten Stil. Gartenterrasse. In den Sommermonaten gibt es wochentags wechselnde Büfett-Tage (Matjes-, Spanferkel-, Skipper- oder Eiderstädter Büfett). Geöffnet 12–14 und 18–22 Uhr, Do Ruhetag. Das Haus verfügt zudem über 10 Gästezimmer (mit TV und WLAN), DZ 72–84 € (mit Etagendusche 56–72 €). Dorfstr. 3 (gegenüber der Kirche), 25836 Welt, www.moellerhof.de.

Garding

Die sehr kleine, auf einem Geestrücken inmitten der Halbinsel gelegene Stadt ist heute deren Verwaltungszentrum. Sie sieht sich aber auch in der Tradition ihres großen Sohnes, des ersten deutschen Literaturnobelpreisträgers Theodor Mommsen.

Mittelpunkt Gardings ist die auf einer 11 m hohen Warft gelegene Kirche St. Christian, auf die die Straßen fast sternförmig zulaufen. Das viertkleinste Städtchen Schleswig-Holsteins hat mit seinen 2600 Einwohnern heute allerdings eher Dorfgröße und ist schnell erkundet. Dennoch lohnt es sich, die Altstadt zu besuchen und rund um die Kirche durch die kopfsteingepflasterten Gassen zu bummeln. An vielen Bauwerken der Stadt verteilt finden Sie dann blaue „Erzählschilder", die kurz und informativ über die jeweilige Sehenswürdigkeit berichten.

Vor der Kirche steht auf dem Marktplatz das **Theodor-Mommsen-Denkmal.** Ursprünglich 1911 aufgestellt, wurde die Bronzebüste im Jahr 2000 gestohlen und anschließend durch einen neuen Abguss ersetzt. Ganz in der Nähe (Markt 4) befindet sich das aus dem 16. Jh. stammende Geburtshaus des Altertumswissenschaftlers Theodor Mommsen (1817–1903), der für sein Buch „Römische Geschichte" ein Jahr vor seinem Tod als erster Deutscher mit dem Literaturnobelpreis geehrt wurde.

Vom Marktplatz aus kann man die „Enge Straße" entlangschlendern, die fast so etwas wie eine kleine Einkaufsstraße ist. Gleich zu Anfang kommt man an zwei repräsentativen Gebäuden aus dem 19. Jh. vorbei: am Alten Amtsgericht (Hausnr. 4) und gegenüber am Alten Rathaus (Hausnr. 5, früher „Stallerhaus" genannt), in dem im Sommerhalbjahr Kunstausstellungen zu sehen sind (www.kunstklima.com). Überhaupt werden Kunst und Kultur in Garding großgeschrieben. Ein Höhepunkt dabei ist die **Gardinger Musikantenbörse,** die im Juli und August immer dienstagsabends ab 19 Uhr in der Altstadt für Stimmung sorgt, dann treten in der kleinen Stadt gleichzeitig auf fünf Bühnen Bands jeder Stilrichtung auf. Versorgt mit Getränkeständen und Imbisswagen und auch mit einigen Tischen und Bänken lassen sich so an den acht Dienstagen im Hochsommer unterhaltsame Abende genießen (freier Eintritt; Programm unter www.musik-fuer-garding.de).

Die „Enge Straße" mündet auf den kleinen Hopfenmarkt, dessen Verlängerung die Osterstraße ist. Dort wird es nun tatsächlich einmal eng, denn hier zweigt neben Hausnr. 13 Gardings eindeutig schmalstes Gässchen ab: der Pennmeistergang. Der Name erinnert an den früheren Pfennigmeister *(Pennmeister)* Eiderstedts, dessen Aufgabe es war, die herzoglichen Steuern einzutreiben.

Erwähnenswert ist zudem die hübsche Gardinger **Mühle Emanuel.** Der Erdholländer wurde 1856 im Osten der Stadt erbaut (Tönninger Str. 14, neben der Tankstelle) und dient heute als Wohnhaus.

Geschichte

Erstmals urkundlich erwähnt wurde der heutige Luftkurort im Jahr 1187. Da Garding einen per Kanal erreichbaren Hafen besaß, lebte man hier lange vom Seehandel. Das Stadtrecht bekam Garding (plattdeutsch *Gaarn*) dann im gleichen Jahr wie das benachbarte Tönning verliehen (1590). Mit dem Bahnanschluss nach Husum im Jahr 1892 (erst 1932 bis nach St. Peter-Ording verlängert) wurde Garding abermals zum wirtschaftlichen Mittelpunkt Eiderstedts, wobei hier v. a. landwirtschaftliche Produkte umgeschlagen wurden. Die Bahn machte schließlich auch den Hafen überflüssig, der 1912

Eng: Pennmeistergang

zugeschüttet wurde. Erst 2006 gab Garding seine städtische Amtsfreiheit auf und trat dem Amt Eiderstedt bei; seit 2010 bildet das Amt eine Verwaltungsgemeinschaft mit Tönning.

Sehenswertes

Kirche St. Christian: Schon vor über 900 Jahren (im Jahr 1117) errichtete man auf der höchsten Erhebung Eiderstedts eine kleine, kreuzförmige Backsteinkirche. Diese wurde um 1485 zu einer imposanten zweischiffigen gotischen Hallenkirche umgebaut und ist neben dem Heiligen Christian zugleich auch St. Bartholomäus und St. Maria-Magdalena geweiht. Die Spitze des im 13. Jh. angefügten Westturms ist noch heute der höchste Punkt der Halbinsel und diente früher auch als Seezeichen.

Die von Linden umstandene Kirche lohnt einen Besuch, verfügt sie doch über einige bedeutende Kirchenschätze. Die Orgel stammt aus dem Jahr 1512 und ist damit eine der ältesten original erhaltenen Orgeln Norddeutschlands.

Eiderstedt → Karte S. 86

Aus dem gleichen Jahr stammt auch das älteste erhaltene Uhrwerk Schleswig-Holsteins. Doch das schlägt längst nicht mehr im Gardinger Kirchturm, sondern hat mittlerweile seine wohlverdiente Ruhe im *Museum Landschaft Eiderstedt* in St. Peter-Ording gefunden.

Die Kanzel mit ihrem sechseckigen Grundriss stammt aus dem Jahr 1563 und ist damit die älteste Eiderstedts – sie wurde als Kanzel des sog. Eiderstedter Typs zum Vorbild für die gesamte Region. Auch das Altargemälde stammt aus dem 16. Jh. und gilt als Hauptwerk des niederländischen Meisters Marten van Achten. Bis 1843 wurde die Kirche noch von einem Kirchhof umgeben, der seit dieser Zeit zum Marktplatz erweitert wurde.

▪ Markt 4, www.sankt-christian.de.

Praktische Infos

Einwohner 2600

Information **Touristinfo,** Markt 26, 25836 Garding, ✆ 04862-469, www.garding.de, und **Tourismus-Zentrale St. Peter-Ording** (für die gesamte Halbinsel Eiderstedt), Marleens Knoll 2, 25826 St. Peter-Ording, ✆ 04863-9990, www.spo-eiderstedt.de. Kein Gästebeitrag.

Backsteinhaus in Garding

Maislabyrinth 2 km südlich von Garding gibt es beim **Landladen Kühl** ein 5 ha großes Maisfeld mit Sandberg und Rutsche. Es gilt den Weg durch das Labyrinth zu finden (für Leute, die Angst vor dem Verirren haben, gibt es Hinweisschilder Richtung Ausgang). Je nach Wetter sind Gummistiefel eine gute Wahl. Geöffnet im Sommer tägl. 11–18 Uhr. Hülkenbüll 2, Kirchspiel Garding, ✆ 04862-339, www.landladen-kuehl.de.

Puppentheater Kleines Puppentheater im Haus von Marianne Vocke, die in der Werkstatt oder im Garten mit ihren rund 200 selbst gefertigten Stabpuppen seit vielen Jahren v. a. Sa und So sehenswerte Aufführungen veranstaltet. Mückenberg 6, ✆ 04862-17186, www.puppentheater-vocke.de.

Wochenmarkt Di 8–12 Uhr auf dem Marktplatz. Der Markt wird an dieser Stelle übrigens schon seit 1575 jeden Dienstag abgehalten.

Essen & Übernachten **Bed & Breakfast an der Nordsee,** im 200 Jahre alten, stilvoll renovierten Haus in ruhiger Lage werden 6 strahlend weiß eingerichtete, sehr gepflegte Zimmer/Appartements vermietet. Zudem gibt es ein großartiges Frühstück. DZ 100–125 €. Gartenstr. 21, ✆ 04862-201040, www.bb-nordsee.de.

mein Tipp **Kerlins Kupferpfanne,** frisch zubereitete, im besten Sinne des Wortes gutbürgerliche Küche in einem auffällig weiß-gelben Haus. Vergleichsweise einfache Einrichtung. Spezialität sind Schwyzer Rösti, aber auch Lamm-, Steak- und Fischgerichte und je nach Saison sogar Spargel, Gans und Wild (auch Mittagskarte). Zudem leckere Nachtischangebote, auch Waffeln. Geöffnet tägl. 11–22 Uhr, (Mi Ruhetag). Fischerstr. 1, ✆ 04862-256.

Tapas Bar Nr. 5, kleine, gepflegt-gemütliche Tapasbar in historischem Ambiente. Frische Zutaten, lecker sind z. B. die Garnelen im Speckmantel oder natürlich auch die Paella. Gutes Preis-Leistungs-Verhältnis. Geöffnet Mi–Sa 17.30–23 Uhr, So 17.30–22.30 Uhr (Mo/Di Ruhetag). Fischerstr. 5, ✆ 04862-2018373.

Lütt Matten, gemütliche Musikantenkneipe, in der oft Livemusik gespielt wird (kein Eintritt, dafür geht dann hinterher der Hut rum). Es gibt Fassbier (auch Guinness), Whiskey und Cocktails. Geöffnet tägl. ab 17 Uhr (Mi Ruhetag). Enge Str. 15, ✆ 04862-1200.

Tetenbüll

Das kleine Dorf im Herzen Eiderstedts ist einen Ausflug wert, weil es sich seinen historischen Charme weitgehend bewahrt hat und zudem über einen bemerkenswerten Kolonialwarenladen aus alter Zeit verfügt.

In Tetenbüll geht es beneidenswert unaufgeregt zu. Hier gibt es alles, was zu einem Eiderstädter Bilderbuchdorf gehört. Die teils reetgedeckten historischen Häuser gruppieren sich um die alte Dorfmitte mit der altehrwürdigen St.-Anna-Kirche, dem historischen Kaufmannsladen „Haus Peters", dem Kirchspielkrug und der Alten Schule. Und auch einen alten Haubarg gibt es hier noch, der allerdings ebenso wie eine Reihe weiterer Haubargscheunen in der näheren Umgebung als Privatbesitz nicht zugänglich ist.

Zum Gemeindegebiet gehört zudem der 8 km nördlich gelegene Mini-Hafen **Everschopsiel,** in dem im Sommer die Yachten der Bootsvereinigung Tetenbüll liegen. Er entstand nach der Eindeichung des jüngsten Eiderstedter Koogs, des Jordtflether Koogs, im Jahr 1972 als Nachfolger des alten Hafens Tetenbüllspieker. Der Hafen wird auch als idyllische, wenig besuchte Badestelle genutzt.

Sehenswertes

St.-Anna-Kirche: Die alten aufgemauerten Stützpfeiler der um 1400 erbauten Kirche hatten nur ein Eichenbalkenfundament. Sie mussten deshalb im Jahr 2005 durch neue (weniger ansehnliche) Betonstützpfeiler ersetzt werden, die ein 25 m tiefes Betonfundament bekamen. Im Inneren präsentiert sich die von einem mächtigen Turm gekrönte Kirche aber als wahres Kleinod. Die Nordempore, 1612 entstanden, ist mit 30 Szenen aus dem Alten Testament bemalt und diente sozusagen als Bilder-Bibel der Armen bzw. Leseunkundigen. Ergänzend dazu wurde die dunkelgrüne Holzbalkendecke im 18. Jh. mit Szenen des Neuen Testaments bemalt. Erwähnenswert ist zudem der aus dem Umfeld des Bildschnitzers Hans Brüggemann stammende bunt bemalte Altar von 1523, der mit einer Knorpelwerkrahmung von 1654 versehen ist. Die Kanzel vom Eiderstedter Typ stammt von 1557, die auffällig verzierte, achteckige weiße Sandsteintaufe ist westfälischer Herkunft (1596).

▪ Tägl. von 8 Uhr bis zum Einbuch der Dunkelheit geöffnet. Karkenstraat.

Historischer Tante-Emma-Laden: Haus Peters

Haus Peters: Seitlich der Kirche befindet sich das 1756 erbaute Haus Peters, ebenfalls ein kleines Juwel, das einen ehemaligen Kolonialwarenladen aus dem Jahr 1820 beherbergt. Hans Peters betrieb den Laden mit seiner komplett erhaltenen Biedermeier-Ladeneinrichtung nur bis 1924. Später wurde er zum liebevoll eingerichteten Museum umgestaltet, in dem Sie aber nach wie vor Kolonialwaren einkaufen können. Auch die Küche und das Obergeschoss mit Wohn- und Schlafstube sind weitgehend mit dem gründerzeitlichen Mobiliar der ehemaligen Hausbesitzer ausgestattet.

Zum Museum gehören zudem mehrere Sammlungen rund um die historische Landhökerei, also den Dorfladen, sowie eine Sammlung mit Eiderstedt-Fotografien des Chronisten Theodor Möller (1873–1953), die dieser Anfang des 20. Jh. aufgenommen hat. Moderner sind da das Horst-Janssen-Zimmer mit Exponaten des bekannten Zeichners und Grafikers (1929–1995) sowie Räume, in denen in Wechselausstellungen auch Gegenwartskunst präsentiert wird. Hinter dem Haus befindet sich zudem ein gepflegter, kleiner Bauerngarten.

■ Geöffnet Jan./Feb. Sa/So 13–17 Uhr, März–Mai Di–So 14–18 Uhr, Juni–Sept. Di–So 11–18 Uhr, Okt.–Dez. Di–So 13–17 Uhr. Das Haus wird von einem Förderverein in ein kulturelles Zentrum umgewandelt; Eintritt frei. Dörpstraat 16, ✆ 04862-681, www.hauspeters.info.

Praktische Infos

Einwohner 630 (mit allen umliegenden Ortschaften)

Information 25882 Tetenbüll. **Tourismus-Zentrale St. Peter-Ording** (für die gesamte Halbinsel Eiderstedt), Touristinfo, Markt 26, 25836 Garding, ✆ 04862-469, www.spo-eiderstedt.de. Kein Gästebeitrag.

Essen & Trinken **Kirchspielkrug,** einfache Dorfkneipe vom alten Schlag mit Eiderstedter Spezialitäten: Di gibt's Saure Rolle mit gestopften Speckrüben, Do frische Mehlbüddel (mit Kassler und heißen Kirschen), beides echt nordfriesisch, dürfte aber nicht jedermanns Geschmack sein. Natürlich gibt es auch Bratkartoffelgerichte. Geöffnet Di–So 12–14 und 18–20 Uhr. Karkenstraat 1, ✆ 04862-8096.

Café im Theatrium, einfaches, aber nettes Café mit Terrasse (und Strandkorb). Große Torten- und Kuchenauswahl (auch vegan, gluten- oder laktosefrei) mit regionalen Bio-Zutaten und Fair-Trade-Kaffee. Zudem gibt's selbst gemachte Suppen. Geöffnet tägl. 14–18 Uhr (Nov.–März Mo/Di Ruhetag). Kakenstraat 13, ✆ 04862-2011383.

Spieskommer, Café, Restaurant und Bistro am Seedeich 8 km nördlich von Tetenbüll. Der Speiseraum befindet sich im angebauten, pavillonartigen Wintergarten (windgeschützte Terrasse vorhanden). Hier, sozusagen inmitten der Einöde in schöner Lage am Deich bei der Badestelle am Hafen-Everschopsiel, gibt's gutbürgerliche Küche mit den üblichen Fisch-, aber auch Fleischgerichten und Salaten. Di–Sa 11.30–14.30 und 17.30–21 Uhr geöffnet (Mo Ruhetag, im Winter geschlossen). Everschopstr. 1, ✆ 04865-901290.

Tating

Tating hat gleich mehrere Highlights zu bieten: Hier steht die älteste Kirche Eiderstedts, mit dem Hochdorfer Garten kann man eines der bedeutendsten Gartendenkmale in Schleswig-Holstein entdecken und außerdem gibt es einige sehenswerte erhaltene Haubarge.

Mit seiner engen, alten Ziegelhaus-Bebauung beiderseits der nach St. Peter-Ording führenden Straße wirkt der ehemalige Hauptort des westlichen Eiderstedt auf den ersten Blick wie ein trostloser Durchgangsort. Ein Stopp lohnt dennoch, nicht nur wegen der mit Kunstschätzen ausgestatteten Kirche, sondern v. a. wegen des Hochdorfer Gartens am südwestlichen Ortsausgang.

Im Ort selber sind zudem mehrere Haubarge (→ S. 130) erhalten geblieben, sämtlich allerdings in Privatbesitz, wie z. B. der Hochdorfer Haubarg im gleichnamigen Park oder der Hamkenshof, Dorfstr. 6, in denen jeweils auch Ferienwohnungen vermietet werden. Verglichen mit früher ist das jedoch verschwindend wenig – noch 1850 gab es in Tating die stattliche Anzahl von 38 Haubargen, weshalb der Ort den Haubarg bis heute auch in seinem Wappen führt.

Erstmals urkundlich erwähnt wurde das sehr dörflich wirkende Tating 1187 – zu dieser Zeit und in den darauffolgenden Jahrhunderten war es der Hauptort der ehemals inselförmigen *Harde Utholm*, und das mit einer höheren Einwohnerzahl als heute. Zwei verheerende Brandkatastrophen 1696 und 1733 zerstörten den ursprünglichen Ortskern des damals lebendigen Bauern- und Handelsorts. Der Name stammt wahrscheinlich, wie in der Region üblich, vom Siedlungsgründer, der in diesem Fall *Tato* hieß.

In der Südermarsch, 6 km südlich des Ortes, gibt es am **Ehstensiel** sogar einen ganz kleinen Hafen am Wattenmeer. Dieser besteht lediglich aus einem Steg, der im Sommer von der Sportbootvereinigung Ehstensiel genutzt wird. Hinter dem Deich ist noch das alte Schleusenwärterhaus erhalten geblieben, in dem bis zum Zweiten Weltkrieg eine Schankwirtschaft betrieben wurde.

Sehenswertes

Hochdorfer Garten: Der denkmalgeschützte, ca. 5 ha große Park gilt als bedeutendstes Beispiel bäuerlicher Gartenkultur in Schleswig-Holstein. Ursprünglich 1764 im barocken französischen Stil angelegt, kann der heute durch hohe Buchsbaumhecken umschlossene Garten v. a. mit einem großen Baumbestand aufwarten. Exotische Gehölze finden sich hier ebenso

Eiderstedt → Karte S. 86

Café/Restaurant Schweizer Haus im Hochdorfer Garten

wie 17 historische Apfelsorten, v. a. aber dominieren zwei 120 m lange Lindenalleen. Sie führen auf den ebenfalls 1764 errichteten, weiß verputzten Haubarg zu. Dieser hatte früher die stattliche Grundfläche von etwa 1000 m², wurde aber 1921 verkleinert.

Im Jahr 1873 bauten sich die Besitzer des Anwesens im Schweizer Fachwerkstil ein Sommerhaus auf die gegenüberliegende Seite ihres Gartenparks. Das „Schweizer Haus" ist das letzte seiner Art in Schleswig-Holstein und beherbergt heute ein gemütliches Galerie-Café.

Um 1900 kam im südlichen Garten dem Geschmack der damaligen Zeit entsprechend eine aus Ziegelsteinen künstlich errichtete, kleine Burgruine hinzu, das romantische Geschenk des einstigen Hausherren an seine Gemahlin. Als das damalige Besitzerehepaar 1905 kinderlos starb, wurde der Garten in eine Stiftung überführt, um ihn mit seiner wertvollen Gehölzsammlung (Arboretum) für alle Zeiten als öffentlichen Dorfpark zu erhalten.

■ **Anfahrt:** Der Hochdorfer Garten liegt auf der linken Seite des Ortsausgangs Richtung St. Peter-Ording (Düsternbrook 10). Er ist für Besucher ganzjährig frei zugänglich.

St.-Magnus-Kirche: Die älteste Kirche Eiderstedts geht in ihrem Ursprung auf eine im Jahr 1103 erbaute hölzerne Kapelle zurück. Im Laufe der Zeit wurde das Gotteshaus mehrfach umgebaut, ältester Teil ist heute der geräumige Zwischenchor aus dem 12. Jh. Der östliche Chor kam im 13. Jh. hinzu, einen Turm erhielt die Kirche erst 1661.

Entscheidend ist die reiche Innenausstattung des relativ geräumigen Gotteshauses, das man durch den Seiteneingang betritt. Ins Auge sticht v. a. der dreiflügelige gotische Altar (um 1480), auf dem u. a. bunte Szenen aus der Passionsgeschichte dargestellt sind. Im Chorbogen hängt eine Triumphkreuzgruppe aus dem 15. Jh., auch die pokalförmige Taufe stammt aus dieser Zeit, wobei der Deckel erst 1725 hinzukam. Die Kanzel stammt von 1601. Bemerkenswert und für die Raumwirkung prägend sind auch die Malereien an der Westempore (1746) und an der Nordempore (um 1600) mit Bildern aus dem Alten und Neuen Testament. Dort fährt in einer für das bäuerliche Leben recht stimmigen Darstellung der Himmelfahrt Christi die Figur des Jesus von einem Heuhaufen aus in den Himmel auf.

■ Geöffnet Ostern bis Erntedank tägl. 8–18 Uhr. Dorfstr. 40.

Praktische Infos

Einwohner 1000

Information **Tourismusverein Tating,** Tholendorf 4, 25881 Tating, ☎ 04863-1589, www.tating-nordsee.de und **Tourismus-Zentrale St. Peter-Ording** (für die gesamte Halbinsel Eiderstedt), Touristinfo Garding, Markt 26, ☎ 04862-469, www.spo-eiderstedt.de. Kein Gästebeitrag.

Essen & Übernachten **Eiderstedter Krog,** weder von außen noch von innen unbedingt ein Schmuckstück, es gibt aber gutbürgerliche Küche mit Fisch- und Fleischgerichten (gegrilltes Rumpsteak) und zudem regionale Spezialitäten (Eiderstedter Saure Rolle oder Lammfrikadellen); auch Saalbetrieb, netter Service. Geöffnet Di–So 11.30–21 Uhr (Mo Ruhetag). Dorfstr. 17, ☎ 04862-2019725.

meinTipp **Schweizer Haus,** schönes, mit Möbeln aus Großmutters Zeiten eingerichtetes Galerie-Café und Restaurant im historischen, im Schweizer Stil erbauten Sommerhaus des Hochdorfer Gartens. Nette, einfache Außenterrasse. Neben einer großen Auswahl an hausgemachten Torten (z. B. Eierlikörtorte), die in großen Stücken serviert werden, gibt es auch kleine Speisen wie Flammkuchen, Salate und Nudelgerichte. Geöffnet Di–So 12–21 Uhr (Mo Ruhetag), in den Wintermonaten nur am Wochenende. Düsternbrook 10, ☎ 04862-2019681.

meerGrün – die Westküsten-Lodge, gut ausgestatteter Campingplatz in der Nähe des Hochdorfer Gartens, auf dem es eine kleine Spielscheune für Kinder und einen Schwimmteich gibt. Martendorf 4, ☎ 04862-2019851, www.meergruen-camping.de.

Einzigartig: Pfahlbauten am Strand von St. Peter-Ording

Eiderstedt → Karte S. 86

St. Peter-Ording

Zweifellos die touristische Hochburg der schleswig-holsteinischen Nordseeküste. Der weitläufige Ferienort besteht aus vier wenige Kilometer auseinanderliegenden Ortsteilen. Deren verbindendes Element und Hauptattraktion ist der vorgelagerte, endlos weite Strand mit seinen unverwechselbaren Pfahlbauten.

Die Halbinsel Eiderstedt ragt in etwa so weit in die Nordsee hinein wie die Westseiten der Inseln Sylt und Amrum. Dementsprechend hat sich vor der Westküste der Halbinsel eine breite Sandbank gebildet. Und eben jener Strand von „SPO", wie St. Peter-Ording kurz genannt wird, ist tatsächlich beeindruckend und sorgt für reichlich Trubel im Ort. Es ist der größte Strand an der deutschen Westküste: satte 12 km lang, an manchen Stellen bis zu 2 km breit – so breit, dass Sie im Norden und im Süden den Strand sogar mit dem Auto befahren und dort parken können, was in Deutschland einmalig ist. Dieser riesige Strandparkplatz in Ording wird an heißen Sommertagen sogar zum wahrscheinlich größten (gebührenpflichtigen) Parkplatz Europas, unzählige Autos tummeln sich dann mitten auf dem Sand – und so mancher hat sich dort schon festgefahren.

An jedem Strandabschnitt gibt es einige wenige, aber dafür sehr markante Pfahlbauten, die das Wahrzeichen von St. Peter-Ording sind. Diese bei Flut typischerweise unterspülten Buden auf Stelzen beherbergen pro Abschnitt eine Strandaufsicht, ein Toilettenhaus und ein gemütliches Restaurant, auf dessen Terrasse sich tolle Sonnenuntergänge erleben lassen. Die Pfähle stecken etwa 5 m tief im Sand und ragen bis zu 7 Meter in die Höhe. Die Bauten sind gelegentlich über Rampen, größtenteils aber nur über hohe Treppen zu erreichen, was Gehbehinderten den Aufstieg deutlich erschwert. Dafür können die unverkennbaren Pfahlbau-Restaurants auch den winterlichen Sturmfluten trotzen.

Strand und Ort sind getrennt von mitunter breiten Salzwiesen, denen sich zwischen den Ortsteilen Ording und Dorf ein Dünengürtel anschließt. Dieser ist maximal 15 m hoch und macht auf diesem Abschnitt einen Seedeich überflüssig. Auch das ist einmalig an der ansonsten komplett eingedeichten schleswig-holsteinischen Nordseeküste. Zum Schutz vor Sandverwehungen wurden die Dünen teilweise mit Kiefernwäldchen bepflanzt. Die Wege vom Urlaubsquartier zum Strand sind somit durchaus beachtlich. Wer nicht mit dem Auto direkt auf den Strand fährt, der ist mit einem Fahrrad bzw. einem Bollerwagen für Kinder gut beraten; die Strände werden allerdings auch von dem im Stundentakt verkehrenden Ortsbus angefahren (für Inhaber der Gästekarte kostenlos).

St. Peter-Ording ist keine geschlossene Ortschaft, sondern besteht aus vier, sich dicht aneinanderreihenden Ortsteilen: *Ording*, *Bad*, *Dorf* und *Böhl*. Allen gemeinsam ist ein vielfältiges Angebot an Gastronomie und Unterkünften, doch kaum ein Gebäude aus der Zeit der Bäderarchitektur des 19. Jh. hat die Betonbauwut der Nachkriegszeit überlebt. Trotz der modernen Zweckbauten hat aber jeder Ortsteil durchaus seinen eigenen Charakter.

Das ehemalige **Fischerdorf Ording** hat die kürzesten Wege zum hier besonders breiten Strand. Es ist der Hauptbadestrand von St. Peter-Ording mit zwei Badestellen samt Pfahlbau-Gastronomie und dem riesigen Autoparkplatz vor dem Deich. Neben dem sensationellen Strand ist die einzige wirkliche Sehenswürdigkeit in Ording die kleine St.-Nikolai-Kirche.

Das eigentliche touristische Zentrum ist jedoch der **Ortsteil Bad,** der ebenfalls über einen eigenen Strandabschnitt auf der vorgelagerten Sandbank verfügt. In Bad befindet sich das Kur-

Historische Insel: Nachbau eines Eiskellers im Ortsteil Dorf

zentrum von St. Peter-Ording mit der Dünen-Therme. Demzufolge finden sich hier auch die meisten Hotels, Restaurants und Bistros, nordseetypische Einkaufslädchen und v. a. eine beeindruckende Seebrücke, die allerdings eher eine Strandbrücke ist, da sie mit der außergewöhnlichen Länge von 1095 m über die Salzwiesen führt und direkt auf dem Badestrand endet.

Schön ist es auch im **Ortsteil Dorf,** der über Jahrhunderte historisch gewachsen ist und somit wenigstens noch z. T. über eine historische Bausubstanz verfügt. Hier trifft alt auf neu. Im Zentrum befinden sich die Kirche St. Peter und das Heimatmuseum sowie einige weitere historische Bauten. Rund herum gruppieren sich Restaurants und Kneipen wie auch alte und neue Wohn- und Ferienhäuser, und am östlichen Ortsrand haben zwei große Kurkliniken ihren Standort. Wenn Sie vom Ortskern durch den alten Deichdurchlass *(Stöpe)* zum Marktplatz laufen, stoßen Sie auf einen Brunnen mit der *Bronzeplastik „Jan und Gret"* von 1994, die anschaulich darstellt, wie die kleinen Leute sich einst mit Schollen- oder Krabbenfang mühselig ein Zubrot verdienten. Ein kleines Stück weiter wurde nicht nur ein altes Backhaus in historisierender Form neu errichtet. Rund herum ist hier die *Historische Insel* entstanden, eine kleine Parkanlage, in der mit dem *Vier-Ruten-Berg* (Vorform des Haubargs), *Dat Schipperhus* (einem Schuppen für angeschwemmte Leichen), einem Eiskeller und anderen Gebilden typisch Eiderstedter Bauwerke vergangener Zeit rekonstruiert wurden. Die den Salzwiesen vorgelagerte Badestelle im Ortsteil Dorf ist wegen des hier nur sehr kleinen Wattstrandes die ruhigste des Ferienortes.

Vergleichsweise ruhig geht es auch im südlich gelegenen **Ortsteil Böhl** zu, der fast ausschließlich aus Wohn- und Ferienhäusern besteht. Auch zwei große Kurkliniken befinden sich hier.

„Jan und Gret" beim Wattfischen

Vom Deich aus geht es ein Stück durch die Salzwiesen zu einem breiten Strand, der auch hier mit dem Auto befahren werden darf. Am Ende des asphaltierten Deichs befindet sich auch das Wahrzeichen des Ortsteils, der 18,5 m hohe *Leuchtturm Böhl* mit Spitzdach. Der runde, rotbraune Ziegelbau von 1892 mit seiner aufgesetzten, gusseisernen Laterne markiert nach wie vor als Quermarken- und Orientierungsfeuer die Einfahrt in die Eider. Er ist allerdings nicht zu besichtigen, aber um den Fuß des Turmes lädt eine Sitzbank zur Rast ein.

Geschichte

Seit 1445 ist die aus dem 13. Jh. stammende St.-Petrus-Kirche im heutigen Ortsteil Dorf die Namensgeberin von St. Peter-Ording. Erstmals urkundlich erwähnt wurde die Siedlung allerdings schon im Jahr 1373, zunächst unter dem Namen *Ulstrup*.

Im Gegensatz zu den reichen Marschengebieten Eiderstedts fristete das

Eiderstedt → Karte S. 86

an der Westspitze der Halbinsel gelegene arme Geestland um St. Peter jahrhundertelang ein Schattendasein. Wegen der Sturmfluten und wegen Wanderdünen mit ständigen Sandverwehungen konnte hier nie ein Hafen angelegt werden, die wenigen kleinen Fischerboote lagen einfach auf dem Strand. Doch mit der Ankunft des ersten für seine Übernachtung zahlenden Badegasts im Jahr 1838 erwachte St. Peter aus seinem Dornröschenschlaf. Von da an stieg trotz zunächst fehlender Zufahrtsstraßen die Zahl der Sommerfrischler unaufhaltsam.

1877 eröffnete im heutigen Ortsteil St. Peter-Bad das erste Hotel und 1913 das erste Sanatorium, das dem Ort bald den Ruf als Heilbad einbrachte (und bis heute als DRK-Kurklinik besteht). Um die Badegäste mit Speisen und Getränken zu versorgen, wurde bereits 1911 der erste bis heute so charakteristische Pfahlbau auf den Strand gesetzt. Man nannte ihn „Giftbude", dessen besorgniserregender Name vom plattdeutschen Ausdruck für „geben" herrührt.

Erst im Jahr 1932 bekam St. Peter-Ording einen Bahnanschluss, was die Übernachtungszahlen abermals sprunghaft ansteigen ließ. Als dann Ende der 1950er-Jahre auch noch eine Schwefelsolequelle entdeckt wurde, sorgte die nun ab 1960 geführte amtliche Bezeichnung als Nordseeheil- und Schwefelbad erneut für gewaltigen Zuspruch. 1967 schlossen sich dann alle vier ehemals getrennten, aber seit Langem kooperierenden Ortsteile Ording, Bad, Dorf und Böhl zur Gemeinde St. Peter-Ording zusammen.

Heute sind es jährlich weit über 350.000 Gäste und knapp 2,5 Mio. Übernachtungen, die den im Vergleich zu Sylt von Hamburg, Lübeck oder Kiel aus schnell erreichbaren Küstenort zum bedeutendsten Badeort der schleswig-holsteinischen Nordseeküste machen. „SPO" ist in den letzten Jahren geradezu hip geworden, was die örtlichen Immobilienpreise nahezu sprunghaft ansteigen ließ.

Sehenswertes

Strände: Die Besonderheit und das Kapital von St. Peter-Ording ist eindeutig der riesige, feinsandige Badestrand, der sich als große Sandbank vor die Westspitze der Halbinsel Eiderstedt gelegt hat und zu ausgedehnten Strandwanderungen einlädt. Er besteht aus vier Teilabschnitten mit fünf bewachten, durch Bojen gekennzeichneten, flachen Badezonen. Dort gibt es jeweils ein flutgeschütztes Pfahlbau-Restaurant, Sanitäranlagen und Strandkörbe, von denen sich viele zum Schutz vor den Fluten und dem Flugsand auf extra Strandkorbpodesten befinden. Platz ist hier wirklich genug. An jedem Strandabschnitt sind darüber hinaus spezielle Bereiche für Gäste mit Hund eingerichtet, zudem können sich die Vierbeiner in großen Hundeauslaufzonen austoben.

Badestelle Ording-Nord Dieser Strandabschnitt ist ein **FFK-Strand,** der sogar über einen eigenen Fuß- bzw. Radweg als Zugang verfügt und auch über einen eigenen Parkplatz hinter dem Deich.

Badestelle Ording Der weitläufige **Hauptstrand von SPO,** an dem immer etwas los ist. Auch hier führt ein Rad- und Fußweg zum Strand, zudem gibt es einen riesigen (gebührenpflichtigen) Autoparkplatz direkt auf dem festeren Sand, der bis dicht an den Hauptstrand heranreicht. Erst 2018 sind hier die neuesten Mehrzweckgebäude auf Stelzen entstanden. Südlich des Badestrands befindet sich das Wassersportzentrum mit der Kite- und Surfzone St. Peter-Ordings, auf dem festen Strand dahinter können sich Kitebuggy-Fahrer austoben.

Badestelle Bad Sie erreichen diesen Strandabschnitt nur zu Fuß über eine 1 km lange Seebrücke, die vom Kurzentrum im Ortsteil Bad durch die Salzwiesen auf den Strand führt (→ Foto S. 322). Vor allem auch bei **Familien** ist dieser Strandabschnitt beliebt, weil hier wegen des sehr flachen Wassers das Baden (oder besser Plantschen) den ganzen Tag über möglich ist. Zudem zieht sich bei Ebbe das Wasser hier 200 m zurück und hinterlässt in einer Senke ein ungefährliches Flachwasser.

Auf dem unendlich riesigen Strandareal südlich der Badestelle hingegen finden Deutschlands Strandsegler ideale Bedingungen vor. Hier befindet sich eine Regattastrecke, auf der die Strandsegler bis zu 130 km/h erreichen können.

Badestelle Dorf Die kleinste und **ruhigste Badestelle** von SPO. Sie ist direkt in den Salzwiesen gelegen und wird von den Einheimischen auch Südstrand genannt (→ Foto S. 111). Veränderte Strömungsverhältnisse lassen nur noch einen ganz schmalen Sandstrand zu. Baden ist ausschließlich bei Hochwasser möglich, entsprechend wenig ist hier los. Bei Ebbe verwandelt sich die Fläche zwischen den Salzwiesen und der vorgelagerten Sandbank in eine lagunenartige, weite Wattfläche, weshalb hier auch die Wattwanderungen starten. Der Ortsbus fährt Besucher direkt bis an diesen kleinen Strand.

Badestelle Böhl Dieser **familienfreundliche Strand** liegt etwa 1 km vor dem Deich. Der Strandzugang ist besonders flach, weshalb man Kinder hier vergleichsweise bedenkenlos plantschen lassen kann, für Schwimmer ist es hier demzufolge weniger attraktiv. Auch hier gibt es einen großen (gebührenpflichtigen) Parkplatz direkt auf dem Sand. Da bei starker Flut die flache Badestelle Böhl aber auch schon mal schnell überflutet werden kann, sollte man sein Auto dort nicht längerfristig abstellen. Natürlich führt auch ein Fußgänger- und Radfahrersteg zum Strand, zudem fährt regelmäßig der Ortsbus dorthin.

Beliebt ist dieser Strandabschnitt auch bei zahlreichen **Reitern,** die v. a. in den Abendstunden scharenweise ihre Pferdanhänger auf den Strand fahren, um sich dann den Traum eines jeden Reiters zu erfüllen, nämlich durch die Salzwiese oder über den endlos flachen Sand und auf dem Wattboden in den Sonnenuntergang zu reiten (allerdings ist das gebührenpflichtig; eine entsprechende Pferdeplakette kostet 7 €/Tag bzw. 25 €/Woche).

Kirche St. Nikolai: Von außen wirkt die im nördlichen Ortsteil Ording gelegene, etwas nüchterne Backsteinkirche relativ klein und unscheinbar. Von innen jedoch ist sie wegen des mit einem Sternenhimmel und Engeln bemalten Tonnengewölbes erstaunlich anmutig. Das 1724 erbaute Gotteshaus ist schon die dritte Ordinger Kirche, zwei Vorgängerbauten mussten wegen vordringender Wanderdünen aufgegeben werden. Die wichtigsten Ausstattungsstücke wie der figurenreiche, dreiflügelige Altar (um 1460), die mit Bildern und Sprüchen verzierte Holzkanzel (von 1640) sowie die pokalförmige Sandsteintaufe (Anfang 16. Jh.) stammen aus den Vorgängerkirchen.

▪ Mai–Sept. tägl. geöffnet. Utholmer Str. 4.

Eiderstedt → Karte S. 86

Riesig und dennoch brechend voll: Strand von Ording im Hochsommer

Im ruhigen Zentrum von St. Peter Dorf

Nationalpark-Haus: Die Schutzstation befindet sich im Souterrain der Dünen-Therme im Ortsteil Bad und beherbergt im Hauptraum eine interessante Erlebnis-Ausstellung mit elf kleinen Meerwasser-Aquarien und interaktiven Modellen. Zudem werden in einem Nationalpark-Kino vier interessante Kurzfilme zum Thema Wattenmeer gezeigt.

▪ Geöffnet April–Okt. tägl. 10–18 Uhr. Erw. 4 €, Kinder 2,50 €, Familien 9 € (mit Gästekarte jeweils 0,50 € Rabatt). Maleens Knoll 2, ✆ 04863-9504254, www.schutzstation-wattenmeer.de.

Kirche St. Peter: Die für den Ort namensgebende Kirche im Ortsteil Dorf stammt in ihrem ältesten Teil aus dem 13. Jh., wurde aber mehrfach verändert und mit mobilem Kirchengestühl ausgestattet. Aus alter Zeit erhalten geblieben sind der uralte, geschnitzte Kreuzigungsaltar (um 1480), eine Kreuzgruppe (um 1510), die Renaissance-Kanzel des Eiderstedter Typs (um 1565) und die schwarze, kelchförmige Granittaufe (1728). Der freistehende Glockenturm wurde 1999 neu errichtet, weil die Erschütterungen der vorher im Kirchturm schwingenden Glocken der Vorgängerorgel Schaden zugefügt hatten. Auch die Orgel ist modern. Gewidmet ist das Gotteshaus dem Hl. Petrus. Dessen Attribut, die gekreuzten päpstlichen Schlüssel, sind deshalb auch im Wappen St. Peter-Ordings zu sehen.

▪ Geöffnet So–Fr 9–18 Uhr, Nov.–März 9–16 Uhr. Olsdorfer Str. 15.

Museum Landschaft Eiderstedt: Im reetgedeckten „Haus Jensen", einem 1752 erbauten Eiderstedter Landhaus im Ortsteil Dorf, befindet sich das nicht allzu große Heimatmuseum. Begrüßt werden die Besucher von der ehrwürdigen „Grauen Frau", einer alten Sandsteinfigur in der Tracht einer verheirateten Frau. Zu sehen gibt es verschiedene Exponate zur Besiedlung, Christianisierung und Wohnkultur Eiderstedts. Prunkstück ist ein mit original Delfter Kacheln ausgestatteter Pesel, der heute gerne auch als Trauzimmer genutzt wird.

▪ Geöffnet Di–So 10–17 Uhr. Erw. 5 € (mit Gästekarte 3,50 €), Kinder 1 €, Familien 11 € (mit Gästekarte 8 €). Olsdorfer Str. 6, ✆ 04863-1226, www.museum-landschaft-eiderstedt.de.

Westküstenpark & Robbarium: Dieser nette und gut besuchte Zoo im Ortsteil Böhl ist ein Erlebnis für Familien mit Kindern. Er beherbergt über 800 Haus- und Wildtiere zahlreicher Rassen. Zu sehen gibt es brütende Störche, Pelikane, große Volieren mit Raubvögeln, Texas-Longhorn-Rinder, Alpakas u. v. m., sogar einer Fütterung großer Schildkröten kann man beiwohnen. Ein Streichelzoo mit Tierkindern und Ponyreiten sowie ein Kinderspielplatz mit Hüpfkissen dürfen natürlich auch nicht fehlen. Unangefochtener Besuchermagnet ist jedoch das 1000 m² große Freigehege-Robbarium. Die hier täglich um 11 und 16 Uhr stattfindende Fütterung der Seehunde sollte man sich nicht entgehen lassen.

■ Geöffnet tägl. 9.30–18 Uhr (im Winter verkürzt). Erw. 10 €, Kinder 6,50 € (mit Kurkarte jeweils 0,50 € Ermäßigung), Familien 29,50 €. Hunde an der kurzen Leine sind erlaubt. Wohldweg 6 (Ortsteil Böhl), ✆ 04863-3044, www.westkuestenpark.de.

Tierpark: Westküstenpark Böhl

Praktische Infos

Einwohner 4000

Information Tourismus-Zentrale St. Peter-Ording (für die gesamte Halbinsel Eiderstedt), Ortsteil Bad (in der Dünen-Therme, Marleens Knoll 2), 25826 St. Peter-Ording, ✆ 04863-9990. Filialen in den Ortsteilen Dorf (Badeallee 1) und Böhl (Böhler Landstr. 153), www.spo-eiderstedt.de. Gästekarte 15. Mai bis Sept. 3 €/Tag (Kinder frei), Nebensaison 2 € (März/April u. Okt.), Nov.–Feb. 1 €.

Fahrradverleih Cruiser King, Am Deich 31 (OT Ording), ✆ 04863-9501690; **Fahrradverleih Ordinger Plüschbrummer,** Strandweg 16 (OT Ording), ✆ 04863-1826; **Die Bikerei,** Stephansweg 3 (OT Bad), ✆ 04863-1580; **Radlos,** Blanker-Hans-Weg 3 (OT Bad), ✆ 04863-478160; **Fahrradverleih St. Peter-Ording,** Ohlsdorfer Str. 11 (OT Dorf), ✆ 01577-3322216; **Flor,** Badallee 5 (OT Dorf), ✆ 04863-478244; **Fahrradverleih am Internat,** Zum Karpfenteich (OT Böhl), ✆ 01575-2587465.

Kinderspielhaus Platz zum Toben und Spielen im ehemaligen Feuerwehr-Gerätehaus im Ortsteil Dorf (Eintritt mit Gästekarte frei). Zudem Angebote zum Basteln. Geöffnet Mo–Fr 10–16 Uhr. Dorfstr. 57.

Kino Nordlicht, Verzehrkino mit stimmungsvollem Ambiente. Im Bad 31, ✆ 04863-478074, www.kino-nordlicht.de.

Schwimmbad Dünen-Therme, Freizeit- und Erlebnisbad mit großem Meerwasser-Wellenbecken, Whirlpool, Wasserstrudel, Kleinkinderbereich und 3 Rutschenanlagen (65 m sowie 120 m lang und eine 95 m lange Reifenrutsche) sowie großer Saunalandschaft (5 Saunatypen). 30 Strandkörbe sorgen bei den Bade- und Saunagästen für Entspannung. Schwimmbad: 3:30 Std. Erw. 11,50 €, Kinder (3–16 J.) 7,50 €, Familien 29,50 €. Sauna: Erw. 20 €, Kinder 1 €. Geöffnet tägl. 10–22 Uhr. Maleens Knoll 2, ✆ 04863-999161.

Strandkorbvermietung An den 5 Badeabschnitten von SPO können Sie insgesamt 1250 Strandkörbe mieten, teilweise stehen dafür extra Strandkorb-Podeste zur Verfügung. 8 €/Tag (Buchung bei der Touristinfo oder online unter www.st-peter-ording.de).

Veranstaltungen/Feste Drachenfestival *(zweites Augustwochenende)*, dann ist der Himmel am Strand von Ording übersät von riesigen, bunten Drachen, zudem gibt es Flugshows und ein Bühnen- und Rahmenprogramm. **Kitesurf Masters** *(Ende August)*, das jährliche Finale für die deutsche Meisterschaft im Kitesurfen. Zugleich mit dem „Kitelife Village" die größte Kitsurf-Veranstaltung und -messe der Welt.

Wochenmarkt Mi 7.30–13 Uhr auf dem Marktplatz in St. Peter-Dorf.

Essen & Übernachten (→ Karte S. 119)
Hotel Zweite Heimat 3, beste Bewertung,

gehobenes Hotel im US-Bretterhausstil, 47 gemütlich eingerichtete Zimmer in direkter Deichlage an der Ordinger Strandüberfahrt, DZ 188–348 €, Spa-Bereich „kleine Flucht“ mit Saunalandschaft. Leckeres Frühstücksbüfett. Das Restaurant **Esszimmer** wartet mit guter, frisch-saisonaler Küche auf (z. B. Kabeljaufilet, Perlhuhnbrust, Karee vom Salzwiesenlamm). Am Deich 41, ☏ 04863-474890, www.hotel-zweiteheimat.de.

Beach Motel **4**, trendig, ebenfalls im amerikanischen Ostküstenstil eingerichtetes Hotel, das auf ein jüngeres Hotelpublikum abzielt (gleicher Betreiber wie die „Zweite Heimat“). Unkomplizierte Umgangsweise (hier wird der Besucher geduzt). Gute Lage gleich hinter den Dünen von Ording. Zimmer teilweise mit Meerblick (125–165 €), sehr vielfältiges und leckeres Frühstück, netter Wellnessbereich, hundefreundlich. Im Strandrestaurant **Dii:Ke** **4** gibt es auf der Terrasse oder im Wintergarten z. B. leckere Pizzen aus dem Holzofen, vegane Gerichte, ein paar Fisch- und Fleischspeisen und nachmittags auch Kuchen oder frische Belgische Waffeln. Am Deich 31, ☏ 04863-90800 (Motel), ☏ 04863-9504450 (Restaurant), www.beachmotel-spo.de.

Zum Alten Anker **1**, Hotel-Pension (garni) in prima Lage in direkter Strandnähe von Ording. Seit 1948 Familienbetrieb der Familie Cornils, die Einrichtung der geräumigen Zimmer ist teilweise allerdings schon etwas in die Jahre gekommen. DZ 90–100 €. Für ein bisschen historisches Flair sorgt die Tatsache, dass hier mit Johannes Cornils (1923–2008) der letzte Walfänger Eiderstedts lebte, der in den 1950er-Jahren am Südpol Wale harpunierte, um das karge Einkommen aus der sommerlichen Gästebetreuung ein wenig aufzubessern. Hauseigener Fahrradverleih. Norderdeich 13, ☏ 04863-1341, www.zumaltenanker.de.

*******Aalernhüs Hotel & Spa** **9**, einziges 5-Sterne-Haus St. Peter-Ordings, im Ortsteil Bad gelegen. 64 luxuriöse Zimmer und Suiten (DZ 199–219 €). Modernes Ambiente, riesiger Wellness-Bereich mit Schwimmbad und Saunalandschaft sowie mit einem guten Hauptrestaurant, zudem gibt es im Haus noch den „Aalernhüs-Grill“ (z. B. mit Steaks, großen Burgern und fangfrischem Fisch). Friedrich-Hebbel-Str. 2, ☏ 04863-7010, www.aalernhues.de.

*****Strand Hotel** **5**, entgegen seines Namens nicht sehr strandnah, aber dafür in der Nähe der Dünen-Therme gelegen (Ortsteil Bad). Von außen im Stil der 1970er-Jahre, aber innen mit einheitlichen modernen Zimmern komplett renoviert (jedoch ohne Aufzug). Abwechslungsreiches und gutes Frühstücksbüfett, freundlicher Service. Im Restaurant **Marsch & Meer** **5** gibt es abwechslungsreiche und schmackhafte holsteinische Gerichte (tägl. 17–21 Uhr). Im Bad 16, ☏ 04863-969696, www.strandhotelstpeterording.de.

Hotel Lieblingsplatz **8**, Boutique-Hotel (garni) mit 37 Zimmern in 3 Gebäuden, wenige Gehminuten vom Ortszentrum Bad entfernt. DZ 123–183 €. Umfangreiches Frühstücksbüfett. Im Bad 73, ☏ 04863-9589325, www.lieblingsplatz-hotels.de.

Die Insel **6**, schönes Café/Restaurant mit nettem Service mitten im Ortskern von Bad mit modern-maritimem Ambiente und einer schönen Sonnenterrasse mit Strandkörben. Vom Frühstück bis zum abendlichen Absacker ist hier den ganzen Tag Betrieb. Neben gutem Kuchen und ausgefallenen Heißgetränken gibt es auf der großen Karte auch leckere Speisen wie Flammkuchen, Lammbratwurst, Pannfisch und Veggie-Burger und auch eine große Bierauswahl. Im Bad 27, ☏ 04863-950540.

GOSCH Sylt **7**, wie immer beim noblen Fisch-Imbissanbieter die allerbeste Lage (an der Seebrücke) und daher trotz Selbstbedienung und gehobenen Preisen immer gut besucht (schnelle Küche). Von der großen (Strandkorb-)Terrasse aus haben Sie v. a. bei Sonnenuntergang einen schönen Blick auf die Salzwiesen. Geöffnet tägl. ab 11 Uhr. Buhne 1, ☏ 04863-4785090.

Die Strandhütte **15**, „7 m über dem Alltag“ bietet das Pfahlbau-Restaurant am kleinen Strand vor dem Ortsteil Dorf prima Küche mit regionalen und saisonalen Speisen (Seeteufel, Brust vom Schwarzfederhuhn), großer Weinkarte und hervorragendem Service (und auch mit Kinderkarte). Innen aufgeräumt-gepflegtes Ambiente, zudem eine wunderbare Terrasse, auf der sich abends der Sonnenuntergang genießen lässt. Geöffnet Mitte März bis Anfang Jan. Mi–So 12–17.30 Uhr (Tageskarte, auch Kinderkarte) und 18–21 Uhr (Abendkarte), Mo/Di Ruhetag. Südstrand 1 (direkt mit dem Ortsbus oder vom Strandparkplatz nach 15 Min. Fußweg zu erreichen), ☏ 04863-4747011, www.die-strandhuette.de.

Kiek in **11**, unkompliziertes Reetdach-Restaurant mit hauptsächlich regionaler gutbürgerlicher Küche (z. B. Fischteller, leckere Krabbensuppe). Zudem nachmittags Cafébetrieb (z. B. auf der windgeschützten Terrasse). Geöffnet

Übernachten
1 Zum Alten Anker
2 Campingplatz Biehl
3 Hotel Zweite Heimat
4 Beach Motel
5 Strand Hotel
8 Hotel Lieblingsplatz
9 Aalernhüs
14 Das kleine Glück
Essen & Trinken
3 Zweite Heimat
4 Dii:Ke
5 Marsch & Meer
6 Die Insel
7 GOSCH Sylt
9 Aalernhüs Grill
11 Kiek in
12 Am Kamin
13 Die Fliegerei
15 Die Strandhütte
16 Die Seekiste
Cafés
6 Die Insel
10 Dorfcafé
12 Am Kamin
St. Nikolai
Utholmer Str.
Brösum
Brösumer Weg
Ortsteil Ording
Am Deich
Drift
Strand-weg
Dreilanden
Friesenstr.
Waldstr.
Nordsee-Fitness-Park
Haltestelle-Ording
Westmarken
Eiderstedter Str.
Neuweg
Ortsteil Bad
Im Bad
Alter Badweg
Medfeldweg
Ortsteil Dorf
Fasanenweg
Markt
Bövergeest
Badallee
St. Peter
Dorfstr.
Museum Landschaft Eiderstedt
Haltestelle-Süd
Zum Südstrand
Wittendüner Allee
Heideweg
Pestalozzistr.
Böhler Landstr.
Westküsten-park (Zoo)
Ortsteil Böhl
Böhler Weg
Leuchtturm Böhl
Nordsee
St. Peter-Ording
400 m

Do–Di 14–22 Uhr (Mi Ruhetag), Olsdorfer Str. 3 (Ortsteil Dorf), ✆ 04863-1005.

Am Kamin 12, Café und Restaurant in einem traditionellen Reetdachhaus an der belebten Dorfstraße. Nicht allzu große Karte mit geschmackvollen Speisen (Ofenkartoffel, Flammkuchen, Pasta, Matjes, Lammfilet oder Rumpsteak). Relativ einfache Innen-, aber auch schöne Außenplätze unter beheizten Schirmen. Geöffnet tägl. 12 bis max. 22 Uhr (außerhalb der Sommerferien Di Ruhetag). Dorfstr. 12, ✆ 04863-9505170.

meinTipp **Dorfcafé 10,** kleines Café mit gemütlichem Gastraum und wunderbarer Kuchen- und Tortenauswahl (und leckeren Waffeln), auch einige gemütliche Außenplätze rund um das Haus. Geöffnet tägl. 13–18 Uhr (nur in der Saison). Badallee 13 (im Ortsteil Dorf), ✆ 04863-3021.

meinTipp **Das kleine Glück 14,** frisch renoviertes, kleines Hotel garni (und Schwesterhotel von Kathmeyer's Landhaus Godewind in der Waldstraße) mit 14 in zartem Rot und Grün gehaltenen Classic- und Komfort-DZ sowie Suiten mit trendig-schlichten Naturholz-Möbeln im modernen Landhausstil. DZ 110–150 €. Heller Frühstücksraum mit Terrasse, auch Strandkörbe im Garten sowie kleine Lounge und Bibliothek. Pestalozzistr. 43 (Ortsteil Dorf, Richtung Böhl), ✆ 04863-4788866, www.hoteldaskleineglueck.de.

meinTipp **Die Seekiste 16,** das Pfahlbau-Restaurant am Böhler Strand ist etwas Besonderes. Hier gibt es hochwertige norddeutsche Küche und nicht nur frischen Fisch, sondern z. B. auch Salzwiesenlamm und Labskaus nach altem Rezept, für das das Restaurant so berühmt ist, dass Sie es sogar in extra abgefüllten Gläsern mit nach Hause nehmen können. Tischreservierung empfohlen, Hunde nur bis 17.30 Uhr willkommen. Geöffnet Do–Di 11.30–22 Uhr, Mi nur bis 17.30 Uhr. Am Böhler Strand, ✆ 04863-476757.

meinTipp **Die Fliegerei 13,** helles Bistro, Bar und Restaurant am westlich von Böhl gelegenen Flugplatz – sozusagen ein „Landeplatz für Genießer". Die Küche mit relativ kleiner Karte, dafür aber immer garantiert frischen Speisen ist tatsächlich empfehlenswert (z. B. Entrecote, Scholle, aber auch Cockpit-Burger mit Pommes). Auch ein Tipp für einen Nachmittagsausflug zu Kaffee und selbst gebackenem Kuchen, den man auf der windgeschützten Außenterrasse mit Blick auf das Rollfeld und die weite Landschaft genießen kann. Geöffnet tägl. 12–21 Uhr (Nebensaison Mi/Do Ruhetag). Feldhausweg 14, ✆ 04863-3756.

Campingplatz Biehl 2, beste Lage an den Dünen hinter dem Deich in Strandnähe von Ording, allerdings mit relativ kleinen Parzellen. Gepflegte Anlage, kleiner Einkaufsmarkt sowie ein Bistro. Utholmer Str. 1, ✆ 04863-96010, www.campingplatz-biehl.de.

Pfahlbaucafé am Strand von Ording

Westerhever

Flankiert von zwei identischen Leuchtturmwärterhäusern ist dies wohl der bekannteste und vielleicht schönste Leuchtturm Deutschlands, auf jeden Fall aber das Wahrzeichen der Halbinsel Eiderstedt und deren beliebtestes Ausflugsziel. Vorgelagert ist ein traumhafter Badestrand.

Wenn man sich einen Leuchtturm idealtypisch vorstellt, so entspricht dem wahrscheinlich nahezu perfekt der rotweiß geringelte Leuchtturm Westerheversand. Umgeben von Salzwiesen, steht der markante Leuchtturm mit seinen Zwillingshäuschen in exponierter Lage mehr als 1 km vor dem Außendeich und sichert noch heute die Nordwestspitze der Halbinsel Eiderstedt. Der Leuchtturm ist mit dem Auto nicht zu erreichen, man gelangt nur zu Fuß oder mit dem Fahrrad dorthin, und auch nicht auf direktem Weg, sondern quasi im Zickzack.

Westerhever ist aber nicht nur der Leuchtturm, sondern auch das gleichnamige Minidorf mit der Alten Dorfschule von 1879, heute ein Schullandheim mit Sandskulpturenwerkstatt, und einer schönen Kirche. Zudem ist das Warftendorf Westerhever von einigen anderen im weiten Marschland verstreuten Warften mit Höfen oder Haubargen umringt. Insgesamt elf denkmalgeschützte Haubarge haben im Gemeindegebiet die Zeit überdauert (z. B. der Haubarg Knutzenswarft an der Straße Richtung Leuchtturm). Die ehemalige Insel Westerhever mit dem sehr kleinen Kirchdorf und seinen umliegenden auf Warften errichteten Weilern ist nach wie vor eine selbstständige Gemeinde.

Das kleine „Leuchtturmdorf" ist aber auch so etwas wie ein Geheimtipp für Strandurlauber, denn der vorgelagerte Hochsand Westerheversand ist, ähnlich

Eiderstedt → Karte S. 86

Spaziergang zum Leuchtturm Westerherversand

Auf dem knapp 45-minütigen Weg zur Leuchtturmwarft überqueren Sie zunächst den Hauptdeich auf dem breiten Hauptweg, dann geht es rechts ab durch die Westerhever Salzwiesen zum Turm, immer umgeben von zahlreichen Schafen und Lämmern, die auf dem weitläufigen Gelände grasen. Auf dem Weg informieren einige Infotafeln über die Pflanzen- und Tierwelt der Salzwiesen.

Den Rückweg können Fußgänger (nur Juli–Sept.) auch über den historischen, durch die feuchten Salzwiesen führenden Stockenstieg antreten. Früher war dieser schmale, mit Ziegeln geklinkerte Pfad die einzige Verbindung zum Turm.

Vor dem Deich befindet sich ein (gebührenpflichtiger) Parkplatz samt Info-Hus, Imbiss und „Schäferladen". Alternativ können Sie sich hier für die 2,1 km lange Tour zum Turm auch ein Fahrrad (5 €) oder für Ihre Kinder einen Bollerwagen leihen oder einfach eine Pferdekutsche besteigen.

Beliebtes Fotomotiv: Leuchtturm Westerheversand

wie der Strand von St. Peter-Ording, ein **sagenhafter Badestrand.** Auch dieser ist allerdings nur mit dem Rad oder auf einem etwa 30-minütigen Fußmarsch zu erreichen. Schon an der Vorlandkante gibt es einen schönen Sandstrand. Wenn Sie von dort noch ein Stück durch das Watt laufen, kommen Sie zu einer 9 km langen Sandbank mit grenzenlosem Weitblick. Diese unbedingt niemals (!) bei auflaufendem Wasser, sondern günstigstenfalls ca. 2 Std. vor Niedrigwasser betreten, weil die Sandbank bei Flut durch das Wasser vom Land abgeschnitten wird. Eine Rettungsbake auf der Sandbank bietet unvorsichtigen Besuchern im Notfall Schutz vor den Fluten.

Sehenswertes

Leuchtturm Westerheversand: Unerschütterlich steht das Leuchtfeuer seit mehr als 110 Jahren auf seiner 5,40 m hohen Warft inmitten der Salzwiesen. Erbaut wurde der Turm 1906–1908 für damals unglaublich teure 250.000 Reichsmark. Kostspielig war der Leuchtturm v. a. wegen des Fundaments von 127 langen Eichenpfählen, die etwa 8 m tief in den sandigen Boden gerammt wurden. Darauf wurde ein massiver Betonsockel gegossen, auf dem der 150 t schwere Turm bis heute sicher steht. Er besteht aus einem massiv gemauerten Sockel, auf dem 608 gusseiserne Platten zu einem 41,5 m hohen Turm verschraubt wurden. Die umlaufende Aussichtsplattform befindet sich in 37 m Höhe – ein grandioser Blick auf das Wattenmeer und die Halbinsel Eiderstedt ist bei schönem Wetter garantiert. Zuvor sind jedoch 157 Holzstufen zu überwinden, auf dem Weg nach oben kommt man an verschiedenen Turmzimmern vorbei, u. a. an einem historisch eingerichteten

Wohnraum im 1. Stock und auch am Trauzimmer (ehemaliger Wachraum) im 4. Stock. Denn wer sich traut, kann im Turmzimmer sogar heiraten. Besichtigt werden kann der Turm nur von jährlich 3000 Besuchern, dann kommt er an seine Kapazitätsgrenze.

Bei Sturmflut heißt es nicht selten wie bei einer Hallig „Land unter", dann ist die Warft des Leuchtturms vollständig von Wasser umgeben. Tatsächlich war Westerheversand bis 1887 – vor dem Bau eines Schutzdammes – eine Hallig.

Früher lebten in den beiden Zwillingshäusern mit ihrem nahezu quadratischen Grundriss der Leuchtturmwärter und sein Vertreter mit ihren Familien. Der letzte Leuchtturmwärter tat hier bis 1979 seinen Dienst, seitdem ist das Leuchtfeuer ferngesteuert und sendet sein Licht zuverlässig 21 Seemeilen (38,8 km) hinaus auf die Nordsee. Heute leben in dem südlichen Haus ganzjährig Zivildienstleistende der Schutzstation Wattenmeer, die von hier aus auch Wattwanderungen oder Salzwiesenführungen anbieten und einen kleinen Inforaum betreuen. Das nördliche Leuchtturmwärterhaus wird vom Nationalparkamt Tönning als Seminarhaus genutzt. Es beherbergt 19 einfache Schlafplätze.

▪ **Turmbesichtigung:** April–Okt. nur Mo, Mi/Do und Sa zur vollen Stunde zwischen 10 und 16 Uhr im Rahmen einer Führung und nur nach vorheriger Anmeldung (wegen des großen Andrangs müssen Sie rechtzeitig reservieren). Maximal 10 Pers./Gruppe, Mindestalter 8 Jahre. Anmeldung unter ✆ 04865-1206. Tickets im Info-Hus am Parkplatz. Fußweg von dort zum Turm 2,5 km (45 Min.). Erw. 6 €, Kinder 3 €. Parkgebühr vor dem Deich 1 €/Std. (20 Min. kostenlos).

St.-Stephanus-Kirche Westerhever: Ungewöhnlich: Sie betreten das Kirchlein durch die niedrige Tür an der Ostseite hinter dem Altar. Das an eine Halligkirche erinnernde Gotteshaus ist nicht so alt, wie es auf den ersten Blick scheint, sondern der 1804 auf einer hohen Warft errichtete Nachfolgebau zweier wesentlich älterer Kirchen. Der von Eisenankern gesicherte Turm jedoch ist noch jener der Urkirche. Er stammt aus dem Jahr 1370 und ist damit der älteste Kirchturm Eiderstedts. Vor dem Bau des Leuchtturms diente er jahrhundertelang zugleich als Seezeichen.

Auch die Taufe im Inneren der mit ihren hellblauen Kirchenbänken spartanisch, aber behaglich ausgestatteten Kirche ist die älteste Eiderstedts und stammt aus dem 12. Jh. Der darüber hängende Taufengel wurde um 1800 hinzugefügt, der kleine Kanzelkorb stammt aus dem 16. Jh. Das bemerkenswerte Altarbild zeigt die Heilige Familie und ist die exakte Kopie eines Bildes des flämischen Meisters Anthonis van Dyck (1599–1641). Gemalt wurde es um 1935 von dem in Westerhever geborenen „Halligmaler" *Jacob*

Eiderstedt → Karte S. 86

Alberts, dessen Grab sich auf der Südseite der Kirche befindet.

▪ 15. März bis Okt. tägl. 8–18 Uhr geöffnet. Dorfstr. 3.

Praktische Infos

Einwohner 100 (Westerhever)

Information **Tourismusverein Westerhever-Poppenbüll e. V.,** Info-Hus am Deichparkplatz (nur in der Saison), 25881 Westerhever, ✆ 04865-1206, www.westerhever-nordsee.de. **Tourismus-Zentrale St. Peter-Ording** (für die gesamte Halbinsel Eiderstedt), Marleens Knoll 2, 25826 St. Peter-Ording, ✆ 04863-9990, www.spo-eiderstedt.de. Kein Gästebeitrag.

Baden **Westerhever:** Wunderbarer, nur mit dem Rad oder zu Fuß erreichbarer Sandstrand mit vorgelagerter 9 km langer Sandbank (s. o.). **Badestelle Stufhusen:** Fernab der touristischen Pfade, 1,5 km nördlich vom Leuchtturmparkplatz beim schönen Weiler Stufhusen gelegener Grünstrand mit Dusche, an dem es sogar ein paar sandige Bereiche gibt. Parkplatz vor Ort (Deichstr. 10).

Kutschfahrten Vom Parkplatz zum Leuchtturm (Jens Wallert, ✆ 0162-1308778). April–Okt. tägl. außer Mo ab 10 Uhr.

Essen & Übernachten **Landhotel Kirchspielkrug,** nettes, im besten Sinne des Wortes gut-bürgerliches Hotel und Restaurant. 9 komfortable und renovierte Zimmer (DZ 102 €). Halbpension möglich. Das Restaurant eignet sich auch bestens für eine Einkehr auf dem Hin- oder Rückweg zum Leuchtturm. Es gibt fangfrische Fisch- und leckere Fleischgerichte zu fairen Preisen und nachmittags auch hausgemachten Kuchen. Geöffnet Di–So 11.30–14 und 17–20 Uhr (Mo Ruhetag). Dorfstr. 7, ✆ 04865-90143, www.kirchspielkrug.de.

De Kohstall, Bauernhofcafé und Restaurant in sehr ruhiger, ländlicher Lage in Poppenbüll. Große Terrasse. Hier gibt es durchgehend leckere hausgebackene Torten und auch warme Speisen (z. B. am 1. Sonntag im Monat Mehlbeutel-Essen oder jeden Do Friesen-Büfett), weshalb sich De Kohstall auch Dorfkrug Poppenbüll nennt. Nur März–Okt. 12–20 Uhr geöffnet (Di Ruhetag). Seerosenhof, St. Johanniskoog Ring 14, ✆ 04862-102840.

In der Umgebung

Osterhever: 7 km östlich von Westerhever liegt die selbstständige Gemeinde Osterhever (225 Einwohner). Der Ortsname bezieht sich ebenfalls auf den nördlich der Halbinsel Eiderstedt vorbeiführenden und sich bis nach Husum erstreckenden Heverstrom, einen Ge-

Spätromanisch: Warftkirche in Osterhever

Die Deichfehde von Osterhever

Als der Seedeich von Osterhever durch die Allerheiligenflut im Jahr 1436 schwerst beschädigt wurde, kam es beim Wiederaufbau im darauffolgenden Jahr zu einer erbitterten Deichfehde. Weil die südlicher liegenden Kirchspiele, allen voran Poppenbüll und Tetenbüll, vom extrem kostspieligen und mühseligen Deichbau profitierten, sollten diese sich nach dem Willen der stark gebeutelten Osterhever auch am Deichbau beteiligen. Doch die Nachbarkirchspiele lehnten dies vehement ab und sahen stattdessen sogar die Chance, sich als Gegenleistung für eine Deichsicherung Osterhever einzuverleiben – nach dem damaligen Recht war gemäß dem Grundsatz „De nich will dieken, mutt wieken" jeder Landbesitzer bzw. jedes Kirchspiel für die Erhaltung bzw. den Bau seiner Deiche selbst verantwortlich. Und wenn die Osterhever nicht in der Lage wären, ihr Land zu schützen, so müssten sie es eben aufgeben. Und so kam es zu einer blutigen Fehde zwischen den Nachbardörfern, bei der 36 Männer ihr Leben ließen. Der Streit konnte erst durch das Eingreifen der Landesherrschaft beendet werden, indem die Nachbarkirchspiele gezwungen wurden, sich zum Schutz ihrer Köge mit Hand und Geld am Deichbau in Osterhever zu beteiligen.

zeitenstrom. Interessant ist v. a. die spätromanische **St.-Martin-Kirche** (Ursprung 1113, Kirchenbau um 1250), die inmitten der Friedhofswarft steht. Der Glockenturm-Dachreiter wurde der Kirche im Jahr 1908 aufgesetzt. Der einfach-klar gestaltete Innenraum lohnt durchaus einen Blick. Wie so oft in Eiderstedt begrenzt eine spätgotische Triumphkreuzgruppe den einschiffigen Kirchenraum vom Chor, in dem der bunt bemalte, figurenreich geschnitzte Altar (um 1520) heraussticht. Über dem neugotischen Taufstein (19. Jh.) schwebt ein großer Taufengel aus Lindenholz (von 1822), der nach der Anschaffung der neuen Taufe auf dem Dachboden gelagert wurde und dort fast 100 Jahre lang in Vergessenheit geriet. Erst 2005 wurde er restauriert und kehrte in den Kirchenraum zurück.

Bemerkenswert ist zudem ein 1689 erbauter Grabkeller vor der Kirche, der Platz für vier Särge bietet. Er gelangte durch eine Wette in den Besitz eines hiesigen Maurers und Totengräbers. Mangels Nachkommen wurde der Keller im Jahr 1914 zugemauert.

Tümlauer Koog: Die wohl jüngste selbstständige Gemeinde Deutschlands (120 Einwohner) liegt 6 km südlich von Westerhever an der Tümlauer Bucht. Sie entstand durch Eindeichungsmaßnahmen in den 1930er-Jahren und hieß daher bis 1945 Hermann-Göring-Koog. Zu sehen gibt es hier v. a. Höfe in Streulage, von denen viele als Ferienhöfe auch Gäste aufnehmen (Infos unter www.tuemlauer-koog.de).

Nett ist der sehr kleine, tidenabhängige **Deichhafen (mit Badestelle),** der von einem Wassersportverein aus St. Peter-Ording betrieben wird. Von hier hat man einen schönen Blick auf die Bucht und den gegenüberliegenden Westerheversand mit seinem charakteristischen Leuchtturm.

Ein Kuriosum ist der kleine, hölzerne und reetgedeckte Glockenturm (etwas versteckt auf der Festwiese an der

Eiderstedt → Karte S. 86

Haupt-Dorfkreuzung). Ursprünglich in der NS-Zeit zur Einweihung des neuen Kooges als Feuer- und Sturmglocke errichtet, schlägt die Glocke nun für ein ebenso seltenes, aber freudiges Ereignis: Als „Kinderglocke“ begrüßt sie die wenigen Neugeborenen des Tümlauer-Kooges, und zwar nach Gewicht. Pro Pfund Geburtsgewicht wird eine Minute lang geläutet.

Poppenbüll: Das 230-Einwohner-Dorf Poppenbüll liegt 8 km südöstlich von Westerhever (Richtung Garding) mitten im ältesten eingedeichten Bereich Eiderstedts. So wundert es nicht, dass die um 1113 erbaute, reich ausgestattete **St.-Johannis-Kirche** zu den ältesten Kirchen Eiderstedts gehört. Der Gemäldealtar stammt von 1601 und zeigt das Abendmahl sowie auf den Flügeln die Taufe und Kreuzigung Christi. Der kunstvoll geschnitzte Kanzelkorb (1579) und das hellblau gestrichene Gestühl (1598–1650) – das älteste Eiderstedts – vervollständigen die Einrichtung. Bemerkenswert ist v. a. die becherförmige, mit Reliefs überzogene Taufe (1590), deren Füße die vier Evangelisten abbilden. Es ist die einzige Bronzetaufe Eiderstedts.

Gegenüber der Kirche hinter dem Graben befindet sich ein kleiner Dorfplatz mit einem kleinen Nachbau eines Vier-Ruten-Bargs, des Vorläufertyps der späteren riesigen Haubarge. Das Besondere am Vier-Ruten-Barg ist die trickreiche Höhenverstellbarkeit des Daches, das man auf diese Weise der zu lagernden Heumenge anpassen konnte. Der Name Poppenbülls bezieht sich – wie in der Region üblich – auf einen Vornamen und bedeutet so viel wie das Haus bzw. die Siedlung *(büll)* des Poppe.

1 km südwestlich von Poppenbüll hat mit einem auf den ersten Blick unspektakulären **Tauteich** ein kulturhistorisches Denkmal die Zeit überdauert: Auf der ehemaligen **Halligwarft Helmfleeth** befindet sich diese bereits vor 1000 Jahren angelegte Mulde, die mit Schilf ausgelegt, dann mit Lehm verschmiert und feuergehärtet wurde. Bei Trockenheit sicherte der in dieser Mulde aufgefangene Tau das Trinkwasser für das Vieh.

Oldenswort

Mit nur 1300 Einwohnern ist Oldenswort schon das größte Dorf Eiderstedts, dessen bedeutendste Sehenswürdigkeiten allerdings etwas außerhalb liegen, allen voran das Herrenhaus Hoyerswort.

Trotz seiner vermeintlichen Größe ist Oldenswort (Olde Warft) auf den ersten Blick ein eher unspektakuläres Dorf, das jedoch innerhalb seines flächenmäßig großen Gemeindegebietes über einige bemerkenswerte Baudenkmäler verfügt. Mittelpunkt ist natürlich die große, von einem Friedhof umgebene **St.-Pankratius-Kirche,** die auch „Dom von Eiderstedt“ genannt wird.

Der eindrucksvolle Kirchenbau geht im Kern auf das 13. Jh. zurück, hat jedoch im Laufe seiner Geschichte viele Umbauten erfahren. Auffallend sind in der Hauptsache die alten Wand- und Deckenmalereien (v. a. die im derzeit einsturzgefährdeten Chor) und die lebensgroße Triumphkreuzigungsgruppe von 1491. Die sonstige Kirchenausstattung stammt im Wesentlichen aus dem 16. Jh. (Gemälde-Flügelaltar, Kanzel, Taufe, Chorgestühl, Empore mit Apostel-Abbildungen). Die hölzerne Kassettendecke wurde erst 1992 nach einer Renovierung wieder freigelegt.

Prächtiges Herrenhaus mit Haubarg: Hoyerswort

Der große Sohn des Dorfes ist *Ferdinand Tönnies* (1855–1936), Professor in Kiel und der Begründer der Soziologie in Deutschland. Er stammt von einem – heute nicht mehr existierenden – Haubarg aus Oldenswort, weshalb seit 1990 im Ort ein großes Bronzedenkmal an den Soziologen erinnert.

Sehenswertes

Herrenhaus Hoyerswort: Das 2,5 km südlich des Dorfes gelegene schlossartige und von einem doppelten Wassergraben umgebene Anwesen Hoyerswort ist sicher eines der schönsten Gebäude der Halbinsel und zugleich der einzige ehemalige Adelssitz auf Eiderstedt. Daher wird es gelegentlich auch „Schloss Hoyerswort" genannt. Es besteht jedoch nicht nur aus dem prächtigen, weiß getünchten Gutshaus im Renaissancestil, sondern auch aus einer landestypischen Haubarg-Scheune von 1704. Das repräsentative Herrenhaus mit seinem achteckigen Treppenturm und den geschweiften Giebeln ließ anno 1594 *Caspar Hoyer* errichten, der zu jener Zeit der oberste königlich-dänische Amtmann (*Staller* genannt) und zugleich der reichste Mann Eiderstedts war. Seither hat das Haus die Zeit äußerlich nahezu unverändert überdauert.

Im Untergeschoss des 400 Jahre alten Herrenhauses gibt es ein gemütliches Café, zudem in der ehemaligen Kapelle eine Keramikwerkstatt, in der Fliesen nach holländischer Tradition hergestellt werden. Im Obergeschoss ist ein Museum zur Historie des Herrenhauses, des benachbarten Haubargs und seiner ehemaligen Bewohner eingerichtet. Der Haubarg wird derzeit (bis Mitte 2021) komplett restauriert und zu einem Restaurant umgebaut („Caspar-Hoyer-Stuben"); in dessen Dachgeschoss soll ein Museum entstehen. Zudem erstreckt sich vor dem denkmalgeschützten Anwesen ein Skulpturenpark mit großen Plastiken moderner Kunst.

▪ Von März–Nov. werden jeden Mi um 15 Uhr 45-minütige Hausführungen angeboten (2,50 €, Anmeldung unter ✆ 04841-2039838). www.hoyerswort.de.

Eiderstedt → Karte S. 86

Mühle „Catharina“: 2 km außerhalb an der Straße nach Witzwort (Osterende 59) direkt an der Gemeindegrenze gelegen, hat mit der Erdholländer-Windmühle Catharina (von 1786) ein historisches Kleinod die Zeit überdauert. Noch bis Ende der 1970er-Jahre war die Mühle in Betrieb, später wurde sie zum dreistöckigen Ferienhaus umgebaut. Ende 2017 wurde die Windmühle durch einen Sturm schwer beschädigt, aber dann wieder liebevoll restauriert.

Warft Tofting: Dieses bedeutende archäologische Denkmal ist heute nicht viel mehr als ein unscheinbarer Hügel inmitten der grünen Wiesen, war aber einst eine über mehrere Jahrhunderte besiedelte Dorfwarft. Ausgrabungen haben ergeben, dass diese Warft schon seit dem ausgehenden 1. Jh. nach Christus besiedelt war und damit die bislang älteste in Schleswig-Holstein nachgewiesene Warft ist. Die nicht zu besichtigende Warft Tofting liegt 4 km südlich des Dorfes zwischen Oldenswort und Tönning im ehemaligen Mündungsgebiet der Eider (folgen Sie der Beschilderung „Archäologisches Denkmal“).

Ferienhaus: Mühle „Catharina“

Praktische Infos

Einwohner 1300

Information 25870 Oldenswort. Infos unter ✆ 04864-100556 und www.tourismus-oldenswort.de. Zudem: **Tourist Information Husum/ Husumer Bucht,** Großestr. 27, 25831 Husum, ✆ 04841-89870, www.husum-tourismus.de. Kein Gästebeitrag.

Essen & Übernachten **Herrenhaus Hoyerswort,** gemütliches Café in historischem Ambiente in der ehemaligen Vorstube des repräsentativen Herrenhauses. Nette Gartenterrasse. Hausgemachter Kuchen (z. B. leckere Himbeertorte). Der benachbarte Haubarg soll demnächst zum Restaurant umgebaut werden. Im historischen Ambiente des Gutshauses können Sie 4 Ferienwohnungen mieten. Geöffnet Di–So 11–18 Uhr (Jan./Feb. nur am Wochenende). Hoyerswort, ✆ 04864-2039838.

Mein Tipp **Restaurant Handelskrug,** prima Landhausküche und gepflegtes Ambiente machen den Handelskrug zu einem der besten Restaurants der Region – und das mit einem ordentlichen Preis-Leistungs-Verhältnis. Es gibt eine täglich wechselnde, kreative und nicht allzu große Karte mit frischen, v. a. regionalen Speisen (Lammgerichte, Kalbsleber, mitunter Reh und natürlich frischen Fisch). Dorfstr. 19, ✆ 04864-800.

Witzwort

Synonym für den Ort mit dem witzigen Namen im Osten der Halbinsel ist der überregional bekannte Rote Haubarg, der etwa 3 km nördlich der Ansiedlung Richtung Simonsberg liegt.

Ansonsten ist Witzwort ein eher unscheinbarer Ort, der wie so oft in Eiderstedt über ein bedeutendes Kirchenbauwerk verfügt: die auf einer hohen Warft im Jahr 1420 errichtete **St.-Marien-Kirche.** Deren separat erbauter hölzerner Glockenturm von 1631 ist wohl nur deshalb erhalten geblieben, weil der Gemeinde einfach das Geld für einen steinernen Turm fehlte. Im relativ schlichten Inneren ist v. a. der hervorragend gearbeitete Altar (um 1510) ein Kunstwerk von besonderem Rang. Er ist der figurenreichste Holzschnitzaltar Eiderstedts und zeigt die Passionsgeschichte Jesu. Bemerkenswert sind auch die schön geschnitzte Kanzel (1583) sowie der große Taufstein (Ende des 15. Jh.).

Südlich des Dorfes an der Straße Richtung Oldenswort befindet sich das Betriebsgelände der 125 Jahre alten **Osterhusumer Meierei,** in deren Molkerei-Laden Sie sich direkt mit den frisch vor Ort hergestellten Milchprodukten eindecken können (Milch, Butter, Sahne, Joghurt. Geöffnet Mo–Sa 8–12 Uhr, in der Urlaubssaison zusätzlich Mo–Fr 13–16.30 Uhr. Süden 11, ✆ 04864-100430, www.osterhusumer.de).

Der Ortsname übrigens bezieht sich nicht etwa auf ein witziges Völkchen, das hier wohnt, sondern bezeichnet den Wohnort eines Anführers oder Eigentümers und bedeutet etwa „Wurt des Wido".

Sehenswertes

Der Rote Haubarg: Dieser mächtige Vierkantbau liegt 3 km nordwestlich von Witzwort und ist zu Recht ein beliebtes Ausflugsziel. Nur rot ist der majestätisch auf einer Warft im eingedeichten Adolfskoog liegende Haubarg nicht, sondern präsentiert sich als strahlend weiß getünchter Ziegelbau mit hohem Reetdach. Der von acht Holzständern getragene Haubarg (→ Kasten, S. 130) wurde ursprünglich 1647 von einem wohlhabenden Bauern errichtet und war damals nicht – wie üblich – mit dem vor Ort wachsenden Reet, sondern mit kostbaren roten Ziegeln eingedeckt (daher der Name). 1759 wurde das Gebäude nach einem Brand erneuert, es hat genau 99 Fenster.

Beim Bau des Haubargs soll einer Legende nach der Teufel seine Hand im

Sehenswert: der Rote Haubarg ist weiß

Eiderstedt → Karte S. 86

Der Haubarg – das größte Bauernhaus der Welt

Westfriesische Glaubensflüchtlinge aus den spanisch besetzten Niederlanden entwickelten im frühen 17. Jh. die zweckmäßige und gleichsam faszinierende Bauweise der Haubarge – in Anlehnung an die eher länglichen Gulfhöfe ihrer Heimat. Diese besondere Bauform eines Bauernhauses gibt es daher nur auf der Halbinsel Eiderstedt. Das Wort *Haubarg* kommt von *Heuberg* und bezeichnet eine Wohnstätte zum Stapeln bzw. Bergen von Heu. Die mächtigen Haubarge haben riesige, meist auf einer quadratischen Konstruktion errichtete pyramidenförmige Dächer, unter denen jahrhundertelang Menschen und Tiere gemeinsam lebten – wenn auch in getrennten Räumen.

Meist wurden im Vierkant in der Mitte des Haubargs Heu und Stroh gelagert. An den Seiten angeordnet waren die Wohnräume (*Pesel* und *Döns*) für Herrschaft und Gesinde mit den typischen Schlafverschlägen (*Alkoven*) sowie die Stallungen für die Rinder (*Boos*) und Pferde (*Peerboos*) und zudem eine Diele für das Dreschen (*Loo*).

Zum Schutz vor den Fluten errichteten die Bauern ihre Haubarge zumeist auf Warften, die als Windschutz von Bäumen umgeben waren. Die beeindruckende Haubarg-Konstruktion mit ihrem tief heruntergezogenen Dach wurde von hölzernen, bis auf den Boden reichenden Ständern getragen. Sie war daher nicht nur widerstandsfähig gegen Stürme, sie hielt sogar auch noch das Dach, falls extreme Sturmfluten die Mauern eingedrückt hätten. Zudem erleichterte diese Bauweise die Erneuerung des Ziegelmauerwerks, das im rauen Nordseeklima mit der Zeit auszusalzen beginnt. Und weil es für Stall und Wohnhaus nur vier Außenwände gab, sparte man zugleich das auf der Halbinsel so knappe steinerne Baumaterial.

Von den ehemals rund 450 Haubargen auf Eiderstedt gibt es heute nur noch etwa 45. Lediglich der Rote Haubarg von Witzwort und der Haubarg neben dem Gutshof Hoyerswort im benachbarten Oldenwort sind der Öffentlichkeit zugänglich, weil sie als Restaurant genutzt werden.

Haubarg am Ortsrand von Westerhever

Dorfidylle: Häuser auf dem Porrendeich

Spiel gehabt haben. Es heißt, dass hier ursprünglich ein elendes kleines Haus stand, in dem ein junger Knecht lebte, der unsterblich in die Tochter seines reichen Nachbarn verliebt war. Doch der Vater des Mädchens, ein wohlhabender Schmied, verweigerte dem armen Freier die Hochzeit. In seiner Verzweiflung schloss dieser einen Pakt mit dem Teufel und versprach diesem seine Seele, wenn der Teufel ihm in nur einer Nacht bis zum ersten Hahnenschrei ein standesgemäßes Haus mit 100 Fenstern bauen könne. Gesagt, getan. Schon in der folgenden Nacht kam der Teufel, riss das alte Haus beiseite und errichtete in Windeseile den prächtigen neuen Haubarg. Da bekam es der junge Knecht mit der Angst zu tun, lief hinüber in des Schmieds Haus, weckte die Mutter seiner Angebeteten und gestand ihr, dass er aus Liebe zur ihrer Tochter seine Seele dem Teufel verschrieben hatte. Die kluge Mutter eilte sofort in den Stall und weckte den Hahn, der daraufhin laut krähte. Soeben war der Teufel dabei, das 99. Fenster einzusetzen, hatte aber nun sein Spiel verloren und fuhr für immer zum Fenster hinaus. Bis heute übrigens fehlt noch immer die 100. Scheibe im Haubarg – und diese wird es sicher auch in Zukunft nicht geben.

Auf der Wiese vor dem Café erinnert die Skulptur „Die Teufelin" (von *Lothar Frieling*, 2006) an diese Legende. Das riesige Bauernhaus beherbergt aber nicht nur ein Café/Restaurant in den historischen Räumen, sondern in seinem Kern auch ein kleines Museum mit landwirtschaftlichen Geräten (Eintritt frei), das v. a. auch einen Blick auf die beeindruckende Ständerkonstruktion des Haubargs erlaubt.

Uelvesbüll: In Sachen Fremdenverkehr arbeitet Witzwort mittels eines Tourismusvereins mit dem benachbarten Uelvesbüll (300 Einwohner) zusammen. Baulich hat das aus mehreren weit verstreut liegenden und größtenteils reetgedeckten Höfen bestehende Dorf jedoch einen ganz anderen, durchaus sehenswerten Charakter, der sich am besten bei einer kleinen Fahrradtour entdecken lässt. Das heute direkt hinter dem

Eiderstedt → Karte S. 86

Seedeich liegende Dorf zieht sich zu einem Großteil entlang des alten, 3 km langen Porrendeiches (*Porre* = Nordseegarnele), der einst zum Schutz vor den regelmäßigen Überflutungen durch das Meer oder die Hochwasser der nahen Eider errichtet wurde. Nur die Warften und Deiche ragten aus der Ebene und konnten daher bebaut werden. Zeugen alter Deichdurchbrüche sind heute noch einige Teiche am Deich, die einst durch das einströmende Wasser entstanden und in der Region *Wehlen* genannt werden.

Mit der St.-Nikolai-Kirche gibt es auch ein am Deich gelegenes Gotteshaus. Es wurde 1854 an der Stelle eines Vorgängerbaus errichtet und trug bis zu seiner Gesamtrenovierung im Jahr 1964 den Namen Friedrichkirche, weil der damalige König Friedrich VII. einen Zuschuss zur Finanzierung des neugotischen Backsteinbaus gewährte. Das schlichte Kirchlein verfügt über das einzige holzgeschnitzte Epitaph Eiderstedts (von 1591).

Bekannt wurde der Dorfname v. a. durch das 400 Jahre alte Wrack von Uelvesbüll, das 1994 bei Deichbauarbeiten gefunden wurde und heute im Schifffahrtsmuseum in Husum zu bestaunen ist (→ S. 141).

Praktische Infos

Einwohner 1000 (Witzwort)

Information **Tourismusverein Witzwort-Uelvesbüll und Umgebung e. V.,** Dorfstr. 3, 25889 Witzwort, ☏ 04864-100504, www.witzwort.de/tourismus. Zudem: **Tourist Information Husum/Husumer Bucht,** Großestr. 27, 25831 Husum, ☏ 04841-89870, www.husum-tourismus.de. Kein Gästebeitrag.

meinTipp **Essen & Trinken** **Der rote Haubarg,** Café/Restaurant und Museum; urige Gastsstuben und eine schöne Terrasse vor dem Haus. Ganzjährig und ganztägig schmackhafte, warme Küche. Das Angebot ist breit und reicht von Eiderstedter Fischspezialitäten bis hin zu nordfriesischem Lamm oder Galloway-Fleischgerichten. Lecker ist v. a. auch Ente (besser vorbestellen). Geöffnet Di–So 11–21 Uhr (Mo Ruhetag, von Nov.–Feb. auch Di Ruhetag). Sand 5 (Straße Richtung Husum), 25889 Witzwort, ☏ 04864-845.

Simonsberg

Das von riesigen Deichen umrahmte Simonsberg bildet sozusagen die durch feuchtes Marschland und Warftensiedlungen gekennzeichnete Grenze zwischen Eiderstedt und Nordfriesland.

Simonsberg gehört streng genommen schon nicht mehr zur Halbinsel Eiderstedt, wohl aber zum Naturraum Eiderstedter Marsch. Es liegt 8 km südwestlich von Husum und ist damit fast schon so etwas wie ein Vorort der Hafenstadt. In diesem kleinen, lang gezogenen Straßendorf mit seinen schönen reetgedeckten Häusern und der auf einer Warft errichteten Dorfkirche (von 1829) wird an vielen Stellen deutlich, wie mühsam die Kultivierung dieses Landstrichs im ehemaligen Mündungstrichter der Nordereider gewesen sein muss. Auch heute noch muss das Gebiet mittels zweier Schöpfwerke ständig entwässert werden.

Dreimal in seiner Geschichte wurde Simonsberg vollkommen durch die Nordseefluten zerstört, zuletzt 1717. Damals retteten sich die Überlebenden hinter den Süddeich (die heutige erhöhte Dorfstraße mit der engen Deichbebauung). Jedes Mal bauten sie ihr Dorf wieder auf – allerdings immer ein Stückchen weiter landeinwärts – und deichten die Köge wieder ein. Erst nach der verheerenden Sturmflut von 1962 wurde bei Simonsberg der Seedeich wieder ein wenig zur Nordsee hin verschoben und ermöglichte eine Landrückgewinnung. Alles wirkt hier einsam und ruhig. Einen Superlativ gibt es

Warten auf die Flut: Badestelle Lundenbergsand

Eiderstedt → Karte S. 86

dennoch: In kaum einem anderen Dorf der Nordseeküste Schleswig-Holsteins gibt es ein schöneres und größeres Biikefeuer (am 21. Feb., → S. 294).

Ganz im Süden der Gemarkung liegen hinter dem Seedeich die **Wester-Spätinge,** ein 27 ha großes Naturschutzgebiet aus Sumpf- und Wasserflächen und damit ein idealer Lebensraum für seltene Vogelarten. Entstanden ist es im 16. Jh. aus einem mit der Zeit verlandeten Meeresarm der Hever und durch das sog. Abspaten von Kleiboden für den Deichbau (daher der Name „Spätinge"). Von der kleinen Hütte am Deich aus werden gelegentlich naturkundliche Führungen angeboten.

Einwohner 800

Information 25813 Simonsberg, Infos unter **www.simonsberg.de.** Zudem: **Tourist Information Husum/Husumer Bucht,** Großestr. 27, 25831 Husum, ✆ 04841-89870, www.husum-tourismus.de. Kein Gästebeitrag.

Baden **Badestelle Lundenbergsand:** Am Ende einer Stichstraße am grünen Deich gelegen und immer frei zugänglich, allerdings nur bei Flut nutzbar. Es gibt sogar einen winzigen Sandstrand. Gäste des benachbarten Campingplatzes können binnendeichs gezeitenunabhängig auch im dortigen Schwimmteich baden.

Essen & Übernachten ******Lundenbergsand,** reetgedecktes Wellnesshotel in Alleinlage am Deich mit schönem Spa-Bereich (Innen- und beheizter Außenpool, Dampfbad, 270°-Leuchtturm-Meerblick-Sauna). Die 25 Zimmer sind modern und mit Liebe zum Detail eingerichtet (DZ 169–219 €). Gutes Frühstücksbüfett mit hausgemachten Extras. Im Restaurant gibt es tägl. von 13–21 Uhr absolut schmackhafte Küche mit regionalen Spezialitäten wie Duett vom Salzwiesenlamm oder Kutterscholle (für Hausgäste ein 3-Gänge-Menü oder À-la-carte-Speisen). Der dazu gereichte Wein wird am Simonsberg in Südafrika angebaut. Schöne Strandkorbterrasse für das nachmittägliche Kaffeetrinken. Lundbergenweg 3, ✆ 04841-83930, www.hotel-lundenbergsand.de.

*******Nordseecamping zum Seehund,** nobel ausgestatteter Platz hinter dem Deich. Mit Minimarkt und Restaurant „Zum Seehund". Auch mit Sauna, Dampfbad und Fitnessraum; es gibt auch Chalets und Ferienwohnungen, sogar Schlafstrandkörbe und einen modernen, großen und schwimmbadähnlichen Teich. Lundenbergweg 4, ✆ 04841-3999, www.nordseecamping.de.

Nordfriesisches Festland

Die Küste Nordfrieslands bietet vor allem Deiche und Wind, Wattenmeer und Weite, dazwischen reetgedeckte Bauernhöfe und Dörfer mit uralten Kirchen. Einzige Hafenstadt und damit gewissermaßen die Küstenmetropole Nordfrieslands ist Husum.

Wussten Sie, dass...

... das im Husumer Schlosspark alljährlich im März Millionen von Krokussen blühen → S. 144

Nordfriesland ist gewissermaßen Transitland für Abertausende von Inselurlaubern, da sich hier die Fährhäfen Dagebüll und Schlüttsiel befinden, die den Fährverkehr nach Föhr, Amrum und zu den Halligen abwickeln. Zudem verkehren von Niebüll aus die vielen Autozüge über den Hindenburgdamm hinüber nach Sylt. Viele Urlauber lassen den Nordwesten Schleswig-Holsteins so gewissermaßen links liegen. Wer es also etwas stiller und einsamer mag, für den ist das wenig besuchte nordfriesische Festland eine gute Wahl. Zudem ist das flache Land auch noch bestens für Fahrradtouren erschlossen. Ein wenig Trubel finden Sie allenfalls in Husum.

Idyllische Kutteratmosphäre sucht man in Nordfriesland jedoch vergebens. Und auch nennenswerte Badestrände gibt es hier kaum, Sandstrände schon gar nicht. Stattdessen wird das Landschaftsbild geprägt von den schier endlos wirkenden langen Deichen, die das Land beschützen und zu ausgedehnten Spaziergängen einladen. Allgegenwärtig sind mittlerweile auch die Windparks – Nordfriesland zählt inzwischen weltweit zu den Regionen mit der höchsten Dichte an Windkraftanlagen.

Kennzeichnend für das lange von den Naturgewalten geplagte Land sind die fruchtbaren, mühsam dem Meer abgerungenen Köge, also das durch Deiche und Entwässerung aus dem Wattenmeer gewonnene Marschland. Zum Binnenland hin erstreckt sich ein sanft hügeliger Geestrücken, der nur nördlich von Husum einmal kurz die Küste streift.

Obwohl das in Theodor Storms berühmter Novelle *Der Schimmelreiter* so treffend beschriebene Land schon seit über 1000 Jahren von den Nordfriesen besiedelt ist, gibt es den großen Landkreis Nordfriesland als Verwaltungsbezirk erst seit 1970. Dieser reicht allerdings über das eigentliche nordfriesische Besiedlungsgebiet hinaus und umfasst auch die Halbinsel Eiderstedt sowie die Nordfriesischen Inseln. Auf dem gesamten knapp 70 km langen nordfriesischen Küstenstreifen von Husum bis zur dänischen Grenze wohnen einschließlich der Hinterlandgemeinden etwa 90.000 Menschen. Und obwohl das weite nordfriesische Festland damit relativ dünn besiedelt ist, ist es dennoch eine der sprachenreichsten Regionen der Republik. Mit Deutsch, Plattdeutsch, Nordfriesisch, Dänisch und dem sozusagen plattdänischen Südjütisch *(Sønderjysk)* werden hier immerhin fünf regionale Sprachen gesprochen. Vor allem auf das Nordfriesische wird neuerdings wieder zunehmend Wert gelegt, was sich allerorts an den zweisprachigen Ortsschildern zeigt. Zudem befindet sich in Bredstedt mit dem „Nordfriisk Institut" eine zentrale Einrichtung zur Erforschung von Sprache, Geschichte und Kultur der Nordfriesen.

Was anschauen?

Husum: In Nordfrieslands Metropole können Sie wunderbar rund um die Hafenmeile flanieren. Und interessante Museen gibt es auch. → **S. 137**

Nolde-Museum: Auch wenn der expressionistische Künstler wegen seiner NS-Vergangenheit in die Schlagzeilen geraten ist, zieht das inmitten der nordfriesischen Einöde gelegene Wohnhaus und Atelier von Ada und Emil Nolde nach wie vor scharenweise Kunstinteressierte an. → **S. 165**

Beltringharder Koog: In Deutschlands jüngstem Koog kommen v. a. Naturliebhaber auf ihre Kosten, ist er doch das größte Festlands-Naturschutzgebiet Schleswig-Holsteins und ein wahres Vogelparadies. → **S. 151**

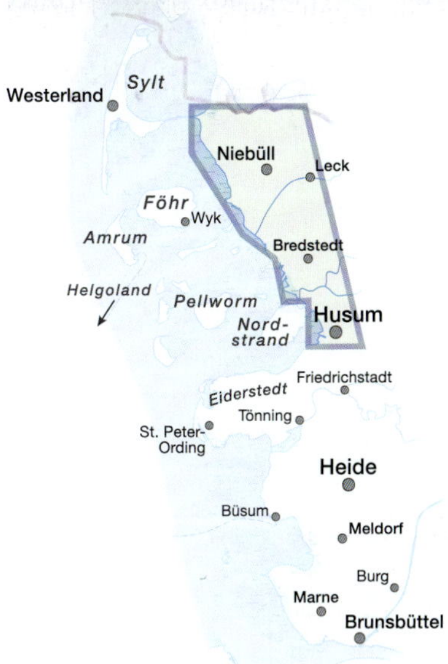

Wo baden?

Badestelle Schlüttsiel: Eine gepflegte Liegewiese mit fester Sandvorspülung an der ansonsten strandfreien Küste. Mangels Strömung eine ideale Badestelle für Familien mit Kindern. → **S. 156**

Badestelle in Schobüll: Einziger Abschnitt an der gesamten Westküste, an dem die hügelige Geest einen Seedeich überflüssig macht. Dennoch gibt es hier keinen Sandstrand, aber eine naturbelassene Badestelle mit Badesteg. → **S. 147**

Was unternehmen?

Tagesausflug zu den Inseln und Halligen: Von Dagebüll verkehren mehrmals täglich die Fähren nach Föhr und Amrum (→ S. 157, Fahrradmitnahme möglich), und von Schlüttsiel aus kommen Sie bequem auf die Halligen (→ S. 156).

Grenzübergang Rosenkranz: Mit einem Bein in Dänemark und mit dem anderen in Deutschland: kurioser Grenzverlauf in Rosenkranz. → **S. 168**

Draisinenfahrt: Von Leck bis zum 20 km entfernten Unaften können Sie die Geestlandschaft mit einer Fahrraddraisine erkunden. → **S. 170**

Esbjerg, Kolding
DÄNEMARK
Højer
Tønder
Møgeltønder
Vidå
Bylderup-Bov
Grønå
Rens
Hindenburgdamm
Sylt
Rodenäs
NSG Rickelsbüller Koog
Rosenkranz
Aventoft
Seebüll
Ellhöft
Sønderå
Süderlügum
Binnendünen
Neukirchen
Klanxbüll
Humptrup
Westre
Friedrich-Wilhelm-Lübke-Koog
Bramstedtlund
Uphusum
Braderup
Ladelund
Holm
Lexgaard
Karlum
Bosbüll
Tinningstedt
Emmelsbüll-Horsbüll
Klixbüll
Niebüll
Achtrup
Südwesthörn
Autoverladung nach Sylt
Klockries
Leck
Draisinenbahn
Sprakebüll
Neugalmsbüll
Deezbüll
Lecker Au
Föhr
Lindholm
Risum
Maasbüll
Klintum
Stedesand
Sande
Stadum
Hörup
Dagebüll
Enge
Bottschlotter See
Marschbahn
Halligbahn
Fahretoft
Soholmer Au
Hauke-Haien-Koog
Bargum
Wyk
Hallig Oland
Schlüttsiel
Ost-Langenhorn
Lützenholm
Goldelund
Ockholm
West-Langenhorn
Nordfriesland
Hallig Langeneß
Hallig Gröde
Hallig Habel
Stollbergturm
Ketelswarf
Bordelum
Sönnebüll
Högel
Gröde
Sönke-Nissen-Koog
Reußenköge
Vollstedt
Bredstedt
Riddorf
Drelsdorf
Süderaue
Hamburger Hallig
Breklum
NSG Hamburger Hallig
Struckum
Bohmstedt
Hallig Hooge
Lüttmoorsiel
Lüttmoorsee
Almdorf
Hanswarft
Hallig Nordstrandischmoor
Arlau
Ahrenshöft
NSG Beltringharder Koog
Halligbahn
Arlewatt
Hattstedt
Wobbenbüll
Olderup
Tammensiel
Holmer See
Horstedt
Pellworm
Schobüll
Tilli
Strucklahnungshörn
Nordstrand
Norderhafen
Husum
England
Süden
Dockkoogspitze
Hallig Süderoog
Süderhafen
Norderhever
Lundenbergsand
Mildstedt
Hallig Südfall
Heverstrom
Simonsberg
Nordfriesisches Festland
Roter Haubarg
3,5 km
Uelvesbüll
Heide
B 5
B 199
B 200
B 201

Husum

Husum ist so etwas wie die Metropole der Nordseeküste Schleswig-Holsteins. Wer an der Küste urlaubt, kommt kaum an Husum vorbei. Warum sollte man auch? Kann man doch rund um die Hafenmeile mit ihren teils historischen Häusern und vielen Gaststätten und Cafés wunderbar flanieren.

„Du graue Stadt am Meer", das sind die berühmt gewordenen Worte, mit denen Theodor Storm, der größte Sohn Husums, seine Heimatstadt wenig schmeichelhaft bezeichnete. Die heute lebendige Einkaufsstadt mit ihren engen, teilweise autofreien Gassen und hohen Giebelhäusern bemüht sich allerdings recht erfolgreich, gegen dieses Image anzukämpfen. Die historische Hafenstadt ist tatsächlich besuchenswert – und durchaus bunt.

Touristisches Zentrum der Stadt ist das alte Hafenbecken, in das zweimal am Tag die Flut strömt und die Schiffe aus dem Schlick hebt. Die farbenreichen Häuser an der Hafennordseite geben dabei eine wunderbare Kulisse ab. Fest zum Stadtbild gehören auch das hier vertäute alte Restaurantschiff und ein paar historische Lastensegler. Ebenso markant, aber wie ein Fremdkörper wirkend, ist hingegen das „neue" Rathaus mit seiner modernen Architektur, das 1989 am Kopfende des Binnenhafens auf dem Gelände der ehemaligen Husumer Schiffswerft errichtet wurde. Lediglich die alte Slipanlage der Werft blieb erhalten; sie beherbergt den historischen Tonnensegler „Hildegard", der auf das nahe gelegene Schifffahrtsmuseum hinweist. Einen nennenswerten Schiffsverkehr gibt es im historischen Binnenhafen allerdings nicht mehr. Dieser ist stattdessen dem Außenhafen jenseits der beiden Klappbrücken (für Straße und Bahn) vorbehalten, wo täglich die Krabbenkutter anlegen und auch einige Frachtschiffe an den Getreidesilos ihre Ladung löschen.

Fast alles in Husum ist bequem fußläufig zu erreichen, auch die anderen Museen der Stadt wie das Nordfriesland-Museum oder das Theodor-Storm-Haus. Nur wenige Schritte vom Hafen entfernt liegt der historische Marktplatz mit der klassizistischen St.-Marien-Kirche und dem **Tine-Brunnen** (von 1902) in seiner Mitte, der sich zum heimlichen Wahrzeichen der Stadt gemausert hat. Auf dem Sockel des Marktbrunnens steht die Figur der Holzschuhe tragenden Tine, einer jungen Fischersfrau, die in ihrer Rechten ein Ruder hält und stolz in Richtung Meer blickt. Sie soll die einstigen Haupterwerbszweige der Stadt symbolisieren: Fischerei, Seefahrt und Viehhandel. An der Nordseite des Platzes befindet sich im alten Rathaus, das aus dem Jahr 1601 stammt, heute die Touristinfo. Ebenso alt ist das benachbarte historische Kaufmannshaus mit seinem markanten Stufengiebel. Diesen zieren einige in Stein gehauene Köpfe, die an jene mutigen Husumer Bürger erinnern, die im Jahr 1472 wegen einer Revolte gegen den dänischen König hingerichtet wurden (→ Kasten S. 140). Rund um den Marktplatz und in den angrenzenden Gassen finden sich viele z. T. gemütliche, kleine Läden und nette Gastronomiebetriebe, die geradezu zum Bummeln einladen. Die nettesten finden Sie in der kleinen Straße „Neustadt" in der Fußgängerzone.

Ein wunderbarer, fast unvergleichlicher Anblick bietet sich im Frühjahr im nahen **Schlosspark,** dann nämlich verwandeln 4 Mio. dicht an dicht stehende

Husums berühmter Sohn: Theodor Storm

„Du graue Stadt am Meer", das sind die berühmt gewordenen Worte, mit denen Theodor Storm in einem Gedicht seine Heimatstadt beschrieb. Gleichzeitig bekannte er aber auch: „Doch hängt mein ganzes Herz an dir". Noch heute ist Theodor Storm nahezu allgegenwärtig und wird – fast schon in einer verklärenden Art – kräftig vermarktet. Allenthalben erinnern in der Stadt Gedenktafeln an den Literaten, so an seinem Geburtshaus (Markt 9) und an den späteren Wohnhäusern (Hohle Gasse 3, Neustadt 56 sowie in der Wasserreihe 31, dem heutigen Theodor-Storm-Haus, → S. 142). Sein Grab befindet sich in einer Familiengruft auf dem heute als kleiner Park genutzten St.-Jürgen-Friedhof. Zu seinem 10. Todesjahr wurde im Schlosspark ein Denkmal in Form einer bronzenen Porträtbüste enthüllt.

Die Verehrung Storms geht in der Region so weit, dass sogar ein neuer Koog, nämlich der 1960 durch Eindeichung gewonnene Hauke-Haien-Koog bei Schlüttsiel, nach der Hauptfigur seiner bekanntesten Novelle „Der Schimmelreiter" benannt wurde. Jener Hauke Haien setzt darin als Deichgraf im Kampf gegen die Naturgewalten die moderne, flach abfallende Deichform gegen alle Widerstände durch.

Theodor Storm wurde am 14.9.1817 als ältester Sohn eines Husumer Juristen geboren. Obwohl er schon als 16-Jähriger bemerkenswerte Gedichte schrieb, folgte er doch der Familientradition und einer Vernunftentscheidung, indem er ab 1837 in Kiel und Berlin Jura studierte – vom Schreiben allein konnte man schon damals kaum leben. Doch die Juristerei blieb für Storm zeitlebens eine oft ungeliebte Pflicht. Seine Dichtkunst ließ ihn nie los, und so schrieb er trotz eines ausgefüllten juristischen Berufslebens rund 58 Novellen, ca. 40 Gedichte sowie 6 Märchen, die schon zu seinen Lebzeiten durchaus Beachtung fanden.

Nach dem Studium kehrte Storm zunächst nach Husum zurück und eröffnete dort 1843 eine Anwaltskanzlei. Seine anti-dänische Einstellung während der Erhebung Schleswig-Holsteins gegen das Königreich Dänemark kostete ihn aber nach dem Friedensschluss die anwaltliche Zulassung in Schleswig-Holstein und machte einen Umzug notwendig. Storm fand schließlich 1856 in Heiligenstadt (Thüringen) eine Anstellung als Kreisrichter. Aber nach der Niederlage Dänemarks im deutsch-dänischen Krieg 1864 wurde er von der Husumer Bevölkerung zum Landvogt des nun preußischen Husum und später zum Amtsrichter berufen, was ihm die Rückkehr in seine Heimatstadt ermöglichte. Theodor Storm starb am 4.7.1888 in seinem Altersruhesitz in Hademarschen (Holstein) – kurz nach der Vollendung seiner berühmtesten Erzählung „Der Schimmelreiter".

Buntes Treiben: Husums altes Hafenbecken

violette Krokusse den Park in ein wahres Blütenmeer (→ Kasten S. 144). Im Schlosspark erinnert zudem ein bekanntes Theodor-Storm-Denkmal an den großen Sohn der Stadt (→ Kasten „Husums berühmter Sohn"). An der Nordwestecke des Parks steht Husums ehemaliger Wasserturm von 1902, der zeitweise als Aussichtsturm diente.

Husum präsentiert sich auch als „Kultur-Metropole" der Region, es gibt erlesene Konzertreihen sowie Theater- und Musical-Aufführungen, die Husumer Filmtage, das Figurentheaterfestival mit den Pole-Poppenspäler-Tagen, die Husumer Kulturnacht, zahlreiche Ausstellungen und Literaturveranstaltungen und sogar ein modernes Messe- und Kongresszentrum (MHC). Und mit den großen Nordsee-Badestellen an der westlich vorgelagerten Dockkoogspitze sowie im nördlich gelegenen Vorort Schobüll kann die Stadt sogar als Nordseebad durchgehen.

Geschichte

Der Ortsname Husum (fries.: *Hüsem*) bedeutet so viel wie „zu den Häusern" und wurde erstmals im Jahr 1252 vom Chronisten Helmold von Bosau erwähnt, weil in der Nähe der „Husembro" (Husumbrücke in Richtung Oldenswort) der damalige dänische König Abel im Kampf fiel. Dieser versuchte in der Region mit Gewalt eine neue Pflugsteuer durchzusetzen, weshalb die königlichen Truppen plündernd und tötend von Norden her einfielen. Die streitbaren Friesen jedoch beriefen sich auf ihre Unabhängigkeit und rieben die königlichen Truppen auf. Diese Schlacht gilt als das erste verbürgte Ereignis der nordfriesischen Geschichte. Damals war Husum nichts anderes als ein kleiner, unbedeutender Weiler im Hinterland. Erst die große Sturmflut von 1362 (→ „Grote Mandränke", S. 286) machte Husum zum Hafenort, dem von nun an ein rasanter Aufstieg vergönnt war. Niederländische Kaufleute beförderten jetzt ihre Waren über den Prielstrom Hever nach Husum und nutzten den neu entstandenen Hafen als Umschlagplatz für den Ostseehandel über Schleswig und Flensburg. Folglich bekam Husum bereits 1431 die Fleckensgerechtigkeit, aber noch kein Stadtrecht verliehen, das sich die selbstbewussten Husumer 1472 erfolglos, aber leider blutig vom König erstreiten wollten (→ Kasten „Rebellensteuer"). Die vorteilhafte Hafenlage indessen blieb den Husumern erhalten und sorgte im 16. Jh. abermals für einen rasanten wirtschaftlichen Aufschwung, bei dem die Stadt sogar zeitweise Residenz des Herzogs von Schleswig-Holstein-Gottorf war. Erst 1603 erhielt Husum auch das Stadtrecht, doch der Dreißigjährige Krieg (1618–1648) und die Zerstörung der umliegenden Landwirtschaft durch die Burchardiflut („Zweite Grote Mandränke" 1634) sorgten wiederum für einen wirtschaftlichen Niedergang. So blieb die Geschichte der Stadt ein ständiges Auf und Ab. Nach einer allzu kurzen Erholungsphase wurde Husum Schauplatz des Großen Nordischen Krieges (1700–1721) und fiel an Dänemark. Einen kurzen Aufschwung brachte dann wiederum die Kontinentalsperre Napoleons (1806–1813), die für einen lukrativen Schmuggelhandel sorgte. Dann aber folgte sogleich die schwierige Zeit des dänischen Staatsbankrotts, bis nach dem Deutsch-Dänischen Krieg Husum 1867 an Preußen fiel und die Stadt abermals zu wachsen begann. Durch die Anbindung an die Marschbahn (1887) entwickelte sich Husum in kurzer Zeit zum größten Viehmarkt Norddeutschlands (Ochsenhandel), der auch über die beiden zerstörerischen Weltkriege Bestand hatte und erst 1970 geschlossen wurde. Obwohl Husum nach wie vor der einzig natürliche Nordseehafen der schleswig-holsteinischen Küste ist, entwickelte sich doch der Tourismus zum heute bedeutenden Wirtschaftsfaktor der Stadt.

Rebellensteuer als Strafe

Im Jahr 1472 forderten die aufstrebenden Husumer vom dänischen König mehr als nur ihre Handelsprivilegien als „Flecken". Sie wollten unabhängig werden und auch die Stadtrechte erlangen. Es kam zu einer Rebellion gegen den dänischen Machthaber Christian I., der in Personalunion Herzog von Schleswig, Graf von Holstein und König von Dänemark war. König Christian I. war verständlicherweise wenig erfreut über die aufmüpfigen Friesen und schickte mit der Unterstützung Lübecks, Hamburgs und Mecklenburgs Truppen vor die Tore der Stadt, worauf sich die Husumer kampflos ergaben. Durch Vermittlung und Fürsprache einiger Würdenträger der Region entging die Stadt nur knapp der Zerstörung durch Brandschatzung, musste allerdings die damals ungeheure Summe von 30.000 lübischen Mark aufbringen und fast 70 Rädelsführer ausliefern, die kurzerhand geköpft oder gerädert wurden. Der beginnende Aufschwung des sich damals gerade entwickelnden 2000 Einwohner zählenden Handelsstädtchens war damit zunächst erst einmal jäh beendet. Der König hatte seine Souveränität wiedererlangt und die Städte Hamburg und Lübeck mussten keine neue Konkurrenz mehr fürchten. Zudem verhängte man damals für die Häuser der getöteten oder geflohenen Rebellen bzw. für deren Erben noch eine harte Strafsteuer, eine Art Grundsteuer, die erst 1878, also 400 (!) Jahre später durch die preußische Regierung abgeschafft wurde.

Sehenswertes

St.-Marien-Kirche: In den Jahren 1828–1834 mitten auf dem Markplatz anstelle eines noch wesentlich größeren, aber baufällig gewordenen gotischen Vorgängerbaus errichtet, gilt die Kirche als Hauptwerk des Klassizismus im Lande. Die schmale Westfront zum Marktplatz hin ziert ein quadratischer Turm mit einer kupferbeschlagenen Kuppelhaube.

Innen präsentiert sich das lang gestreckte Gotteshaus als ein in Weiß gehaltener Saalbau, der durch zwei dorische, die Empore tragende Säulenreihen gegliedert wird. Blickachse der Kirche, in der bis auf das prächtige bronzene Taufbecken aus dem ursprünglich reich ausgestatteten Vorgängerbau (von 1643) und zwei gemalte Pastorenepitaphe an der Rückwand (von 1576) kein weiteres Ausstattungsmerkmal ablenkt, ist der im Zentrum stehende schlichte Altar mit der darüber hängenden Kanzel. Ganz in protestantischer Tradition steht damit auch architektonisch das Wort Gottes im Mittelpunkt.

▪ Geöffnet tägl. 11–16 Uhr geöffnet. Markt.

Tine-Brunnen mit Marienkirche

Schiffahrtsmuseum Nordfriesland: Am Husumer Binnenhafen gelegen, bietet das Museum auf vier Etagen einen abwechslungsreichen und teilweise auch interaktiven Einblick in die Themenbereiche Schiffsbau und Küstenseefahrt, Walfang, Sturmfluten und Halligleben.

Ein Höhepunkt im Schiffahrtsmuseum (das sich nach wie vor nur mit „Doppel-f" schreibt) ist sicherlich auch das als „Zuckerschiff" bekannte Wrack von Uelvesbüll. Der Frachtsegler war vor etwa 400 Jahren 15 km südwestlich von Husum bei Uelvesbüll gesunken, wurde 1994 am Fuß eines Deiches geborgen, in einer Zuckerlösung zwei Jahre lang konserviert und anschließend hier ausgestellt. Beachtenswert ist auch das frei zugängliche Außengelände hinter dem Haus, auf dem Sie einige alte Bootstypen und auch das eingerichtete Steuerhaus eines Fischkutters besichtigen können.

▪ Geöffnet tägl. 10–17 Uhr, Erw. 4 €, Kinder 2 €. Zingel 15, ✆ 04841-5257, www.schiffahrtsmuseum-nf.de.

Nordfriesland Museum (Nissenhaus): Das imposante Gebäude mit seiner charakteristischen Fassade mit drei Rundbögen im Giebel über dem Eingangsportal wurde in nationalsozialistischer Zeit von 1934–1937 errichtet. Die Baupläne stammen jedoch vom Eiderstedter Architekten *Georg Rieve*, der 1924 einen Wettbewerb zur Errichtung eines volkskundlichen Museums sowie einer Kunstgalerie gewann. Dieser war ausgelobt worden, weil der im Alter von 16 Jahren von Husum nach New York ausgewanderte und dort als Diamantenhändler wohlhabend gewordene, aber kinderlos gebliebene *Ludwig Nissen* (1855–1924) sein gesamtes Vermögen der Stadt Husum für den Bau eines solchen „Volkshauses" vermacht hatte. Die drei auffälligen, expressionistischen Giebelfiguren aus Keramik – Seepferd, Adler, Stier – symbolisieren die heimische Landschaft.

Im Museum machen vielfältige Ausstellungsbereiche und interaktive Stationen das Leben an der sturmflutgefährdeten Küste vom frühen Mittelalter bis zur Moderne erfahrbar. Zu sehen gibt es beispielsweise historische Hausmodelle und Werkzeuge, Trachten und auch Wattfunde, die von der sagenumwobenen, im Jahr 1362 untergegangenen Stadt Rungholt stammen (→ S. 213).

Museum: Nissenhaus

Zudem wird das Leben des Stifters Ludwig Nissen dargestellt und seine bedeutende Kunstsammlung gezeigt; ergänzend gibt es Sonderausstellungen verschiedener schleswig-holsteinischer Künstler des 19.–21. Jh.

▪ Geöffnet tägl. 11–17 Uhr (im Winterhalbjahr Mo Ruhetag). Erw. 5 €, Kinder (6–17 J.) 2 €, Familien 10 €. Herzog-Adolf-Str. 25, ✆ 04841-2545, www.museumsverbund-nordfriesland.de.

Theodor-Storm-Haus: In diesem alten Kaufmannshaus mit Hof und Garten aus dem Jahr 1730 lebte der bekannte Dichter von 1866–1880 und schrieb während dieser Zeit 20 Novellen. Nicht nur das enge Treppenhaus, die knarrenden Dielen auf den Fluren und die Türen sind original erhalten geblieben, auch im Poetenstübchen selbst scheint es, als sei die Zeit stehen geblieben. Eine Dauerausstellung zum Leben und Werk des Dichters (→ Kasten S. 138) und eine Ausstellung zu seinem berühmten Werk „Der Schimmelreiter" vervollständigen das Museum.

▪ April–Okt. tägl. geöffnet: So/Mo 14–17 Uhr, Di–Fr 10–17 Uhr, Sa 11–17 Uhr, Nov.–März nur Di, Do und Sa 14–17 Uhr. Erw. 4 €, Schüler 3 €, Familien 10 €. Wasserreihe 31, ✆ 04841-8038 630, www.storm-gesellschaft.de.

Schloss vor Husum: Es ist das einzige erhaltene Schloss an der schleswig-holsteinischen Westküste. Herzog Adolf von Schleswig-Holstein-Gottorf ließ das einst prächtige Schloss von 1577–1582 vor den damaligen Toren Husums im Stil der niederländischen Renaissance errichten. Doch längst schon ist die Stadt um das Schloss herumgewachsen, weshalb das von einem Wassergraben und einem großen Park umgebene Schloss nicht etwa außerhalb, sondern heute mitten in der Stadt liegt.

Zunächst regierten hier die Herzöge, doch schon bald darauf diente das Schloss nur noch als Witwensitz der Herzoginnen. Infolge des Großen Nordischen Krieges (1700–1721) fielen alle Gebiete nördlich der Eider und damit

Stattlich: Torhaus am Schloss vor Husum

Nordfriesisches Festland → Karte S. 136

auch das Husumer Schloss an die dänische Verwaltung. Diese beschloss im 18. Jh., das eigentlich baufällige Schloss dem Geschmack der Zeit entsprechend zu renovieren und in ein von außen relativ schmuckloses Amtsgebäude zu verwandeln (→ Foto S. 134).

Demgegenüber hat das strahlend weiße, an der Straße stehende **Torhaus** von 1612 noch seinen ansehnlichen Renaissance-Charakter bewahrt. Es dient heute als Verwaltungsgebäude der Wirtschaftsförderung Nordfriesland und heißt nach seinem späteren Besitzer auch *Cornilsches Haus*. Besonders repräsentativ ist das sandsteinerne Portal der einstigen Tordurchfahrt, das vom Wappen der Herzogin Augusta von Dänemark (1580–1639) gekrönt wird.

Ebenfalls repräsentativ sind einige Räume im **Schlossmuseum,** in denen v. a. die in jedem Zimmer vorhandenen, prunkvoll verzierten Kamine ins Auge fallen. Zudem zeugt zwar auch das eine oder andere historische Mobiliar vom Glanz vergangener Zeiten, vornehmlich dienen die hohen Räume des Schlossmuseums jedoch als Gemäldegalerie für Kunstwerke des 19. Jh. In der wesentlich rustikaleren Dachgalerie werden hingegen Wechselausstellungen moderner Kunst gezeigt.

Das **Pole-Poppenspäler-Museum,** benannt nach Theodor Storms Novelle *Pole Poppenspäler* („Paul Puppenspieler"), ist ebenfalls im Schloss untergebracht. In nur einem einzigen Raum im Erdgeschoss werden kunstvolle Marionetten aus aller Welt präsentiert.

■ **Schlossmuseum:** Geöffnet März–Okt. Di–So 10–17 Uhr, Nov.–Feb. nur Sa/So 11–17 Uhr. Erw. 5 €, Kinder (6–17 J.) 2 €, Familien 10 €. König-Friedrich-V.-Allee, ✆ 04841-8973130, www.museumsverbund-nordfriesland.de. Im Kavalierhaus neben dem Schloss befindet sich ein Café.

■ **Pole-Poppenspäler-Museum:** Geöffnet März–Okt. Di–So 11–17 Uhr, Nov.–Feb. nur Sa/So 11–17 Uhr. Erw. 2 €, Kinder (ab 13 J.) 1 €. König-Friedrich-V.-Allee, ✆ 04841-63242, www.pole-poppenspaeler.de.

Ostenfelder Bauernhaus: Obwohl es sich lediglich um ein freistehendes Gebäude handelt, gilt das Ostenfelder Bauernhaus als ältestes Freilichtmuseum

Deutschlands. Von einem schönen Garten umgeben und doch ein wenig eingezwängt an der Rückseite des Friedhofs zwischen einem Kindergarten und einem Wohnblock liegt es heute etwas versteckt im Westen der Altstadt. Dabei wurde das Ostenfelder Bauernhaus schon im Jahr 1899 als Museum begründet, als der Lehrer *Magnus Voss* (1856–1905) das „Held'sche Haus" rettete. Damals wurden dänische Museumsfachleute auf das bereits vor 1600 errichtete Anwesen aufmerksam und wollten es als Basis für ein erstes

Das Blütenwunder von Husum

Im zumeist kalten März verwandelt sich der große **Schlosspark** von Husum in ein warmes, hellviolettes Blütenmeer. Eine solche wild wachsende Ansammlung von gleichzeitig blühenden Krokussen ist einmalig in Nordeuropa und lockt daher zahlreiche Touristen an. Doch woher kommen die über 4 Mio. Krokuspflanzen? Die Antwort liegt weit zurück in der Vergangenheit: Im 15. Jh. stand ein Mönchskloster an der Stelle, wo sich heute das Schloss befindet. Es gilt als wahrscheinlich, dass die Mönche in ihrem Klostergarten Krokusse anpflanzten, um kostbaren Safran zu gewinnen. Ebenso soll die als meisterliche Zuckerbäckerin bekannte *Herzogin Marie Elisabeth* im 17. Jh. im Schlossgarten Krokusse für die Gewinnung des wertvollen Safrans angebaut haben. Gelungen ist das jedoch nie, da die falsche Krokusart gepflanzt wurde – aus dem hier im Norden gedeihenden *Crocus neapolitanus* kann man nämlich keinen Safran gewinnen. Diesen gewinnt man nur aus den Blütennarben des im Herbst blühenden *Crocus sativus*. Dieser ist darüber hinaus auch noch unfruchtbar und nur vegetativ durch Knollenteilung vermehrbar. Also gab man den Zuchtversuch schließlich auf, die sich nun selbst überlassenen Krokusse aber vermehrten sich über die Jahrhunderte prächtig und eroberten den kompletten Schlosspark.

Lila Wunder: Krokusblüte im Schlosspark

zentrales dänisches Freilichtmuseum erwerben. Diese Idee fand Lehrer Voss so nachahmenswert, dass er sich mit Erfolg dafür einsetzte, dass das historische niederdeutsche Fachhallenhaus vom 15 km östlich der Stadt gelegenen Ostenfeld nicht etwa nach Dänemark, sondern in seine Heimatstadt Husum versetzt wurde. Seitdem bietet das aufgrund seiner Bauweise innen ein wenig modrig riechende, altehrwürdige Bauernhaus seinen Besuchern einen Einblick in die bäuerliche Lebensweise Nordfrieslands früherer Jahrhunderte. Zu sehen gibt es die um Diele und Stall gruppierten Wohnräume (auch einen holzvertäfelten Pesel) samt Einrichtungsgegenständen und viele bäuerliche Gerätschaften.

▪ Geöffnet April–Okt. Di–So 14–17 Uhr. Erw. 2,50 €, ermäßigt 2 €. Nordhusumer Str. 13, ☎ 04841-2545, www.museumsverbund-nordfriesland.de.

Weihnachtshaus Husum: Das erwartet man nicht unbedingt im schneearmen Norden: einen randvoll bestückten, historischen Laden von 1890, in dem Sie außergewöhnliche Weihnachtsartikel wie Christbaumschmuck oder Spielzeug erwerben können. Das Weihnachtshaus ist aber auch ein privates Museum zur Kulturgeschichte der Weihnachtszeit und des Weihnachtsfestes, in dem die Sammlung der Husumer Verlegerin Alix Paulsen (*1956) präsentiert wird. In diesem gründerzeitlichen Stadthaus können Sie auf drei Etagen weihnachtliche Ausstellungsstücke von der Biedermeierzeit bis heute besichtigen. Sie erfahren beispielsweise, wie der Adventskalender entstanden ist, wie Weihnachtskugeln gefertigt werden oder über welche Geschenke sich die Kinder vor 100 Jahren gefreut haben. Alle 1 bis 2 Jahre wechselnde Sonderausstellungen (z. B. zum Thema Schokolade) ergänzen das Programm.

▪ Tägl. 11–17 Uhr geöffnet (außer Anfang Jan. bis Mitte Feb.). Eintritt 3 €, Kinder ab 14 J. 1 €, Familien 7 €. Westerende 46, ☎ 04841-6685908, www.weihnachtshaus.info.

Nationalpark-Haus: Die unmittelbar an der Hafenmeile gelegene Schutzstation Wattenmeer versteht sich als Tor zum Nationalpark und hält alle notwendigen Informationen zum Nationalpark Schleswig-Holsteinisches Wattenmeer und zu seinen Bewohnern bereit, insbesondere zu den Brut- und Zugvögeln. Im Haus befindet sich zudem ein Weltladen samt Nationalpark-Shop.

▪ Geöffnet tägl. 10–18 Uhr (So nur 13–17 Uhr). Eintritt frei. Hafenstr. 3, ☎ 04841-668530, www.nationalpark-wattenmeer.de.

Schobüll und das Kirchlein am Meer: Der rund 4 km vom Stadtkern entfernte Vorort Schobüll (1600 Einwohner) wurde erst im Jahr 2007 zu Husum eingemeindet. Seine begünstigte Lage verdankt der Ort der Tatsache, dass hier der einzige Abschnitt an der gesamten schleswig-holsteinischen Nordseeküste ist, wo die hügelige Geest direkt ans Meer grenzt. Somit versperrt in Schobüll nicht – wie sonst an der Küste – der mächtige Seedeich den Blick auf Meer und Watt. Zum Wasser hin erstrecken sich ein Freibad und ein kleiner Campingplatz. Und es gibt hier, am überwiegend naturbelassenen Übergang von der hügeligen Geest zum flachen Watt, auch eine kurtaxenfreie Badestelle, die ein Strandvergnügen ohne Deich ermöglicht, und sogar eine schöne Seebrücke. Etwas weiter nördlich gibt es noch einen weiteren, allerdings viel kleineren Badesteg.

Gekrönt wird der Ortsteil auf dem bis zu 31 m ü. NN hohen Schobüller Berg vom **Kirchlein am Meer.** Dieses wurde im 13. Jh. zunächst als Kapelle erbaut und im 15. Jh. erweitert. Nach dem Einsturz des höheren Vorgängerturms wurde der heutige gedrungen wirkende Turm 1785 angefügt. In ihrem Inneren verfügt die Kirche über zwei 700 Jahre alte Kreuze aus der Erbauungszeit: das spätromanische Triumphkreuz im Chorbogen und das etwa 80 Jahre jüngere Altarkreuz. Der Gekreuzigte des

Nordfriesisches Festland → Karte S. 136

Triumphkreuzes trägt statt einer Dornenkrone ein Schiffstau um den Kopf, womit den Menschen an der Nordseeküste das Leiden Jesu besonders anschaulich vermittelt wurde. Es handelte sich dabei nämlich um eine besonders grausame mittelalterliche Foltermethode unter Seefahrern, bei der das um den Kopf gewickelte nasse Tauwerk sich beim Trocknen eng um den Schädel zusammenzog und diesen dann sogar zerquetschen konnte. Während der Altartisch ebenfalls in der Erbauungszeit gemauert wurde, wurden der Flügelaltar und die Taufe erst im 17. Jh. ergänzt.

■ Tägl. 10–16 Uhr geöffnet.

Praktische Infos

Einwohner 23.000

Information **Tourist-Information Husum/Husumer Bucht,** Großestr. 27, 25831 Husum, ✆ 04841-89870, www.husum-tourismus.de. Kein Gästebeitrag.

Fahrradverleih **Fahrradverleih Gramberg,** Nordbahnhofstr. 48, ✆ 0160-96211033, www.radkurier-husum.de; **Radstation am Bahnhof** (Diakonisches Werk), Poggenburgstr. 12, ✆ 04861-805550, www.dw-husum.de; **Zweirad Clausen,** Osterende 94, ✆ 04841-72975, www.zweirad-clausen.de.

Feste/Veranstaltungen **Krokusblütenfest** *(Mitte März),* mit verkaufsoffenem Sonntag. Gefeiert wird das „Lila Wunder" im Schlosspark, wenn dort 4 Mio. wilde Krokusse blühen (→ S. 144), ein wirklich toller Anblick, der allerdings nur wenige Tage im Jahr zu bestaunen ist. Und natürlich wird auch eine Krokusblütenmajestät gekrönt – 2018 gab es erstmals keine Krokusblütenkönigin, sondern einen König.

Husumer Hafentage *(Anfang August)*, größtes maritimes Volksfest an der schleswig-holsteinischen Nordseeküste. 5 Tage lang.

Pole-Poppenspäler-Tage *(Ende Sept.)*, eine Woche lang Festival des internationalen Figurentheaters für Erwachsene und Kinder.

Husumer Filmtage *(Ende Sept./Anfang Okt.)*, im Kinocenter Husum, eines der ältesten Filmfestivals Norddeutschlands (www.husumer-filmtage.de).

Fun Center Husum Großer **Indoor-Spielpark** für Kinder mit vielen Spielgeräten für 2- bis 14-Jährige. Es gibt auch einen Niedrigseilgarten, Trampoline und Bumpercars. Großer Gastronomiebereich (dennoch dürfen kalte Getränke und Snacks auch mitgebracht werden). Erw. und Kinder unter 110 cm 8 €, Kinder über 110 cm 12 €. Geöffnet tägl. 10–19 Uhr. Im Gebäude gibt es zudem das „Unschlagbar", eine **Adventure-Indoor-Minigolfanlage** (teilweise mit Schwarzlicht); extra Eintritt (8–12 €). Ostenfelder Str. 64 (Stadtrand), ✆ 04841-7799411, www.funcenter-husum.de.

Kino **Kinocenter Husum,** Neustadt 114, ✆ 04861-61742, www.kino-center-husum.de.

Schwimmen und Baden **Husum Bad:** Hallenbad mit Kleinkinderbecken, großer Wasserrutsche, Sprungturm und großem Wellnessbereich mit 3 Saunen und Dampfbad. Erw. 4,60 €, Jugendl. 3,30 €, Kinder unter 7. J. 1,50 €, Sauna (inkl. Hallenbad) 13,50 €. Flensburger Chaussee 26, ✆ 04841-8997155, www.husum-bad.de.

Freibad: Solarbeheiztes Freibad in Schobüll mit Sprungturm. Erw. 2,50 €, Kinder/Jugendl. 1,50 €. Nordseestr. 35, ✆ 04841-663510.

Badestelle in Schobüll: Überwiegend naturbelassener Strandabschnitt zum Schwimmen in der Nordsee. Einen Sandstrand gibt es aber auch hier nicht. Treppe und 2 Badestege vorhanden. Kostenfreie Parkplätze.

Badestelle Dockkoogspitze: 300 m lange, DLRG-bewachte Badestelle (Grünstrand) an der Dockkoogspitze (mit Hundestrandabschnitt), ganz im Westen der Stadt gelegen, mit Strandcafé („WunderBar“) und Strandkorbvermietung (✆ 0160-99793686). Kostenfreie Parkplätze. Dockkoogstr. 26.

Stadtführung **Stadtspaziergang:** 15. März bis Ende Okt. Mo–Sa um 14.30 Uhr (6 €/Pers.). **Nachtwächterrundgang:** Sept. bis Mitte

Dez. Di um 20 Uhr (5 €/Pers.). **Tatort Husum:** Auf den Spuren von Mördern, Hexen und Henkersknechten, jeden 2. Do und jeden letzten Sa im Monat um 15.30 Uhr (6 €/Pers.). Dauer aller Führungen 1:30–2 Std., Treffpunkt/Info bei der Touristinfo (Historisches Rathaus/Großstr. 27). Voranmeldung nicht erforderlich (Mindestteilnehmerzahl jeweils 6 Pers.).

Wochenmarkt Do 7.30–13 Uhr auf dem Marktplatz.

Essen & Übernachten **(→ Karte S. 146/147)** Die Kleinstadt Husum (aber auch das nahe Umland) verfügt über eine außergewöhnlich hohe Anzahl an z. T. sehr komfortablen Hotels und Restaurants.

*******Genießer Hotel Altes Gymnasium 9**, das einzige 5-Sterne-Haus der Region residiert – wie der Name schon sagt – im Alten Gymnasium Husums, die stilvolle Einrichtung ist allerdings teilweise schon ein wenig in die Jahre gekommen (DZ 195–295 €). Zentrale und ruhige Lage, Parken 5 €. Wellnessbereich mit großem Pool, Sauna etc. Vor allem hat sich auch das **Restaurant Eucken 9** einen Namen gemacht (geöffnet tägl. ab 18 Uhr), die hochpreisige Auswahl ist allerdings nicht allzu groß. Süderstr. 2–10, ✆ 04841-8330, www.geniesserhotel-altes-gymnasium.de.

******Boutiquehotel Myn Utspann 4**, moderne und sehr saubere Zimmer in verschiedenen Kategorien (DZ 115–159 €), umfangreiches Frühstücksbüfett, auch im Sommergarten, schöner Saunabereich (auch für Nicht-Hotelgäste), Parkplatz 5 €. Das **Restaurant „1877" 4** bietet norddeutsche, qualitativ hochwertige saisonale Küche (z. B. Ziegenkäse-Duett, Kabeljaufilet, Kalbsleber, aber auch Veggie-Burger). 2,5 km außerhalb des Stadtzentrums an einer Ausfallstraße gelegen, daher besser ein Zimmer nach hinten buchen. Schleswiger Chaussee 65, ✆ 04841-96050, www.myn-utspann.de.

******Thomas 18**, schönes Livestyle-Hotel mit Spa in Innenstadtlage am Hafen. Geschmackvoll-modern gestaltete Zimmer (DZ 109–179). Sauberer Wellnessbereich (ohne Schwimmbad). Vielfältiges und nett gestaltetes Frühstücksbüfett. Kein eigenes Restaurant, gegessen wird vornehmlich im benachbarten historischen Dragseth's Gasthof direkt nebenan (s. u.). Am Zingel 7–9, ✆ 04841-66200, www.thomas-hotel.de.

Dragseth's Gasthof 16, ältestes Restaurant in Husum (von 1584). Schöne Einrichtung und typisch nordische Küche (Sauerfleisch oder Husumer Pannfisch). Mittags gibt es auch ein Stammessen (für 7,20 €), zudem einen netten Biergarten im Innenhof (geöffnet tägl. 11–14 und ab 17 Uhr). Zingel 11, ✆ 04841-779995.

******Theodor Storm Hotel 5**, Best-Western-Hotel am Rande der historischen Altstadt. 50 renovierte und allergikergeeignete Zimmer in einem soliden Hotel, das teilweise noch ein wenig den Charme vergangener Zeiten offenbart. DZ 119–149 € (keine Haustiere), Frühstücksbüfett im Wintergarten. Angegliedert und unter derselben Adresse findet man Husums Brauhaus (s. u.). Neustadt 60–68, ✆ 04841-89660, www.bw-theodor-storm-hotel.de.

Husums Brauhaus 5, die einzige Gasthausbrauerei der Nordseeküste Schleswig-Holsteins, urige Brauhausatmosphäre. Hier werden jährlich bis zu 16 verschiedene Biersorten gebraut; es gibt auch hausgemachten Bierbrand und natürlich auch eine umfangreiche Karte mit zünftigen Brauhausspeisen (mit Biofleisch aus der Region, z. B. Schweinshaxe, Spareribs, Schnitzel, aber auch Pannfisch). Geöffnet Di–Sa 17–24 Uhr (So/Mo Ruhetag). Brauereiführungen finden jeden Di und Fr um 17 Uhr statt (kurze telefonische Anmeldung erwünscht). Neustadt 60–68, ✆ 04841-89660, www.husums-brauhaus.de.

*****Hotel Hinrichsen 7**, fast mitten in Husum gelegen und damit Altstadtflair atmend. Komfortable, saubere Zimmer im Haupt- und Nebenhaus (DZ 95–105), üppiger Frühstückstisch, aufmerksamer Service (keine Hunde), Hotelbar („Klönstuf"), abschließbarer Parkplatz im Innenhof, Leihfahrräder vorhanden. Süderstr. 35–43, ✆ 04841-89070, www.hotel-hinrichsen.de.

MeinTipp **Hotel Altes Zollamt 14**, Innenstadtlage in Hafennähe im altehrwürdigen Zollamt (mit ein wenig Verkehrslärm vom nahen Bahnübergang ist daher zu rechnen). Saubere, stilvoll in modern-nordischem Ambiente eingerichtete Zimmer (DZ 120–174 €), freundlicher Service, hochwertiges Frühstück, Parkplatz 5 €/Tag. Kleikuhle 1–2, ✆ 04841-2033, www.hotel-altes-zollamt.de.

MeinTipp **MS Nordertor 15**, von außen und wegen der zentralen Lage am Binnenhafen sieht Husums schwimmendes Restaurant aus wie eine Touristenfalle, ist es aber nicht. Innen präsentiert sich das Schiff (Baujahr 1936) als gemütliches Speiselokal mit ordentlichem Preis-Leistungs-Verhältnis. Die in der kleinen

Kombüse zubereitete Speiseauswahl reicht von nordischen Tapas über Ofenkartoffeln und Flammkuchen bis hin zu Labskaus und Sauerfleisch mit Bratkartoffeln. Auch Cafébetrieb, So auch Frühstücksbüfett (Reservierung). Kinderfreundlich (Malsachen). Geöffnet 12–21 Uhr (Mo/Di Ruhetag). Hafenstraße, ✆ 04841-779496.

Loof Fischhaus 17, gepflegtes Fischbistro und -imbiss mit Fischverkauf am Hafen. Man bestellt und bezahlt am Tresen, dann wird das Essen (z. B. Fischsuppe, gebratene Heringe, Krabbengerichte, Fischbrötchen, aber auch Schnitzel oder Currywurst) zum Tisch gebracht. Kleikuhle 7, ✆ 04841-2034.

Restaurant Eiskeller (Nordfriesisches Lammkontor) 10, rustikal-geschmackvolles Ambiente in den Räumen einer ehemaligen Brauerei. Es gibt eine kleine Karte, v. a. mit Spezialitäten vom Salzwiesen- und Deichlamm (vom Grill), aber auch vom nordfriesischen Weiderind. Selbst ein saisonales Gericht für Vegetarier ist dabei. Geöffnet tägl. 12–21 Uhr (in der Nebensaison erst ab 17.30 Uhr, dann Do Ruhetag). Hofladen vor Ort (in dem es zudem Schafs- und Ziegenkäse, aber auch Biobier, Honig oder Marmelade gibt). Auch Ferienapartments im Haus. Deichstr. 7–8, ✆ 04841-4042801.

Tante Jenny 12, gemütlich-urige Restaurant-Kneipe und Café am Hafen. Auf zweieinhalb Etagen gibt es kräftig gewürzte norddeutsche Küche (Fisch, Fleisch, Vegetarisches). Kleine Außenterrasse. Geöffnet tägl. 9–1 Uhr. Schiffbrücke 12, ✆ 04861-87725.

Hartmann's Landküche 6, ein etwas anderes Restaurantkonzept mit unkonventionellem Ambiente (z. B. lange Tische, an denen man mit anderen Gästen zusammensitzen kann) und überraschenden wechselnden Gerichten (kleine Karte), die aber richtig schmackhaft sind (z. B. Fischsuppe, Tapas, Spanferkelrücken). Auch Cafébetrieb (z. B. mit türkischem Mohnkuchen). Sa auch gutes Frühstücksangebot. Keine Kartenzahlung. Neustadt 13, ✆ 04841-6682219.

meinTipp **Künstlercafé 8**, von außen eher unscheinbar, aber innen ein nettes, französisch angehauchtes Landhauscafé mit geradliniger, liebevoller Einrichtung und kleinem Innenhof inmitten der Innenstadt. Große Auswahl an leckeren französischen Tartes und deutschen Kuchen sowie Kaffee-/Teespezialitäten. Auch ofenfrische Quiche oder Flammkuchen. Do–So auch aufwendiges (und hochpreisiges) Frühstücksangebot. Geöffnet tägl. 11–18 Uhr. Neustadt 18, ✆ 01516-7521400.

Fischfeinkost Schleger 11 („De Lääl"), fangfrischer Fisch zum Kauf, aber auch Fischsalate, Fertigsuppen und v. a. leckere Husumer Fischbrötchen „auf die Faust", deren Belag Sie aus den Zutaten wählen können. Markt 18 (beim Tine-Brunnen), ✆ 04841-62189.

Fischmarkt Husum 19, wenn Sie ein paar ganz frische Krabben oder Frisch- bzw. Räucherfisch brauchen, dann sind Sie in der direkt am Kutterhafen gelegenen blauen Halle richtig. Geöffnet Mo–Fr 9–18 Uhr, Sa 9–16 Uhr und sogar So 10–16 Uhr. Rödemishallig 9 (Außenhafen), ✆ 04841-640722.

Zum Krug 1, historisches Gasthaus im Stadtteil Schobüll, das derzeit nur noch auf Tischreservierung Do–So ab 18 Uhr geöffnet hat. Im reetgedeckten Friesenhaus (von 1707) können Sie eine kleine, feine Auswahl an hochwertigen Menüs (Salzwiesenlamm, Seeteufel) genießen. Alte Landstr. 2a, Husum-Schobüll, ✆ 04841-61580.

meinTipp **MS Glücklich am Meer 2**, gepflegtes Restaurant mit Panoramascheibe und Aussichtsterrasse im Vorort Schobüll/Halebüll. Empfehlenswerte Küche mit mediterranem Einschlag (Pasta, Muscheln, Vegetarisches und natürlich auch selbst gepulte Krabben, leckerer Fisch oder Salzwiesenlamm). Geöffnet Mi/Do 17–21.30 Uhr, Fr–So 12–21.30 Uhr (dann auch Cafébetrieb), Mo/Di Ruhetag. Altendorfer Str. 4, Husum-Halebüll, ✆ 04841-6014888.

Campingplatz am Dockkoog 13, Ferienanlage der Regenbogen AG; geräumige Stellplätze für 120 Wohnwagen und Wohnmobile in ruhiger Lage direkt am Deich. Husum ist fußläufig zu erreichen. Brötchenservice. Nur April–Okt. geöffnet. Dockkoogstr. 17, ✆ 04841-2372370, www.regenbogen.ag.

Camping Seeblick 3, schöner, einfacher und nicht allzu großer Platz neben dem Freibad. Mangels Deich im erhöht liegenden Ortsteil Schobüll ist dies der einzige Platz an der Westküste Schleswig-Holsteins, von dem man direkt auf das Wattenmeer blicken kann. Auch betagte, aber saubere Mietwohnwagen. Am Eingang gibt es einen Kiosk samt Biergarten. Nur April–Okt. geöffnet. Nordseestr. 39 (im Ortsteil Schobüll), ✆ 04841-3321, www.camping-seeblick.de.

Nordfriesisches Festland → Karte S. 136

Hattstedt

Aus dem ehemals verträumten Dorf mit seinen kleinen Reetdachhäusern ist längst ein von der Bundesstraße zerschnittener Pendler-Wohnort geworden, in dem dennoch einiges an den berühmten Schriftsteller Theodor Storm erinnert.

Nur 3 km nördlich von Husum grüßt der imposante Turm der Hattstedter Marienkirche, der früher den Seefahrern als Orientierung diente und heute zu jenem Ort führt, wo der 1875 verstorbene Deichgraf *Johann Iwersen Schmidt* begraben liegt. Schmidt ist deshalb erwähnenswert, weil er Theodor Storm zur Hauptfigur *Hauke Haien* in seiner Novelle „Der Schimmelreiter" inspirierte (dessen Grabstein und die von anderen Persönlichkeiten aus Storms „Schimmelreiter" stehen am Friedhofseingang links). Doch der Bezug Hattstedts zu Theodor Storm ist noch weit größer, denn hier spielt nicht nur seine Novelle „Zur Chronik von Grieshuus", in der Marienkirche heiratete Storm auch im Jahr 1866 seine zweite Frau *Dorothea Jensen*. Die Storm-Linden auf dem Grundstück Lindenweg 1, unter denen die Hochzeitsfeier stattfand, stehen heute noch.

St.-Marien-Kirche in Hattstedt

Wie die meisten Ansiedlungen der Region wurde der geschützt auf einem flachen Geestrücken errichtete und nach einem Mann namens Hatto benannte Ort erstmals 1231 im Waldemar-Erdbuch (als „Hattastath") erwähnt. Damals war ein Teil der um 1200 weitgehend aus Feldsteinen erbauten **St.-Marien-Kirche** schon vorhanden. An den immer höher werdenden Erweiterungsbauten der Kirche kann man schön erkennen, wie das Gotteshaus im Laufe der Jahrhunderte gewachsen ist. Die weiß gestrichene Südseite diente den in die Husumer Bucht einlaufenden Schiffen lange als wichtige Landmarke. Besonders beeindruckend in der innen klar strukturierten Kirche sind der figurenreiche Flügelaltar von 1470 und die barocke Bronzetaufe von 1647. An der Kirche vorbei führt ein Natur- und Dorflehrpfad mit 12 Stationen zu den dörflichen Sehenswürdigkeiten.

Einwohner 2500

Information 25856 Hattstedt. **Touristikverein Hattstedt und Umgebung e. V.,** www.nordsee-urlaub-hattstedt.de und www.

hattstedt.de. Zudem: **Tourist-Information Husum/Husumer Bucht,** Großestr. 27, 25831 Husum, ✆ 04841-89870, www.husum-tourismus.de. Kein Gästebeitrag.

Essen & Übernachten **Christiansen's Gasthof,** direkt neben der Marienkirche gelegener Dorfgasthof mit gutbürgerlicher Küche (tägl. wechselnder Mittagstisch) und schattigen Außenplätzen. Die (Abend-)Karte ist reichhaltig und die frischen Krabben werden hier noch selbst gepult. Im Gasthof gibt es zudem 2 Gästezimmer (DZ ab 75 €). Geöffnet Mo–Fr 11.30–13.30 und 18–21 Uhr, Juli bis Ende Sept. auch Sa ab 17.30 Uhr (So Ruhetag). Kirchenweg 30, ✆ 04846-350, www.christiansens-gasthof.de.

Beltringharder Koog

Deutschlands jüngster Koog wurde im Jahr 1987 fertiggestellt. Er verbindet die Insel Nordstrand mit dem Festland und machte Nordstrand somit zur Halbinsel.

Ein 9 km langer Seedeich führt seitdem als zweite Festlandsverbindung neben dem südlich verlaufenden Autodamm vom Festland durch das Watt nach Nordstrand und schuf auf diese Weise den 33,5 km^2 großen Koog. Benannt wurde er nach der 1634 in der Burchardiflut mitsamt ihren acht Kirchspielen untergegangenen Beltringharde, deren wenige Reste heute die Hallig Nordstrandischmoor und die Hamburger Hallig sind. Es war die letzte in größerem Stil durchgeführte und nicht nur bei Naturschützern stark umstrittene Landgewinnungsmaßnahme Deutschlands. Ursprünglich war sogar noch ein Yachthafen geplant. Nach Abschluss der Eindeichungsmaßnahmen hatte aber längst ein Umdenken zugunsten des Naturschutzes eingesetzt. Entgegen der ursprünglichen Planungen sollte das Gebiet, das ehemals Wattenmeer war, nun nicht mehr der Besiedlung und der Bewirtschaftung von Marschboden dienen, sondern v. a. dem Küsten- und Naturschutz. Deshalb wurde im Jahr 1991 der gesamte Koog zum größten Naturschutzgebiet des schleswig-holsteinischen Festlandes erklärt. Mittlerweile ist dieses Salzwasserbiotop ein echtes Vogelparadies geworden.

Geografisch bildet der Koog gewissermaßen ein Dreieck zwischen der Festlandsküste, der Insel Nordstrand und dem Autodeich als drittem Schenkel. Verwaltungstechnisch gehören jeweils etwa ein Drittel des Kooges zu den Gemeinden Nordstrand (Westen), Hattstedtermarsch (Osten) und zur Gemeinde Reußenköge (äußerster Norden) und mit einem winzigen Anteil auch noch zu den übrigen Randgemeinden. Der Koog besteht im Wesentlichen aus drei verschiedenen Biotopen: Im Norden und Osten befindet sich ein Feuchtwiesengebiet mit dem stark verlandeten **Lüttmoorsee,** in der Mitte gibt es neben einigen Salzwiesen eine tideabhängige **Salzwasserlagune,** die über zwei 6 m breite Siele (Lüttmoorsiel und Holmer Siel) mit dem Meer verbunden sind. Der gesamte Südteil ist eine sog. Sukzessionsfläche, in der sich die Natur ganz ohne den Einfluss des Menschen entwickeln kann (keine Nutzung, keine Pflege und kein Betreten). Hierzu gehören auch das **Arlau-Speicherbecken** (hier mündet das Flüsschen Arlau ein) sowie der durch naturbelassene Wiesen eingerahmte und nur von Regenwasser gespeiste **Holmer See.** Vom **Lüttmoorsiel** aus bietet sich ein schöner Blick auf die Hallig Nordstrandischmoor, zu der von hier aus eine Lorenbahn durch das Wattenmeer führ.

Anfahrt/Badestellen Durch die Mitte des Kooges führt vom Cecilienkoog (Gemeinde Reußenköge) ein kilometerlanger Verbindungs-

Beltringharder Koog: Monument am Holmer Siel

damm bis zu einer einfachen Badestelle kurz vor dem **Lüttmoorsiel** (zwischendurch können Sie an einer Vogelbeobachtungshütte haltmachen). Dort befinden sich der landseitige Endpunkt der Lorenbahn zur Hallig Nordstrandischmoor sowie der **Deichimbiss & Café Lüttmoorsiel** (mit Strandkorbvermietung für 6 €/Tag), das Restaurant ist je nach Wetterlage tägl. 12–18 Uhr geöffnet. ✆ 04671-91810 oder ✆ 0174-8064648.

Ein 2. Zugang ist von Nordstrand aus möglich. Von dort kommen Sie zum **Holmer Siel,** an dem sich ebenfalls eine schönere Badestelle (mit Hunde- und Minisandstrand, Parkgebühr 1 €/Tag) sowie das **Café & Restaurant Zum Strandkorb** befinden (mit Strandkorbvermietung, je nach Wetterlage ab 11 Uhr geöffnet, ✆ 04842-900103).

Wenn Sie nur den Osten des Naturschutzgebietes (z. B. zur Vogelbeobachtung) besuchen wollen, sollten Sie am ehemaligen Schöpfwerk Arlau-Schleuse haltmachen. Hier befindet sich die kleine **Naturschutzstation Arlau Schleuse** mit winziger Ausstellung (Hattstedter Marsch, nur April–Sept. So 12–16 Uhr geöffnet. www.beltringharderkoog.de).

Essen & Übernachten *****Arlau-Schleuse,** ideal für Ruhesuchende. Etwas abseits inmitten einer ruhigen Naturlandschaft gelegener, rustikal-reetgedeckter Hotelkomplex mit 41 freundlich-hellen, gepflegten Zimmern im gemütlichen Altbau oder im modernen Neubau. DZ 94–115 €. Kleiner Wellnessbereich mit 2 Saunen. Das große hauseigene **Restaurant Deichgraf** (im ehemaligen Schleusenwärterhaus von 1833) bietet wohlschmeckende, frische Küche mit gutem Preis-Leistungs-Verhältnis (z. B. friesische Käsesuppe, Nordseekrabben, Wildgerichte). Rustikaler Gastraum, große Außenterrasse. Geöffnet tägl. 12–21 Uhr. Hattstedtermarsch 43, ✆ 04846-69900, www.arlau-schleuse.de.

Bredstedt

Das kleine Städtchen zwischen der flachen Marsch und dem hügeligen Geestland lebt von seiner zentralen Lage an der Bundesstraße 5 und ist zudem so etwas wie die Brücke zu den Nordfriesischen Inseln.

Viele Urlauber kommen auf dem Weg zu den Fährhäfen in Dagebüll oder Schlüttsiel hier vorbei. Wer einen Halt einlegt, gelangt über die Osterstraße zunächst zu dem kleinen Marktplatz, um den herum sich das Örtchen im Herzen Nordfrieslands als lebhaftes Versorgungszentrum präsentiert. Auf dem Platz erinnert der auffällige **Schweinebrunnen** (aus dem Jahr 2000) mit seinen sieben aufeinanderliegenden, Wasser speienden Schweinen daran, dass früher an diesem Ort ein weithin bekannter Ferkelmarkt stattfand. Auffälligstes Gebäude am Marktplatz ist das ehemalige Rathaus (heute Sparkasse und Touristinfo) im neugotischen Stil. Das scheint es auf den ersten Blick auch schon gewesen zu sein, doch bei näherem Hinsehen gibt es in und um den Luftkurort noch einiges mehr zu entdecken, beispielsweise ein interessantes Naturzentrum und einen begehbaren Fernsehturm.

Den Charme eines adretten Nordseestädtchens hat Bredstedt jedoch nicht. Verschiedene Brände in den letzten Jahrhunderten haben dafür gesorgt, dass im Ort nicht allzu viele historische Gebäude erhalten geblieben sind, sieht man einmal von der ein wenig abseits südlich des Marktplatzes gelegenen St.-Nikolai-Kirche ab. Einst lag das 1231 erstmals urkundlich erwähnte Bredstedt („breite Stätte") nahe am Meer und hatte sogar einen eigenen kleinen Hafen, weshalb es um 1470 als Marktflecken Bedeutung erlangte. Stadtrecht bekam Bredstedt allerdings erst im Jahr 1900. Regionale Bedeutung hat Bredstedt (fries.: *Bräist)* auch deshalb, weil hier das *Nordfriisk Instituut* angesiedelt wurde, das die nordfriesische Sprache und Kultur erforscht und pflegt.

Sehenswertes

Naturzentrum Mittleres Nordfriesland: Schon seit 1976 befindet sich das Naturzentrum im 1897 errichteten Schulgebäude des ehemaligen landwirtschaftlichen Ausbildungszentrums für Nordfriesland. Es ist damit eine der ältesten Einrichtungen dieser Art. Die vergleichsweise große und gut gemachte Ausstellung gewährt in 15 Räumen Einblicke in die ganze Vielfalt der nordfriesischen Landschaftstypen und ihrer Tier- und Pflanzenwelt, angefangen bei den Moor- und Heidelandschaften bis hin zu den Kögen und dem Wattenmeer. Zu sehen gibt es überdies Norddeutschlands größte Vogelausstellung mit 500 Tierpräparaten. Kinder und Erwachsene können zudem vor Ort eigenen Bernsteinschmuck herstellen.

Schweinebrunnen in Bredstedt

▪ Geöffnet Mai–Okt. Mo–Sa 10–17 Uhr. Erw. 4 €, Jugendliche (6–18 J.) 1 €. Audioguide 1 €. Bahnhofstr. 23, ✆ 04671-933516, www.naturzentrum-nf.de.

Nordfriisk Instituut: Das Institut ist eine 1948 gegründete, unabhängige, aber dennoch staatlich geförderte Einrichtung zur Erforschung der Sprache, Geschichte und Kultur der Nordfriesen. Es befindet sich heute in der ehemaligen Volksschule Bredstedts (errichtet 1871, gegenüber der Kirche) und verfügt über eine bedeutende Präsenzbibliothek sowie ein wertvolles Archiv zu sprachlichen und geschichtlichen Themen Nordfrieslands. Im luftig-hohen Raum eines modernen Anbaus befindet sich seit 2018 das *Nordfriisk Futuur*, eine für jedermann zugängliche interaktive Ausstellung zu den Themengebieten, denen sich das Nordfriisk-Instituut widmet. Sie können dort nicht nur Geschichtliches erfahren und die älteste nordfriesische Fahne bestaunen, sondern erhalten auch Kenntnis darüber, wie die friesische Namensgebung funktioniert oder aus welchen Materialien traditionelle Häuser erbaut wurden. Und Sie können sich dort sogar an einer Karaoke-Station selber friesisch sprechen hören.

▪ Geöffnet Mo–Fr 8.30–12.30 Uhr, Do auch 13.30–16 Uhr (Eintritt frei, Spende erwünscht). Süderstr. 30, ☏ 04671-60120, www.nordfriiskinstituut.eu.

St.-Nikolai-Kirche: Gegenüber des Nordfriisk Instituut betreten Sie durch einen steinernen Torbogen *(Stegel)* den großen baumumrankten Kirchhof, der 400 Jahre lang bis 1870 ein Friedhof war. In dessen Mitte steht ein spätgotischer Ziegel- und Feldsteinbau, der im Jahr 1510 ausgehend von einer Vorgängerkapelle zur heute saalraumartigen Kirche erweitert wurde. Die neugotische Westwand stammt allerdings aus dem Jahr 1875. Schön ist der 1881 geschnitzte Altar aus Eichenholz; die drei Bildtafeln des Vorgängeraltars (von 1580) hängen heute an der Südwand. Die prächtige Kanzel mit ihren geschnitzten Reliefs stammt aus dem Jahr 1647; auch die pokalförmige Taufe (mit Deckel) ist eine uralte Schnitzarbeit aus Eiche (1599). Bei dem aus gleicher Zeit stammenden Kruzifix an der Nordwand neben der Empore trägt der Gekreuzigte statt einer Dornenkrone ein Schiffstau um den Kopf (→ S. 146).

▪ Die Kirche ist i. d. R. tagsüber geöffnet. Kirchenweg 1.

Stollbergturm (Fernmeldeturm Bredstedt): Nur 3 km nördlich von Bredstedt steht auf dem immerhin 42 m hohen Stollberg (schon im Gemeindegebiet von Bordelum) direkt neben der B 5 ein weithin sichtbarer Fernmeldeturm. Sie können den 1976 errichteten Turm, der eine Höhe von 108 m hat, bis zu einer Aussichtsplattform in 20 m Höhe über eine außen angebrachte Wendeltreppe besteigen und müssen dabei immerhin 112 Stufen überwinden. Das reicht völlig, um von hier einen wahrhaft erhabenen Ausblick zu genießen.

Um den Turm herum wurde (v. a. für Kinder) ein kleiner Naturerlebnisraum gestaltet, der – angeregt durch Funde in der Umgebung – ein eisenzeitliches Dorf andeutet. Mit Schautafeln wird recht anschaulich über die damalige Kunst der Eisenherstellung informiert. Ein kleines Türmchen dient als „Halligblick".

Bordelumer Kirche: Rund 1 km entfernt vom Stollbergturm befindet sich in ungewöhnlich einsamer, schöner Lage die aus dem 12. Jh. stammende St.-Nikolai-Kirche von Bordelum. Wahrscheinlich lag die Kirche ursprünglich mitten im Dorf, doch nach den erfolgreichen Eindeichungen der Marsch im 15. Jh. siedelten die Bordelumer näher an ihrem neuen Ackerland, nur die Kirche und der Friedhof blieben am Stollberghang zurück. Nach einem Brand wurde das Gotteshaus im Jahr 1630 neu aufgebaut, weshalb die wesentlichen Einrichtungsgegenstände aus dieser Zeit stammen, so etwa der bebilderte Flügelaltar und die geschnitzte Kanzel. 1793 kam der in der Region übliche freistehende hölzerne Glockenturm (Glockenstapel) hinzu, und erst 1888 wurde die Empore eingezogen und darauf auch eine Orgel platziert.

▪ Die Kirche ist i. d. R. nur vormittags geöffnet.

Praktische Infos

Einwohner 5200

Information **Tourismusverein Bredstedt & Umgebung e. V.,** Markt 29, 25821 Bredstedt, ☏ 04671-5857, www.nordseeurlaub.sh. Kein Gästebeitrag.

Schwimmen **Erlebnisfreibad Bredstedt,** schönes, großes Freibad mit Wildwasserrutsche und mit extra Sprungbecken, das als Attraktion für Kletterfreunde auch mit einer 5 m hohen Waterclimbing-Anlage aufwarten kann. Erw. 5 €, Kinder 3 €. Süderstr. 1, ✆ 04671-3183.

Wochenmarkt Fr vormittags auf dem Marktplatz.

Essen & Übernachten **Ulmenhof,** Hotel und Restaurant in einer Jugendstil-Villa von 1903 im Norden Bredstedts. Geräumige, individuell eingerichtete Zimmer (z. B. ein Romantikzimmer) mit allem Komfort. DZ 119–139 €. Nettes Personal, kinderfreundlich, kleines Schwimmbad mit Sauna und Ruhebereich. Gemütlich-rustikale Speiseräume mit Stuckdecke, in denen es ein täglich wechselndes Menü sowie gutbürgerliche Gerichte à la carte gibt (z. B. Scholle, Landschwein, Lammkeule). Geöffnet tägl. 17.30–21 Uhr. Tondernsche Str. 4, ✆ 04671-91810, www.ulmenhof.de.

Frida's Hotel und Café Frida, kleines garni-Familienhotel im denkmalgeschützten Haus mit 14 individuell gestalteten Zimmern (DZ 99–119 €). **Cafébetrieb** in der historischen Kachelstube mit antiken Möbeln, die auch für Nicht-Hausgäste als Frühstücksraum dient. Nachmittags gibt es hier leckere hausgemachte, täglich wechselnde Kuchen und Torten (z. B. Eierlikörtorte). Kleine Tische vor dem Haus und ein ruhiger Hofgarten. Geöffnet Mi–Mo 9–12 und 14–18 Uhr (Di Ruhetag). Markt 13, ✆ 04671-7189959, www.hotelcafefrida.de.

meinTipp *****Paulsen's Landhotel,** moderner Landhausstil mit angenehmer, unaufdringlicher Atmosphäre, freundlicher Service. 29 geräumige Zimmer, DZ 90–102 €, vielfältiges Frühstück. Restaurant mit guter regionaler Küche und mit frischen Zutaten (z. B. gebratene Blutwurst, geschmorte Ochsenbäckchen, Rumpsteak oder Kabeljau). Geöffnet tägl. 17.30–21 Uhr, So auch 11.30–14 Uhr. 9 km südöstlich von Bredstedt im ruhigen 750-Einwohner-Ort Bohmstedt gelegen. Norderende 8, 25853 Brohmstedt, ✆ 04671-1555, www.paulsens-hotel.de.

Nordfriesisches Festland → Karte S. 136

Schlüttsiel (Ockholm)

Schlüttsiel ist nicht viel mehr als ein winziger Fährhafen mit Parkplatz und Aussichtsrestaurant. Von hier verkehren die tidenabhängigen Fähren nach Langeneß, Hooge und Gröde.

Im Sommer können Sie von Schlüttsiel aus zudem mit dem Personenschiff nach Amrum fahren oder Ausflugsfahrten zu den Halligen unternehmen. Aber auch so lohnt ein kurzer Halt, hat man von hier aus doch einen schönen Blick auf die Halligwelt, insbesondere die nur 2,5 km entfernte Hallig Oland ist gut zu erkennen. Neben dem Restaurant Siel59 befindet sich das turmähnliche **Infozentrum Watt'n Blick** des Naturschutzvereins Jordsand, dessen kleine Ausstellung über das Wattenmeer und über die Pflanzen- und Vogelwelt im nahen Hauke-Haien-Koog informiert (geöffnet tägl. 8–20 Uhr, zudem werden Di, Do und So um 14 Uhr naturkundliche Führungen angeboten).

Der Weiler Schlüttsiel (fries.: *Slütsiil*) gehört zur Gemeinde Ockholm. Entstanden ist die winzige Siedlung im Jahr 1959 am Seedeich des 1200 ha großen **Hauke-Haien-Koogs,** der einen Wendepunkt in der Landgewinnung an der schleswig-holsteinischen Nordseeküste markiert. Grund dafür ist, dass dieser nach der Hauptfigur aus Theodor Storms Novelle „Der Schimmelreiter" benannte Koog nicht mehr primär der Landwirtschaft dient, sondern v. a. dem Natur- und Küstenschutz wie auch als riesiges Süßwasser-Speicherbecken. Genau genommen sind es zwei Speicherbecken, die sich binnendeichs an Schlüttsiel anschließen und sicherstellen, dass bei Sturmflutwetterlagen die tiefliegende Marsch nicht überschwemmt wird. Entwässert werden die beiden seenartigen Becken und der Bongsieler Kanal über das große 26 m breite Siel, dem der Fährhafen vorgelagert ist.

Einwohner 300 (Gemeinde Ockholm; in Schlüttsiel selbst leben nur wenige Menschen).

Information 25842 Schlüttsiel. Gemeinde Ockholm, www.ockholm.de. Kein Gästebeitrag.

Baden **Badestelle Schlüttsiel:** Schöner, kleiner Badestrand neben dem Hafen, dessen Untergrund durch eine Sandvorspülung schön fest ist. Weil hier keine Strömung herrscht, ist dies eine ideale Badestelle für Familien mit kleinen Kindern (zudem gibt es eine Sandkiste und eine Dusche). Ab der 2. Std. vor Hochwasser ist die Badestelle überspült und zum Baden geeignet.

Fährverbindungen/Schiffsausflüge Von Schlüttsiel aus verkehrt 2-mal tägl. um 10 und um 18 Uhr die kleine Autofähre „Hilligenlei" der *W.D.R.* nach **Hooge** (→ S. 250) und **Langeneß** (→ S. 257). Infos unter www.faehre.de. Im Sommerhalbjahr bietet die MS „Rungholt" Ausflugsfahrten zu den Halligen **Oland, Gröde, Langeneß** und **Hooge** wie auch zu den **Seehundbänken** an. Erw. 20 €, Kinder 10 €, Infos unter www.halligmeerfahrten.de, Reservierung unter ✆ 04667-367, Fahrkartenverkauf auch an Bord. Zudem geht die MS „Hauke Haien" nach **Hooge** und gelegentlich nach **Gröde**, Erw. 20 €, Kinder bis 14 J. 10,50 €, Familien 40 €, ✆ 0171-7705877, www.wattenmeerfahrten.de.

Parken Direkt vor dem Deich in Schlüttsiel (3 €/Tag, Münzen erforderlich).

Essen & Übernachten **Siel59,** modern-maritim gestaltetes Aussichtslokal und Hotel mit Blick auf das Hafengeschehen, 2019 neu eröffnet. 11 in den warmen Farben des Wattenmeeres eingerichtete Zimmer (DZ ab 109 €). Sauna vorhanden. Die saisonalen und regionalen Spezialitäten sind schmackhaft (z. B. Fischsuppe, Rumpsteak von der Färse); eine nicht allzu große Karte garantiert die nötige Frische der Speisen und Zutaten. Geöffnet tägl. 12–18 Uhr (Café und Bistro) und 18–21 Uhr (Abendkarte). Schlüttsiel 1, ✆ 04674-9622940, www.siel59.de.

Dagebüll

Dagebüll gehört zu den bekannteren Orten der Westküste, da dort der Fährhafen für die viel besuchten Inseln Föhr und Amrum liegt. Selbst Züge rollen direkt bis zu den großen Auto- und Personenfähren auf die Mole des Hafens.

Derzeit gehört Dagebüll zu den aufstrebendsten Ferienorten der gesamten Küste, die Beherbergung von Urlaubern möchte man nicht nur den benachbarten Insulanern überlassen. Also entstehen hier entlang der schnurgerade in den Ort führenden Nordseestraße nach wie vor jede Menge gleichförmige Ferienhäuser und -wohnungen im nordischen Stil, samt zugehöriger Infrastruktur wie Restaurant und einigen Läden. Weniger bekannt ist, dass Dagebüll (fries.: *Doogebel*) früher eine Hallig war, deren Häuser im 3 km entfernten Ortsteil Dagebüll-Kirche auf Warften gebaut waren. Davon jedoch ist rund um den geschäftigen Fährhafen mit dem riesigen Parkplatz nichts zu sehen.

Nach der aufwendigen Deicherhöhung im Jahr 2018 wurden der **Grünstrand** von Dagebüll und die kleine Deichpromenade neu angelegt und bieten reichlich Platz für Badegäste, die von hier aus direkt ins Wattenmeer gelangen, einen Sandstrand gibt es hier aber naturgemäß nicht. Auch die für Dagebüll seit 1927 so typischen bunten Badebuden werden wieder zu Beginn der Badesaison zusammen mit den Strandkörben außendeichs aufgestellt. Im Gegensatz zu den Strandkörben dürfen die Buden jedoch nicht vermietet und nur innerhalb einer Familie vererbt werden. Wenn diese ausstirbt, erlischt auch deren Budenrecht. Südlich des Fährhafens, am Schienenstrang der Lorenbahn nach Oland und Langeneß, steht der quadratische **kleine Leuchtturm** von Dagebüll (Baujahr 1929). Er ist jedoch nicht mehr in Betrieb und wurde zu einer luxuriösen Ferienwohnung umgebaut.

Ab 1702 entstand der Dagebüller Koog, der schließlich im Jahre 1727 mit dem Festland verwuchs. Dagebülls historischer Ortsteil **Dagebüll-Kirche** (fries.: *Doogebel-Schörk*), der im Wesentlichen aus mehreren Warften der ehemaligen Hallig Dagebüll besteht, liegt ein wenig abseits und wird daher leicht übersehen. Auf der Nommenswarft am Ortseingang ist sogar noch der alte **Fething** erhalten, ein Wasserspeicherbecken, das heute ein eingezäunter Teich ist. Auf der benachbarten ehemaligen Hinrichswarft wurde 1884 der Friedhof angelegt, einst standen auf dieser Warft zwei gemeindeeigene Armenhäuser und ein als Gefängnis genutztes Gebäude. Auch die mit einem alten Schieferdach versehene **Kirche** neben dem kleinen Bahnhof steht auf einer Warft. Sie ist dem Hl. Dionysius gewidmet und stammt aus dem Jahr 1731. Damals wurde sie dicht an den alten Seedeich gebaut. Den neugotischen Turm fügte man 1909 an, die Glocke darin wurde allerdings bereits im Jahr 1584 gegossen und ist damit eine der ältesten der Umgebung. Die relativ bescheidene Innenausstattung mit den kräftigblauen Kirchenbänken, dem Barockaltar und der geschnitzten Taufe stammt aus der Erbauungszeit. Die weiße Orgel auf der Empore wurde erst 1866 eingebaut.

Die heutige selbstständige Gemeinde Dagebüll wurde 1978 zusammen mit einigen Nachbardörfern gebildet.

Einwohner 900

Information **Dagebüll-Niebüll-Touristik** GbR, Nordseestr. 1, 25899 Dagebüll, ✆ 04667-95000, www.gemeinde-dagebuell.de und www.nordfrieslandtourismus.de. Kein Gästebeitrag.

Fährverbindungen/Schiffsausflüge Täglich zahlreiche Fährverbindungen nach **Amrum** (→ S. 183) und **Föhr** (→ S. 198). Infos unter www.faehre.de.

Parken Für Inselausflügler auf dem Inselparkplatz (bis 3 Std. 3 €; 7,50 €/Tag). Ansonsten auch im Ort und max. 2 Std. auch direkt auf der Mole (1 €/Std.).

Wattwandern vor Dagebüll

Essen & Übernachten *****Strandhotel Dagebüll,** beste Lage im Ort direkt auf dem Deich und daher prima Panoramablick auf das Wattenmeer von einigen der 26 Zimmer (DZ 98–150 €). Das benachbarte Tagungshotel „Alt-Dagebüll" verfügt zudem über einen Wellnessbereich mit Sauna und Whirlpool, der auch von den Gästen des Strandhotels genutzt werden kann. Reichhaltiges Frühstücksbüfett. Im **Restaurant/Café** mit großer Veranda gibt es gutbürgerliche Küche (z. B. Piratenpfanne, Hafenmeisterplatte, Seemannsteller, aber auch halbe Ente mit Rotkohl und Salzkartoffeln). Tägl. ab 7 Uhr geöffnet, ab 11.30 Uhr durchgehend warme Küche. Nordseestr. 2–4, ✆ 04667-212, www.strandhotel-dagebuell.de.

*****Hotel Neuwarft,** saubere und zweckmäßig eingerichtete Zimmer, auch in einer Dependance (DZ 120–160 €), etwas hellhörige Flure. Halbpension möglich. Geräumiges, aber etwas nüchternes Restaurant mit großer Terrasse, reichhaltige Karte mit Standardgerichten in Standardqualität, für jeden ist etwas dabei. Nordseestr. 20, ✆ 04667-95140, www.hotel-neuwarft.de.

Pension Peterswarft, familiär geführte Pension in einem schönen Haus mit ordentlichen, vielleicht ein wenig in die Jahre gekommenen Zimmern im ruhigen Ortsteil Dagebüll-Kirche. Rustikales Ambiente, hundefreundlich. DZ ab 58 €. Leckeres Frühstück. Auf Wunsch wird Mo–Fr auch ein reichhaltiges Abendbrot angeboten (9,50 €). Dorfstr. 8, ✆ 04667-323, www.nordseepension-peterswarft.de.

Campingplatz Neuwarft, sauberer Platz mit 67 weniger luxuriösen, aber zweckmäßigen Stellplätzen, die durch Hecken und Sträucher abgeteilt sind. Fußläufige Nähe zum Fähranleger. Ein Hotel/Restaurant befindet sich auf bzw. neben dem Gelände. Nordseestr. 20, ✆ 04 667-95140, www.nordfriesland-camping.de.

Niebüll

Niebüll ist die touristische Drehscheibe Nordfrieslands. Von hier aus starten die Autozüge nach Sylt, und auch die Inselurlauber von Amrum und Föhr kommen auf dem Weg zum Fährhafen Dagebüll fast zwangsläufig an Niebüll vorbei.

Für Urlauber, die das nordfriesische Festland erkunden wollen, bietet sich Niebüll aufgrund seiner zentralen Lage geradezu als Stützpunkt an. Allerdings ist hier – auch wegen des Verkehrstrubels – so etwas wie touristische Idylle erst auf den zweiten Blick zu erkennen. Das liegt auch daran, dass es in Niebüll nur vergleichsweise wenig historische Bausubstanz gibt, und auch die Einkaufsmeile im verkehrsberuhigten Ortskern fällt eher bescheiden aus. Andererseits verfügt die nach Husum zweitgrößte Stadt Nordfrieslands mit dem Richard-Haizmann-Museum für Moderne Kunst, dem Friesenmuseum und dem Naturkundemuseum über drei interessante Museen. Zudem gibt es gleich zwei prächtig ausgestattete und sehr alte Kirchenbauten.

Geschichte

Im heutigen Niebüll (fries.: *Naibel*) gab es im 12. Jh. noch ein zweites Kirchspiel, nämlich das zwischenzeitlich längst mit dem Kernort zusammengewachsene Deezbüll. Die Wohnstätten lagen damals noch unmittelbar an der Küste und wurden 1362 durch die Marcellusflut, die sog. „Erste grote Mandränke", schwer beschädigt. Während die Apostelkirche im südwestlich gelegenen Deezbüll wieder instand gesetzt werden konnte, musste das zweite Gotteshaus, die Christuskirche (im heutigen Ortsteil Langstoft), abgerissen und im Dünengelände des neuen Dorfes Niebüll (*nie* = neu, *büll* = Dorf) wieder aufgebaut werden. Schon gegen Ende des 14. Jh. hat man damit begonnen, das im Westen liegende Marschland einzudeichen. Dennoch hatte Deezbüll noch bis 1700 einen Hafen, der jedoch nur noch über einen Kanal zu erreichen war.

Immer wieder in der Geschichte des Ortes hatten die Einwohner unter Kriegen und Sturmfluten zu leiden. Zu etwas Wohlstand kam man erst ab 1920 durch die Nachwirkungen der deutsch-dänischen Volksabstimmung über die staatliche Zugehörigkeit Schleswigs – damals wurde der nördliche Teil des Kreises Tondern an Dänemark abgetreten, weshalb Niebüll (bis 1970) Verwaltungszentrum des neuen Kreises Südtondern wurde. Folglich siedelten sich nun vermehrt auch Handwerker und Dienstleister an. Die Anbindung an die Marschenbahn im Jahr 1887 und der Bau des Hindenburgdamms nach Sylt im Jahr 1927 förderten zudem die kleinstädtische Entwicklung. Doch erst 1960 erhielt Niebüll auch Stadtrechte.

Sehenswertes

Richard-Haizmann-Museum: Benannt ist das Museum für Moderne Kunst nach dem Maler, Bildhauer und Keramikkünstler *Richard Haizmann* (1895–1963), dessen Werk die Nazis als „entartete Kunst" brandmarkten und den sie mit einem Ausstellungsverbot belegten. Daraufhin zog sich Haizmann von Hamburg in die Provinz nach Niebüll zurück, wo er auch nach dem Krieg blieb und künstlerisch aktiv war.

Im Obergeschoss des heute zum Museum umfunktionierten alten Rathauses (Baujahr 1928) wird mit einer ständigen Ausstellung eine Werkauswahl von Richard Haizmann präsentiert, während parallel dazu in den Räumen im Erdgeschoss häufig wechselnde Ausstellungen moderner Kunst (klassische Moderne bis zur Gegenwartskunst) gezeigt werden.

■ Geöffnet Di–Fr 11–16.30 Uhr, Sa 11–13 Uhr, So 14–17 Uhr. Eintritt frei. Rathausplatz 2, ✆ 04661-1010, www.haizmann-museum.de.

Friesisches Museum: Das Heimatmuseum ist in einem in Lage und Aussehen unveränderten uthlandfriesischen Langhaus im Ortsteil Deezbüll untergebracht. Das Gehöft ist im Kern in Ständerbauweise errichtet, wobei diese spezielle Konstruktion dafür sorgte, dass bei einem sturmflutbedingten Herausspülen des Ziegelmauerwerks das Gebäude nicht einstürzte. Errichtet schon um 1700, wurde der Scheunenteil 1946 erneuert. Im Laufe der Zeit wurde das alte Haus von einem Neubaugebiet umschlossen, illustriert aber nach wie vor sehr authentisch die friesische Lebensweise und Wohnkultur v. a. des 19. Jh. Wirtschaftstrakt und Wohnräume befinden sich bei dieser Art Hof unter einem Dach. Der historisch eingerichtete Wohntrakt besteht aus der Küche mit offenem Herd, aus der *Dörnsch* (Wohnraum mit Alkoven-Betten), der *Mitteldörnsch* (Wohnraum für die Altbauern) und dem *Pesel* (→ S. 296), der repräsentativen Zwecken diente und nicht beheizbar war. In dem großen Renaissanceschrank des Pesels ist eine kleine Sammlung mit Steinzeitfunden zu bestaunen. Im Katharine-Ingwersen-Zimmer kann man Erbstücke der Deezbüller Heimatdichterin bewundern.

■ Geöffnet Juni–Sept. tägl. 14–16 Uhr. Eintritt 2 €, Schüler 1 €. Osterweg 76 (im Ortsteil Deezbüll), ✆ 0175-4146185, www.friesisches-museum.de.

Naturkundemuseum: Eine v. a. für Kinder lehrreiche Erlebnisausstellung im Stil eines Nationalparkhauses, das die Naturräume beiderseits der deutsch-dänischen Grenze vorstellt. Es geht um die Lebensräume der Tiere und Pflanzen und um die geografischen Besonderheiten der Region wie Marsch und Köge oder Heide und Moor. Zu sehen gibt es nicht nur zahlreiche Tierpräparate, beispielsweise sind auch ein lebendes Bienenvolk hinter Glas und Fische in Süßwasseraquarien zu beobachten.

■ Geöffnet April–Okt. Di–So 14–17.30 Uhr (Juni–Aug. auch Mo geöffnet). Erw. 3 €, ermäßigt 1,50 €. Info-Café vor Ort. Hauptstr. 108 (am Übergang zum Ortsteil Deezbüll), ✆ 04661-5691, www.nkm-niebuell.de.

Uthlandfriesisches Langhaus: Friesisches Museum

Christuskirche: Das lang gestreckte Gotteshaus ist ein Erweiterungsbau aus dem Jahr 1729. Bis auf einen kleinen Teil der Nordostwand wurde die Vorgängerkirche damals abgebrochen. Die roten Backsteine hat man jedoch wiederverwendet, nur die deutlich helleren, gelben Ziegel wurden hinzugekauft. Damals wurde der Kirchengemeinde auch der neue barocke Hochaltar gestiftet, dessen Gemälde den Gekreuzigten zeigt (1730). Auch der Schalldeckel mit Figuren des siegreichen Christus und Engelsputten stammt aus dieser Zeit. Ansonsten wurde die Ausstattung im hell gestrichenen, freundlichen Inneren des Saalbaus weitgehend aus dem Vorgängerbau übernommen, so auch der reich verzierte Kanzelkorb (um 1630), die Triumphkreuzgruppe (um 1480) und die romanische Taufe (13. Jh.). Wegen ihrer diversen Christusdarstellungen im Innenraum bekam das Gotteshaus den Namen Christuskirche, dies jedoch erst im Jahr 1975.

Von Süden her betritt man den ehemals als Friedhof genutzten Kirchhof durch einen imposanten doppelten Torbogen *(Stegel)* aus dem Jahr 1778, der 1925 erneuert wurde.

▪ Geöffnet Mai–Okt. tägl. 9–17 Uhr. Kirchenstraße.

Apostelkirche Deezbüll

Apostelkirche Deezbüll: Der schöne Kirchenbau im Ortsteil Deezbüll geht auf das 13. Jh. zurück, wurde aber 1751 bis auf den gotischen Chor grundlegend umgebaut. Der Glockenturm wurde gar erst 1964 erneuert. Der Innenraum mit freigelegter Balkendecke ist reich ausgestattet. Das Hauptstück ist der dreiflügelige spätgotische Schnitzaltar, der die Krönung Mariens zeigt und aus dem 15. Jh. stammt. Im Altarschrein sind, von zwei Ausnahmen abgesehen, die 12 Apostel zu sehen, ebenso wie in den Feldern der Empore. Bunt bemalt ist auch die stattliche Schnitzkanzel von 1730, die scheinbar von einer Paulusfigur getragen wird. Ältestes Ausstattungsstück ist auch hier die Granittaufe aus dem frühen 13. Jh.

▪ Deezbüller Straße.

Praktische Infos

Einwohner 10.000 (mit Eingemeindungen)

Information 25899 Niebüll. **Dagebüll-Niebüll-Touristik GbR,** Nordseestr. 1, 25899 Dagebüll, ✆ 04667-95000, www.niebuell.de/tourismus und www.nordfrieslandtourismus.de. Kein Gästebeitrag.

Essen & Übernachten **Niebüller Hof 2,** großes Mittelklasse-Touristenhotel, das sich für die Durchreise eignet und in dem auch schon mal Reisebusse Station machen. Einige der 162 Zimmer sind schon ein wenig in die Jahre gekommen (DZ 89–138 €), das Frühstücksbüfett wird in einem festsaalartigen Speiseraum eingenommen. Keine öffentliche Gastronomie, für Hausgäste werden allerdings gelegentlich abends Gerichte angeboten. Hauptstr. 15, ✆ 04661-608001, www.niebueller-hof.de.

*****s Hotel Insel-Pension 1,** die komfortablen, nach den Inseln benannten Zimmer sind frisch renoviert (allerdings nicht alle Bäder), sauber und modern eingerichtet, dazu gibt es ein leckeres Frühstück. Kleiner Wellnessbereich mit Sauna. Zudem Suiten im Apartmenthaus, und als Besonderheit können Sie auch das 1-

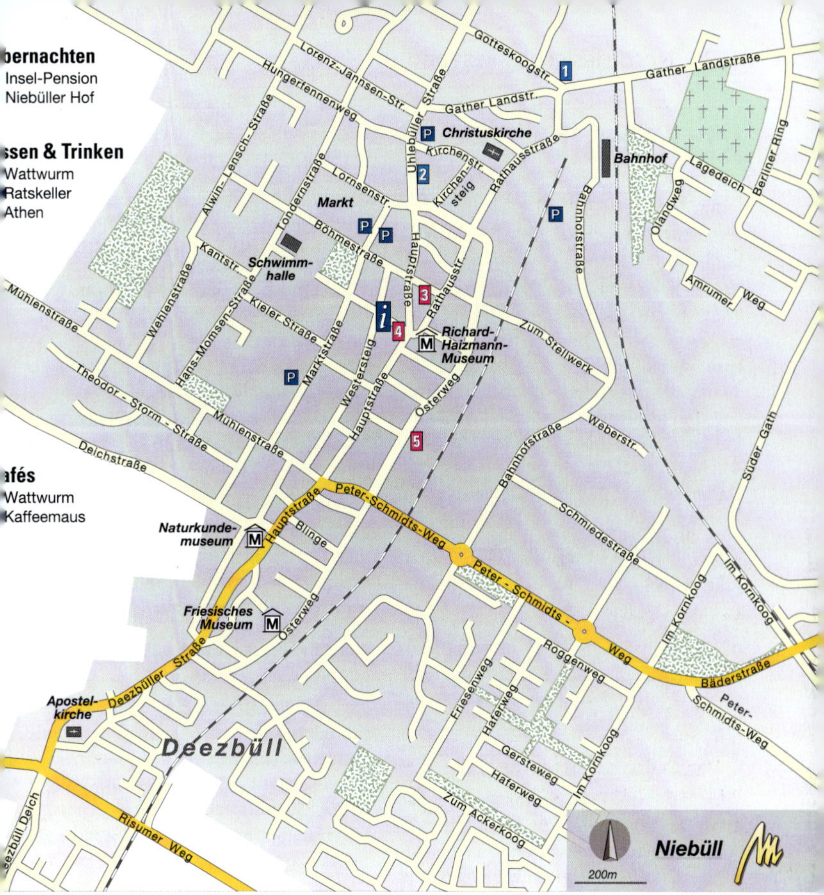

Zimmer-Hotel im umgebauten Wasserturm mieten (an der Bahnlinie, kein Mindestaufenthalt). DZ 105 €. Gotteskoogstr. 2–4, ✆ 04661-2145, www.inselpension.de.

Wattwurm 3, Café, Kneipe und Restaurant im typisch norddeutschen Backsteinhaus. Gemütliches Ambiente, gutbürgerliche Küche und eine umfangreiche Speisekarte (Fisch, Schnitzel). Geöffnet tägl. 11.30–14 und 17–24 Uhr (Küchenschluss aber schon um 20 Uhr, danach gibt's nur noch kleine Speisen). Hauptstr. 28, ✆ 04661-8854.

Ratskeller 4, etwas versteckt unter dem neuen Rathaus gelegen. Es gibt schmackhaft zubereitete, kräftige Gerichte wie Bauernfrühstück, Süßkartoffelpommes oder große Burger, aber auch Speisen vom heißen Eisen wie Ritterschmaus oder Fürstenpfanne und auch Fischgerichte oder Salatteller (geöffnet tägl. 12–14 und 15–22 Uhr, Sa/So 18–22 Uhr). Das darüberliegende **Café Kaffeemaus 4** präsentiert sich als modernes Straßencafé mit Frühstücksangebot (geöffnet Mo–Fr 9–18 Uhr, Sa 9–14 Uhr, So Ruhetag). Hauptstr. 44, ✆ 04661-7369411.

Athen 5, typisch griechische und damit fleischlastige Grillspezialitäten in guter Qualität und in großen Portionen, aber auch Salate und Fisch. Und das alles im typischen „Griechen-Ambiente" mit entsprechender nicht allzu leiser Hintergrundmusik. Geöffnet tägl. 17–23 Uhr, So auch 11.30–14.30 Uhr. Osterweg 45a (am Rande der Innenstadt, gegenüber von Aldi), ✆ 04661-6058505.

Klanxbüll

Klanxbüll ist bekannt als letzter Halt vor Sylt – v. a. Tagesausflügler auf dem Weg zur Insel nutzen die Bahnstation als Zustiegsmöglichkeit.

Folgerichtig gibt es rund um den Bahnhof reichlich Parkraum für Sylt-Touristen. Besuchenswert sind die alte, reetgedeckte Kirche und das Infozentrum Wiedingharde. Ansonsten ist Klanxbüll ein eher unspektakuläres Örtchen fernab der touristischen Hochburgen, das jedoch durch seine abwechslungsreiche Umgebung besticht. Daher eignet sich die Gemeinde als Ausgangspunkt zur Erkundung der deutsch-dänischen Grenzregion.

Geschichte

Klanxbüll (fries.: *Klangsbel*) war einst das wirtschaftliche Zentrum eines kleinen, nach dem knapp nördlich der heutigen Grenze verlaufenden Flüsschen Wiedau benannten, ehemals dänischen Verwaltungsbezirks *(Harde)*. Urkundlich erwähnt wurde die damals noch „Horsbüllharde" genannte Region bereits im Mittelalter. Sturmfluten zerstörten jedoch immer mehr Land, sodass eine planmäßige Kultivierung erst durch die aufwendige Eindeichung und Entwässerung der Region gelang, die im Jahr 1566 mit dem Gotteskoog begann und bis in die 1920er-Jahre hinein andauerte. Die Region **Wiedingharde** ist ein Gebiet von etwa 20 km², das die fünf Gemeinden des äußersten Nordwestzipfels des deutschen Festlands umfasst, also von Emmelsbüll-Horsbüll über den Friedrich-Wilhelm-Lübke-Koog und Klanxbüll bis an die dänische Grenze nach Rodenäs und Aventoft reicht.

Sehenswertes

Infozentrum Wiedingharde: Die in einer Jugendstilvilla aus dem Jahr 1910 untergebrachte kleine Ausstellung bietet gewissermaßen eine Zeitreise durch die Wiedingharde und damit Einblicke in das Leben hinter dem Deich und im Wattenmeer. Es handelt sich um eine auch kindgerechte Erlebnisausstellung, in der Anfassen und Mitmachen erwünscht sind. Im Zentrum befindet sich auch die örtliche Tourist-Information.

■ Geöffnet Mo 9–18 Uhr, Di–Fr 9–13 Uhr. Eintritt frei. Toft 1, ✆ 04668-313, www.wiedingharder-infozentrum.de.

Kirche „Unserer Lieben Frau" Klanxbüll: Die kleine Backsteinkirche aus dem 13. Jh. liegt ganz am westlichen Ortsrand jenseits der Bahnlinie (Kirchenweg 3). Nicht nur wegen ihres Reetdaches hat sie einen etwas anderen Charakter als die meisten Gotteshäuser der Region. Auch von innen besticht sie mit backsteinernen Wänden und hat auch keine ansonsten übliche Balkendecke, sondern ein weiß getünchtes Kuppelgewölbe. Der ehemalige spätgotische Altaraufsatz mit seinen geschnitzten Holzfiguren (um 1520) wurde als Schmuckelement an der Nordwand des Chores angebracht. Die kleine Renaissancekanzel (um 1590) stammt aus der in der Burchardiflut (1634) untergegangenen Volgsbüller Kirche; der uralte Granit-Taufstein steht hier wohl schon seit der Erbauungszeit des Kirchleins.

■ www.kirche-klanxbuell.de.

Friedrich-Wilhelm-Lübke-Koog: 2 km westlich von Klanxbüll schließt sich der nach dem ehemaligen schleswig-holsteinischen Ministerpräsidenten (1887–1954) benannte Koog an, der der letzte zur Landgewinnung errichtete Koog Schleswig-Holsteins ist und heute eine selbstständige Gemeinde mit 180 Einwohnern bildet. Wenn Sie die fast rechtwinkelig durch den Koog mit seinen riesigen Feldern verlaufenden Straßen entlangfahren, spüren Sie viel von der Weite dieses Landstrichs. Erbaut wurde er in den 1950er-Jahren, indem man südlich des Hindenburgdamms einen 8,7 km langen Außendeich anfügte, den man sozusagen mitten ins Wattenmeer setzte. Entgegen dem bis dahin üblichen Verfahren zur Landgewinnung hatte man hier damals nicht schon in jahrzehntelanger Vorarbeit durch Lahnungen für die ansatzweise Bildung von Salzwiesen gesorgt. Nach der Entwässerung wurde der Koog ab 1957 besiedelt, indem man dort ursprünglich 41 gleichförmige Aussiedlerhöfe baute und durch rechtwinkelige Wege verband. Der Osten des Gemeindegebiets wird begrenzt durch die vor dem alten Deich wie die Orgelpfeifen kilometerlang aufgereihten Windräder, die für die kleine Gemeinde ein wichtiger Wirtschaftszweig sind.

Rickelsbüller Koog: Dieses 535 ha große Naturschutzgebiet markiert die nördlichste Landstelle Deutschlands und dient fast ausschließlich dem Küsten- und dem Naturschutz. Der nach einem in den Sturmfluten 1616 untergegangenen Kirchspiel benannte Koog entstand zwischen 1979 und 1982 durch gemeinsame deutsch-dänische Eindeichungsmaßnahmen. Damals wurden die sich nördlich des Hindenburgdamms bildenden Salzwiesen für den neuen Koog eingedeicht, der auf dänischer Seite nach der Königin benannt ist und Margrethe-Kog heißt. Der Rickelsbüller Koog gehört heute zur nördlichsten deutschen Festlandsgemeinde Rodenäs, deren Fläche sich durch den Bau des Kooges um gut ein Viertel vergrößerte (Rodenäs selber ist eine Streusiedlung mit 400 Einwohnern, deren kleine Kirche im frühen 17. Jh. mit Resten der untergegangenen Rickelsbüller Kirche bestückt und erweitert wurde).

Eine Straße führt über den Grenzdamm bis zum Deich und zum Wattenmeer. Auf halbem Weg dorthin ermöglicht eine frei zugängliche Vogelbeobachtungshütte einen Blick auf das

Deutschlands nördlichste Landstelle: Rickelsbüller Koog

entstandene Wiesen- und Süßwasserbiotop, das eine Reihe seltener Vogelarten anlockt. An der Deichtreppe erinnert ein großer Granitstein an das deutsch-dänische Deichbauwerk, und natürlich markieren auf dem Deich ein Grenzstein, eine Bake und ein niedriger Zaun die Grenze nach Dänemark.

Praktische Infos

Einwohner 1000

Information Tourismusverein Wiedingharde e. V., Toft 1, 25924 Klanxbüll, ✆ 04668-313, www.wiedingharder-infozentrum.de und www.klanxbuell.de. Keine Gästekarte.

Badestelle Südwesthörn Gepflegte und ruhige Badestelle am zur Gemeinde Emmelsbüll-

Horsbüll gehörenden Schöpfwerk Südwesthörn (9 km südlich von Klanxbüll). Es gibt ein paar (kostenlose) Strandkörbe, eine Badeplattform und eine Dusche, ein WC, einen Kinderspielplatz und sogar einen Hundeauslaufplatz. Der kleine Hafen am von Salzwiesen gesäumten Schöpfwerk (Baujahr 1977) ist der nördlichste des deutschen Festlands und wird als **Nothafen** genutzt – mit dem Ausbau der Häfen Dagebüll und Schlüttsiel verlor der Hafen Südwesthörn seine Bedeutung. Im Sommer verkauft ein kleiner Imbisswagen Fischbrötchen.

Parken Für **Sylt-Tagesausflügler** und Touristen, die ihr Auto hier zurücklassen wollen, gibt es 2 Parkplätze vor dem Bahnhof Klanxbüll (3,50 €/Tag).

Essen & Übernachten **Hotel Klanxbüller Stuben,** familiäres, kleines Touristenhotel mit sauberen, relativ einfach ausgestatteten und ein wenig hellhörigen Zimmern. DZ 70 €. Liebevoll zubereitetes Frühstück. Das **Restaurant** mit großer Karte bietet schmackhafte Standardküche (Fisch- und Fleischgerichte sowie Pizza und Pasta). Biergartenterrasse vor dem Haus. Geöffnet tägl. 17–22.30 Uhr. Obwohl das Hotel schon zur Nachbargemeinde Neukirchen gehört, ist es von Klanxbüll doch nur 1,5 km entfernt. Klanxbüller Str. 85, 25927 Neukirchen, ✆ 04664-503.

Gasthof Südwesthörn, schön einsam in einem ehemaligen Hof am Deich neben dem Schöpfwerk an einer Badestelle gelegen. 5 relativ einfache Zimmer, DZ 60 €. Die Restaurantküche hat einen schwäbischen Einschlag (leckere Spätzle), aber es gibt auch die üblichen Fischgerichte und Vegetarisches. Geöffnet tägl. 12–14 und 17–20.30 Uhr (Di Ruhetag). 9 km südlich von Klanxbüll gelegen, Südwesthörner Str. 9, 25924 Emmelsbüll-Horsbüll, ✆ 04665-983688, www.gasthof-suedwesthoern.de.

Seebüll und Neukirchen

Fast unmittelbar an der dänischen Grenze gelegen, besteht der winzige Weiler Seebüll praktisch ausschließlich aus dem Nolde-Museum. Verwaltungstechnisch gehört er allerdings zur wenig bekannten Gemeinde Neukirchen.

Alles wirkt hier eher beschaulich, auch wenn inmitten des landwirtschaftlich geprägten Marschlands die stets zahlreichen Autos und Reisebusse darauf hindeuten, dass es hier, etwa 4 km nordöstlich von Neukirchen, etwas Besonderes gibt. Und dieses Besondere ist das Wohnhaus und Atelier, das die Künstler Ada und Emil Nolde hier bis 1937 errichten ließen und **Seebüll** nannten. Vorher befand sich auf der umgebauten Warft der Hof Nordhülltoft, auf dem 300 Jahre lang die Familie einer weiteren Berühmtheit lebte und arbeitete, nämlich die des ersten deutschen Literaturnobelpreisträgers Theodor Mommsen (→ S. 104).

Neukirchen selbst hingegen ist ein eher unspektakuläres Dorf, das allerdings – wie in der Region üblich – mit der im Kern aus dem frühen 13. Jh. stammenden St.-Johannes-Kirche über einen ansehnlichen spätromanischen Backsteinbau mit wertvoller Ausstattung verfügt. Insbesondere der spätgotische Altaraufsatz ist ein Kunstwerk, ebenso eine Apostelreihe (frühes 14. Jh.) und die runde Granittaufe (um 1300). Die Kirche liegt etwas versteckt am südlichen Ortsrand, während sich am Nordrand Neukirchens auf dem Weg nach Seebüll ein kleines, frei zugängliches **Deich- und Sielmuseum** befindet (ausgeschildert). Die Bezeichnung „Museum" scheint allerdings etwas übertrieben, immerhin aber werden hier einige Deichprofile in Originalgröße gezeigt und mittels Infotafeln erklärt. Hinter dem Gelände lädt ein Naturerlebnisweg zur Begehung ein. Auch das wenige Kilometer nördlich von Neukirchen gelegene, kleine **Grenzdorf Rosenkranz** ist einen Besuch wert.

Nolde-Haus: Atelier und Wohnhaus des Künstlers

Nordfriesisches Festland → Karte S. 136

Sehenswertes

Nolde-Museum: Vom Parkplatz kommend betreten Sie das beeindruckende Gelände durch ein großes Besucherforum mit moderner Glasfassade. Hier befinden sich auch der Museumsshop, das Museumsrestaurant und eine Malschule.

Von dort aus gelangen Sie durch den Garten zum wesentlich kleineren Wohnhaus mit dem berühmten Atelier, das Ada und Emil Nolde hier in elf langen Jahren von 1926 bis 1937 nach eigenen Entwürfen in einem an die Bauhaus-Architektur erinnernden Stil als Rotklinkerbau errichten ließen. Sie gaben dem Anwesen den Namen Seebüll, das von nun an der Mittelpunkt von Emil Noldes Leben und seines künstlerischen Wirkens werden sollte. Auch der Garten wurde nach den Vorstellungen der Noldes als prachtvoller Bauerngarten neu angelegt und v. a. mit Dahlien und Astern bestückt, ein reetgedecktes Gartenhaus durfte natürlich auch nicht fehlen. Die blumengesäumten Gartenpfade sind übrigens in Form der Anfangsbuchstaben der Vornamen der Noldes angelegt, also einem A und einem E nachempfunden. Das Paar fand hier auch seine letzte Ruhe, Ada wurde 1946 im Garten bestattet, Emil Nolde 1956. Vor seinem Tod hatte Nolde verfügt, dass das Gelände nach seinem Ableben von einer Stiftung übernommen wird, um es der Öffentlichkeit zugänglich zu machen.

Die Nolde-Stiftung besitzt rund die Hälfte der ca. 1100 bekannten Ölgemälde des Künstlers sowie unzählige seiner Grafiken, Aquarelle und Zeichnungen. Das weltberühmte Museum im historischen Noldehaus zeigt in wechselnden Jahresausstellungen eine Auswahl an jeweils etwa 140 Werken aus diesem Bestand. Im ehemaligen Atelier Noldes im Erdgeschoss sind in einer ständigen Präsentation seine religiösen Bilder ausgestellt wie z. B. sein neunteiliges Hauptwerk „Das Leben Christi" von 1911/12. Darüber hinaus kann man einen Teil der nahezu original möblierten Wohnräume der Noldes im Erdgeschoss bewundern. Auffallend dabei sind die kräftigen Wandfarben, die den Künstler zu inspirieren schienen.

▪ Geöffnet März–Nov. tägl. 10–18 Uhr. Erw. 8 €, Schüler und Studenten 3 €, Familien 16 €, Kinder bis 12 J. frei. (Ausstellung 2020 wegen Renovierung nur im Besucherforum.) Seebüll 31, 25927 Neukirchen, ✆ 04664-983930. Für Bahnfahrer gibt es ein spezielles Tagesticket, mit dem Sie dann vom Bahnhof Niebüll per Shuttle-Bus oder Taxi zum Museum gebracht werden, Infos unter www.nolde-stiftung.de.

Emil Nolde – umstrittener Expressionist mit Weltruhm

Sein Leben begann im Jahr 1867 als Emil Hansen im deutsch-dänischen Grenzland nahe Tondern. Geboren als vierter Sohn eines Bauern im Ortsteil Nolde der Gemeinde Buhrkall absolvierte der junge Emil im Alter von 17 Jahren eine Lehre als Holzbildhauer und Zeichner in Flensburg. Nach seinen Wanderjahren als Geselle fand er 1890 zunächst eine Anstellung in einer Berliner Möbelfabrik und 1892 eine Stelle als Fachlehrer für gewerbliches Zeichnen und Modellieren am Industrie- und Gewerbemuseum St. Gallen. In dieser Zeit veröffentlichte Nolde Zeichnungen von Bergtrollen und Fabelwesen, die sehr erfolgreich als Postkarten verlegt wurden und ihn mit dem nötigen finanziellen Polster ausstatteten, sodass er ab 1898 als freier Maler leben konnte. Im Sommer 1901 lernte er während eines Aufenthalts in einem Fischerdorf an der Nordküste Jütlands die junge Schauspielerin Ada Vilstrup kennen, die er im Februar 1902 heiratete. Im Zuge der Eheschließung legte er den Namen Hansen ab, das junge Ehepaar nannte sich von nun an nach Emils Geburtsort Nolde. Das junge Paar lebte zunächst in einer schwierigen finanziellen Situation in Berlin und verbrachte die Sommermonate an der Küste. 1906 bis Ende 1907 war Nolde vorübergehend Mitglied der expressionistischen Künstlergruppe „Brücke". Zahlreiche Tätigkeits- und Wohnortswechsel folgten, bis Nolde mit seiner Frau 1915 in seine Heimatregion an die Westküste zog. Noldes Werke aus dieser Zeit bestachen zunehmend v. a. durch ihre radikale Farbstärke und Leuchtkraft, weshalb der Maler nach und nach zu einem führenden Vertreter des Expressionismus avancierte.

Weil bei der Volksabstimmung von 1920 in Noldes Wohnort bei Tondern 51% der Einwohner für die Zugehörigkeit zu Dänemark stimmten, bekam Emil Nolde die dänische Staatsangehörigkeit, die er zeitlebens behielt. 1926 begannen die Noldes mit dem Bau ihres Wohnhauses in Seebüll, wobei sie zunächst das Atelier errichteten und erst über zehn Jahre später das Haus mit einem Obergeschoss vollendeten. 1931 wurde Nolde Mitglied der Preußischen Akademie der Künste.

Einen deutlichen Schatten auf seine Biografie wirft die Zeit des Nationalsozialismus – schon 1934, sofort nach Gründung der NSDAP-Auslandsabteilung im dänischen Nordschleswig, trat Nolde mit nun immerhin schon 67 Jahren in die Partei ein, außerdem war er stark antisemitisch eingestellt. Umso überraschter war Nolde, als viele seiner expressionistischen Werke 1937 in der Propaganda-Ausstellung „Entartete Kunst" zu sehen waren; dennoch blieb der nach seinem Verständnis urdeutsche Maler Mitglied der Partei und Sympathisant des NS-Regimes. Um die Rückgabe der aus seinem Privatbesitz beschlagnahmten Werke zu erreichen, verfasste er mehrere anbiedernde Briefe an NS-Parteigrößen, so auch an Reichsminister Joseph Goebbels. Nolde hatte Erfolg und

„Klein Seebüllchen": Gartenhaus von Ada und Emil Nolde

bekam seine Bilder zurück, wurde jedoch 1941 wegen mangelnder Zuverlässigkeit aus der Reichskulturkammer ausgeschlossen, was einem Berufs- und Ausstellungsverbot gleichkam. Zudem wurde nun die Materialbeschaffung von Farben und Leinwänden schwieriger. Der mittlerweile hochbetagte Künstler malte in dieser Zeit v. a. eine Serie kleinformatiger Aquarelle, die er „Ungemalte Bilder" nannte, weil sie zur späteren Ausführung als Ölbilder gedacht waren. Nach dem Krieg interpretierte man dieses Verhalten als „Beispiel unbeugsamer Kreativität in Zeiten totalitärer Diktatur". Nolde gelang es auch, durch eine Glättung entscheidender Passagen in den Neuauflagen seiner Autobiografie nach 1945 seine engagierte Parteinahme für die NS-Ideologie zu vertuschen, und avancierte in der Folgezeit zu einem der bedeutendsten Künstler des 20. Jh., dem zahlreiche Ehrungen zuteil wurden. Er wurde im Jahr 1952 gar mit dem prestigeträchtigen Orden „Pour le Mérite" ausgezeichnet. Heute bekennt sich auch die Nolde-Stiftung zu den Widersprüchen in Noldes Biografie und bemüht sich um einen historisch-kritischen Blick auf Noldes Werk.

Nach dem Tod seiner Frau Ada im November 1946 heiratete Emil Nolde mit über 80 Jahren im Jahr 1948 ein zweites Mal, und zwar eine ausgesprochen junge Frau: die damals 26-jährige Studentin Jolanthe Erdmann. In der Folgezeit entstanden noch zahlreiche Ölgemälde und Aquarelle, bis Emil Nolde am 13. April 1956 in Seebüll starb.

Rosenkranz: Sicher ein Kuriosum: Nur 4 km nördlich von Neukirchen liegt am Ruttebüller See der winzige Grenzübergangsort Rosenkranz (Gemeinde Aventoft), in dem es einen **merkwürdigen Grenzverlauf** gibt. Hier können Sie gleichzeitig mit einem Bein in Deutschland und mit dem anderen Bein in Dänemark stehen – zwischen der Gaststätte „Alter Deutscher Grenzkrug" und dem ehemaligen dänischen Grenzübergangshäuschen führt die Grenze mitten durch die Straße, deren Verlauf durch eingelassene Grenzsteine zu erkennen ist. Die drei Häuser östlich der Straße gehören noch zu Deutschland, die drei gegenüberliegenden Häuser auf der Westseite schon zu Dänemark.

Praktische Infos

Einwohner 1200 (Neukirchen).

Information 25927 Neukirchen-Seebüll, **Tourismusverein Wiedingharde e. V.,** Toft 1, 25924 Klanxbüll, ✆ 04668-313, www.wiedingharder-infozentrum.de. Kein Gästebeitrag.

Schwimmen **Freibad Wiedingharde** in Neukirchen, beheiztes, gemütlich kleines Freibad mit Kiosk. Im Sommer tägl. 14–19 Uhr geöffnet. Andreas-Hansen-Siedlung (zwischen Kirche und Schule), ✆ 04664-1044.

Essen & Übernachten **Landgasthof Fegetasch,** bodenständiges Gästehaus am nördlichen Ortsrand von Neukirchen mit ordentlichen Zimmern und gutem Frühstück. DZ 75 €. Einfaches, gutbürgerliches Restaurant (auch Gartenlokal) mit rustikalen Gerichten in großen Portionen. Geöffnet Di und Do–So 11.30–14 und 17.30–21 Uhr (Mo und Mi sowie im Winter auch So abends geschlossen). Osterdeich 63–65, ✆ 04664-202, www.fegetasch.de.

Hotel Klanxbüller Stuben, 4 km außerhalb Neukirchens gelegen (→ S. 164).

Alter Deutscher Grenzkrug, direkt an der dänischen Grenze in Rosenkranz gelegene und sich daher als Ausflugsziel eignende Gastwirtschaft, die hier schon seit 1742 existiert (aber mehrfach umgebaut wurde). Gutbürgerliche Küche, einfach-gemütliche Schankstube, gutes Preis-Leistungs-Verhältnis (es gibt auch 2 Ferienwohnungen zu mieten). Rustikale Gerichte, als Spezialität z. B. Schweinshaxe und Putenkeule aus eigener Herstellung; auch Holsteiner Sauerfleisch, Rinderhacksteak oder Riesen-Hamburger. Geöffnet Mi–Fr 16–20.30 Uhr, Sa/So 11.30–21 Uhr (Mo/Di Ruhetag), ✆ 04664-386.

Süderlügum

Weil es sich in Deutschland teilweise um ein Drittel günstiger einkaufen lässt als im benachbarten Dänemark, hat sich Süderlügum zu einem südtonderschen Einkaufszentrum entwickelt.

Täglich (auch sonntags) rollen hier hunderte dänische Autos zu den vielen Supermärkten und beladen bzw. überladen ihre Autos v. a. mit alkoholischen Getränken, Fleischwaren und Süßigkeiten. Bezahlen kann man deshalb auch bequem in dänischen Kronen. Für deutsche Verhältnisse sind die Waren allerdings nicht unbedingt preiswert, und die palettenweise angebotenen Getränkedosen dürfen wegen des fehlenden Dosenpfandes ohnehin nur an Skandinavier verkauft werden.

Aber der Grenzort hat noch mehr zu bieten als nur deutsche und dänische Supermarktfilialen. Gegenüber den Einkaufstempeln steht unübersehbar – wie auch in Dänemark üblich – die weiß getünchte Dorfkirche. Typisch für die Region ist auch der große **Stegel** (Torbogen) am Friedhofseingang. Schon 1240 wurde die **Marienkirche** erstmals erwähnt und um 1500 auf ihre jetzige Größe erweitert. Damals entstanden auch einige der heute noch beeindruckenden Gewölbemalereien. Filigran ist die Kanzel (1610), besonders auffällig aber ist der prachtvolle Altaraufsatz im Knorpelbarock (1647).

Stegel vor Süderlügums Marienkirche

Nordfriesisches Festland → Karte S. 136

Das 1177 erstmals erwähnte Süderlügum (fries.: *Läigem*) liegt direkt am Übergang von der sandigen Geest des Binnenlandes zum fruchtbaren Marschland. Der Name bedeutet so viel wie „an den (südlichen) Gewässern", und diese waren für eine weitere Besonderheit verantwortlich: Weit weg vom Meer haben sich im Osten des Dorfes Sanddünen gebildet, die allerdings nicht durch die Nordsee entstanden sind, sondern durch Flusssandverwehungen nach der letzten Eiszeit.

Süderlügumer Binnendünen: Nur 1 km östlich des Ortes gibt es am Rande des Süderlügumer Forstes eine für die Region einmalige Naturbesonderheit in Form von Binnendünen. Diese entstanden direkt nach der letzten Eiszeit vor 10.000 Jahren aus abgelagerten Flugsanden. Dieses vergleichsweise kleine, in einem 40 ha großen Naturschutzgebiet liegende Binnendünengebiet ist weitgehend frei von menschlichen Einflüssen erhalten geblieben und erinnert ein wenig an die Heidelandschaft der Amrumer oder Sylter Dünen. Auch heute noch ist es durch die beständigen Winde gewissen Veränderungsprozessen unterworfen, v. a. aber bietet es ein Refugium für bedrohte Tierarten wie die Feldlerche, die Ringelnatter oder die Zauneidechse.

▪ Auf Wanderwegen, die zu einer Aussichtsplattform mitten in den Dünen führen, kann man das Gelände erkunden.

Einwohner 2300

Information **Gemeinde Süderlügum,** Hauptstr. 7, 25923 Süderlügum, ✆ 04663-1573, www.suederluegum.de. Kein Gästebeitrag.

Essen & Übernachten *****Landhotel Tetens,** historischer reetgedeckter Gasthof mit schönem Ambiente ohne modischen Schnickschnack. Gemütliche, nicht allzu große Zimmer (DZ 95–100 €), empfehlenswert sind die 12 rückwärtigen Zimmer, die 5 Zimmer nach vorne zur B5 hin bekommen deutlich Straßenlärm ab. Reichhaltiges Frühstück. Kleines, gemütliches Restaurant mit übersichtlicher Karte und gutbürgerlicher Küche mit frischen Zutaten (z. B. zuweilen Steinpilzsuppe, Cordon bleu, Rumpsteak). Geöffnet tägl. ab 17 Uhr. Hauptstr. 24, ✆ 04663-18580, www.landhotel-tetens.de.

Restaurant Witthus, rustikal-gemütliches Ambiente in einem reetgedeckten, alten, weiß getünchten Bauernhaus samt Stall. Es gibt eine übersichtliche Karte mit frischen, oft regionalen Speisen mit italienischem Einschlag (Fischteller, Kalbsbacke, auch Tagliatelle), zudem Weinverkauf im ehemaligen Stall. Geöffnet tägl. 17.30–21.30 Uhr (Mi Ruhetag). Hauptstr. 29, ✆ 04663-188087.

Leck

An Leck kommt man kaum vorbei, ist der an der Bundesstraße gelegene Ort doch die viel befahrene, nördliche Durchgangsstation auf dem eiligen Weg in Richtung Küste und nach Sylt, Amrum oder Föhr.

Dabei verfügt der Luftkurort Leck nicht nur über eine ansprechend gestaltete Durchgangsstraße mit Geschäften und Cafés sowie einen bedeutenden Kirchenbau. Auch sein stilles Umland hat durchaus einiges zu bieten, landschaftlich geht hier die fruchtbare Marsch in die sandigere Geest über. Das hat zur Folge, dass es hier neben einigen Wiesen und Feldern auch Wälder gibt, weshalb die Region um Leck auch das „grüne Herz Nordfrieslands" genannt wird. Eine Empfehlung diesbezüglich ist die Fahrt mit der **Fahrraddraisine** auf einer stillgelegten Bahnstrecke, die von Leck aus in östliche Richtung befahrbar ist und mitten durch die grünen Wiesen und Wälder führt.

Lecks Schicksal und Lebensader war und ist aber schon immer seine Lage an den Handelswegen zwischen Flensburg und der Küste in Ostwest- und zwischen Tondern und Husum in Nordsüdrichtung. In früheren Zeiten lag der Ort noch direkt am Wattenmeer und hatte einen kleinen Hafen – das Wort Leck (fries.: *Leek*) bedeutet auf Altdänisch so viel wie „Mündungsarm eines Flusses". Auf das 11. Jh. datieren Archäologen eine Burg Leckhuus, die erste urkundliche Erwähnung geht auf das Jahr 1231 zurück. Obwohl die Hafenverbindung zur Nordsee aufgrund der Küsteneindeichung im 15. Jh. versandete und nur ein heute „Lecker Au" genannter schmaler Kanal blieb, siedelten sich hier zunehmend Handels- und Handwerksbetriebe an, sodass die Region zu bescheidenem Wohlstand kam. Noch heute ist Leck das Markt- und Einkaufszentrum für alle umliegenden Dörfer. Größter Arbeitgeber ist die Druckerei „Clausen & Bosse" mit 500 Angestellten. Hier werden nach wie vor u. a. die rororo-Taschenbücher, aber auch die Harry-Potter-Bände gedruckt.

Während des Dritten Reiches wurde Leck zum Fliegerhorst, den die Bundeswehr 1959 wieder aktivierte und bis zum Jahr 2013 militärisch nutzte.

Sehenswertes

Draisinenbahn: Etwas Außergewöhnliches: Auf der stillgelegten Bahnstrecke von Leck in Richtung Flensburg können Sie mit Fahrraddraisinen die 20 km lange Strecke bis nach Unaften fahren. Bis zu vier Personen finden auf einer Draisine Platz – zwei müssen eifrig in die Pedale treten, während es sich die anderen beiden auf einer Bank zwischen den „Radlern" gemütlich machen können. Unterwegs gibt es Möglichkeiten zu picknicken oder zur Einkehr. Die Bahnlinie hat eine Einbahnstraßen-Regelung. Los geht es vormittags zwischen 9.30 und 12 Uhr ab Leck in östliche Richtung. Ab 14 Uhr kann dann der Rückweg in entgegengesetzter Richtung angetreten werden.

▪ 50–60 €/Draisine. Büllsbüller Chaussee 1 (ausgeschildert), ✆ 04662-881636, Buchung online unter www.draisine-nordfriesland.de.

St.-Willehad-Kirche: Die riesigen Granitsteine in der Nordwand deuten auf einen Bau aus dem 12. Jh. hin; der neugotische Turm wurde erst 1872 angefügt. Benannt ist das wohnlich wirkende Gotteshaus nach dem im 8. Jh.

Ort der Stille: St.-Willehad-Kirche in Leck

in Friesland wirkenden Missionar Willehad. Besonders auffällig sind die mit biblischen Darstellungen bemalte Nordempore (1700), die hölzerne Kanzel (1599), der uralte Taufstein (12. Jh.) und v. a. der vergoldete Schnitzaltar (1520).

Im Frühling ist der parkähnliche Kirchhof von St. Willehad von einem farbenfrohen Blumenmeer umgeben. Dann nämlich erblühen hier, ähnlich wie im Husumer Schlosspark, Tausende von Krokussen.

▪ Geöffnet tägl. 9–17 Uhr.

Ochsenweg: Am südlichen Ortsrand bietet sich eine Waldwanderung durch den angrenzenden Langenberger Forst an. Hier hat sich auch ein etwa 2,5 km langes Stück des Ochsenwegs erhalten. Über diesen alten Heer- und Handelsweg wurden über Jahrhunderte hinweg jütländische Ochsen zum Viehmarkt nach Husum getrieben, sodass diese im Laufe der Zeit einen breiten und tiefen Hohlweg in die Geest „getrampelt" haben.

▪ Der Weg beginnt kurz hinter dem Ortsausgang an der Umgehung Richtung Föhr/Amrum am Damwild-Gehege (Lecker Chaussee). Auch vom Parkplatz an der B 199 (südöstlich von Leck Richtung Flensburg) kommen Sie bequem in den Langenberger Forst.

Praktische Infos

Einwohner 7900

Information **Tourismus Leck und Umgebung e. V.,** Hauptstr. 31, 25917 Leck, ✆ 04662-775000, www.urlaub-in-leck.de.

Wochenmarkt Jeden Fr 7.30–12.30 Uhr auf dem Kirchplatz.

Essen & Übernachten **Hotel Friesland,** zweckmäßig ausgestattete Zimmer (DZ 85 €). Hauseigenes Restaurant mit guter Auswahl und schmackhaften Spezialitäten aus der Region und einem guten Preis-Leistungs-Verhältnis. Geöffnet tägl. außer Fr 11.30–14 und 17.30–21 Uhr. Norderbergstr. 34–36, ✆ 04662-87010, www.hotelnordfriesland.de.

Coffee & Spirit, Café und Rösterei im Pavillon vor der Kirche, der einst unverkennbar ein aus den 1950er- oder 60er-Jahren stammender Blumenladen war und sich für eine Rast geradezu anbietet. Natürlich gibt es Kaffeespezialitäten, aber auch Kleinigkeiten wie Waffeln, selbstverständlich Kuchen und auch Flammkuchen. Zudem Frühstücksangebote. Geöffnet tägl. 10–18 Uhr (So erst ab 14 Uhr, Mi Ruhetag). Hauptstr. 20A, ✆ 0170-1661399.

Campingplatz Karlsmark, familienfreundlicher und relativ günstiger Platz in schöner Lage, 2 km östlich von Leck und damit ein guter Stützpunkt für einen Tagesausflug nach Sylt oder zum Nolde-Museum nach Seebüll. Alles ist gepflegt und freundlich. Wird gerne auch von Skandinaviern auf der Durchreise nach Dänemark oder Schweden genutzt. Karlsmark 1, ✆ 04662-1850, www.camping-leck.de.

Inseln und Halligen

Nordfrieslands Inseln gehören eindeutig zu den schönsten Flecken Deutschlands. Sylt und Amrum haben zur offenen See hin traumhafte Sandstrände die hinter hohen Dünenketten liegen. Föhr und vor allem Pellworm und Nordstrand sind eher fruchtbare Marscheninseln, und auf Helgoland oder den Halligen lebt man buchstäblich mitten in der Nordsee.

Tipp: Mindestens eine der Inseln oder Halligen sollten Sie besuchen, beispielsweise im Rahmen eines Tagesausflugs.

Alle Inseln sind bequem per Fähre erreichbar, Sylt auch mit dem Zug. Die größeren Halligen werden auch von Ausflugsschiffen angelaufen, während manche der kleinen Halligen nur per Wattwanderung erreichbar sind. Zur Erkundung der größeren Inseln und Halligen empfiehlt sich ein Fahrrad, das Sie bequem vor Ort leihen können.

Mit einer Fläche von 99 km² ist das lang gestreckte Sylt (18.000 Einwohner) die größte Nordfriesische Insel, gefolgt von den fast kreisrunden Inseln Föhr (82 km², 8700 Einw.), Nordstrand (47 km², 2250 Einw.) und Pellworm (37 km², 1200 Einw.) sowie dem sichelförmigen Amrum (21 km², 2600 Einw.). Sylt und Amrum sind absolut reizvolle Düneninseln, die v. a. Urlauber anlocken, die eine hohe Brandung schätzen. Auch das geschützt im Wattenmeer liegende Föhr verfügt über schöne Strände, aber auch über reichlich Wiesen- und Ackerland. Pellworm und Nordstrand hingegen sind rundum eingedeichte Marscheninseln, die lediglich über die auch an der Küste üblichen Grünstrände verfügen. Dafür herrscht hier beneidenswerte Unaufgeregtheit. Und natürlich ist auch der nur 1 km² große Vogelfelsen Helgoland (1500 Einw.) samt seiner vorgelagerten, ebenfalls nur 0,7 km² großen Badedüne immer eine Reise wert.

Die Nordfriesischen Inseln sind im Gegensatz zu den Ostfriesischen Inseln keine durch ständige Strömungen und die Meeresbrandung entstandenen Sandinseln, sondern ein von Sturmfluten zerrissener Festlandsrest. Die weltweit einzigartigen Halligen hingegen haben keinen festen Geestkern und sind im Laufe der Jahrhunderte durch Aufschlickung auf ehemals untergegangenem Marschland gewachsen. Insgesamt sind es zehn Halligen, die verstreut um die Insel Pellworm im Wattenmeer liegen und teilweise über einen Damm mit dem Festland verbunden sind. Die fünf größten sind Langeneß (11,6 km², 110 Einw.), Hooge (5,8 km², 100 Einw.), Gröde (2,5 km², 9 Einw.), Nordstrandischmoor (1,9 km², 25 Einw.) und Oland (0,9 km², 19 Einw.). Eng zusammengerückt drängen sich dort die Hallighäuser auf kleinen aufgeschütteten, rund 5 m hohen Warften inmitten der weiten Salzwiesen. Die fünf kleineren Halligen Habel, Hamburger Hallig, Norderoog, Süderoog (3 Einw.) und Südfall (2 Einw.) sind als geschützte Natur- und Vogelschutzgebiete bis auf die Vogelwarte weitgehend unbewohnt und teilweise nur im Rahmen geführter Wattwanderungen erreichbar.

Erst nach der „Großen Halligflut" von 1825 erkannte man den unverzichtbaren Wert der Halligen als vorgelagerte Wellenbrecher und natürlichen Küstenschutz. Doch es dauerte noch weitere 50 Jahre, bis der nun preußisch gewordene Staat und nicht die Anrainer die kostspieligen Maßnahmen zum Schutz der Halligen übernahm.

Was anschauen?

Amrumer Leuchtturm: Bilderbuchleuchtturm mit Aussichtsplattform und fantastischem Rundumblick. → S. 179

Königspesel Hooge: Die wohl berühmteste Friesenstube Nordfrieslands, reich ausgestattet und von oben bis unten mit Delfter Kacheln geschmückt. → S. 255

Lister Ellenbogen Sylt: Dies ist die nördlichste Landstelle Deutschlands, umrahmt von atemberaubender Landschaft. → S. 231

Wo baden?

Kniepsand von Amrum: Der außergewöhnliche Sandstrand ist nichts weiter

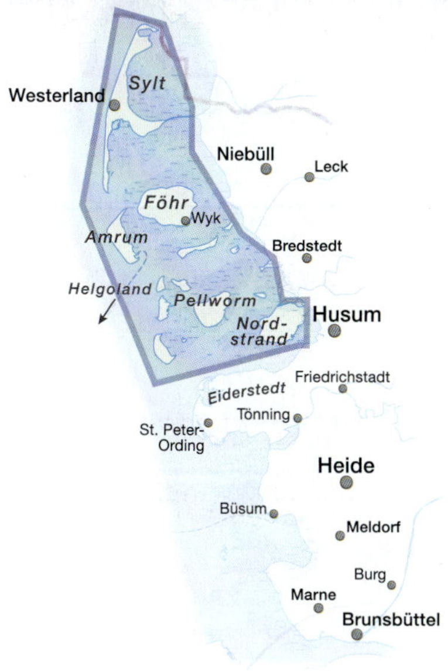

als eine 15 km lange, der Insel unmittelbar vorgelagerte Sandbank. Mit einer Breite von bis zu 1,5 km gehört der Kniepsand zu den breitesten Stränden Europas. → S. 175

Strand von Sylt: Die komplette Westküste der 38 km langen Insel besteht aus einem strahlend weißen Sandstrand, an dem trotz des Andrangs jeder ein ruhiges Plätzchen findet. → S. 224

Was unternehmen?

Tagesausflug nach Helgoland: Nach einer richtigen Seereise Deutschlands einzige Hochseeinsel entdecken und dabei zoll- und mehrwertsteuerfrei einkaufen. → S. 241

Wattwanderung von Amrum nach Föhr: Der Klassiker aller nordfriesischen Wattwanderungen. Bei Ebbe geht es über den Meeresboden in einem 8 km langen Bogen zur Nachtbarinsel. → S. 187

Kutschfahrt zur Hallig Südfall: Von Nordstrand aus mit großen Pferdefuhrwerken durch das Watt zur winzigen, nur von zwei Menschen bewohnten Hallig fahren. → S. 212

Rømø
Havneby
Esbjerg
Kolding
Nørre Løgum
Bredebro
Helgoland
Düne
Amrum
Büsum
Sylt
Lister Ellenbogen
Königshafen
Listland
List
Westerheide
Süderheidetal
Pandertief
DÄNEMARK
Abild
Højer
Tønder
Møgeltønder
Vidå
Grønå
Nationalpark Vadehavet
Rotes Kliff
Kampen
Braderuper Heide
Wenningstedt
Weißes Kliff
Braderup
Munkmarsch
Westerland
Keitum
Tinnum
Morsum Kliff
Archsum
Morsum
Osterende
Hindenburgdamm
NSG Rickelsbüller Koog
Rodenäs
Rosenkranz
Aventoft
Seebüll
Süderlügum
Klanxbüll
Neukirchen
Humptrup
Friedrich-Wilhelm-Lübke-Koog
Uphusum
Rantumbecken
Rantum
Nationalpark Schleswig-Holsteinisches Wattenmeer
Nordfriesland
Braderup
Bosbüll
Tinningst
Emmelsbüll-Horsbüll
Klixbüll
Südwesthörn
Niebüll
Autoverladung nach Sylt
Klockries
Leck
Neugalmsbüll
Risum
Hörnumtief
Hörnum
Hörnum Odde
Lindholm
Marschbahn
Föhr
Oldsum
Dunsum
Dagebüll
Sande
Bottschlotter See
NSG Amrum Odde
Utersum
Süderende
Midlum
Alkersum
Oevenum
Fahretoft
Bargum
Hedehusum
Borgsum
Wrixum
Witsum
Ost-Langenhorn
Norddorf
Goting
Nieblum
Wyk
Hallig Oland
Halligbahn
Schlüttsiel
West-Langenhorn
Amrum
Nebel
Süddorf
Steenodde
Kniepsand
Norderaue
Hallig Langeneß
Hallig Gröde
Stollbergturm
Bordelum
Ketelswarf
Gröde
Hallig Habel
Bredstedt
Leuchtturm Amrum
Wittdün
Süderaue
Hamburger Hallig
NSG Hamburger Hallig
Hallig Hooge
Japsand
Hanswarft
Hallig Nordstrandischmoor
Luttmoorsee
Helgoland
Hallig Norderoog
Halligbahn
NSG Beltringharder Koog
Norderoogsand
Tammensiel
Nordstrand
Norderhafen
Elisabeth-Sophien-Koog
Pellworm
Tilli
Strucklahnungshörn
Odenbüll
England
Leuchtturm Pellworm
Rummelloch
Fuhlehörn
Süden
Herrendeich
Hallig Süderoog
Norderhever
Engelmühle
Süder
Inseln und Halligen
Hallig Südfall
4 km
Süderoogsand
Heverstrom

Insel voraus! Wittdün von See aus

Inseln und Halligen → Karte S. 174

Amrum

Vielen gilt das kleine halbmondförmige Eiland als die schönste Nordseeinsel, weil sie auf engstem Raum ein überaus vielfältiges Landschaftsbild bietet und mit dem Kniepsand über einen außergewöhnlichen Sandstrand verfügt.

Amrum liegt rund 25 km vor dem nordfriesischen Festland, weshalb auf der nur 10 km langen und kaum 3 km breiten Insel echtes Nordseeklima herrscht, heilklimatische Wirkung inklusive. Landschaftlich ist die Insel im Grunde genommen dreigeteilt. Ganz im Westen trifft die Nordsee auf den sagenhaft breiten **Kniepsand**, der sich als ehemalige Sandbank der Länge nach vor die Insel gelegt hat. Selbst in der Hochsaison wirkt der bis zu 1,5 km breite Strand nie wirklich überfüllt. Hinter diesem kommt ein urwüchsiger Dünenstreifen, auf den ein wenig Heide und ein langer Waldgürtel folgen. Den Inselosten bildet dann der sich anschließende hügelige Geestkern mit seinen Dörfern und Wiesen. Die fünf Inseldörfer liegen allesamt an der Wattseite im geschützten Inselosten, die Wege zum Weststrand sind daher auf Amrum immer ein wenig länger. Für Feriengäste empfiehlt sich deshalb ein (Leih-)Fahrrad. Überhaupt lässt sich die Insel bequem mit dem Fahrrad erkunden, auch wenn es gute Busverbindungen gibt. Auf ein Auto jedoch kann und sollte man auf Amrum getrost verzichten.

Ein lebhaftes oder gar mondänes Strandpromenadentreiben werden Sie in den drei Amrumer Inselgemeinden mit ihren fünf Dörfern kaum finden, dafür fast überall erholsame Ungezwungenheit. Dennoch hat jeder Inselort seinen ganz eigenen Charakter. Der Hafenort Wittdün liegt dem Wetter und der See ausgesetzt auf einer Landzunge.

An ihm kommt kein Amrum-Urlauber vorbei, ist er doch die Lebensader der Insel und damit Ort der erwartungsfrohen Anreise und des Inselabschieds. Anders als das relativ geschäftige Wittdün hat das in der Inselmitte gelegene idyllische Nebel mit seinen eingemeindeten Dörfern Süddorf und Steenodde eher den Charme eines typisch ländlich-gemütlichen Friesendorfes mit vielen reetgedeckten Kapitänshäusern und liebevoll gepflegten Vorgärten. Das familiäre Norddorf mit seiner Mini-Fußgängerzone ist hingegen v. a. auf Strandurlauber ausgelegt – die Wege zum Kniepsand sind hier vergleichsweise kurz.

Inselwahrzeichen: Leuchtturm Amrum

Geschichte

Wie die zahlreichen nachgewiesenen Gräber aus der Eisen-, Bronze- und Jungsteinzeit verraten, war auch das damals noch mit dem Festland verbundene Amrum (fries.: *Öömrang*) schon in der Vor- und Frühgeschichte besiedelt. Der Name „Am Rem" („sandiger Rand") bezieht sich auf den im Westen vorgelagerten Kniepsand. Erstmals urkundlich im Jahr 1231 erwähnt, gehörte Amrum seit jeher zum dänischen Königreich. Die Einwohner verdingten sich mit Fischfang und Salzsiederei und waren später im Walfang und der Handelsschifffahrt tätig. Erst infolge des deutsch-dänischen Kriegs im Jahr 1864 fiel die Insel an Preußen. Von nun an erfuhr der Fremdenverkehr einen raschen Aufschwung, 1889 wurden die ersten Hotels auf der sog. Wittdün („weiße Düne") an der Inselsüdspitze errichtet. Einige Jahre später richtete man für die Badegäste eine Inselbahn zunächst bis zum Kniepsand ein, die später auch in den Norden führte. 1890 erbaute der evangelische Pastor Friedrich von Bodelschwingh in Norddorf ein Seehospiz, um Norddorf zu einem christlich geprägten Seebad zu machen.

An dem in der Mitte gelegenen Dorf Nebel ging der beginnende Inseltourismus zunächst vollkommen vorbei. Erst als im Jahr 1925 einige Gäste wegen der Brandkatastrophe im benachbarten Norddorf nach Nebel umquartiert werden mussten, erkannten die Nebeler, dass sich mit dem Tourismus vergleichsweise einfach Geld verdienen ließ. Doch die nahenden Kriegs- und Krisenzeiten erlaubten keine hochfliegenden Baupläne, und auch nach dem Krieg kam der Tourismus nur schleppend in Gang – Nebel konnte so sein friesisch-ursprüngliches Erscheinungsbild erhalten. Insgesamt setzen die etwa 2600 Insulaner bis heute auf einen eher nachhaltigen Tourismus.

Vom Sklaven zum General: Hark Olufs

Hark Olufs von Amrum fuhr im Jahr 1724 als damals 15-jähriger Matrose auf einem Schiff seines Vaters, als dieses im Ärmelkanal von osmanischen Seeräubern gekapert wurde. Die geforderte hohe Summe für die Freilassung Harks konnte seine Familie nicht aufbringen, und so wurde der Junge auf dem Sklavenmarkt in Algier verkauft. Doch durch seine Tüchtigkeit und Sprachbegabung – Hark lernte schnell Arabisch und Französisch – gelang ihm eine bemerkenswerte Karriere. Schon nach dreieinhalb Jahren wurde er Schatzmeister des Beys Assin, des Herrschers der algerischen Stadt Constantine. Nach weiteren vier Jahren stieg er überdies zum Kommandeur der 500 Mann starken berittenen Leibgarde des Beys auf und wurde nach einigen spektakulären Scharmützeln Befehlshaber eines Reiterheeres, das an der erfolgreichen Eroberung der verfeindeten Stadt Tunis beteiligt war. Zum Dank für diese Großtat wurde Hark Olufs von seinem mit 95 Jahren hochbetagten Patron Bey Assin die Freiheit geschenkt. So kehrte er nach über 12 Jahren mit einem stattlichen Vermögen an Gold und Geld als reichster Mann der Insel nach Amrum zurück und konnte dort sogar noch seinen glücklichen Vater in die Arme schließen.

Um Gerüchten entgegenzuwirken, er sei zum Islam konvertiert, ließ sich Hark Olufs ein Jahr nach seiner Rückkehr (in osmanischen Kleidern) mit 28 Jahren konfirmieren. Er heiratete, wurde Vater von fünf Kindern und versah in seinem Heimatort das angesehene Amt des Strandvogtes. Er verstarb 1754 als „der grosse Kriegesheld" mit 46 Jahren unerwartet in seinem Geburtshaus in Süddorf.

▪ Der mit Turban und Säbel verzierte „sprechende" Grabstein Hark Olufs (→ Kasten S. 180) mit dessen Kurzbiografie ist auf dem Friedhof in Nebel zu besichtigen (bei den historischen Grabsteinen der 4. Stein von links). Zudem gibt es eine sehr interessante Ausstellung zum Leben von Hark Olufs im 1. Stock des Naturzentrums in Norddorf.

Der Grabstein von Hark Olufs

Der Inselsüden

In exponierter Lage auf der Südspitze Amrums liegt **Wittdün** (fries.: *Witjdün*). Der gesamte Fährverkehr wird hier abgewickelt, was Wittdün zum Tor zur Insel macht. Allerdings kann Wittdün aufgrund nur weniger erhaltener historischer Bausubstanz nicht mit der friesischen Idylle anderer Inseldörfer mithalten. Das liegt v. a. an der Lage auf der südlichen Landzunge, die seit jeher auch Sicherungsmaßnahmen erforderte. Erst Ende des 19. Jh. wurde hier das erste Haus auf die bis dahin unbewohnte Südspitze der „weißen Düne" gesetzt, um ein mondänes Seebad entstehen zu lassen. Bereits ab 1914 musste der Ort durch eine kostspielige Mauer vor Sturmflutschäden und Unterspülung geschützt werden. Aus diesem Grund zieht sich heute rund um Wittdün Amrums größtes Bauwerk, die *Wandelbahn*, die ihrem Namen alle Ehre macht und sich für einen Spaziergang bestens eignet. Ansonsten ist Wittdün schnell erkundet, besteht es doch im Wesentlichen aus zwei parallel verlaufenden Straßen, der Inselstraße und der Mittelstraße. Versorgungszentrum ist die Inselstraße, entlang der sich die Läden, Restaurants und Cafés befinden. Die schönsten Ferienunterkünfte befinden sich wegen der herrlichen Aussicht allerdings an der Oberen Wandelbahn, dem Fußweg oberhalb der Promenade. Dennoch machen typische Badeurlauber in Wittdün eher weniger Station, weil wegen der zunehmenden Anlandung des Kniepsandes am Südstrand die Wassertiefe lediglich noch für Kleinkinder zum Plantschen ausreicht. Schwimmer müssen über den breiten Kniepsand zur weit vorgelagerten Wasserkante wandern, um sich dort in den Nordseefluten zu erfrischen. Empfehlenswert ist ein Spaziergang über den sich an den Südstrand anschließenden Bohlenweg zum Dünensee Wriakhörn und von dort Richtung Leuchtturm.

Nördlich des Ortes gibt es – ein wenig abseits am Ende der Bucht an Wittdüns Wattenmeerseite – noch einen zweiten Hafen, den **Fischerei- und Seezeichenhafen.** Dort haben nicht nur ein

Uralter Erdholländer: Amrumer Windmühle

großer Tonnenleger und der Seenotrettungskreuzer ihren Liegeplatz, sondern auch ein paar winzige Fischerboote sowie die Jachten und Sportboote der Freizeitkapitäne.

Richtung Inselmitte folgt unübersehbar das Wahrzeichen der Insel: Der **Leuchtturm Amrum.** Seit 1875 ragt er auf der 26 m hohen Großdüne als immerhin höchster Turm der schleswig-holsteinischen Nordseeküste in den Himmel; mit 41,8 m ist er aber lediglich 30 cm höher als die baugleichen Türme von Pellworm und Westerheversand. Der Bilderbuchleuchtturm kann besichtigt werden – und natürlich herrscht oft großer Andrang. 164 Stufen führen über eine Wendeltreppe hinauf. Kurz vor der Aussichtsplattform gibt es eine Engstelle, nach der es noch einmal 15 schmale Stufen bis zum relativ schmalen Rundbalkon zu erklimmen gilt. Doch die Anstrengung lohnt sich: Der Rundblick über ganz Amrum bis zu den Nachbarinseln ist atemberaubend (geöffnet in der Saison Mo–Fr 8.30–12.30 Uhr, Mi bis 14 Uhr. Erw. 3,50 €, Kinder bis 14. J. 1,50 €).

Die Inselmitte

Amrums Mitte wird beherrscht von der Ortschaft **Nebel** (fries.: *Neebel*), die so etwas wie das Bilderbuchdorf Amrums ist. Reetgedeckte Friesenhäuser mit tief heruntergezogenen Dächern dominieren das Dorf, häufig von dicht bewachsenen Feldsteinwällen (sog. Friesenwällen) oder Hecken eingefasst. Vor allem Rosen und Stockrosen umranken die weit auseinanderliegenden Häuser, und in den gepflegten Bauerngärten trotzen Obstbäume dem rauen Klima. Einige kleine Geschäfte, gemütliche Restaurants und Cafés laden in den schmalen kopfsteingepflasterten Straßen des weitläufig wirkenden Ortskerns zum Bummeln ein.

Die historische Ortsmitte samt der romanischen *St.-Clemens-Kirche* liegt vergleichsweise nah am Wattenmeer

St.-Clemens-Kirche in Nebel

und ist von diesem nur durch ein paar Salzwiesen getrennt. Die 1236 errichtete Kirche ist v. a. wegen ihrer 152 „sprechenden" Grabsteine bekannt, die sorgfältig neben dem Friedhof platziert wurden und die Lebensgeschichten ehemaliger Seefahrer erzählen (→ Kasten S. 180). Das Kircheninnere wirkt mit seiner groben Holzbalkendecke, der seitlichen teils mit Apostelbildern bemalten Empore aus dem 18. Jh. und den blaugrauen Kirchenbänken schmal und geradezu gemütlich. Sofort ins Auge fällt die an der Südwand der Kirche angebrachte hölzerne Apostelreihe aus dem frühen 14. Jh. Das Altarbild von 1634 ist eine Stiftung der Insulaner dafür, dass sie bei der Burchardiflut vergleichsweise glimpflich davongekommen waren. Bemerkenswert ist zudem der ebenfalls im Chor stehende, sorgsam ausgemalte Sakramentschrank aus dem 15. Jh. Die dem Kirchenraum zugewandte, geöffnete Tür zeigt das gotische Bild eines sitzenden, durch die Kreuzigungswunden leidenden Jesus Christus.

Inseln und Halligen → Karte S. 174

Sprechende Grabsteine

Auf den Nordfriesischen Inseln hat sich eine bemerkenswerte Grabsteinkultur entwickelt, die es so nur hier gibt. Alle stattlichen Inselkirchen sind von großen Friedhöfen umgeben, auf denen Grabsteine und Stelen vorwiegend aus dem 18. und 19. Jh. erhalten sind. Auf diesen erzählen ausführliche Inschriften die Lebensgeschichten der meist männlichen Verstorbenen, weshalb sie im Volksmund „sprechende Grabsteine" genannt werden. Zusätzlich zu den penibel angegebenen Lebensdaten („da er 61 Jahre, 8 Monate, 15 Tage hienieden gelebt hatte") wurden Texte, Gedichte, Leitsprüche und v. a. spannende Lebensläufe eingemeißelt („lebten in einer vergnügten Ehe, und zeugten 7 Kinder"). Nur wohlhabende Insulaner konnten sich diese Steinplatten leisten, deshalb finden sich auf den künstlerisch anspruchsvollen und damit teuren Grabsteinen i. d. R. nur die Namen von führenden Inselpersönlichkeiten. Gekrönt werden die meisten Grabmale von schönen Motiven, die als „sprechende Zeichen" auf den Beruf hindeuten – eine eingemeißelte Mühle steht für einen Müller, ein Schiff für einen zu Wohlstand gekommenen Kapitän („Commandeur"). Das häufig zu sehende Schiff steht außerdem in der christlichen Symbolik für den Lauf des Lebens. Manchmal ist es mit vollen Segeln dargestellt, häufig aber auch mit abgetakelten Masten, weil die Lebensfahrt zu Ende gegangen ist. Daneben gibt es noch das auf den Inseln beliebte Dreiersymbol „Kreuz, Herz und Anker", das für die christlichen Tugenden Glaube, Liebe, Hoffnung steht. Besonders viele dieser Grabsteine und jener mit der wohl abenteuerlichsten Lebensgeschichte (→ Kasten S. 177) eines nordfriesischen Seefahrers stehen auf dem Friedhof von St. Clemens auf Amrum.

Ein Grabstein, der viel zu erzählen hat

Friesenhaus in Süddorf

Als Heimatmuseum hat in Nebel das 1726 erbaute *Öömrang Hüs* ein Stück Wohnkultur einer wohlhabenden Amrumer Kapitänsfamilie bewahrt. In dem kleinen, vollständig eingerichteten Haus sind v. a. *Köögem* (Küche) und *Dörnsk* (die traditionell nach holländischem Vorbild geflieste friesische Wohnstube) sehenswert, in der auch noch die beiden kurzen *Alkoven* (Wandbetten) zu bewundern sind (geöffnet Mo–Fr 15–17 Uhr, im Sommerhalbjahr auch 11–13.30 Uhr sowie Sa 15–17 Uhr, Eintritt frei, Spende erbeten). Ein weiteres Schmuckstück ist die noch voll funktionsfähige **Amrumer Windmühle** (→ Foto S. 309). Der reetgedeckte Erdholländer wurde im Jahr 1771 auf der höchsten Erhebung des Dorfes am südlichen Ortsrand errichtet. Er ist damit die älteste Holländerwindmühle Schleswig-Holsteins und kann besichtigt werden. Das Lagerhaus neben der Mühle beherbergt heute ein kleines Heimatmuseum. Neben Einblicken in den Mühlenbetrieb erhalten Sie dort auch Informationen zur Arbeits- und Wohnkultur der Insulaner. Zudem werden jährlich verschiedene Gemälde- oder Fotoausstellungen mit Motiven der Insel Amrum präsentiert (April–Okt. tägl. 10.30–13 und 14.30–17 Uhr, Eintritt 2,50 €).

Übrigens hat der Ortsname Nebel (fries.: *Neebel*) nichts mit der gleichnamigen Wetterlage zu tun, sondern bedeutet – wie auch der Ortsname Nieblum auf Föhr – so viel wie „neue Ansiedlung" (*nei bel*, oder *„neues Bohl"*). Das eigentliche Strandleben von Nebel spielt sich auf der Westseite der Insel auf dem 3 km entfernten Kniepsand ab.

Zur Gemeinde Nebel gehören auch die beiden südlich gelegenen Dörfer **Steenodde** und Süddorf. Während **Süddorf** (fries.: *Sössaarep*) ein ländlich-beschauliches, unspektakuläres Friesendorf ist, präsentiert sich Steenodde (fries.: *Stianood*) als Kleinod in wunderbarer erhöhter Lage mit kleinem Badestrand an der Wattenmeerseite. Dort sind mit dem *Esenhugh* zudem einige bronzezeitliche Grabhügel erhalten geblieben.

Der Inselnorden

Auf dem weiteren Weg Richtung Norden kommen Sie an der **Vogelkoje Meeram** vorbei, die sich 3 km nördlich von Nebel am Rande der Dünen befindet und als kleines Refugium für Wasservögel auf einem informativ gestalteten Bohlenweg umrundet werden kann (→ Kasten S. 192). Neben der Vogelkoje führt am Damwildgehege vorbei ein weiterer schöner Bohlenweg zum **Archäologischen Areal** und weiter bis zum Kniepsand. Der Weg ist als eine Art Zeitreise in die Vergangenheit gestaltet. Er führt durch ein heute von Dünen übersandetes Geestgebiet, in dem zunächst die vom Wind freigewehten Fundamente einer eisenzeitlichen Siedlung sichtbar werden. Eines der eisenzeitlichen Häuser wurde originalgetreu rekonstruiert. Und ein Stück weiter ist noch eine von der Wanderdüne bedrohte steinzeitliche Grabstätte mit zwei Grabkammern erhalten geblieben. Wenn Sie dem Bohlenweg weiter durch die Dünen folgen, gelangen Sie zum weithin sichtbaren Quermarkenfeuer, das schon seit 1906 auf einer Randdüne des Kniepsandes steht – ein wirklich schöner Spazierweg.

Im Norden Amrums – wo sonst – liegt das kleine Seeheilbad **Norddorf** (fries.: *Noorsaarep*) malerisch zwischen Wald, Dünen, Strand und Wattenmeer. Hier sind die Wege zum Strand relativ kurz, und mit dem dorthin führenden Strunwai gibt es sogar so etwas wie eine kleine Einkaufsstraße. Von modernen Ferienhauskomplexen wie in Wittdün oder Wyk auf Föhr ist Norddorf verschont geblieben, sodass die norddeutsche Backsteinarchitektur dem kleinen Seebad einen nicht unbedingt idyllischen, aber durchaus harmonischen Charakter verleiht. Und im Ortskern rund um das traditionelle Hotel Hüttmann ist zudem noch ein wenig vom Charme der Bäderarchitektur zu erahnen. Nur am östlichen Ende (Uasteraanj) des Dorfes haben einige klassische reetgedeckte Friesenhäuser den verheerenden Ortsbrand im Jahr 1925 überstanden. Danach wurden viele Jahrzehnte lang in Norddorf aus Brandschutzgründen keine neuen Reetdächer mehr genehmigt.

Von der Ortsmitte sind es 15 Min. Fußweg zum breiten Strand. Am dortigen Strandübergang informiert im stillgelegten Dünenfreibad das *Maritur-Naturzentrum* Amrum über maritime und naturkundliche Themen. Der Hin-

Originalgetreu rekonstruiert: eisenzeitliches Wohnstallhaus

gucker schlechthin ist das gewaltige Skelett eines jener jungen Pottwale, die im Frühjahr 2016 an der schleswig-holsteinischen Küste strandeten. Absolut besuchenswert sind auch die beiden historischen Sonderausstellungen im ersten Stock: Die eine berichtet von Amrums berühmtem Seefahrer Hark Olufs (→ Kasten S. 177), die andere von Amrums Kojenmann Cornelius Peters, der als Tagelöhner im 19. Jh. Betreuer der Amrumer Vogelkoje war (tägl. 10–17 Uhr, Do Ruhetag. Eintritt frei, Spende erbeten).

Schön und geradezu ein Klassiker ist auch die Wanderung um die fast unberührte Nordspitze der Insel, die **Amrumer Odde**. Sie besteht im Wesentlichen aus einem etwa 25 m hohen Dünengürtel und ist eines der ältesten Naturschutzgebiete Deutschlands (geschützt seit 1936). Von Norddorf aus müssen Sie für die Umrundung auf dem sandigen Untergrund der etwa 2 km langen und nur ca. 200 m breiten Amrumer Odde mit etwa 3–4 Std. rechnen (insgesamt 9 km Wegstrecke). An der Nordspitze der Odde gibt es eine kleine Aussichtsplattform, die zur Rast einlädt.

Praktische Infos

Einwohner 2600

Information **AmrumTouristik Wittdün, Tourist-Information** am Fähranleger (Schalter der Reederei *W.D.R.*) mit Zimmernachweis. Inselstr. 14b, 25946 Wittdün auf Amrum, ✆ 04682-94030, (sowie in Nebel, Meeskwai 1a, ✆ 04682-94300, und in Norddorf, Ual Saarepswai 7, ✆ 04682-94700), www.amrum.de. Gästekarte: Erw. März–Okt. 2,60 €/Tag, übrige Zeit 1,30 €/Tag.

Fähre und Parkplätze Ab **Dagebüll** mit den Autofähren der *W.D.R.* (Fahrtdauer 90 Min., oft mit Zwischenstopp in Wyk/Föhr). Hin- und Rückfahrt Dagebüll – Wittdün/Amrum, Erw. 19,80 €, Kinder (6–14 J.) 9,90 €, Fahrräder 7,90 € (✆ 04681-800, www.faehre.de). Im Sommerhalbjahr können Sie zudem ab **Nordstrand** (Strucklahnungshörn) mit dem *Adler-Schiff* (Personenverkehr) nach Amrum fahren. Tägl. 9.15 und 14.35 Uhr. Hin- und Rückfahrt

Endlos weiter Strand: Norddorf

Erw. 28 €, Kinder (6–14 J.) 21 €, Familien 56 €. Parken in Nordstrand 3,50 €/Tag (www.adler-schiffe.de).

Fahrradverleih Ihre Dienste bieten u. a. an: **Marcs Fahrradverleih,** am Fähranleger, sehr kompetenter Service, auch für Tagesgäste, ✆ 04682-949077, www.marcsfahrradverleih.de; **Amrumer Radhaus,** Achtern Strand 14, ✆ 04682-1314, www.amrumer-radhaus.de.

Inselrundfahrten Zum Kennenlernen der Insel bietet die Reederei *W.D.R.* eine Tageskarte für den **Linienbus** an, mit der man die Insel auf eigene Faust erkunden kann. Tageskarte 5,50 € (Kinder unter 6 J. frei), Familienkarte 13,20 €. Start an der Bushaltestelle Hafen/Fähranleger (im Sommer tägl. 6.30–22 Uhr, halbstündlich. Achtung: Die letzte Abfahrt ab Norddorf zum letzten Schiff nach Dagebüll ist um 17.25 Uhr). Eine Alternative ist eine 70-minütige Fahrt mit der Amrumer Inselbahn über die ganze Insel (25 km), dem sog. **Insel-Paul**, einer zur Lok umgebauten Zugmaschine mit Aussichtswagen (25 km, jeweils tägl. 11, 11.45 und 12.45 Uhr ab Fähranleger, Zwischenstopps möglich). Erw. (ab 12 J.) 12,50 €, Kinder (4–11 J.) 5 €. ✆ 04682-94970, www.amrumer-inselbahn.de.

Inseln und Halligen → Karte S. 174

Schiffsausflüge Mit der Autofähre der *W.D.R.* tägl. nach **Wyk/Föhr** (Erw. 8,90 €, Kinder 6–14 J. 4,45 €. Infos unter www.faehre.de). Zudem April–Okt. Fahrten zu den **Seehundbänken** und Ausflüge zu den Halligen **Hooge, Langeneß** und gelegentlich nach **Gröde** und **Oland** mit der MS „Eilun" oder mit der MS „Adler-Express" (Erw. 17 bzw. 18,50 €, Kinder 6–14 J. 10 bzw. 15 €, Familien 49 bzw. 54,50 €. ✆ 0171-7705877, www.eilun.de und www.adler-schiffe.de/ab-amrum). Darüber hinaus Tagesausflüge nach **Sylt** (Erw. 29 €, Kinder 19,50 €, Familien 74,50 €) und Mo–Do mit dem *„Adler CAT"* sogar nach **Helgoland** (Erw. ab 64,50, Kinder ab 36,50 €, Familien 178 €, www.adler-schiffe.de). Fahrkarten online (E-Ticket), am *W.D.R.*-Schalter oder einfach direkt an Bord der MS „Eilun" oder bei Foto Quedens.

Essen & Übernachten im Inselsüden

Amrumhotel garni Weiße Düne 15, innen behaglicher, als es von außen den Anschein hat. 13 modern und freundlich gestaltete Zimmer, verteilt auf 2 verwinkelte Häuser; Pool und Sauna im Kellergeschoss. DZ 146–176 €. Achtern Strand 6, Wittdün, ✆ 04682-940000, www.weisse-duene.de.

meinTipp **Scholle's Fisch-Butt'ze 13**, etwas in die Jahre gekommener Fischimbiss, aber hier gibt es jede Menge Fisch, der auf alle möglichen Arten frisch zubereitet wird, auch die legendären Fischbrötchen werden bei jeder Bestellung frisch belegt. Keine Sitzplätze, nur eine große Bank auf der Vortreppe. Geöffnet Di–So 11–18 Uhr (Juli/Aug. bis 20 Uhr). Inselstr. 34, Wittdün, ✆ 0151-29806715.

meinTipp **SeefohrerHus 11**, geräumiges Speiserestaurant (mit frischem Fisch vom Kutter oder Fleischgerichten vom Lavagrill) in den bunten Hafenschuppen am Seezeichenhafen, auch Vereinslokal des Amrumer Yachtclubs. Akzeptables Preis-Leistungs-Verhältnis. Überdachte Terrasse mit schönem Blick auf das Wattenmeer. In der Hauptsaison tägl. 11.30–14 und 17–21 Uhr geöffnet (Do Ruhetag). Am Tonnenhafen, Wittdün, ✆ 04682-1451.

Blaue Maus 12, Amrums urgemütliche Kultkneipe (seit 1950) mit 400 verschiedenen Whisky-Sorten. Die Speisen sind einfach und deftig (z. B. Calamares und Pommes), v. a. die leckeren „La Flute" (so etwas wie reichlich belegte, im Ofen überbackene Baguettes). Küche bis 24 Uhr. Meist Oldie-Musik. Tägl. (außer Do) ab 18 Uhr geöffnet. Inselstr. 107 (in der Nähe des Campingplatzes), Wittdün, ✆ 04682-2040.

Campingplatz Amrum 14, wunderschön in den Dünen am Rande von Wittdün gelegen. Man schlägt wie früher irgendwo in den Dünen sein Zelt auf – denken Sie unbedingt an Sandheringe! Es gibt allerdings auch ein paar Caravan- bzw. Wohnmobilstellplätze (auch Mietwohnwagen). Relativ einfache Sanitäranlagen. Lebensmittelladen und Imbiss auf dem Platz. Über Bohlenwege geht es etwa 1 km bis zum breiten Kniepsand. Zelt 6–12 €, Caravan/Wohnmobil 17 €, Erw. 10 €, Kinder 2–12 J. 5 €, plus Kurtaxe. Inselstr. 125, Wittdün, ✆ 04682-2254, www.amrum-camping.de.

Essen & Übernachten in der Inselmitte

Inselhotel Kapitän Tadsen 10, schlafen unter Reet, in nur 8 renovierten, netten und sauberen Zimmern, die teilweise allerdings ein wenig hellhörig sind. Sauna und Whirlpool im Hotel, kleines Schwimmbad in der Dependance, dem Apartmenthaus. Friesisch-gemütliches Restaurant **Weltenbummler 10** (zugleich der Frühstücksraum), in dem abends feine, leichte, abwechslungsreiche und v. a. schmackhafte und immer frische Küche serviert wird. Windgeschützte Terrasse vor dem Haus für das nachmittägliche Kaffeetrinken. Mo Ruhetag. DZ 108–136 €. Stianoodswai 17, Steenodde, ✆ 04682-94240, www.inselhotel-tadsen.de.

meinTipp **Likedeeler 9**, ebenfalls im kleinen Steenodde gelegen, delikates Essen in gemütlich-rustikaler Atmosphäre im weiß gekalkten Backsteinhaus am Wattenmeer. Aber v. a. ist es die kreative Küche, die besticht (z. B. Wolfsbarsch im Speckmantel). Zuvor gibt es üblicherweise einen kleinen Suppengruß aus der Küche. Relativ große Weinkarte. An warmen Sommertagen stehen auch ein paar rustikale Tische auf dem Rasen vor dem Haus. Geöffnet tägl. (außer Di) 17–21 Uhr. Stianoodswai 29 a, Steenodde, ✆ 04682-777.

Hotel-Restaurant Friedrichs 7, Hotel mit langer Tradition mitten in Nebel. 12 individuell und wohnlich eingerichtete Zimmer sowie 3 Suiten. Restaurant im gediegenen friesischen Stil mit empfehlenswerter Küche und großer Karte (lecker waren z. B. Rumpsteak und Muscheln), Frühstück (auch für Nicht-Hausgäste) 8–10 Uhr. Windgeschützte Terrasse hinterm Haus. So Ruhetag, DZ 145–170 €. Uasterstigh 18, Nebel, ✆ 04682-94970, www.hotel-friedrichs.com.

meinTipp **Friesen-Café 8**, niedrige, gemütliche Stube mit einer Kaffeemühlensammlung in einem der ältesten Häuser Amrums (1745) und

Wattwanderung nach Föhr
NSG Amrumer Odde
Vogelwarte
Fahrrad-parkplatz
Ban Horn
Naturzentrum
FKK
Norddorf
Haus Burg
Quermarken-feuer
Archäologisches Areal
Vogelkoje Meerum
Kniepsand
Panschos Burg
Nebel
St. Clemens
Öömrang Hüs
Amrumer Windmühle/ Heimatmuseum
Steenodder Kliff
Klinik Satteldüne
Süddorf
Steenodde
Leuchtturm Amrum
Großdüne
Quermarken-feuer
Amrum Badeland
Wittdün
Wriakhörn
Nordsee
Dagebüll, Wyk auf Föhr
Übernachten
3 Mein Inselhotel
4 Ual Öömrang Wiartshüs
7 Hotel Friedrichs
10 Kapitän Tadsen
14 Campingplatz Amrum
15 Weiße Düne
Essen & Trinken
1 De Strunluuker
4 Ual Ömrang Wiartshüs
5 Oomes Hüs
7 Friedrichs
9 Likedeeler
10 Weltenbummler
11 SeefohrerHus
12 Blaue Maus
13 Scholles Fisch Butt'ze
Cafés
2 Café Schult
6 Dörnsk an Köögem
8 Friesen-Café
1 km
Amrum

dazu noch mit nettem Service. Große Auswahl an besonderen Kuchen und Torten, z. B. Friesentorte und „Pferdeäpfel" (mit Marzipan), natürlich gibt es auch leckere Waffeln, Milchreis und rote Grütze (*rode grütt*) sowie tägl. frische Suppen und an kalten Tagen prima Eiergrog. Gemütliche Strandkorb-Gartenterrasse. Tägl. 11–18 Uhr geöffnet (Di Ruhetag). Uasterstigh 7 (in der Nähe der Kirche), Nebel, ✆ 04682-96620.

meinTipp **Dörnsk an Köögem 6**, der Name bedeutet so viel wie „Stube und Küche" und ist mein Tipp für ein Kaffee- oder Tee-Erlebnis mitten in Nebel. Laden und urgemütliches Café in einem. Hier gibt es leckere Waffeln, Kuchen, Tee (40 Sorten), aber auch Folienkartoffeln, Quiche mit Krabben oder Sauerfleisch mit Nussbrot. Um die gemütlichen Tische sind Keramiken, Accessoires, Gartendeko, allerlei Nippes oder auch Trüffel für den Verkauf platziert. Obwohl es eine kleine Empore, aber auch Tische vor dem Haus und im Garten gibt, ist alles doch ein wenig eng. Die Bedienung nimmt die Hektik gelassen und hat gerne einen kessen Spruch auf den Lippen. Tägl. 11–18 Uhr geöffnet (So Ruhetag). Uasterstigh 19, Nebel, ✆ 04682-2503.

Amrumer Odde: Aussichtsplattform

Essen & Übernachten im Inselnorden (→ Karte S. 185) **Ual Öömrang Wiartshüs 4**, 11 teilweise wegen der Dachschräge ein wenig enge Hotelzimmer (und 2 Apartments) mit Weichholzmöbeln, direkt an der Wattseite gelegen, schöner Cafégarten, Sauna. Komfortables Suitenhaus mit 7 Suiten nebenan. Bekannt ist das reetgedeckte Wirtshaus als altfriesisch-gemütliche Gaststätte, in der es ein umfangreiches Speisenangebot gibt, z. B. „Omas Fischpfanne" oder Scholle, aber auch Steaks und Lammfleisch. Das Preisniveau im Restaurant ist gehoben. Tägl. (außer Di) 17–21 Uhr geöffnet. DZ 130 €. Bräätlun 4, Norddorf, ✆ 04682-836, www.uoew.de.

meinTipp **Mein Inselhotel 3**, innen sehr viel gemütlicher, als es von außen aussieht. 15 liebevoll eingerichtete Zimmer, die jeweils eine andere Farbgebung haben und auch nach dieser benannt sind. Reichhaltiges und gutes Frühstücksbüfett, rustikal-geschmackvoll eingerichtetes Restaurant, das nur für Hausgäste geöffnet hat (auf Wunsch Halbpension für 24 €/Pers. buchbar, dann 2 Menüs zur Auswahl). Persönlicher Service und damit wirklich ein Hotel zum Wohlfühlen. Private Saunabenutzung, aber auch Massagen auf Wunsch; Strandkörbe im Garten. DZ 144 €. Madelwai 4, Norddorf, ✆ 04682-94500, www.mein-inselhotel.de.

Oomes Hüs 5, der Name bedeutet auf Hochdeutsch „Omas Haus", untergebracht ist es in einem historischen Friesenhaus mit Garten. Es gibt nur zwei kleine skandinavisch eingerichtete Gasträume (daher unbedingt reservieren), zudem ein paar Tische im Garten. Schmackhafte, große Auswahl an frisch zubereiteten Fleisch- und Fischgerichten, meist Bratfisch (auch Kinderkarte). Leckere Scholle. Tägl. (außer Mo) 17–21.15 Uhr geöffnet. Dünemwai 4, Norddorf, ✆ 04682-2199, www.oomes-hues.de.

meinTipp **Café Schult 2**, Norddorfs Traditionscafé in zentraler Lage, das seit 1890 als Familienbetrieb existiert und immer noch oder gerade deshalb eine große und v. a. sehr leckere Auswahl an Kuchen, Torten (z. B. Friesentorte) und Backwaren aus der eigenen Backstube bereithält. Kaffeehausatmosphäre (auch gute Teeauswahl), zusätzlich Tische draußen und natürlich immer gut besucht. Café 11–18 Uhr geöffnet, Laden 7–18 Uhr (im Winterhalbjahr Mo Ruhetag). Ual Saarepswai 9, Norddorf, ✆ 04682-2234.

Mein Tipp **De Strunluuker 1**, hier gibt es frische und leckere Gerichte aus überwiegend regionalen Produkten. Daher eine kleine Karte und je nach Jahreszeit wechselnde Tagesempfehlungen (z. B. guter Backfisch, Kabeljau oder Rumpsteak). Netter Service. Wie der Restaurantname schon verrät, hat man hier einen schönen Blick von der Sonnenterrasse über die Dünen zum Strand, denn der Strunluuker ist in den von außen (noch) nicht sehr einladenden ehemaligen Dünenbad-Restauranträumen über dem „Maritur-Naturzentrum" am Norddorfer Strandübergang gelegen. Doch innen wirkt es gemütlich. Geöffnet 12–15 und ab 17.30 Uhr, Küchenannahme bis 20.30 Uhr (Sa Ruhetag). Tischreservierung abends erbeten. Strunwai 31, Norddorf, ✆ 04682-9686440.

Wattwanderung zwischen Amrum und Föhr

Der Klassiker aller nordfriesischen Wattwanderungen ist die Tour über den Meeresboden vor Amrum (Norddorf) bis nach Föhr (Dunsum) oder in umgekehrter Richtung. Obwohl die kürzeste Entfernung zwischen Föhr und der Amrumer Odde nur gut 2 km beträgt, ist es wegen tiefer Priele nur möglich, in einem ca. 8 km langen Bogen über das trittfeste Sandwatt zur Nachbarinsel zu laufen. Aber auch so müssen Sie kurz hinter Amrum das Mittelloch durchwaten. Das ist ein auch bei Ebbe immer noch knietiefer Priel, der bei Flut schiffbar ist. Der Wattführer wird dafür sorgen, dass die flachste Stelle des Priels in genau dem Zeitkorridor von etwa 10 Min. durchquert wird, in dem gerade Niedrigwasser herrscht. Nach 2:30–3 Std. haben Sie das gegenüberliegende Ufer erreicht. Nun geht es mit dem Bus über die Nachbarinsel, auf der Sie dann einige Stunden freien Aufenthalt haben, bevor Sie wieder ganz bequem mit der Fähre von Wyk bzw. Wittdün zurückfahren.

▪ Infos und Tickets bei der Reederei *W.D.R* (www.faehre.de) sowie bei einzelnen Insel-Wattführern.

Mitten im Watt: hölzerne Überreste eines Wracks

Inseln und Halligen → Karte S. 174

Strandleben in Wyk auf Föhr

Föhr

Deutschlands größte Insel ohne Landverbindung wird dank seiner geschützten Lage inmitten des Wattenmeeres von grüner Vegetation und fruchtbaren Feldern dominiert. Die meisten Föhr-Urlauber bevorzugen das kleinstädtische Wyk, den Hafenort mit Seebadambiente, der über einen ausgedehnten Südstrand verfügt.

Die 7 km vom Festland entfernte, beinahe kreisrunde Insel ist tatsächlich so etwas wie eine Oase in der Nordsee. Landschaftlich herrschen hier nicht wie auf den Nachbarinseln Amrum und Sylt karge Dünen- und Heidelandschaften vor, sondern – wie vom Festland her gewohnt – saftige Wiesen und Felder der fruchtbaren, brettebenen Marsch, die mehr als die Hälfte der Insel bedeckt. Auch der nach Süden ausgerichtete Geestkern Föhrs ist allenfalls leicht erhöht und ändert wenig am Charakter der durch und durch flachen Insel. Hier liegen die teils malerischen Inseldörfer, die den eigentlichen Charme der Insel ausmachen.

Insgesamt gibt es neben dem touristischen Zentrum Wyk auf Föhr 16 Orte, die sich auf 11 selbstständige Gemeinden verteilen. Verwaltungstechnisch ist das ertragreiche Marschland sozusagen in langen Streifen den verschiedenen Dörfern des nördlichen Geestrandes zugeteilt. Fast jedes Dorf auf der etwa 12 km langen und 7 km breiten Insel hat also einen ordentlichen Teil dieses fruchtbaren Landes abbekommen. Dieses wird im Inselnorden von einem mächtigen Seedeich vor den Nordseefluten geschützt. Allen Dörfern gemein ist die recht weitläufige Bebauung mit vielen reetgedeckten, typisch spitzgiebeligen Friesenhäusern, die v. a. im schönsten Inseldorf Nieblum noch aus der Walfängerzeit stammen. Die Grundstücke und ihre blühenden Vorgärten sind häufig mit den für Föhr so typischen Feldsteinen eingefasst, die „Friesenwall" genannt werden. Das Plus der Inseldörfer im Süden ist zudem: Die komplette Südküste ist von einem 15 km langen, vergleichsweise schmalen Strand gesäumt. Eine starke Brandung gibt es wegen der Wattenmeerlage hier allerdings kaum: ideale Bedingungen also auch für Kinder. Alles in allem bietet Föhr genau die richtigen Voraussetzungen für Ruhe und Gemütlichkeit, selbst in der Hochsaison findet sich auf der Insel immer noch ein angenehm ruhiges Plätzchen – pure Erholung also, nicht nur für Stadtgestresste.

Ihr Auto können Sie bequem auf dem Festland in Dagebüll zurücklassen, die Insel lässt sich auch mit dem Rad erkunden. Zudem gibt es ein gut ausgebautes Bus-Verkehrsnetz.

Geschichte

Einst ragten die Geestrücken der heutigen Insel Föhr (fries.: *Feer*) aus einer von Moor und Marschland umgebenen Landschaft, die zwar schon von zahlreichen Wasserläufen (Prielen) durchzogen war, aber im Grunde genommen eine riesige Halbinsel bildete. Rund 550 Gräber aus der Stein-, Bronze- und Eisenzeit zeugen davon, dass ab etwa 3500 v. Chr. die Menschen in dieser zu diesem Zeitpunkt bereits eisfrei und wärmer gewordenen Region sesshaft wurden. Beispiele dafür sind in Utersum ein kleines Megalithgrab namens *Sunberig* und die drei Hügelgräber *Triibergem*. Ab dem 8. Jh. ließen sich dann die bei der Besiedlung von Schwemmland erfahrenen Friesen auf der Insel nieder und brachten das Christentum mit.

Erst im Jahr 1231 taucht Föhr auch offiziell in der Weltgeschichte auf und wird im sog. *Erdbuch* (Steuererfassungsbuch) des dänischen Königs Waldemar II. erwähnt. Schon in dieser ersten Urkunde ist Föhr in zwei *Harden* geteilt (Harde = dänischer Verwaltungsbezirk), und zwar in die **Osterharde** und in die **Westerharde.** Bis 1326 gehörten die Uthlande vollständig zu Dänemark, dann kam es zu kriegerischen Erbauseinandersetzungen im dänischen Königshaus, in deren Folge die Osterharde – von Wyk bis Goting – im Jahr 1435 dem Herzogtum Schleswig zugeschlagen wurde.

Zuvor war Föhr mit der zweiten Marcellusflut („Erste Grote Mandränke") 1362 endgültig zur Insel geworden. Die Burchardiflut sorgte 1634 noch einmal für gewaltige Landverluste. Das sturmgeplagte, kärgliche Leben der Insulaner besserte sich erst mit dem aufkommenden Walfang im 17. und 18. Jh. Diese Blütezeit ging als das „Goldene Zeitalter" in die Inselgeschichte ein, weil es neben den großen Strapazen und Gefahren für die Seeleute v. a. auch Wohlstand brachte. In jener Zeit waren im Sommer fast alle arbeitsfähigen Männer und sogar Knaben ab etwa 12 Jahren auf den Schiffen tätig, was in etwa einem Drittel der Gesamtbevölkerung entsprach. Und manch einer brachte es bis zum Kapitän. Mit dem Niedergang der Walfänger verdingten sich viele der seemännisch erfahrenen Föhringer auf Handelsschiffen, gleichzeitig besann man sich wieder auf die lange vernachlässigte Landwirtschaft und versuchte, auf der Inselnordseite Marschland zu gewinnen.

Es war Hans Friedrich Carl von Colditz, Land- und Gerichtsvogt von Wyk, der im Jahr 1819 einige Geldgeber mit der aus England auf den Kontinent übergreifenden Idee begeistern konnte, aus Wyk auf Föhr das erste nordfriesische Seebad zu machen. Badekuren waren zu dieser Zeit ein heikles und v. a. sittenstrenges Gewerbe. Der Strand wurde entsprechend unterteilt in ein Damen- und ein Herrenbad, dazwischen verlief eine neutrale Zone,

Inseln und Halligen → Karte S. 174

um vor lüsternen Blicken zu schützen. Zudem verwendete man geschlossene Badekarren, die von Pferden ins hüfttiefe Wasser gezogen wurden. Dort angelangt, konnte man seine mobile Umkleidekabine nach hinten hinaus verlassen, selbstverständlich in langer Badekleidung und geschützt von einer ausladenden Markise, die wirklich jeden neugierigen Blick verhinderte.

Zu einem gewaltigen touristischen Aufschwung kam es, als sich der dänische König Christian VIII. im Jahr 1842 dazu entschloss, auf Wyk zu kuren. Immerhin gab es im Herzogtum Schleswig offenkundige Autonomiebestrebungen, und da galt es, gewissermaßen Flagge zu zeigen. Also verbrachte der König bis zu seinem Tode im Jahr 1848 seine jährliche Sommerfrische in Wyk und mit ihm etwa 100 Personen des königlichen Hofstaates bzw. der Dienerschaft. Infolge des Deutsch-Dänischen Krieges wurden die jahrhundertelang von den Dänen verwalteten Insulaner nun preußische Bürger. Schon 1873 wurde ein geregelter Fährbetrieb eingerichtet, dementsprechend stieg die Zahl der Feriengäste – mit Ausnahme der Weltkriegsunterbrechungen – von Jahr zu Jahr, und das bis heute.

Wyk

Wegen seines Hafens ist Wyk unzweifelhaft der Dreh- und Angelpunkt Föhrs, hat aber allenfalls kleinstädtischen Charakter. Hier legen die vom Festland kommenden Fähren an, und hier wird auch der Verkehr nach Amrum abgewickelt. Der einzige Hafenort Föhrs ist jedoch nicht nur Verkehrsknotenpunkt, Einkaufs- und Verwaltungs- sowie kulturelles Zentrum, sondern mit seinem nach Süden ausgerichteten Badestrand auch Föhrs beliebtestes Urlaubsziel. Der große Vorteil eines Ferienquartiers in Wyk sind die vergleichsweise kurzen Wege zum Strand (→ Stadtplan Wyk, S. 200/201).

Das Städtchen lässt sich bequem zu Fuß erkunden. Südlich des Hafens erreicht man nach nur wenigen Schritten die von einem Deich (mit dem „Stöpe" genannten Fluttor) geschützte Altstadt mit dem kleinen Marktplatz. Im dortigen Rathaus befindet sich auch das *Nationalpark-Haus* mit einer wirklich gut gemachten Ausstellung zum Lebensraum Wattenmeer (tägl. außer Sa geöffnet, Erw. 3 €, Kinder 1,50 €). Hier am Marktplatz beginnt eine ausgedehnte Fußgängerzone. Diese Hauptflaniermeile erstreckt sich vom promenadenartigen Sandwall bis zum Glockenturm, lädt zum Bummeln ein und bietet neben einigen netten Läden reichlich Freiluftgastronomie. Der *Glockenturm* selbst ist das Wahrzeichen von Wyk. Einst warnte er vor Feuersbrunst und Sturmflut und wacht seit 1866 an jener Stelle über die Altstadt, wo die beiden Einkaufsstraßen „Große Straße" und „Mittelstraße" aufeinandertreffen. Inmitten der ausgedehnten Fußgängerzone sind in den kleinen Nebengassen noch einige der sog. Kapitänshäuser erhalten geblieben. Die kleinen, rosenberankten Spitzgiebelhäuser vermitteln einen Eindruck davon, wie Wyk (fries.: *Wik*) in alter Zeit ausgesehen haben mag. Entlang der Prachtpromenade „Sandwall" ist dagegen noch ein wenig von der Gründerzeit-Bäderarchitektur der vorletzten Jahrhundertwende anzutreffen. Und im Musikpavillon vor dem Kurhotel spielt täglich 2-mal die Kurkapelle auf. Vom Seebrückenvorplatz ragt die sog. Mittelbrücke als kleine Seebrücke ins Wattenmeer, der Strand davor ist dicht mit Strandkörben besetzt. Ein Stück weiter gibt es noch eine zweite kleine Seebrücke, die sog. Seglerbrücke. Hier geht der geschäftige Sandwall in eine ruhigere Strandpromenade über, die bis zum Südostende der Insel mit dem Leuchtturm Olhörn und dann kilometerlang am strandkorbbestückten Südstrand entlangführt. Abseits dieses belebten

Kleinod mitten in Wyk

Inseln und Halligen → Karte S. 174

Zentrums dominieren den Ort niedrige, eher unspektakulär verklinkerte Giebelhäuser modernerer Vorortbauart und nicht allzu große Apartmenthäuserkomplexe. Auch die eigentlichen Sehenswürdigkeiten Wyks befinden sich ein wenig abseits der Promenade.

Bemerkenswert ist v. a. das 1908 gegründete *Friesenmuseum* (Rebbelstieg 34), das eines der ältesten Heimatmuseen Deutschlands ist. Das Museumsareal ist wie ein kleines, frei zugängliches Freilichtmuseum gestaltet, auf das man einige historische Gebäude der Region versetzt hat, etwa eine ursprünglich auf der Hallig Langeneß erbaute Bockwindmühle, die älteste Föhrer Scheune und das älteste Friesenhaus der Insel, das Haus Olesen, sowie zwei rekonstruierte Grabkammern aus der Bronzezeit. In dem mit dem alten Schiffsnamen *Drie Süsters* versehenen Haupthaus des Museums gibt es in zehn Räumen eine ganze Bandbreite an Themenausstellungen zu sehen, die von der Besiedlung der Insel über die Flora und Fauna und die Geschichte des Wal- und Entenfangs bis hin zur Wohnkultur reicht und auch die Auswanderungswelle im 19. Jh. thematisiert (geöffnet zumeist Di–So 10–17 Uhr; Erw. 4,80 €, ermäßigt 2,50 €).

Eine der wichtigsten Sehenswürdigkeiten Wyks ist zudem die *St.-Nicolai-Kirche*. Sie wurde um 1240 knapp 2 km westlich des Hafens im heutigen Ortsteil **Boldixum** (fries.: *Bualigsem*) erbaut. Die von außen so massig wirkende Kirche präsentiert sich innen mit ihren hellen Wänden, der hübsch nach gotischem Vorbild verzierten Gewölbedecke und dem zartblauen Kirchengestühl ohne Mittelgang als freundliches, fast heimeliges Gotteshaus. Der Altar stammt von 1643, die Kanzel von 1630 und die berühmte, wohlklingende Barockorgel von 1735. Die engen und gemütlichen Gassen nordöstlich der Kirche am Übergang von Geest zu Marschland vermitteln einen Eindruck von der ursprünglichen Struktur des alten, einst selbstständigen Friesendorfs. Ein Ausflugsziel ist auch die 4 km nördlich gelegene, im Jahr 1879 für den Wildentenfang errichtete *Boldixumer Vogelkoje* (April–Okt. tägl. 10–12 Uhr; Erw. 1,50 €).

Vogelkojen – Entenjagd der besonderen Art

Erfunden hat man die Vogelkojen (von niederl. *kooi* = Käfig) in Holland, wo sie bereits ab dem 16. Jh. eingerichtet wurden. Auf den Nordfriesischen Inseln wurden sie im 18. und v. a. im 19. Jh. an besonders abgelegenen Stellen errichtet, um im Herbst Wildenten zu fangen. Zu diesem Zweck legte man quadratische Süßwasserteiche an, die man mit Buschwerk umfasste, aus denen mittlerweile Wäldchen geworden sind. An allen vier Ecken des Teiches baute man sich allmählich verjüngende und von Maschendraht umgebene bogenförmige Fangkanäle, die sog. *Pfeifen*, an deren Ende sich ein Fangkorb befand. Das Geschnatter von zahmen Enten lockte die arglosen Wildenten in die mit Futter bestückten Pfeifen. Geschützt durch Schilf beobachtete ein Kojenmann das Geschehen, scheuchte die Enten dann in den Fangkorb und wringelte sie, d. h., er drehte ihnen den Hals um.

Vogelkoje auf Pellworm

Die von der dänischen Verwaltung konzessionierten Kojen gehörten immer mehreren Familien und waren eine wichtige Einnahmequelle auf den Inseln. In Wyk auf Föhr und in Nebel auf Amrum wurden Ende des 19. Jh. sogar Wildentenkonservenfabriken betrieben (in Wyk von 1885–1944), um das Fleisch Tausender von Enten haltbar zu machen und zu vermarkten.

Die erste Vogelkoje wurde 1730 auf Föhr gebaut, später gab es dort sechs Vogelkojen, in denen jährlich insgesamt etwa 40.000 Enten gefangen wurden. Auf Sylt gab es drei Kojen, allein in der Kampener Vogelkoje wurden bis zum Ende des gewerblichen Entenfangs im Jahr 1921 exakt 686.169 Enten gefangen. Auf Amrum gab es zwei Kojen und jeweils eine auf Pellworm und Nordstrand.

Nach dem Zweiten Weltkrieg ging der Fang der scheuen Enten auch wegen der durch den zunehmenden Fremdenverkehr verursachten Unruhe so drastisch zurück, dass sich der Unterhalt der Kojen nicht mehr lohnte. Vier Vogelkojen auf Föhr sind bis heute dennoch in Betrieb. Sie haben aus eher traditionellen Gründen eine genehmigte Fangquote von jährlich 600 Enten, die allerdings nicht annähernd ausgeschöpft wird.

Mittlerweile wurde auf jeder Insel eine Vogelkoje nach historischem Vorbild rekonstruiert und zur Besichtigung freigegeben (Föhr: Boldixum, Sylt: Kampen, Amrum: Meeram, Pellworm: Norderkoog und Nordstrand: Alterkoog).

Der Inselosten

Föhrs Osten beginnt schon im selbstständigen Straßendorf **Wrixum** (fries.: *Wraksem*), das sich direkt an Wyk-Boldixum anfügt. Ortsbildprägend ist die achteckige *Wrixumer Windmühle*, ein klassischer reetgedeckter Kellerholländer von 1851, dessen Mühlentechnik original erhalten ist. Noch ursprünglicher ist es im 2 km entfernten **Oevenum** (fries.: *Ööwenem*), das sich – geprägt von reetgedeckten Häusern mit gepflegten Gärten – als idyllisches Friesendorf präsentiert. Hier findet in den Sommermonaten jeden Donnerstagvormittag ein traditioneller *Bauernmarkt* statt, der viele Feriengäste anlockt.

Das nächste wiederum nur 1 km entfernte Dorf auf der durchaus mit dem Fahrrad zu bewältigenden Rundreise durch Ostföhr ist **Midlum** (fries.: *Madlem*, gegründet als *Middelum*). Der Ortsname weist zwar auf eine zentrale Lage hin, dennoch führen die Verkehrsströme heute an Midlum vorbei, weshalb die Atmosphäre hier im Vergleich zu den Nachbardörfern etwas beschaulicher ist. Das zweite Dorf in der Inselmitte ist **Alkersum** (fries.: *Aalkersem*; 4 km nordwestlich von Wyk gelegen), das wegen seines bedeutenden *Museums Kunst der Westküste* auch überregional bekannt ist. Dessen 6-teiliger Gebäudekomplex mit einer Ausstellungsfläche von insgesamt 900 m² ist ein Kontrapunkt zu den umliegenden Häusern im Friesenstil. Der angrenzende historische Dorfkrug „Grethjens Gasthof" wird als Museumscafé und Restaurant genutzt. Das Museum hat internationales Renommee und geht auf die Sammlung des schwedischen Pharmaunternehmers Frederik Paulsen zurück, dessen Vorfahren aus Alkersum stammten. Die hochkarätige Gemäldesammlung umfasst etwa 650 Gemälde zum Thema Meer und Küste aus der Zeit von 1830 bis 1930, darunter Werke von Max Liebermann, Edvard Munch und Emil Nolde. Ergänzt durch Leihgaben anderer Museen ist in den jährlich mehrfach wechselnden Ausstellungen allerdings immer nur ein kleiner Teil der museumseigenen Bilder zu sehen (März bis Mitte Januar geöffnet; Erw. 8 €, erm. 4 €).

Bedeutende Gemäldesammlung: Museum Kunst der Westküste

Inseln und Halligen → Karte S. 174

Übernachten

3 Altes Pastorat
4 Gasthaus Knudsen
6 Waastwinj
7 Rackmers Hof
10 Namine Witt

Essen & Trinken

4 Gasthaus Knudsen
5 Ual Skinne
6 Hennings
9 Letj Lembeck's
10 Genusshandwerk Föhr
12 Saimons
13 Altes Landhaus

Cafés

1 Café im Apfelgarten
2 Stelly's Hüüs
8 Café Alt Wrixumer Hof
11 Café Kohstall
14 Kliff Café

Midlumer Vorland
Oevenumer
Alte Vogelkoje
Windpark
Ackerumer
Vogelkoje
Siedlerweg
Oevenumer
Neue Vogelkoje
O s t e r l a n d
Midlum
Der Kanal
Boldixumer
Vogelkoje
Oevenum
Museum
Kunst der
Westküste
M
7
Wrixum
8
Alkersum
Lagelum Siel
Wyk-
Boldixum
St. Nicolai
St.
nis
12
10
11
Rundföhrstraße
M
Friesen-
museum
i
13
Nieblum
Golfplatz
Wyk
Dagebüll
Bredland
Greveling
Olhörn
FKK
Südstrand
Stadtplan Wyk
s. S.200/201
Amrum
1,5 km
Föhr

Föhrs berühmtestes Dorf ist **Nieblum,** das wegen seiner vielen historischen Reetdachhäuser als eines der schönsten Dörfer ganz Schleswig-Holsteins gilt. Hier reiht sich ein hübsches Friesenhaus an das andere. Das lockt natürlich Touristen an. An manchen Tagen schieben sich massenweise umherbummelnde Fußgänger und Fahrradfahrer, aber auch Autos durch das Bilderbuchdorf. Doch wenn der Besucherstrom am Nachmittag und frühen Abend abebbt, herrschen auch in Nieblum wieder Ruhe und Gelassenheit. Historisch bedeutsamste Sehenswürdigkeit von Nieblum (fries.: *Njiblem*) ist die **St.-Johannis-Kirche,** die als größte Kirche der Insel auch *Friesendom* genannt wird und schon ab dem 12. Jh. Hauptpfarrkirche der Region war. Auch heute noch gilt St. Johannis wegen seiner reichen Ausstattung als einer der bedeutendsten sakralen Bauten Schleswig-Holsteins. Zentraler Blickfang im wegen der weiß getünchten Wände und der großen Fenster überraschend hell wirkenden Gotteshaus ist der prächtige Marienaltar von 1487 mit 16 geschnitzten Figuren, der in der Mitte die Krönung Mariens zur Himmelskönigin durch ihren Sohn Jesus Christus zeigt. Auffallend ist auch die am Südfenster des Chores stehende, fast 3 m hohe und Mitte des 15. Jh. angefertigte Holzplastik, die den Kirchenpatron Johannes den Täufer darstellt. Symbolisch hält er Bibel und Lamm als Sinnbild für Christus in der Hand und steht gleichsam triumphierend auf einer zwergenhaften, bärtigen Figur. Es wird vermutet, dass diese König Herodes darstellt, der nach biblischer Überlieferung Johannes zum Tode verurteilt hat. Bemerkenswert ist zudem der Taufstein im südlichen Querschiff. Um 1200 kunstvoll aus einem Granitblock gemeißelt, gilt er als eine der wichtigsten Arbeiten der Romanik Norddeutschlands.

Friesendom in Nieblum

Nieblum verfügt auch über einen *Badestrand*, dieser liegt gut 1 km (zu Fuß etwa 15 Min.) vom Ortszentrum entfernt und erstreckt sich auf einer Länge von etwa 6 km bis vor Nieblums Ortsteil **Goting** (fries.: *Guating*), der leicht erhöht auf einem kleinen Kliff liegt. An Nieblums weitläufigem Strand reihen sich rund 600 Strandkörbe aneinander, dennoch ist genügend Platz für alle. Die Wassertiefe ist allerdings sehr gering, was für Schwimmer ärgerlich, aber ausgesprochen kinderfreundlich ist. Folglich fallen bei Niedrigwasser große Teile des Watts vor der Küste trocken, was zu ausgedehnten Wattspaziergängen einlädt.

Der Inselwesten

Von der alten Aufteilung in Osterland-Föhr und das historisch noch länger zu

Dänemark gehörende Westerland-Föhr merkt man heute kaum noch etwas, außer vielleicht, dass in so manchem Dorf im Westen noch Friesisch gesprochen wird (das sog. *Fering*) und es überdies auf Föhr tatsächlich unterschiedliche Telefonvorwahlen für den West- und den Ostteil gibt. Föhrs Westen beginnt in **Borgsum** (fries.: *Borigsem*), einem unspektakulären, aber ursprünglichen Friesendorf, das von seiner schönen Holländerwindmühle überragt wird. Diese ist keinesfalls historisch, sondern ein Mühlenneubau aus dem Jahr 1992; besichtigen kann man sie nicht. Ein archäologisches Denkmal erster Güte ist die 1 km nördlich gelegene *Lembecksburg* aus dem 9./10. Jh., von der heute noch ein imposanter, beinahe kreisrunder Ringwall mit einem Innendurchmesser von 95 m übrig ist – einst diente die Burg den Wikingern als Flucht- und Schutzburg.

Inseltypisch: reetgedecktes Kapitänshaus

An der von Goting nach Osten führenden und offiziell wegen des schönen Ausblicks auf die Salzwiesen und das Meer „Traumstraße" genannten Kreisstraße liegt nur einen Katzensprung von Borgsum entfernt Föhrs kleinstes Dorf **Witsum** (fries.: *Wiisem*). Kaum 50 Einwohner leben in der immer noch selbstständigen Gemeinde, die wunderschön auf einer Anhöhe liegt – und das ist einzigartig auf der sonst so flachen Insel Föhr. Vor dem winzigen Dorf erstreckt sich zum Meer hin die *Godelniederung*, in der sich Föhrs einziger Bach mit Namen Godel durch die Salzwiesen Richtung Meer schlängelt. Keine 2 km westlich liegt ebenfalls an der Traumstraße der kleine Wohnort **Hedehusum** (fries.: *Hedehüsem*), von dem aus über zwei Stichwege ein schöner, einsamer Naturstrand zu erreichen ist. Hedehusum selbst ist bereits ein Vorort von Utersum, das eindeutig Westföhrs touristisches Zentrum ist. Dabei ist die Bezeichnung „Zentrum" sicherlich etwas übertrieben, denn das weitläufig bebaute 400-Seelen-Dorf **Utersum** (fries.: *Ödersem*) ist bei Weitem nichts für Partylöwen, sondern genau das Richtige für alle, die es im Urlaub eher ruhig mögen, ohne auf einen großen Strand mit der entsprechenden Infrastruktur verzichten zu müssen. Die Wege zum Strand sind relativ kurz, und daher ist das kleine Utersum seit 1931 offizielles Seebad. Das Ufer wird im Norden von einem Deich geschützt, auf dem sich das „Haus des Gastes" (samt Strandrestaurant) befindet. Davor erstreckt sich ein ungewöhnlich schöner, durch Buhnen gesicherter und mit Strandkörben bestückter Strand, der bezüglich Feinkörnigkeit den Strand von Wyk locker übertrifft. Auch einen schönen Badesteg gibt es hier, der so etwas wie Seebrückenatmosphäre verbreitet und v. a.

bei Sonnenuntergang ein malerisches Bild abgibt. Die Nachbarinseln Amrum und Sylt hat man dabei immer im Blick.

2,5 km nördlich von Utersum duckt sich hinter dem hohen Seedeich die winzige Siedlung **Dunsum** (fries.: *Dunsem*), die v. a. deshalb bekannt ist, weil von hier aus die täglichen Wattwanderungen zur Nachbarinsel Amrum starten. Bedeutsamer ist da das schon etwas inseleinwärts gelegene **Süderende** (fries.: *Söleraanj*), ein wirklich schönes Friesendorf. Es heißt so, weil es ursprünglich das südliche Ende der heutigen Nachbargemeinde Oldsum war. Sehenswert ist die abseits des Dorfes errichtete St.-Laurentii-Kirche, deren Kirchenschiff aus dem 13. Jh. stammt, der mächtige Turm und das gotische Gewölbe aber erst im 15. Jh. hinzugefügt wurden. Ihr Standort in der Mitte des Westerlandes wurde damals mit Bedacht gewählt, weil auf diese Weise der Weg zum Gotteshaus von allen Orten des Kirchspiels Westföhrs in etwa gleich weit war. Wohl aus dem gleichen Grund befinden sich in der Nähe auch der Kindergarten und die Grundschule Föhr-Land. Im hellen Inneren der St.-Laurentii-Kirche stechen die im Eingang stehende barocke Marmortaufe (1752), die Kanzel aus Tannenholz (Anfang des 17. Jh.) und v. a. der spätmittelalterliche Flügelaltar mit seinen zehn geschnitzten Figuren aus dem 15. Jh. ins Auge. Der Besuch der Kirche lohnt sich auch wegen des weitläufigen, von einem Steinwall umgebenen Friedhofes, auf dem viele der „sprechenden Grabsteine" (→ Kasten S. 180) die Zeit überdauert haben.

Mühle in Borgsum

Das am weitesten nördlich gelegene und wegen seiner gepflegten Reetdachhäuser vielleicht schönste Dorf in Westföhr ist **Oldsum** (fries.: *Olersem*), in dem sich auch einige Kunsthandwerker niedergelassen haben (Maler, Glaskünstler und ein Klangkünstler). Wahrzeichen von Oldsum ist die weithin sichtbare, reetgedeckte Windmühle von 1901 am südlichen Ortsrand, die heute Wohnzwecken dient.

Praktische Infos

Einwohner 8700 (davon 4500 in Wyk).

Information **Föhr Tourismus GmbH** (FTG), Postfach 1511, 25933 Wyk auf Föhr, ✆ 04681-300, www.foehr.de. **Tourist-Information** im Servicegebäude der Reederei *W.D.R.,* Am Fähranleger 1. Gästekarte: Erw. März–Okt. 2,60 €/Tag, übrige Zeit 1,30 €/Tag.

Fähre und Parkplätze Ab **Dagebüll** fast stündlich mit den Autofähren der *W.D.R.* (Fahrtdauer gut 45 Min.). Hin- und Rückfahrt Dagebüll–Wyk/Föhr Erw. 14 €, Kinder (6–14 J.) 7 €, Fahrräder 5,70 €; Parken in Dagebüll 7,50 €/Tag (✆ 04681-800, www.faehre.de). Zudem im Sommer mit dem *Adler*-Schiff ab **Nordstrand** (Strucklahnungshörn) um 9.15 Uhr. Hin- und Rückfahrt Erw. 29,50 €, Kinder (6–14 J.) 20,70 €, Parken in Nordstrand 3,50 €/Tag (www.adler-schiffe.de).

Fahrradverleih Ihre Dienste bieten u. a. an: **Deichgraf,** Hafenstr. 5, Wyk, ✆ 04681-2487; **Föhrrad,** Gmelinstr. 22 a, Wyk (am Südstrand), ✆ 04681-7471031; **Fehr,** Badestr. 6,

✆ 04681-3864; **Nordseewind-Fahrradverleih,** Jens-Jacob-Eschels-Str. 26 c, Nieblum, ✆ 04681-748924; **Fahrradverleih Lindeman,** Jaardenhuug 10 a, Utersum, ✆ 04683-1516.

Inselrundfahrten Mehrmals tägl. eine 1:30- oder 2-stündige geführte Busrundfahrt (zu buchen bei der Reederei **W.D.R.,** Bus der Fa. Korf, Abfahrt am Fähranleger). Erw. 9 bzw. 10 €, Kinder (6–14 J.) 4 bzw. 5 €, Familien 22 bzw. 25 €. www.taxi-korf.com/inselrundfahrten. Zudem gibt es den **Friesenexpress** (eine Bimmelbahn), in 2:30 Std. geht es mit Zwischenstopp in Dunsum über die komplette Insel, tägl. 10.30 und 13 Uhr (Abfahrt am Schwimmbad Aquaföhr). Erw. 13 €, Kinder (4–14 J.) 5 €, Familien 30 € (Fahrkarten beim Fahrer), ✆ 0175-5104840, www.friesenexpress-foehr.de.

Schiffsausflüge Mit der Autofähre der *W.D.R.* tägl. nach **Wittdün/Amrum** (Erw. 8,90 €, Kinder 6–14 J. 4,45 €. Infos unter www.faehre.de). Zudem April–Okt. **Seetierfangfahrten**, Fahrten zu den **Seehundbänken** und Ausflüge zu den Halligen **Hooge, Langeneß** und gelegentlich nach **Gröde** mit der MS „Hauke Haien" oder mit der MS „Adler Rüm Hart" (Erw. 20 bzw. 22 €, Kinder bis 14 J. 10,50 bzw. 12,10 €. Familien 53 €; ✆ 0171-7705877, www.wattenmeerfahrten.de und www.adler-schiffe.de/ab-foehr). Darüber hinaus Tagesausflüge nach **Sylt** (auch über Dagebüll und weiter mit dem Zug; Erw. 26–36 €, Kinder 15–22 €, Familien 57–88 €) und Mo–Do mit dem „Adler CAT" sogar nach **Helgoland** (Erw. ab 64,50 €, Kinder ab 36,50 €, Familien 178 €; www.adler-schiffe.de). Fahrkarten jeweils online (E-Ticket), am *W.D.R.*-Schalter oder einfach direkt an Bord.

Essen & Übernachten in Wyk (→ Karte S. 200/201) **Duus-Hotel garni 16,** kleines, in stylisch-modernem Ambiente renoviertes Traditionshaus zentral am Markt, somit auch ganz nah am Fähranleger und Strand gelegen. Dennoch vergleichsweise ruhig. Netter Service, saubere Zimmer, gutes Frühstücksbüfett im relativ engen Frühstücksraum. DZ 140–160 €. Hafenstr. 40, ✆ 04681-59810, www.duus-hotel.de.

Mein Tipp **Kurhaus Hotel 20,** traditionsreiches Hotel in Bäderarchitektur der Gründerzeit in Toplage am Hauptstrand. 36 sehr saubere und zweckmäßig-gemütlich eingerichtete Zimmer mit allem Komfort (Aufzug). Allerdings muss man mitunter auch noch spätabends mit ein wenig Lärm in der Fußgängerzone rechnen, was den Wohngenuss jedoch kaum schmälert. Sehr freundlicher und unaufdringlicher Service. Gutes Frühstücksbüfett, das man auch auf der Promenadenterrasse genießen kann. Mittags und abends wird der Frühstücksraum zum bistroartigen **Kurhauscafé 20**. Dann können Sie hier oder an den Tischen vor dem Haus Kleinigkeiten wie Pfann- und Flammkuchen oder auch ein herzhaftes Schnitzel genießen. DZ 110–160 €. Sandwall 40, ✆ 04681-792, kurhaushotel-wyk.de.

Lüttje Kök 17, schmackhafte, solide Küche (Fisch- und Fleischgerichte, prima Krabbensuppe), gemütliche Einrichtung mit verzierten Holzstühlen mit hohen Lehnen, man fühlt sich ein klein wenig zurückversetzt in Omas Zeiten. Mit Kamin (im Winter); ein paar einfache Tische vor dem Haus. Wechselnde Öffnungszeiten, i. d. R. tägl. 17.30–21 Uhr, Fr–So auch 12–13.30 Uhr (Mi Ruhetag). Mittelstr. 22, ✆ 04681-8282.

Klatt's gute Stuben 18, das blumenberankte kleine Haus ist ein gutes Fischrestaurant. Innen eine helle Speisewirtschaftatmosphäre in zwei relativ engen Räumen. Sehr große Auswahl an leckerem Fisch. Es gibt aber auch einige Fleisch- sowie vegetarische Gerichte (zudem eine Tageskarte). Tägl. 11–14 und ab 17 Uhr geöffnet. Mühlenstr. 6, ✆ 04681-652.

Wyk-Wahrzeichen: Glockenturm

Inseln und Halligen → Karte S. 174

meinTipp **Zum glücklichen Matthias 21,** sehr urige Restaurantkneipe im Seemannskneipenlook, dementsprechend schmücken Galionsfiguren, Schiffsmodelle und anderes maritimes Zubehör die immer herrlich volle Gaststube. Benannt ist sie nach Föhrs berühmtestem Walfangkommandeur. Hier gibt es leckeres und deftiges Essen wie riesige Spareribs, Spanferkel und viel Fisch. Relativ große Portionen, netter, unkomplizierter Service. Abends besser reservieren. Ganzjährig geöffnet, Mo–Fr ab 16 Uhr, Sa/So ab 15 Uhr (durchgehend warme Küche bis nach 21 Uhr, was für Wyk selten ist). Feldstr. 2, ✆ 04681-501822.

Café-Konditorei Steigleder 19, traditionelles Café in 1-a-Lage am Sandwall, das seit 1919 betrieben wird, Fotos an den Wänden zeugen von den alten Föhrer Zeiten. Das Interieur verbreitet die gemütliche Café-Atmosphäre der 1980er-Jahre – so, als sei die Zeit stehen geblieben. Aber es geht ja um den leckeren Kuchen (z. B. Friesentorte) und andere hauseigene Konditoreispezialitäten, die es auch im Laden zu kaufen gibt. Auch Speisen für den kleinen Hunger im Angebot (v. a. Suppen). Ein paar einfache Tische auf der Promenade und auf der gepflegten, baumbeschatteten Wiese vor dem Haus. Tägl. 9–19 Uhr geöffnet (im Winter Mi Ruhetag). Sandwall 28, ✆ 04681-4411.

Klein Helgoland 15, lohnt einen Spaziergang bis ganz ans Ende des Sportboothafens. Toller Blick aufs Meer. Das grasbewachsene kleine Café/Restaurant mit großer, windgeschützter Terrasse ist oft sehr voll. Innen richtig gemütlich und mit Delfter Kacheln versehen, was die ganz besondere Atmosphäre ausmacht. Viele hochpreisige Tee- und Kaffeespezialitäten und große Kuchenstücke, lecker ist v. a. der Erdbeer-Rhabarber-Kuchen. Auch Restaurantbetrieb mit herzhafter Bistro-Küche. Mi–So 11–20 Uhr geöffnet (in der Nebensaison nur am Wochenende). Achtern Diek 14, ✆ 04681-7471673.

Essen & Übernachten in Ostföhr (→ Karte S. 194/195) **Namine Witt 10,** in einem historischen Gasthof (mit schönem Garten) gegenüber dem Friesendom gelegenes Restaurant und Bistro/Feinkostgeschäft, das unter dem Label **Genusshandwerk Föhr 10** feinste Speisen anbietet, die teilweise in der eigenen Manufaktur hergestellt werden (Pasta, Pestos, Soßen und Suppen). Im Bistro können Sie am Tresen per Selbstbedienung tägl. wechselnde Speisen bestellen, die dann serviert werden; im Restaurant bekommen Sie

exklusive Gerichte wie Steinbutt oder Filetsteak oder auch eine Gänsesuppe mit Trüffeln. Restaurant Di–Sa 17.30–23 Uhr, das Bistro in der Saison tägl. 12–21 Uhr geöffnet. Alkersumer Stieg 4, Nieblum, ✆ 04681-9643523.

meinTipp **Café Alt Wrixumer Hof 8,** da schlägt das Herz des Kuchenliebhabers höher, denn hier gibt es eine reiche Auswahl an stets hausgemachten Torten, Früchte- oder Käsekuchen (zudem beliefert der Konditor auf der Insel noch 6 Cafés mit seinen Kreationen). Von außen aufgrund der unspektakulären Lage an der Hauptstraße nicht gleich erkennbar, ist es innen unerwartet gemütlich und hell eingerichtet; draußen nur 3 einfache Tische (mit Strandkörben). Tägl. 14–18 Uhr geöffnet (Do Ruhetag). Hardesweg 43, Wrixum, ✆ 04681-2857.

meinTipp **Rackmers Hof 7,** komfortables und gemütliches Hotel garni mit freundlichem

Service. 11 luxuriöse Suiten (die meisten 2-geschossig) mit Holzböden und Einbauküche in kleinen Reetdachhäusern, die sich um das Stammhaus gruppieren. Kleiner Wellnessbereich (2 Saunen und Massage). Ausgewogenes und sehr gutes Vital-Frühstück in der Kapitänsstube oder auf der Terrasse (bis 12 Uhr). Schöner Garten. Suite ab 110 €. Buurnstraat 1, Oevenum, ✆ 04681-746377, www.rackmers.de.

Altes Landhaus 13, wie der Name schon sagt, ein historisches Reetdachhaus mit friesischem Ambiente. Restaurant mit langer Tradition, gute Küche mit frischen Zutaten (Krabbensuppe oder knoblauchiges Lamm, aber auch prima Rumpsteak), auch Mittagskarte, große Sonnenterrasse, auf der man schön sitzen kann. 12–14 und ab 18 Uhr geöffnet (Mo abends und Di geschlossen). Bi de Süd 22, Nieblum, ✆ 04681-2572.

MeinTipp **Saimons 12**, nur 7 Tische im Gastraum mit skandinavisch-minimalistischer Einrichtung. Hervorragende, relativ hochpreisige Küche, die ihren Preis allerdings wert ist. Täglich wechselnde Karte, die nicht auf dem Tisch liegt, sondern in schöner Kreideschrift die komplette schwarze Seitenwand ziert und Lust aufs Essen macht. Je nachdem, was frisch auf den Märkten zu bekommen ist, werden ganze Fische, Steaks sowie feine Vor- und Nachspeisen angeboten (was aus ist, wird dann einfach von der Kreidetafel gestrichen). Jens-Jacob-Eschel-Str. 26, Nieblum, ✆ 04681-96433484.

Café Kohstall 11, geschmackvolles Café (aber auch Restaurant) in einem umgebauten Kuhstall, innen nettes Kaffeehausambiente mit Liebe zum Detail; freundlicher Service. Leckere selbst gebackene Torten und Waffeln. Im Sommer gibt es dienstags „Spanferkel satt“ und freitags gegrilltes Salzwiesenlamm (jeweils Anmeldung erbeten). Einfache Tische vor und hinter dem Haus in tollem Ambiente zwischen Rosen und anderen Blumen. Tägl. 13.30–18 Uhr geöffnet (Nebensaison Mo/Di Ruhetag). Jens-Jacob-Eschels-Str. 12, Nieblum, ✆ 04681-5112.

Kliff-Café 14, in einer Art Bungalow in Goting am Kliff gelegen, schöne Kaffeehausatmosphäre mit Blick auf den zum Haus gehörenden Minigolfplatz und das dahinterliegende Meer; wirklich gute Torten, es gibt aber auch kleine Speisen wie z. B. Erbseneintopf. Sonnenterrasse, schöner Garten – was will man mehr? Im Regelfall 11–18 Uhr geöffnet. Klaffwai 61, Nieblum-Goting, ✆ 04681-3660.

Essen & Übernachten in Westföhr (→ Karte S. 194/195) **Gasthaus Knudsen 4**, bodenständiger friesischer Gasthof mit familiärer Atmosphäre im Ortskern von Utersum. 10 gut ausgestattete Zimmer und 3 Apartments (Hunde nicht erlaubt). Frühstücksraum mit reichhaltigem Büfett. Großes Restaurant (plus Festsaal) mit gutbürgerlicher Küche und großer Auswahl an Fleisch- und Fischgerichten. Kleine Terrasse mit Strandkörben im Garten, in denen Sie im Sommer kleine Gerichte und leckere Fischbrötchen serviert bekommen. Küche von 11.30–13.30 und 17.30–20.30 Uhr (Do Ruhetag). DZ 94–120 €. Boowen Taarep 15, Utersum, ✆ 04683-308, www.gasthaus-knudsen.de.

Mein Tipp **Letj Lembeck's 9**, unter dem Motto „klein, aber friesisch" gibt es in dem 1845 erbauten weißen Reetdachhaus herzhafte Speisen wie Brathering und Matjes, gute Rumpsteaks und Pizza, aber auch Kaffee und hausgemachte Kuchen (leckere Waffeln), die man auch draußen im großen Garten unter Schatten spendenden Bäumen genießen kann. Innen ist es gemütlich eng mit nur 4 Tischen und einer netten Theke. Ganzjährig 18–21 Uhr geöffnet, im Sommer ab 12 Uhr (Di Ruhetag). Malnstich 5 (gegenüber der Mühle, weshalb der Wirt auch Mühlenmichel genannt wird), Borgsum, ✆ 04683-369.

Waastwinj 6, Familie Henning führt das „Westwind" mit 18 frisch renovierten, modern-aufgeräumten Zimmern, viele davon mit Terrasse oder Balkon (Sauna im kleinen Schäferwagen). DZ ca. 120–150 €. Im hell-geräumigen Restaurant **Hennings 6** gibt es regionale, frische Gerichte. Geöffnet 17.30–20.30 Uhr, Sa/So auch 12–13.30 Uhr (Mi Ruhetag). Jaardenhuug 2, Utersum, ✆ 04683-963330, www.waastwinj.de.

Mein Tipp **Ual Skinne 5**, in einer ehemaligen Scheune eingerichtetes gemütliches Café samt Restaurant. Bekannt für seine hochwertigen friesischen Spezialitäten und für ausgefallene mediterrane Küche. Serviert werden große

Im Inselwesten: Strand mit Badesteg in Utersum

Rumpsteaks, Lammhaxen und leckere Fischgerichte, aber auch Delikatessen wie Jakobsmuscheln oder Dorade. Zutaten wie Gemüse, Gewürze und Eier stammen teilweise aus eigener Produktion. Reichhaltiges Weinangebot. In der Saison auch Cafébetrieb, dann gibt es hausgemachte Torten und als Spezialität übergroße Windbeutel, die man auch auf der windgeschützten Terrasse vor dem Haus genießen kann. Geöffnet April–Okt. tägl. (außer Mi) ab 18 Uhr, Juni–Sept. auch 12–14 Uhr (abends Reservierung empfohlen). Boowen Taarep 11, Utersum, ✆ 04683-1398.

Mein Tipp ****** Altes Pastorat 3**, dieses kleine, familiäre, aber sehr luxuriöse Hotel in Süderende bietet nur 10 mit Liebe zum Detail restaurierte Zimmer bzw. Suiten im traditionsreichen Reetdachhaus und im gegenüberliegenden Friesenhof. Geschmackvoller Frühstücksraum mit Terrasse sowie Salon mit Kachelofen. Frühstücksbüfett (bis 11.30 Uhr) mit frischen (Bio-)Produkten. Schöner Pfarrhausgarten; Sauna. Auf Wunsch gibt es abends ein schmackhaftes 3-Gänge-Menü (ausschließlich für Hausgäste, ca. 25 €). DZ 160–230 €. Süderende, ✆ 04683-226, www.landhaus-altes-pastorat.de.

Stelly's Hüüs 2, Café mit Kultstatus. In dem liebevoll eingerichteten Kapitänshaus aus dem Jahr 1837 lässt sich eine Menge entdecken. Das in Oldsum gelegene Haus ist eine Mischung aus Kunsthandwerksladen, Töpferstube, Teeladen und gemütlichem Café mit hausgemachtem Kuchen und frischen Waffeln, Milchreis, kleinen Gerichten und guten Suppen. Es gibt auch einige Tische draußen (bestellen und bezahlen muss man aber drinnen, dann wird serviert). Geöffnet Ostern bis Nov. tägl. 11.30–18 Uhr, im Winter Mi–So 14–18 Uhr (dann Mo/Di Ruhetag). Haus 38 (am südlichen Ortsausgang), Oldsum, ✆ 04683-306.

Mein Tipp **Café im Apfelgarten 1**, kleine, mit einer Balkendecke versehene Gaststube mit nur 5 Holztischen und grünen Bänken in der ehemaligen Scheune eines historischen Friesenhauses. Aber auch unter den Apfelbäumen vor dem Haus stehen ein paar Tische – daher der Name. Es gibt nicht nur selbst gebackene (Apfel-)Kuchen und Eisbecher, sondern auch sehr leckere (Kartoffel-)Suppen, überbackenen Schafskäse oder Heringsfilets. Nicht ganz billig, aber dafür werden auch fast nur Bioprodukte verwendet. Im Sommer gibt es tägl. frisch gebackenen Zwiebelkuchen. Gelegentlich werden sogar Hauskonzerte veranstaltet, dann ist eine Reservierung obligatorisch. Geöffnet April–Okt. 11.30–18 Uhr, im Juli/Aug. bis 20.30 Uhr. Haus 86, Oldsum, ✆ 04683-898.

Mehr Infos zu Amrum und Föhr finden Sie in unserem Reiseführer **Föhr & Amrum** von Dieter Katz, Michael Müller Verlag, 3. Aufl. 2018, 12,90 €.

Weinanbau auf Föhr und Sylt

Kein Witz: Seit 2009 wird in Alkersum und Nieblum auf Föhr auf einer Fläche von nur 4 ha und auch in Keitum auf Sylt auf nur 0,3 ha Wein angebaut. Dazu mussten gemäß EU-Recht erst Pflanzrechte erworben werden, weshalb das Land Rheinland-Pfalz 10 ha seiner Anbaurechte an Schleswig-Holstein abgetreten hat. Der Versuch gelang – seit 2011 lassen sich trockene nordfriesische Weine genießen, seither steigt jährlich der Ertrag, mittlerweile wird sogar auch Sekt hergestellt. Verwunderlich ist das eigentlich nicht, denn immerhin ist die Sonnenscheindauer auf Föhr und Sylt durchaus vergleichbar mit anderen deutschen Weinanbaugebieten. Allenfalls die Feuchtigkeit kann zum Problem werden, was man jedoch mit frühreifen und pilzresistenten Weinsorten in den Griff bekam. Und Abnehmer findet der schleswig-holsteinische Landwein mit den Namen „Réserve Waalem", „Waalem Kul" oder „Sölviin" und dem verkaufsfördernden Label „Föhr" oder „Sylt" sowieso.

Inseln und Halligen → Karte S. 174

Einsame Gegend: Kutter in Süderhafen

Nordstrand

Das Motto „meine Insel an Land“ im Logo Nordstrands sagt es eigentlich schon aus: Nordstrand ist entstehungsgeschichtlich eine flache Marscheninsel, wurde aber schon zu Beginn des 20. Jh. durch einen Küstenschutzdamm mit dem Festland verbunden.

Seitdem hat sich die Anbindung an das Festland durch Sedimentablagerungen beiderseits des Dammes immer mehr stabilisiert. Und mit der Fertigstellung des Beltringharder Kooges im Jahr 1987 und der damit noch einmal erheblich vergrößerten Landanbindung wurde Nordstrand endgültig so etwas wie eine weit ins Wattenmeer hineinragende Halbinsel. Damit hat Nordstrand seinen Inselcharakter und -charme weitgehend verloren, wer Ruhe und Abgeschiedenheit sucht, ist hier dennoch richtig. Nur eines werden Sie trotz des wohlklingenden Inselnamens hier nicht finden, nämlich breite, schöne Strände, allenfalls ein paar Badestellen hinter dem 28 km langen Deich, der die ganze Insel wie ein Bollwerk umschließt.

Zum Erkunden der aus zehn Ortsteilen bestehenden, weit zersiedelten Marscheninsel eignet sich v. a. das Fahrrad. An vielen Stellen können Sie mit schönem Blick auf das Halligmeer auch außendeichs fahren und auf diese Weise Nordstrand umrunden.

Heute führt ein 4 km langer Autodamm hinüber zur (Halb-)Insel, die wegen der fruchtbaren Felder heute landwirtschaftlich geprägt ist. Am Ende des Damms wird der Nordstrand-Besucher von einem Wattenmeer-Infopunkt mit einer auffälligen Skulpturengruppe empfangen (sieben steinerne Flaggen im Wind, → Foto S. 212). 4 km dahinter liegt der kleine Ort **Süderhafen** mit seinem großen, weithin sichtbaren Silo, der 2016 außer Betrieb gestellt wurde. Viel los ist hier nicht, im kleinen Hafen sind ein kleiner Freizeitkutter sowie einige Sportboote vertäut und hinterm Deich grüßt mit der **Engelmühle** *„Glück-Zu"* ein weiteres Nordstrander Wahrzeichen. Der 28 m hohe Galerieholländer von 1888 beherbergt schon seit Jahrzehnten ein Mühlen-Café.

Ein richtiges Zentrum fehlt auf der aus 7 Kögen bestehenden, etwa 5000 ha großen Marscheninsel. Doch in der Inselmitte bilden die drei ineinander übergehenden Ortsteile **Herrendeich, Süden** und **Odenbüll** so etwas wie ein Verwaltungs- oder Versorgungszentrum. Hier gibt es neben ein paar kleinen Läden und Gaststätten auch die Inselverwaltung mit der Touristinfo und dem Inselmuseum. Gegenüber dem Amtsgebäude zeigt ein Flutmarker die hohen Wasserstände vergangener Sturmfluten an, die es hier ohne Deiche gegeben hätte; daneben steht als technisches Denkmal ein kleiner Tassenpegel, der ehemals die Sturmfluthöchststände an entlegenen Messstellen festhielt. Und hier im geografischen Mittelpunkt Nordstrands stehen auch die Kirchen der drei auf der Insel vertretenen Konfessionen (evangelisch, katholisch und alt-katholisch).

In den ältesten Kögen sind Nordstrands Ortsteile einfach nach der Himmelsrichtung benannt (Norderhafen, Osterdeich, Süden, Westen). Der Wiederaufbau nach den Sturmflutzerstörungen von 1634 brachte es mit sich, dass heute die Häuser zu einem großen Teil straßendorfartig in Reihen stehen. So geht im Inselwesten der Ortsteil Süden (die Insulaner sprechen von „dem" Süden) mit der sturmflutsicheren Bebauung des alten Westdeichs fast nahtlos in das lange Straßendorf mit dem Namen Westen über. Am angrenzenden Seedeich – dem neuen Westerdeich – befindet sich die *Badestelle Fuhlehörn*, die auch der Ausgangspunkt für die Kutschfahrten oder Wattwanderungen zur Hallig Südfall (→ S. 212) ist.

Ganz in der Nähe liegt auch Nordstrands Vogelkoje, und keine 2 km weiter, am westlichsten Punkt der Insel, befindet sich der überregional bekannte, etwas kühl wirkende und sehr kleine Hafen **Strucklahnungshörn** (mit großem kostenpflichtigem Parkplatz). Mit seiner regelmäßigen Pellworm-Fährverbindung ist er das Tor zur Nachbarinsel und macht Nordstrand damit ein wenig zur Durchgangsstation für Insel- und Halligbesucher. Von Strucklahnungshörn starten in den Sommermonaten auch Ausflugsschiffe zu den übrigen Inseln und Halligen, auch ist der Hafen Heimat des Pellwormer Seenotkreuzers *Eiswette*. Mitunter, v. a. freitagmorgens, verkaufen hier auch Krabbenfischer ihre frische Ware.

Kaum 2 km von Strucklahnungshörn entfernt liegt **Norderhafen.** Einen Hafen gibt es hier jedoch schon lange nicht mehr, dafür eine Ferienwohnungssiedlung und ein kleines Kurzentrum in Stil der 1970er-Jahre mit kleinem Schwimmbad und einer Wattenmeer-Schutzstation, in der man eine interaktive Ausstellung und kleine Meerwasseraquarien besichtigen kann (geöffnet tägl. 10–18 Uhr, Eintritt frei). Einige Gaststätten am Deich mit promenadenartiger Terrasse und schönem Wattenmeer-Weitblick machen Norderhafen zudem zu so etwas wie dem touristischen Mittelpunkt Nordstrands – alles jedoch in sehr bescheidenem Rahmen.

Weiter ostwärts hinter dem Osterkoog schließt sich das Straßendorf **England** an (plattdeutsch für „Enges Land"), direkt dahinter folgt der **Elisabeth-Sophien-Koog.** Straßennamen gibt's auch in der selbstständigen Gemeinde Elisabeth-Sophien-Koog nicht, nur einige weit auseinanderliegende Höfe. Dahinter bildet das Naturschutzgebiet Beltringharder Koog (→ S. 151) mit der *Badestelle am Holmer Siel* die Verbindung zum nordfriesischen Festland.

Geschichte

Nordstrands Geschichte ist bemerkenswert. Noch bis zur verheerenden zweiten Marcellusflut von 1362 (→ „Grote Mandränke", S. 286) gehörte Nordstrand zu einer riesigen eingedeichten Halbinsel, nach dieser Flut zur großen, hufeisenförmigen Insel Strand, die wiederum 1634 in der Burchardiflut unterging und deren Reste heute von den Inseln Nordstrand, Pellworm und Nordstrandischmoor gebildet werden. Im Gegensatz zum benachbarten Pellworm, wo die Überlebenden mithilfe holländischer Neusiedler schon im Jahr nach der großen Flut mit einer Wiedereindeichung der Insel begannen, fehlten den verarmten Nordstrandern dazu mitten im Dreißigjährigen Krieg die Mittel. Erst 1652 unterschrieb der Gottorfer Herzog dem finanzkräftigen Brabanter Unternehmer *Quirinus Indervelden* einen Freibrief (einen sog. *Oktroy*), mit dem dieser als Deichgraf weitgehende Eigentumsrechte auf der Insel erlangte, im Gegenzug die Insel aber auf eigene Kosten wieder eindeichen musste. Gemäß dem alten „Spadelandrecht" („Wer nicht will deichen, muss weichen") hatten die wenigen überlebenden Inselbewohner damit auch noch den Rest ihres Eigentums verloren. Viele verließen das Land, und mit ihnen starb auch ihre Sprache, das Strander Friesische, aus. Stattdessen kamen v. a. aus dem katholischen Flandern und Brabant (den damaligen Spanischen Niederlanden) stammende Deichbauarbeiter, die hier als Neusiedler Religionsfreiheit genossen. Dies begründet auch die besondere Kirchengeschichte Nordstrands, denn obwohl Nordstrand zur Reformationszeit zu den ersten Gebieten zählte, in denen sich die neue Lehre durchsetzte (1526), wurde von den holländisch-katholischen Deichbauern schon 1662 abermals der Grundstein für eine katholische Kirche gelegt. Noch heute gibt es hier neben der evangelischen Gemeinde (St.-Vinzenz-Kirche aus dem 13. Jh.) eine ursprünglich dem holländischen Erzbistum Utrecht zugehörige alt-katholische Kirchengemeinde (St.-Theresia-Kirche von 1662). Weil sich in Holland die alt-katholische Kirche des Erzbistums Utrecht von der papsttreuen römisch-katholischen Kirche trennte, kam es auch auf Nordstrand im Jahr 1740 zur Spaltung der katholischen Christen. Mit der Angliederung Nordfrieslands an Preußen 1866 durften dann auch die verbliebenen römisch-katholischen Christen ihre eigene Kirche auf dem Süden (Herrendeich) bauen (St.-Knud-Kirche).

Bis 1691 wurden vier Köge neu eingedeicht. Zu einem weiteren Kuriosum führte die wegen fortlaufender Deichbrüche erst 80 Jahre später erfolgreiche Bedeichung des fünften Kooges, des damaligen Christianskooges (heute Elisabeth-Sophien-Koog), weshalb Nordstrand heute verwaltungstechnisch aus zwei selbstständigen Gemeinden besteht: der kleinen Gemeinde Elisabeth-Sophien-Koog (46 Einwohner), die wie eine Enklave im Norden der (Halb-) Insel liegt, und der flächenmäßig 10-mal und die Einwohnerzahl betreffend sogar 50-mal größeren Gemeinde Nordstrand (2250 Einwohner) auf dem Rest der Halbinsel, zu der auch die Hallig Nordstrandischmoor mit ihren 22 Einwohnern gehört. Diese Sonderstellung verdankt der Elisabeth-Sophien-Koog dem Grafen *Jean Henri Desmercières* (1687–1778), der als Minister des dänischen Königs den nach einer erneuten Sturmflut zerstörten ehemaligen Christianskoog im Gebiet der ehemaligen Insel Alt-Nordstrand im Jahr 1771 auf eigene Kosten eindeichen ließ und nach seiner Ehefrau benannte. Desmercières hatte damals die Unabhängigkeit der Bewohner des neuen Koogs gegenüber dem Landesherren vereinbart. Die politische Unabhängigkeit des fünften Neustrander Koogs hat sich so gesehen bis heute erhalten – die Koog-Einwohner widersetzten sich in den 1970er-Jahren erfolgreich den andernorts üblichen Eingemeindungen (wirtschaftlich lebt die Gemeinde übrigens schuldenfrei, u. a. wegen Gewerbesteuereinnahmen eines Windparks und eines kleinen Campingplatzes). Erwähnenswert ist auch, dass das friesische Nationalgetränk „Pharisäer" (→ Kasten S. 208) hier im Elisabeth-Sophien-Koog erfunden wurde und vielleicht auch, dass der ehemalige schleswig-holsteinische Ministerpräsident (von 2005–2012) *Peter Harry Carstensen* im kleinen Elisabeth-Sophien-Koog 1947 geboren wurde und hier lange Zeit lebte.

Bereits 1906/07 wurde Nordstrand (fries.: *di Ströön*) durch einen 2,5 km langen Damm mit dem Festland verbunden. Dieser niedrige und nur bei Ebbe für Fußgänger begehbare Damm diente zunächst lediglich der Eindämmung von Prielen und hatte damit Küstenschutzfunktion. 1924 wurde das als Folge entstandene Vorland im Bereich der ehemaligen Pohns-Hallig eingedeicht, wodurch der Pohnshalligkoog entstand. Bis 1934 wurde der zum Festland führende Damm dann zu einer Fahrstraße ausgebaut. Durch weitere Landgewinnungsmaßnahmen entstanden beiderseits des Dammes eine Reihe von Salzwiesen, bis mit dem Bau des Beltringharder Koogs 1987 (→ S. 151) eine breite Landanbindung (und auch eine größere Straßenverbindung) entstand, die Nordstrand endgültig zur Halbinsel machte.

1990, als ein kleines Kurzentrum hinter dem Außendeich im Ortsteil Norderhafen entstand, wurde Nordstrand mit seinen 2400 Gästebetten als Seeheilbad anerkannt.

Sehenswertes

St.-Theresien-Kirche: In der Inselmitte im Ortsteil Süden befindet sich die älteste und zugleich am weitesten nördlich gelegene altkatholische Kirche Deutschlands. Sie wird liebevoll auch Theresien-Dom genannt, allerdings nicht wegen ihrer Größe, sondern wegen des Schriftzugs D.O.M am Turmschaft, der die Abkürzung für „Deo Optimo Maximo"

Alt-katholisch: St.-Theresien-Kirche in Süden

Der Pharisäer – das nordfriesische Nationalgetränk

Es ist eine Geschichte der Scheinheiligkeit: Der Pharisäer verdankt seine Entstehung einem Sündenfall im Jahr 1872 auf dem Nordstrander Elisabeth-Sophien-Koog. Dort nämlich soll der damalige Pastor *Adolph Georg Bleyer* – ein erklärter Alkoholgegner – von der Kanzel heftig gegen die schlechte Angewohnheit seiner Schäfchen gewettert haben, sich mit diesem zu berauschen. Daher geziemte es sich nicht, in Anwesenheit des Pastors Alkohol zu trinken, weshalb die Einwohner Nordstrands es vorzogen, ihre tägliche Ration Rum heimlich zu sich zu nehmen. Die Geschichte nahm ihren Lauf, als anlässlich einer Kindstaufe beim wohlhabenden Bauern *Peter Georg Johannsen* dieser auf die stimmungsaufhellende Idee kam, die Tassen seiner Gäste nicht komplett mit Kaffee zu füllen, sondern stattdessen einen ordentlichen Schuss Rum hineinzugeben und das Ganze mit einer als Geruchsbremse dienenden Sahnehaube zu garnieren. Als man dem Pastor irrtümlich ebenfalls eine Tasse dieses „Kaffees" servierte, flog der Schwindel auf und der

Der Pharisäerhof auf Nordstrand

Geistliche rief daraufhin entrüstet: „Oh, Ihr Pharisäer!" Von da an hatte das Getränk, das v. a. an kalten Tagen gerne getrunken wird, seinen Namen. Sie sollten ihn unbedingt einmal probieren, am besten sehr heiß und mit handgebrühtem Kaffee, dazu mit ungesüßter Sahne und natürlich mit einer ordentlichen Portion Rum (4 cl). Denken Sie daran, dass der Pharisäer nach alter Tradition nicht umgerührt, sondern (ohne Strohhalm!) durch die Sahne getrunken wird, damit der Alkoholgeruch nicht aus der Tasse steigen kann. Und übrigens: beim Anstoßen ist das sonst gebräuchliche „Prost" hier nicht üblich, mancherorts sogar eher verpönt, man sagt schlicht und einfach: „Na denn".

Was wenig bekannt ist: So ganz unberechtigt waren die Warnungen des eifrigen Pastors nicht. Alkoholismus war (und ist) auch in den einsamen Regionen Nordfrieslands ein Problem. Auch Landwirt Johannsen, der eigentliche Erfinder des Pharisäers, wurde alkoholkrank. Er verfiel dem Branntwein später so sehr, dass er entmündigt wurde, weil er seinen Hof nicht mehr führen konnte. Aber auch das Leben des Pastors nahm kein gutes Ende, ja man könnte sagen, er war vielleicht selbst so etwas wie ein Pharisäer (also ein Mann mit heuchlerischer Doppelmoral). Neben der tatsächlich wahren Geschichte um die Erfindung von Nordfrieslands Nationalgetränk ist noch etwas anderes verbürgt. Zur selben Zeit hatte der Pastor ein vier Jahre währendes Disziplinarverfahren und eine zeitweilige Amtssuspendierung zu überstehen, da er unter Verdacht stand, sein damals 17 Jahre altes Dienstmädchen wiederholt sexuell belästigt und sogar „mit ihr den Beischlaf vollzogen" zu haben. Der zuständige Untersuchungsrichter war kein geringerer als Nordfrieslands berühmter Schriftsteller *Theodor Storm*, der zeitlebens als Jurist tätig war. Der mit dem Fall des verirrten Pastors betraute Storm besuchte also die Insel und führte einige Verhöre durch. Aufgrund eines von dem Dienstmädchen unterschriebenen Dokuments, in dem sie alle ihre Vorwürfe widerrief, wurde Pastor Bleyer schließlich freigesprochen und blieb Pfarrer auf Nordstrand. Es ist allerdings nicht auszuschließen, dass an den Vorwürfen doch etwas dran gewesen war, weil das ehemalige Dienstmädchen später vehement erklärte, dieses Schriftstück nur auf Druck des Pastors unterschrieben zu haben. Kurz darauf heiratete der Pastor im Alter von etwa 50 Jahren seine Haushälterin und bekam mit ihr drei Kinder – und damit hätte die Geschichte noch einigermaßen versöhnlich enden können. Doch es kam anders; ein paar Jahre später (1880) erschoss sich Pastor Bleyer aufgrund einer „Geistesstörung", wie es hieß, an einem Sonntag vor dem Kirchgang.

Heute befinden sich im ehemaligen reetgedeckten Hof des Bauern Johannsen auf dem Elisabeth-Sopien-Koog, dem Pharisäerhof, ein Café und ein Hotelanbau für Gäste mit Hunden. Der Renner des Hauses ist – wen wundert's – der Pharisäer.

(„Dem gnädigsten und erhabensten Gott") ist. Das schöne Kirchlein hat seinen Ursprung in der Zuwanderung niederländischer Deicharbeiter (→ S. 206) nach der großen Sturmflut von 1634. Nach der Eindeichung des Altenkoogs und des Osterkoogs im 17. Jh. wurde sie sturmflutsicher mitten auf dem nun überflüssig gewordenen Osterdeich erbaut und ist damit neben der Kirche von Carolinensiel in Ostfriesland die weltweit einzige Deichkirche. Ihr konsequent neugotisches Aussehen (samt Glockenreiter) verdankt die in ihren Grundfesten 1662 auf dem Osterdeich errichtete Kirche einer im Jahr 1887 durchgeführten kompletten Grundrestaurierung. Auch im stimmigen Inneren der eher klein und gemütlich wirkenden Kirche ist der neugotische Einfluss allgegenwärtig, wobei die Ausstattung wie das Altarbild des Gekreuzigten und die beiden Messingkronleuchter größtenteils aus der alten Kirche übernommen wurde.

Der Deichfriedhof vor der Kirche wird bis heute als Begräbnisstätte genutzt. An den rückwärtigen Teil der Kirche schließt sich das im Kern ebenfalls aus dem 17. Jh. stammende reetgedeckte Pfarrhaus an.

Mit rund 300 Mitgliedern ist die St.-Theresien-Kirche übrigens die einzige altkatholische Kirche im Lande, weshalb sich das Gemeindegebiet über ganz Schleswig-Holstein erstreckt.

■ Tagsüber i. d. R. geöffnet. Osterdeich 1.

St.-Vinzenz-Kirche: Die inmitten Nordstrands im Ortsteil Odenbüll gelegene Kirche ist im Kern über 900 Jahre alt und hat damit allen Sturmfluten widerstanden, ihr Aussehen jedoch stark verändert. 1889 hat man das alte Mauerwerk durch eine neugotische Verblendung verdeckt und einen großen Dachreiter mit Glocke aufgesetzt. Der ursprünglich spätgotische Altarraum wurde 1966 durch einen Neubau ersetzt.

Das mit einer flachen Holzbalkendecke und hellblauen Kirchenbänken ausgestattete Gotteshaus ist relativ klar strukturiert. Blickfang und kostbarster Einrichtungsgegenstand ist der spätgotische Schnitzaltar (um 1480). Er zeigt mittig die Darstellung der Kreuzigung und auf den Seitenflügeln 16 Apostel- und Heiligenfiguren. Das Triumphkreuz an der Südwand wurde um 1400 gefertigt; der achteckige, pokalförmige Taufstein aus belgischem Marmor stammt ebenfalls aus dem frühen 15. Jh. Die niedrige hölzerne Kanzel von 1605 ist kostbar verziert, ebenso wie die Empore (von 1715), auf der 19 Ölgemälde Geschichten aus dem Alten und Neuen Testament erzählen. Bemerkenswert sind zudem die aus dem 17. Jh. stammenden schmiedeeisernen gebogenen Huthalter an den hinteren Bänken und an der Wand unter der Empore.

Umgeben wird das Gotteshaus von einem historischen, von einigen Grabsteinen und -kreuzen gesäumten Warft-Friedhof, der seit 1876 nicht mehr benutzt wird.

■ Täglich geöffnet. Odenbüll 17.

Inselmuseum: Im Obergeschoss der alten Amtsverwaltung (Touristinfo) bekommt man einen interessanten Einblick in Nordstrands Inselgeschichte und das harte Leben der von ständigen Fluten bedrängten (Deich-)Bauern. So werden v. a. die großen, zerstörerischen Sturmfluten und die Wiedereindeichung der sieben Köge thematisiert. Stolz ist man auf das erste Modell des sagenumwobenen Ortes Rungholt, des in den Fluten untergegangenen einstigen Zentrums der Region (→ Kasten S. 213). Einige Wattfunde und interessante Fotos bereichern darüber hinaus die Ausstellung.

■ Geöffnet zu den Öffnungszeiten der Touristinfo: in der Saison Mo–Do 8–17 Uhr, Fr 8–12 Uhr, Sa 10–13 Uhr (in der Nebensaison in der Mittagspause 12–14 Uhr und Sa geschlossen). Eintritt frei, Spende erbeten (Spendenbox). Schulweg 4, ✆ 04842-263, www.nordstrander-heimatverein.de.

Vogelkoje: Ganz im Inselwesten gibt es im Alten Koog bei Strucklahnungshörn noch eine jener Entenfanganlagen (→ Kasten S. 192), die einst nach holländischem Vorbild erbaut wurden und nur auf den Nordfriesischen Inseln zu finden sind. Auf Nordstrand fing man erst 1905 mit dem Bau einer Vogelkoje an. An jeder Ecke des aus Sichtschutzzwecken von dichtem Buschwerk umgebenen Teiches befindet sich ein bogenförmiger und mit Netzen überspannter Fanggraben mit Reuse („Pfeife" genannt), in den die Wildenten gelockt wurden. Ein Kojenwärter machte dann kurzen Prozess und „wringelte" die gefangenen Enten, das heißt, er drehte ihnen den Hals um.

▪ Geöffnet 15. Mai bis 30. Sept. jeden Mi und So. Führung um 11 Uhr (Dauer 1 Std.), ✆ 04842-378. Ein Tor über der Zugangsbrücke am Deichgraben sorgt dafür, dass die Koje nur zu den Besichtigungszeiten betreten werden kann. Infos beim Tourismusservice und im Veranstaltungskalender unter www.pellworm.de.

Praktische Infos

Einwohner 2250

Information **Tourist-Information Nordstrand,** Schulweg 4, 25845 Nordstrand, ✆ 04842-454, www.nordstrand.de. Kurabgabe 2,20 €/Tag (Kinder frei), Nebensaison (Okt.–Mai) 1 €.

Baden/Schwimmbad/Strandkörbe Badestelle am **Holmer Siel** (DLRG-bewacht, Parkgebühr 1 €, Strandkorbverleih im Café/Restaurant „Zum Strandkorb", ✆ 04842-9000130; Badestelle am schmalen Kinder-Sandstrand **Fuhlehörn** (Strandkörbe bei der Kurverwaltung unter ✆ 04842-454). Ins Wasser springen können Sie aber auch am **Süderhafen.**

Mit dem **Schwimmbad Nordstrand** gibt es zudem ein kleines Bewegungsbecken mit Gegenstromanlage, Warmwasser-Sprudelbad (34 °C) und Sauna. Erw. 4,60 €, Kinder (ab 4 J.) 2 €, Familien 10,50 € (mit Gästekarte Ermäßigung), Sauna 7,50 €. Wechselnde Öffnungszeiten, i. d. R. Mo–Fr 10–19 Uhr, Sa 14–18 Uhr und So 9–12.30 Uhr. ✆ 04842-466, www.nordstrand.de.

Fahrradverleih **Uhles Fahrradverleih,** Osterdeich 26, ✆ 04844-219; **Tinas Fahrradverleih,** Süden 8, ✆ 04842-900425.

Kutschfahrt zur Hallig Südfall Von April–Okt. geht es fast täglich mit mehreren großen Pferdefuhrwerken durch das Watt zur Hallig Südfall (→ S. 271). Die Abfahrtszeit ist tidenabhängig (telef. Anmeldung tägl. 8–15 Uhr unter ☏ 04842-300, Infos/Fahrplan auch unter www.suedfall.de). Treffpunkt: Badestelle Fuhlehörn 30 Min. vor Abfahrt (Westen 93). Nach einer Stunde Kutschfahrt sind Sie auf Südfall angekommen (Aufenthalt dort 1:30 Std.; Imbissmöglichkeit vor Ort). Erw. 20 €, Kinder (7–12 J.) 15 €, kleine Kinder (4–6 J.) 10 €. Gesamtdauer des Ausflugs ca. 3:30 Std.

Schiffsausflüge Vom Fährhafen Strucklahnungshörn mehrmals tägl. nach **Pellworm** (Reederei *NPDG*, ☏ 04844-753, www.faehre-pellworm.de). Zudem April–Okt. tägl. mit den Ausflugsschiffen „Adler-Express" und „Adler V" Fahrten zu den **Seehundbänken**, nach **Amrum**, **Sylt**, **Föhr**, **Hooge**, **Langeneß** und auch nach **Helgoland**. ☏ 04651-9870888, E-Ticket unter www.adler-schiffe.de.

Veranstaltungen **Nordstrander Musiktage,** das bedeutet Live-Musik von Folk bis Rock an 5 Montagen im Juli/Aug. an jeweils verschiedenen Orten auf der Halbinsel. Eintritt frei. Infos unter www.nordstrander-musiktage.de.

Sieben steinerne Flaggen: Symbol für die sieben Inselköge

Essen & Übernachten (→ Karte S. 211)

Mühlencafé „Glück zu" 7, traditionsreiches Café mit Bäckerei und eigener Konditorei in Nordstrands Engelmühle. Den Kuchen und auch die leckeren Windbeutel können Sie auch auf der großen Gartenterrasse genießen. Geöffnet Di–Fr 13.30–17 Uhr, Sa/So 7–17 Uhr (Mo Ruhetag). Süderhafen 15, ☏ 04842-214.

MeinTipp **Am Heverstrom 6,** um 1900 erbautes Hotel und Restaurant hinter dem weithin sichtbaren Silo von Süderhafen, zu dem hinüber vom Hotel aus ein Holzsteg führt. Nettes Ambiente und leckere Speisen mit frischen Zutaten (auch auf der Sonnenterrasse). 11 geschmackvoll eingerichtete Zimmer, DZ 77–105 €, die Zimmer im Obergeschoss haben Meerblick (bzw. Blick auf das Silo). Geöffnet tägl. 11.30–13.30 und 17.30–21 Uhr (in der Nebensaison nur abends), Di Ruhetag. Heverweg 14, ☏ 04842-8000, www.am-heverstrom.de.

*****Garni Hotel Nordstrand 5,** 4 saubere Zimmer in einem bungalowartigen Haus in der Inselmitte, freundliche Gastgeber, herausragendes Frühstück, schöne Terrasse – was will man mehr? DZ 114 €. Am Ehrenmal 10 (Ortsteil Süden), ☏ 04842-8212, www.hotelnordstrand.de.

Zur Nordsee 3, Hotel mit gutem Restaurant und Café direkt am Norderhafener Deich. Schöne Außenterrasse mit schönem Wattenmeerblick (v. a. zum Sonnenuntergang); breites Angebot an schmackhaften Speisen, gutes Frühstück. Ordentlich eingerichtete DZ ab 92 €. Norderhafen 22, ☏ 04842-8607, www.zur-nordsee.de.

Hotel Restaurant England 4, Spezialität sind leckere Sandschollen, es gibt aber auch rustikale Steaks. Geräumige Zimmer (mit Teppichboden), Frühstücksbüfett, netter Service und kostenfreier Fahrradverleih! DZ 69–98 €. Nur März–Okt. geöffnet, Mi Ruhetag. England 46, ☏ 04842-1075, www.hotel-england.de.

Pharisäerhof 2, schöner reetgedeckter Friesenhof mit Tradition – hier ist die Geburtsstätte des Pharisäers (→ Kasten S. 208). Das Café ist ein wenig in die Jahre gekommen, die Gaststube bzw. der Frühstücksraum im ehemaligen Stall wurde dagegen hell und freundlich renoviert und mit weißen Möbeln ausgestattet. Natürlich können Sie hier den legendären Pharisäer trinken und dazu hausgebackene Torten oder selbst gemachtes Eis genießen. Abends Restaurantbetrieb mit abwechslungsreicher Karte (18–21 Uhr).

Der Hoteltrakt mit seinen 28 Zimmern im dänischen Landhausstil befindet sich nebenan in einem Neubau. Hier hat man sich ganz auf Urlaubsgäste mit Hund spezialisiert. März–Okt. und über Silvester tägl. geöffnet (Di hat nur das Restaurant Ruhetag), im Winterhalbjahr nur So 14–18 Uhr geöffnet. Elisabeth-Sophien-Koog 3, ✆ 04842-353, www.pharisaeerhof.de.

Camping Margarethenruh 8, seit über 50 Jahren ein gepflegter, ruhiger Platz (auch für Wohnmobile) mit viel Komfort (Restaurant/Bäckerei in der Nähe). Süderhafen 8, ✆ 04842-8553, www.camping-nordstrand.de.

Camping Nordstrand 1, Elisabeth-Sophien-Koog, ein Platz für Ruhesuchende, direkt hinter dem Deich gelegen, auch 2 Mietwohnwagen sind vorhanden (aber kein Restaurant). Elisabeth-Sophien-Koog 17, ✆ 04842-8534, www.nordstrand-camping.de.

Versunkene Stadt im Meer: geheimnisvolles Rungholt

Unendlich reich soll es gewesen sein, so etwas wie das Atlantis des Nordens: das versunkene Rungholt. Einst war es ein florierender Handelsplatz auf der Insel Strand, dann aber kam im Jahr 1362 die *Grote Mandränke* (→ S. 286), bei der die Stadt von der Nordsee verschlungen wurde. Der Legende nach war der Untergang Rungholts die göttliche Strafe für das lasterhafte Leben und das blasphemische Verhalten der Bewohner, die den Pfarrer angeblich dazu genötigt hatten, einem Schwein, das sie zuvor betrunken gemacht hatten, die Sterbesakramente zu geben.

Jahrhundertelang war es umstritten, wo sich das sagenhafte Rungholt einst befand. Aber wenigstens die Kirchenglocken – so eine weitere Legende – konnte man bei ruhiger See noch dann und wann vom Meeresgrund herauftönen hören.

Doch dann entdeckte der Nordstrander Heimatforscher *Andreas Buch* im Jahr 1921 im Watt bei Südfall von den Gezeiten freigespülte rätselhafte Pflugspuren wie auch Deich- und Schleusenreste, die auf der Basis alten Kartenmaterials dem ehemaligen Rungholt zugeordnet werden konnten. Der Heimatforscher kartierte das Gebiet noch einmal ganz exakt und stellte so die genaue Lage früherer Warften, Wege, Zisternen, Gräber und Äcker fest. Es muss sogar ein kleines Wäldchen im einst hügeligen Gelände gegeben haben – der Name Rungholt, der im Friesischen „Niederholz" bedeutet, deutet darauf hin.

Im Inselmuseum Nordstrand können Sie ein Modell der untergegangenen Stadt bewundern (→ S. 210), entsprechende Wattfunde wurden im kleinen, privaten Rungholt-Museum auf Pellworm zusammengetragen (→ S. 219). Diese offenbaren, dass die Wirklichkeit wohl viel bescheidener ausfiel, als es die Legende glauben machen möchte. Dennoch war das kleine Rungholt einst sicherlich ein bedeutender Handelsort für das vor Ort gewonnene Torfsalz (→ S. 286) wie auch für landwirtschaftliche Erzeugnisse, zudem war es Verwaltungsbezirk des südöstlichen Teils der Insel Strand und ein Kirchspiel. Die einfachen Gehöfte Rungholts standen auf etwa 25 Warften und beherbergten rund 1000 Menschen.

Inseln und Halligen → Karte S. 174

Im Hafen von Tammensiel

Pellworm

Deutschlands drittgrößte Nordseeinsel ist, obwohl es auch hier keine Sandstrände gibt, ein herrliches Stück Nordfriesland inmitten des Wattenmeeres – und auch bestens für einen Tagesausflug geeignet.

Pellworm genießt als reine, von hohen Deichen geschützte Marschinsel eine Art Sonderstellung unter den Inseln, verfügt sie doch über keinen einzigen Quadratmeter Geestland. Das 37 km² große Eiland liegt damit sozusagen komplett etwa einen Meter unterhalb des Meeresspiegels. Die in ihrer Geschichte wiederholt von schwersten Sturmfluten zerstörte Insel wurde von ihren Bewohnern immer wieder Stück für Stück dem Meer mühsam abgerungen, weshalb die vielen Häuserwarften und die Deiche alter Köge bis heute das Gesicht Pellworms prägen.

Heute sind die Zeiten wesentlich ruhiger und es lässt sich auf Pellworm vortrefflich urlauben. Und wenn es schon keinen Sandstrand gibt, so verfügt die Insel doch über einige schöne Grünstrände, wo Sie für Ihr Sonnenbad sogar Strandkörbe mieten können. Dabei geht es allerorts ziemlich ruhig zu, lediglich an der schönen Badestelle an der Hooger Fähre sowie an den Badestellen beim Leuchtturm gibt es an heißen Tagen mitunter einen nennenswerten Badebetrieb.

Die kleine Autofähre der *NPDG* ist die Lebensader der Insulaner und Urlauber. Vier- bis sechsmal täglich fährt sie ab Strucklahnungshörn auf Nordstrand in etwa 40 Min. hinüber nach Pellworm und macht dort am weit ins Wattenmeer hinausreichenden Außenanleger fest. Von dort bringt Sie ein kostenloser Busshuttle zum knapp 2 km entfernten Hauptort Tammensiel mit seinem charakteristischen alten Hafengebäude. Dort warten Fahrradverleiher oder das Inseltaxi auf Urlauber und Tagesgäste. Die Fährkosten für ein Auto können Sie sich somit sparen, denn Ihr Auto ist hier überflüssig – jeder Punkt der fast runden, nur 7 km langen und 6 km breiten Insel kann bequem mit dem Rad erreicht werden. Zudem können Sie nahezu die ganze Insel auf einem geteerten Weg an der Außenseite des gut 25 km langen und 8 m hohen Deichs umrunden und dabei den wunderbaren Wattenmeer-Blick genießen. Ab und zu wird Ihr Schwung dann allerdings durch ein Schafgatter gebremst.

Pellworm setzt sich aus immerhin 14 Ortsteilen zusammen, die gemeinhin nicht viel mehr als eine Ansammlung einiger, oft auf alten Warften stehender Häuser sind, sieht man einmal von **Tammensiel** ab. Dort gibt es den alten Inselhafen, von dem aus noch eine Handvoll Kutter auf Krabbenfang geht. Und nur hier finden Sie nennenswerte Einkaufsmöglichkeiten, das Freizeitbad **PelleWelle,** natürlich die Inselverwaltung und sogar zwei kleine Museen, nämlich das Schifffahrtsmuseum und das Inselmuseum. Und zu guter Letzt finden Sie hier auch die in einem gelben Haus am Hafen untergebrachte **Schutzstation-Wattenmeer** mit einer Nationalpark-Ausstellung und einem Mini-Aquarium (Do Ruhetag, ✆ 04844-760).

Natürlich ist der Tourismus längst eine bedeutende Einnahmequelle der mitten im Weltnaturerbe Wattenmeer gelegenen Insel. 1800 Gästebetten, fast ausschließlich in Ferienwohnungen, sorgen dafür, dass die Tourismusverwaltung jährlich immerhin 160.000 Übernachtungen vermelden kann. Dennoch zeugen zahlreiche Bauernhöfe davon, dass auf der durch und durch grünen Insel die Landwirtschaft noch immer die größte Rolle spielt. Neben der viel Ruhe und Beschaulichkeit ausstrahlenden Landschaft, den zahllosen Schafen und Kühen sind es eine alte Windmühle, der unübersehbare Leuchtturm und zwei historische, besonders schöne Kirchen, die die Insel prägen.

Geschichte

Bis zur vernichtenden Sturmflut von 1362 bildete Pellworm zusammen mit dem heutigen Nordstrand sowie der Hallig Nordstrandischmoor und der Hamburger Hallig ein zusammenhängendes Landgebiet, die sog. Insel Strand. Im 15. Jh. folgten weitere verheerende Sturmfluten, bis die Burchardiflut von 1634 (→ S. 286) Pellworm endgültig von Nordstrand abriss und den größten Teil der einst riesigen Marscheninsel in die Fluten spülte – ein Zyklus von 14 Fenstern aus dem Jahr 1978 in der katholischen Inselkirche im Momme-Nissen-Haus erinnert daran. Von den damals 22 Kirchen wurden 19 zerstört, lediglich zwei Kirchen auf Pellworm sowie eine auf Nordstrand überstanden die Katastrophe. Eine Folge von Eindeichungen im 17. und 18. Jh. wechselte sich ab mit großen Rückschlägen durch weitere Sturmfluten. Nach einer besonders schweren Sturmflut im Jahr 1825 dachte die königlich-dänische Regierung daran, die Insel endgültig aufzugeben. Doch die Pellwormer widersetzten sich hartnäckig und deichten ihre Insel wieder neu ein, erstmals auch mit soliden Steinen. Auf der Tammwarft im Inselwesten ist noch ein *Fething* (→ Kasten S. 252) erhalten, der bis zum Anschluss an die zentrale Wasserversorgung 1964 als Süßwasserspeicher für Mensch und Tier genutzt wurde.

Der Name Pellworm (die Betonung liegt auf der zweiten Silbe; fries.: *Polweerm*) geht in der ersten Silbe vermutlich auf den Eigennamen *Pilla* (oder *Pelle*) zurück, während die zweite Silbe *worm* vom friesischen *werrem* abstammt, das ein Stück Land am Wasser beschreibt. Den Inselnamen könnte man also gewissermaßen mit „Pillas

Inseln und Halligen → Karte S. 174

von Wasser umgebenes Land" übersetzten. Zum Gemeindegebiet gehören heute übrigens auch die beiden Halligen Süderoog und Südfall.

Leuchtturm Pellworm

Sehenswertes

Schifffahrtsmuseum: Die vergleichsweise einfache Ausstellung in dem ein wenig in die Jahre gekommenen alten Dampferschuppen von 1916 am Hafen in Tammensiel hat einen gewissen rustikalen Charme. Aber sie gibt einen anschaulichen Überblick über die Arbeit der Fischer und Seeleute Pellworms. Das Erdgeschoss wird bei den Wintersturmfluten oft überflutet und beherbergt im Sommer Sonderausstellungen. Im Obergeschoss wird mit Fotos und Exponaten v. a. auch über die Geschichte des Fährbetreibers *Neue Pellwormer Dampfschiffgesellschaft* (NPDG) sowie der *Deutschen Gesellschaft zur Rettung Schiffbrüchiger* (DGzRS) informiert.

▪ Geöffnet April–Okt. tägl. 10–17 Uhr. Eintritt frei. Tammensiel 5 (im Hafengelände).

Inselmuseum: Im Obergeschoss des reetgedeckten Gebäudes der Tourist-Information befindet sich Pellworms Inselmuseum, das anhand von Schautafeln und einigen Modellen und Gerätschaften einen Einblick in die von Landwirtschaft, Fischerei und Flutkatastrophen geprägte Kulturgeschichte der Insel gewährt.

▪ Geöffnet tägl. 9–16 Uhr. Uthlandstr. 2 (Touristinfo). Eintritt frei, Spende erbeten.

Leuchtturm Pellworm: Der 41,5 m hohe formschöne Turm wurde 1907 als Leit- und Quermarkenfeuer errichtet und ist nach wie vor in Betrieb. Er ruht auf 127 Eichenpfählen von je 13,50 m Länge, die einen Sockel aus Stahlbeton tragen. Darüber wurde der Turmschaft aus etwa 600 gusseisernen Mantelplatten errichtet. 140 Stufen müssen Sie erklimmen, bevor Sie auf der Aussichtsplattform in 37 m Höhe mit einem atemberaubenden Rundumblick belohnt werden.

▪ Besichtigung nur nach vorheriger Anmeldung beim Kur- und Tourismusservice in Tammensiel (✆ 04844-18940). Max. sind 10 Pers./Führung zugelassen. Erw. 5 €, Kinder (8–16 J.) 2,50 €. Kinder dürfen erst ab 8 Jahren mit auf den Turm.

Alte Kirche St. Salvator: Pellworms sehenswertes Wahrzeichen ganz im Inselwesten gehört zu den ersten Kirchenbauten Nordfrieslands, daher der Name „Alte Kirche". *Salvator (mundi)* ist der lateinische Begriff für „Erlöser der Welt" und damit ein Ehrentitel für Jesus Christus. Die Kirchwarft ist wahrscheinlich ein alter Thingplatz, auf dem schon um das Jahr 1095 ein kleines steinernes Gotteshaus stand, das im 12. Jh. mit dem „Dom der Uthlande" überbaut wurde. Auch der mächtige Westturm der Alten Pellwormer Kirche stammt aus dieser Zeit und war früher unmittelbar mit der Kirche verbunden. Ursprünglich 56 m hoch, stürzte er 1611 zur Hälfte ein – mit rund 26 m Höhe ragt er nach wie

Pellworm-Wahrzeichen: Alte Kirche St. Salvator

vor als „Finger Gottes" empor und war einst eine wichtige Landmarke für die Schifffahrt. Die alten Glocken beherbergt nun ein gedrungener, aus mächtigen Baumstämmen gezimmerter Glockenturm neben dem heutigen Kirchenbau.

Die Kirche ist die wohl bedeutendste Sehenswürdigkeit Pellworms. Der romanische Chorraum mit Apsis wurde aus hellbraunem Tuffstein erbaut, der wahrscheinlich im Mittelalter als Ballastgestein der heimkehrenden Getreideschiffe auf die Insel kam. Das Kirchenschiff dagegen wurde aus den damals aufkommenden Backsteinen errichtet. Zudem gibt es gotische und barocke Stilelemente, die von häufigen Umbauten zeugen.

Eine besondere Kostbarkeit ist der spätgotische Flügelaltar von 1460 mit seinen aus Eichenholz geschnitzten Gruppenbildern, die sieben Szenen aus der Passionsgeschichte zeigen. Hinter dieser geschnitzten Leidensgeschichte verbirgt sich im Inneren der Altarflügel ein zweiter Bilderaltar mit 16 gemalten Szenen aus der Mariengeschichte (nur bei Kirchenführungen zu sehen). Vor dem Altar steht eine prächtige Bronzetaufe mit einem hölzernen Taufdeckel in Laternenform, die 1475 von *Hinrich Klinghe* gegossen wurde und aus der 1634 untergegangenen Kirche des vormals benachbarten Buphever stammt. Die mit Doppelsäulen und Bildern der Evangelisten verzierte Kanzel mit Schalldeckel wurde 1624 erschaffen. Interessant ist auch die alte Gemäldegedenktafel (Epitaph von 1601) einer Pastorenfamilie über der südlichen Eingangstür. Im Zentrum steht die Frau des Pastors, daneben der Pastor und die fünf Kinder. Und auch die zehn bereits verstorbenen Kinder wurden zu Füßen der Familie in Szene gesetzt. Ein weiteres großes Gemälde von 1735 zeigt das Jüngste Gericht. Der blaue Beichtstuhl von 1691 gegenüber der Kanzel erinnert daran, dass im protestantischen Pellworm noch bis ins ausgehende 19. Jh. die Beichte zwar nicht als Sakrament galt, aber dennoch praktiziert wurde.

Inseln und Halligen → Karte S. 174

Höhepunkt der reichen Kirchenausstattung ist die Orgel des berühmten norddeutschen Orgelbaumeisters *Arp Schnitger* (1648–1719), die der Meister hier 1711 errichtet hat. Dieses Spätwerk des Künstlers gilt als Glanzstück des barocken Orgelbaus – Organisten aus dem In- und Ausland reisen extra hierher, um einmal auf dieser handwerklich auf höchstem Niveau gebauten Orgel spielen zu können.

Unterhalb der markanten Westturmruine befindet sich der dort im Jahr 1895 eingerichtete *Heimatlosenfriedhof* für am Strand angetriebene unbekannte Leichen. Zudem erinnert ein Gedenkstein mit einem stilisierten Wikingerschiff an ein tragisches Unglück, das 15 junge Schweden ereilte, deren nachgebautes Wikingerschiff „Ormen Friske" im Sommer 1950 im Sturm vor Helgoland zerbrach und alle Besatzungsmitglieder in den Tod riss. Ein zweiter Gedenkstein erinnert an 96 alliierte Soldaten des Zweiten Weltkriegs, die hier ihre letzte Ruhestätte fanden.

▪ Tägl. geöffnet. In der Saison finden hier häufig mittwochs um 20.30 Uhr Orgelkonzerte statt.

Neue Kirche St. Crucis

Neue Kirche St. Crucis: So neu ist die in der Mitte Pellworms gelegene Kirche gar nicht – errichtet im Jahr 1621 und damit kurz vor der verheerenden Burchardiflut im Jahr 1634, hat sie fast 400 Jahre auf dem Buckel. Nach der Flut fanden in diesem Gotteshaus *„Zum Heiligen Kreuze"* viele Schätze untergegangener Kirchen der alten Insel Strand ihren neuen Platz, so auch die eicherne Renaissancekanzel mit Schalldeckel (um 1600) und der figurenreiche Schnitzaltar (um 1520), der prächtig vergoldete Passionsszenen und viele Heiligenfiguren zeigt. Ältester Einrichtungsgegenstand ist das Triumphkreuz an der Südwand (um 1500). Die achteckige Steintaufe aus schwarzem belgischem Marmor stiftete ein heimischer Gutsbesitzer 1587, der Messingkronleuchter stammt von 1704. Herausragend unter den Epitaphen und Porträts an den Wänden ist das Epitaph Elersen, das 1570 erschaffen wurde und eine Kreuzigungsgruppe im Malstil Dürers zeigt. So wie in der Alten Kirche erinnert auch in der Neuen Kirche ein Beichtstuhl (1638 hierher verbracht) an die hier bis ins späte 19. Jh. praktizierte Beichte. Interessant ist auch der kreisrunde Grabsteintorso aus dem frühen 17. Jh. in der Ecke unter der Empore, den ein Müller einst als Mühlstein umarbeitete. Als dieser abgemahlen war, diente er lange vor einem Hauseingang als Trittstein, bevor er 1998 wieder den Weg zurück in die Kirche fand.

Die Empore mit der Orgel entstand mit der grundlegenden wegen Baufälligkeit notwendig gewordenen Kirchensanierung im Jahr 1867. Damals bekam St. Crucis eine komplett neue Westwand mit einem Eingangsportal, dessen neugotischer Backsteingiebel das heutige Erscheinungsbild der Kirche prägt.

- Täglich geöffnet.

Nordermühle: Weithin sichtbar thront der historische Galerieholländer auf einem Rest des alten Nordermitteldeichs gleich neben dem heutigen, mit rund 8 m Höhe deutlich höheren Deich im Norden Pellworms. Die zum Schutz vor den Wetterunbilden lediglich mit schwarzer Dachpappe beschlagene Mühle wurde 1777 errichtet, die Jalousieflügel und die Windrose stammen von 1898. Die an der Mühlenkappe mit dem goldenen Schriftzug „Gott mit uns" geschmückte Mühle tat bis 1965 ihren Dienst, dann wurde sie stillgelegt und umgebaut und mit luxuriösen Ferienwohnungen ausgestattet und ist daher als Mühle nicht mehr funktionsfähig.

Rungholtmuseum Bahnsen: Heimatforscher *Hellmut Bahnsen* hat in vielen Jahrzehnten etliche Kulturfunde aus dem Wattenmeer zusammengetragen. Das kleine, einfache Privatmuseum zeigt viele historische Funde aus der Zeit von 1100–1800 (v. a. Keramiken), die im Watt vor der Insel gefunden wurden und dem sagenumwobenen Rungholt zugeordnet werden (→ Kasten S. 213).

▪ Nur unregelmäßig geöffnet (→ Veranstaltungskalender Pellworm oder nach Voranmeldung), Erw. 5 €, Kinder 3 €. Westerschütting 2, ✆ 04844-569.

Vogelkoje: Sie diente von 1905–1946 dem Entenfang; eine der dafür verwendeten Fangeinrichtungen (Pfeiffen) wurde rekonstruiert (→ Kasten S. 192). Die Vogelkoje präsentiert sich heute als ein relativ großer, von dichten Büschen und Bäumen umgebener Ententeich bzw. See, um den ein schöner Rundweg führt und zur Erholung einlädt. In jüngster Zeit wurde hier auch eine Streuobstwiese mit 50 alten Obstsorten angelegt.

▪ Die Koje ist jederzeit frei zugänglich, mitunter werden aber auch Führungen angeboten (dann Spendenvorschlag 2 €).

Praktische Infos

Einwohner 1200

Information **Kur- und Tourismusservice Pellworm,** Uthlandestr. 2, 25849 Pellworm, ✆ 04844-18940, www.pellworm.de. Kurabgabe ab 18 J. 2,50 €/Tag (Nebensaison 2 €, Sparsaison 1 €).

Fähre und Parkplätze 4- bis 6-mal tägl. fährt die Autofähre MS „Pellworm I" von **Nordstrand** (Strucklahnunghörn) zur Insel. Die Überfahrt bis zum Außenanleger dauert etwa 40 Min., der Zubringerbus von dort nach Tammensiel ist im Fährpreis enthalten. Rückfahrkarte 12,50 €, Kinder (6–14 J.) 6,25 €, Familien 37,50 €, Fahrrad 5,50 €, Hunde 2,50 €. Die Tickets gibt es im kleinen Terminal oder ggf. direkt auf der Fähre.

Die Mitnahme eines **Pkw** ist möglich (aber nicht nötig); v. a. in der Urlaubszeit ist eine Pkw-Voranmeldung online oder per Telefon unerlässlich. Hinter dem Deich am Hafen Strucklahnungshörn gibt es genügend Parkplätze (Ticketautomat, Tageskarte 4 €, bis 3 Tage 6 €, bis 30 Tage 12 €). Die Anreise mit dem **Bus** ist problemlos, denn ab Husum Hbf. verkehrt ein Zubringerbus bis zum Fährhafen. ✆ 04844-753, www.faehre-pellworm.de.

Badestrände Grünstrand mit jeweils einigen Strandkörben in **Hörn** (Nordermühle, Strandkörbe unter ✆ 04844-652), **Hooger Fähre** (mit Hundestrand, Strandkörbe unter ✆ 04844-990799), **Schütting** (Strandkorbvermietung im Gasthaus zur Alten Kirche, ✆ 04844-275) und am **Kaydeich/Leuchtturmstand** (Strandkorbvermietung im Café Leuchtfeuer, 04844-472).

Fahrradverleih Während der Saison gibt es 2 Fahrradvermieter am Fähranleger (bzw. auf der Backenswarft): **Momme von Holdt,** Uthlandestr. 4 (in der Saison auch in der Halle am Hafen), ✆ 04844-348, und **Andre Andersen,** Rungholtweg 2 (mit Elektro-Smart-Autoverleih) und Westertilli 14 (Inselmitte), ✆ 04844-992385, www.fahrraeder-pellworm.de.

Inselrundfahrt Von April–Okt. findet tägl. um 13.45 Uhr ab Hafen Pellworm eine geführte Inselrundfahrt mit dem Linienbus statt (mit Besichtigung einiger Sehenswürdigkeiten). Dauer 1:15 Std., Erw. 8 €, Kinder 6–14 J. 4 €, Familien 20 €.

Inseltaxi Inselfahrdienst Pellworm (eine Art Sammeltaxi): ✆ 04844-1515.

Schiffsausflüge Schiffstouren mit der MS „Nordfriesland" (Infos bei der Reederei *NPDG*, ✆ 04844-753) oder mit der MS „Gebrüder" (ab westl. Anleger Hooger Fähre; Infos bei den Gebrüdern Hellmann, ✆ 04844-320) zu fast allen **Nachbarhalligen** oder den **Seehundbänken** (Erw. 17 €, Kinder 12 €, Familien 46 €, Hunde 5 €). Fahrkarten gibt es jeweils direkt an Bord. Zudem geht es mit der MS „Adler Express" freitags über **Hooge** nach **Amrum** und **Sylt** (Erw. 35 €, Kinder 21,50 €, Familien 70 €, Hunde 3,50 €, E-Ticket unter www.adler-schiffe.de).

Schwimmbad **PelleWelle,** Pellworms Freizeit- und Gesundheitsbad. Ein schönes Edelstahlbecken mit einigen Spaßelementen: Kleinkindbecken, Rutsche, Whirlpool und eine 62 m lange Wasserrutsche. Zudem gibt es ein Dampfbad und eine finnische Sauna. Angegliedert ist ein Gesundheitszentrum mit Massageangeboten. Eintritt für 3 Std. (mit Gästekarte) Erw. 4,60 €, Kinder 2,70 €, Familien 11,50 €. Preise für die Sauna (inkl. Schwimmbad) für 3 Std. Erw. 20,40 €, i. d. R. 14–20 Uhr geöffnet (im Winterhalbjahr kürzer). Uthlandestr. 6, ✆ 04844-990449, www.sh-tourismus.de/a-pellewelle.

Veranstaltungen **Pellwormer Hafenfest,** jedes Jahr Ende Juli rund um den Hafen von Tammensiel, mit Kunst- und Handwerkerständen, Schlemmermeile und Open-Air-Musik.

Nordermühle Pellworm

Wattwanderung Zur Hallig Süderoog → S. 268, die Personenzahl pro Wattführung ist begrenzt. Anmeldung per Teilnehmerliste in der Schutzstation Wattenmeer in Tammensiel (✆ 04844-760, 4 €/Pers. plus 1 € Halliggebühr bzw. Spende).

Essen & Übernachten (→ Karte S. 219)

Arno's Hafen Pup 5, nordische, etwas knoblauchlastige, aber leckere Küche mit gutem Preis-Leistungs-Verhältnis (z. B. Scholle, Schnitzel, auch Pizza). Restaurant im großen wintergartenähnlichen Gastraum vor der Schankstube. Geöffnet 12–14 und 17–21 Uhr (Di Ruhetag). Am Hafen Tammensiel.

mein Tipp **Schipperhus 4**, nette, gemütliche Atmosphäre und gute Küche. Und einen von der Decke hängenden Kaminofen sieht man auch nicht allzu oft. Große Auswahl (Krabben Fritten, Flammkuchen, Steinofenpizza oder Pellwormer Surf & Turf und selbst vegane Gerichte). Zudem gibt es auf der netten, mit einfachen Bänken ausgestatteten Sonnenterrasse Kaffee und hausgemachte Kuchen. Geöffnet ab 15 Uhr (Mo Ruhetag). Tammensiel 26, ✆ 04844-9902266.

Badestelle Hooger Fähre

Landhaus Leuchtfeuer 9, kleines Hotel garni mit reichlich Solarzellen auf dem Dach und mit einem netten Gartencafé (Mi/Do und Sa/So 13.30–18 Uhr). 200 m vom Grünstrand entfernt. 8 nette Zimmer (jedoch z. T. nur mit kleinen Duschbädern), DZ 96–115 €. Süderkoogweg 10, ✆ 04844-9907353, www.leuchtfeuer-pellworm.de.

Strand-Café 8, gepflegt-gemütliches Café mit einer schönen Terrasse vor dem reetgedeckten Haus, auf der Sie Kaffee und Kuchen genießen können. Geöffnet nur in der Saison von 13–18 Uhr (Mo Ruhetag). Tammenwarft 10 (Schütting), ✆ 04844-7119014.

mein Tipp **Nordsee-Lodge 7**, schönes 22-Zimmer-Hotel mit Gastronomie ganz im Inselwesten direkt auf der Kirchwarft (dem Restaurant Alte Kirche angeschlossen). Moderne, zweckmäßige Zimmer im nordischen Stil und sogar ein Wellness-Bereich mit Sauna, Biosauna und Dampfbad, DZ 115–135 €. Alte Kirche, ✆ 04844-7894100, www.nordseelodge.de.

Restaurant Zur Alten Kirche 7, gutbürgerliche Küche (z. B. gute Fischsuppe, frische Muscheln und Lammbraten), freundlicher Service, Kinderspielecke. Auch Cafébetrieb (mit frischen Waffeln). Geöffnet tägl. (außer Di) 12–21 Uhr. Alte Kirche 1, ✆ 04844-275.

Kiek ut 2, solides Hotel garni im ruhigen Inselwesten direkt hinter dem Deich, gutes Schlemmerfrühstück, 23 saubere Zimmer, DZ 90 €. Hooger Fähre 6, ✆ 04844-9090, www.nordsee-hotel-pellworm.de.

mein Tipp **Gasthaus Hooger Fähre 3**, freundlicher Service, friesisches Ambiente im reetgedeckten Haus im Inselwesten, vielfältige Auswahl an gutem Essen (stets auch mit frischen Gerichten), das Sie auch auf der schönen Sonnenterrasse genießen können (kein Ruhetag). Hooger Fähre 5, ✆ 04844-992323.

Café Anticus 1, gemütlich eingerichtete Teestube, die sich für einen Halt auf der Fahrradrundtour anbietet. Leckere Kuchen und Torten. Schöne windgeschützte Strandkorbterrasse. Geöffnet April–Okt. 14–17 Uhr (Mo/Di Ruhetag). Nordermitteldeich 61, ✆ 04844-9905164.

Wattenmeercamping Pellworm 6, unweit der Alten Kirche im Inselwesten gibt es neben dem Wattenmeerhaus-Pellworm Stellplätze für Wohnmobile, Wohnwagen und Zelte. Waschräume und **Bistro/Café „Rosengarten“** 6 (mit ungewöhnlichen Tortenkreationen und Strandkorbterrasse, geöffnet tägl. 14–17.30 Uhr) im Wattenmeerhaus vor Ort. Geöffnet Mitte März–Okt. sowie über Silvester. Erw. 4 €, Kinder 3 €, Stellplatz 10 €. Klostermitteldeich 14, ✆ 04844-9904288, www.wattenmeerhaus-pellworm.de.

Pellworm – Vorreiter der Energiewende?

Pellworm galt als Modellregion in Sachen erneuerbare Energien und produziert mittlerweile 3-mal mehr Strom, als auf der Insel verbraucht wird. Bewerkstelligt wird das mit einem kleinen Windpark und einer Biogasanlage. Vor allem aber wurde hier bereits 1983 **Deutschlands erste Fotovoltaik-Großanlage** errichtet, die man später mittels eines Hybridkraftwerks mit einer Windenergieanlage kombinierte. So gesehen war die kleine Insel tatsächlich einer der Vorreiter der Energiewende und schien sich auch optimal für ein weiterführendes Projekt zu eignen. Unter dem Label **SmartRegion Pellworm** wollte man nun den erzeugten Strom auch vor Ort speichern und installierte 2015 mit Millionenaufwand neben dem Solarfeld zwei große **Batteriespeicher.** Diese wurden mit kleinen Batterien verschiedener Inselhaushalte (und deren Fotovoltaik-Anlagen) und über ein Netzmanagement-System mit dem Ortsnetz verbunden. So wollte man dafür sorgen, dass der auf Pellworm erzeugte Strom auch direkt vor Ort wieder genutzt werden konnte, und das auch in wind- und sonnenarmen Zeiten. Doch schon Anfang 2018 wurde das zuvor von Politik und Wirtschaft hochgelobte Projekt sang- und klanglos beendet, es entpuppte sich als Millionengrab. Zwar wurden gut 97 % des auf Pellworm verbrauchten Stroms auch vor Ort erzeugt, es gelang aber trotz der teuren Batteriespeicher nicht, auch bei ungünstigen, energiearmen Wetterverhältnissen die energetische Unabhängigkeit zu erlangen. Zur Abdeckung der restlichen knapp 3 % wäre nämlich eine etwa doppelt so große und teure Dimensionierung der Speicher notwendig gewesen, diese rechnerisch täglich etwa 43 Min. mussten also aus nichtregenerativen Quellen vom Festland bezogen werden. Obwohl der Energieversorger neben seinen eigenen Investitionen noch großzügige 4,1 Mio. Euro Fördergelder vom Bund erhalten hatte, war er nicht bereit, weitere Millionen in dieses Projekt zu stecken. Kurzerhand wurden die teuren Großspeicher-Batterien wieder abgebaut, womit Pellworms Zukunftsprojekt beendet war.

▪ Das Solarfeld befindet sich im Westen von Tammensiel (15 Gehminuten vom Hafen). Dort informiert eine kleine Ausstellung im **Solar-Café** über die SmartRegion Pellworm. Im Café gibt es neben Kaffee und Kuchen, Waffeln, Torten und Eis auch einen preiswerten Mittagstisch. Geöffnet tägl. 11–17 Uhr, Sa ab 14 Uhr (Fr Ruhetag).

Inseln und Halligen → Karte S. 174

Sylt

Egal ob für einen Tagesausflug oder für einen (Kurz-)Urlaub: Seit Jahren gehört „Die Insel" zu den beliebtesten Reisezielen Deutschlands. Und ein endlos langer Strand mit herrlicher Brandung sorgt dafür, dass dies auch so bleibt.

Nach wie vor zieht Deutschlands größte Nordseeinsel die Menschen geradezu magisch an. Nicht nur im Sommer rattern fast ununterbrochen die vielen Regional- und Autozüge über Sylts Lebensader, den 11 km langen Hindenburgdamm, der die Insel seit 1927 mit dem Festland verbindet. Zusammen mit der Autofähre von der dänischen Insel Rømø aus werden auf diese Weise jährlich rund 1 Mio. Touristen auf die Insel gespült.

Während sich im Inselnorden im Promi-Ort Kampen und zunehmend auch in List oder im südlichen Hörnum und natürlich auch am Strand der berühmten Sansibar bei Rantum gerne die Schickeria mit ihren Nobelkarossen versammelt, sind es in der Inselmitte in Westerland und in Wenningstedt eher die Familienurlauber, die den Strand bevölkern. Und dennoch ist die Insel mit der ungewöhnlichen Form groß genug, um den jährlichen Ansturm der Sommerurlauber zu verkraften und auch den Gästen mit einem weniger großen Portemonnaie etwas zu bieten. Selbst Individualisten finden abseits des Trubels noch jede Menge herrlicher einsamer Inselbeschaulichkeit, sei es am nördlichen Lister Ellenbogen oder am Morsum-Kliff im Inselosten. Sylt ist nach wie vor eine Naturschönheit, immerhin zehn ausgewiesene Naturschutzgebiete gibt es in den Dünen- und Heidelandschaften und an den Kliffs. Und natürlich ist es v. a. der feinsandige, 38 km lange, sich an der gesamten Westküste der Insel entlangziehende Strand, der das Sehnsuchtsziel der Sylt-Urlauber ist. Phänomenale Sonnenuntergänge können Sie hier erleben, und auch einem herrlichen Badevergnügen steht an den vielen ausgewiesenen Badestränden nichts entgegen. An den „wilden" Strandabschnitten kann es allerdings zu lebensgefährlichen Unterströmungen kommen, mitunter verdirbt auch schon einmal eine sommerliche Invasion von Feuerquallen das Badevergnügen. Die Ostseite Sylts grenzt hingegen an das gezeitenabhängige Wattenmeer, Baden ist dort nur an wenigen Stellen möglich.

Fast die Hälfte der 18.000 Insulaner lebt in Westerland, der Rest verteilt sich auf elf andere Ortsteile und Gemeinden. Das längliche, rund 100 km² große Eiland ist an der schmalsten Stelle lediglich 320 m breit (am Königshafen List), an der breitesten Stelle zwischen Westerland und dem Hindenburgdamm misst es aber immerhin 12,6 km. Die ständig an den Kliffs zerrenden Nordseestürme sorgen allerdings immer wieder für Landverluste, die man durch mühsame und teure Strandaufspülungen zu kompensieren versucht.

Wer die Insel auf eigene Faust erkunden möchte, kann dies bequem per Bus tun. In vielen Fällen ist ein Drahtesel jedoch noch besser. Einer Erkundung der „Königin der Nordseeinseln" auf eigene Faust steht also nichts im Wege.

Geschichte

In der jetzigen Form besteht Sylt seit etwa 400 Jahren. Insgesamt 47 steinzeitliche Großsteingräber, bronzezeitliche Grabhügel und drei Ringburgenaus der Wikingerzeit belegen jedoch, dass

ssen & Trinken
1 Königshafen
2 Gosch List
3 Samoa Seepferdchen
4 Buhne 16
5 Sansibar
6 Gogärtchen
7 Möller's Anker
8 54°Nord
9 Kleine Küchenkate
10 Kamp's Hotel & Café
11 Landhaus Severins
12 Hafenkiosk
bernachten
Haus Rechel
Campingplatz Kampen
Camping Wenningstedt
Hotel Weisses Kliff
Campingplatz Hörnum
Hotel 54°Nord
Landhaus Severins
Campingplatz Mühlenhof
Campingplatz Rantum
Haus Hanseat
Cafés
4 Buhne 16
13 Café Lund
16 Kleine Teestube
17 Kamp's
21 Kaffeerösterei Sylt
Leuchtturm List-West
NSG
Leuchtturm List-Ost
Ellenbogen
Königshafen
Maut
Uthörn
Erlebniszentrum Naturgewalten
Listland
List
Rømø
Wanderdüne
Blidselbucht
Westerheide
Süderheidetal
Klappholttal
Kampener Vogelkoje
Quermarkenfeuer
Uwe-Düne
Kampen
Rotes Kliff
Leuchtturm Kampen
Braderuper Heide
Wenningstedt
Weißes Kliff
Braderup
Wattenmeer
Westerland
Munkmarsch
Flughafen Sylt
Grünes Kliff
Altfriesisches Haus/ Heimatmuseum
Tinnum
Keitum
Eidumer Vogelkoje
Waadens-Sil
Tjüls-Wial
Morsum-Kliff
Morsum
Hindenburgdamm
Archsum
Rantumbecken
Osterende
Rantum
LORAN-Station
Hörnum
Leuchtturm Hörnum-Odde
Föhr, Amrum, Hooge
1,3 km
Sylt

Menschen hier schon seit 6000 Jahren siedeln. Anfangs ragten Sylts Hügel aus einer kalten, steppenartigen Landschaft heraus, die dann vor etwa 5000 Jahren langsam von der Nordsee überflutet wurde. Stürme und Dünenaufwehungen taten in der Folgezeit ihr Übriges, um der Insel die jetzige Gestalt zu geben.

Ab dem 8. Jh. kamen die Friesen auf die Insel und mit ihnen das Christentum. Erstmals erwähnt wurde die Insel im Jahr 1141 in einer Schenkungsurkunde des dänischen Klosters Odense. Nicht eindeutig geklärt ist die Bedeutung des Inselnamens Sylt. Es könnte vom Wort *Sild* abstammen, was dänisch für „Hering" ist, denkbar ist aber auch das dänische Wort *Syld*, das so viel wie „Landschwelle" bedeutet, aber auch das gleichlautende altdänische Wort *Sylt* ist in der Bedeutung von *Salzwiese* oder *Brackwasser* möglich.

Sturmfluten im 14. und 15. Jh. sorgten für gewaltige Landverluste und verschlangen das Dorf Eidum, während wenig später Rantum unter den Dünen versank. Andererseits sorgten ab 1425 gewaltige Heringsschwärme plötzlich für eine neue Einkommensquelle und einen gewissen Wohlstand. Zu Beginn des 17. Jh. verschwanden diese Heringsschwärme rätselhafterweise allerdings wieder genauso plötzlich, wie sie gekommen waren. Also verlegte man sich auf den Walfang vor Grönland, und das mit großem Erfolg. Viele der seeerfahrenen Sylter schafften es bis zum Walfangkapitän und konnten sich schmucke Friesenhäuser errichten, die man noch heute Kapitänshäuser nennt. Nach der fast vollständigen Ausrottung der Wale verlegte man sich auf die Handelsschifffahrt, bis gegen Mitte des 19. Jh. zunächst in Westerland der Tourismus Einzug hielt. Das sich alsbald hervorragend entwickelnde Geschäft mit den Badegästen brach im Ersten Weltkrieg ein, als das kleine Sylt zur sog. „Inselwache" wurde und die Einquartierung von 5000 Soldaten verkraften musste. Mit der Eröffnung des damals als Jahrhundertbauwerk gefeierten Hindenburgdamms 1927 schien der Badebetrieb wieder an alte Zeiten anzuknüpfen und lockte auch zahlreiche Kunstschaffende an. Dann jedoch erstarkte der Nationalsozialismus, mit ihm erfolgte der Ausbau Sylts zur Festung, die während des Zweiten Weltkrieges zum Sperrgebiet erklärt wurde. Diesmal waren hier 10.000 Soldaten stationiert. Glücklicherweise blieb Sylt in beiden Weltkriegen von kriegerischen Handlungen verschont, doch erst 2007 wurde die letzte Kaserne (in List) geschlossen.

Die nach dem Krieg einsetzende Reiselust der Deutschen in den 1950er- und 1960er-Jahren wurde v. a. in Westerland durch Bausünden begleitet, während der Jetset das beschauliche Kampen für sich entdeckte. Die Nachfrage nach den mittlerweile über 60.000 Gästebetten ist bis heute ungebrochen, weshalb die Grundstückspreise inzwischen spektakuläre Höhen erreicht haben. Verwaltungstechnisch fusionierten im Jahr 2009 bis auf List und Hörnum alle Dörfer zu einer Großgemeinde mit dem Namen Sylt.

Die Inselmitte

Das genau in der Mitte der langen Insel gelegene, städtisch wirkende **Westerland** ist eindeutig der Dreh- und Angelpunkt Sylts und bequem per Zug zu erreichen. Auf dem Bahnhofsvorplatz werden die Gäste zunächst von den weithin sichtbaren und nicht unumstrittenen quietschgrünen Polyesterfiguren „Reisende Riesen im Wind" gegrüßt. Von dort aus laufen die meisten Besucher durch eine der beiden parallel verlaufenden Fußgängerzonen, die geradewegs Richtung Strand führen (Friedrichsstraße oder Strandstraße). Von der teuren Edelboutique bis zum Billigladen und vom Fischimbiss bis zum Gourmettempel ist hier alles vertreten.

Lewer duad üs Slaav – lieber tot als Sklave!

So steht es allenthalben unter dem nordfriesischen Wappen auf der gelb-rot-blau gestreiften Flagge. Doch dieser das Unabhängigkeitsbedürfnis der Nordfriesen illustrierende Spruch ist viel jünger, als viele glauben. Er wird dem evangelischen Pastor Christian Feddersen (1786–1874) zugeschrieben, der sich als Begründer der „friesischen Bewegung“ für die (friedliche) Bewahrung der friesischen Kultur und Sprache einsetzte. Diesen Spruch verwendete er jedoch als Warnung vor dem Knechtsein der eigenen Begierden. Umgedeutet als antidänische Parole, wurden diese Worte v. a. bekannt durch eine Ballade des deutschen Lyrikers Detlev von Liliencron (1844–1909). In dieser beschreibt er den Widerstand eines tapferen Sylter Fischers gegen einen adeligen dänischen Amtmann im 15. Jh. Der arme Hörnumer Fischer Pidder Lüng verweigerte mit dem Verweis auf die Friesische Freiheit die Zahlung seiner Steuern. Es kam zum Tumult in der Fischerhütte Pidder Lüngs, in dessen Folge der Amtmann verächtlich in des Fischers Essenstopf mit Grünkohl spuckte. Wutentbrannt packte daraufhin Pidder Lüng den dänischen Amtmann und drückte dessen Gesicht in eben jenen Topf, bis dieser erstickte. Natürlich wurde der Fischer Lüng daraufhin von den Häschern des Amtmanns ebenfalls zur Strecke gebracht – er hauchte noch im Sterben: „Lewer duad üs Slaav!“

In einer Zeit, als Dänemark bestrebt war, das formal nur als Lehen an die dänische Krone gebundene Herzogtum Schleswig endgültig seinem Staatsgebiet einzuverleiben, wurde diese Legende geradezu zum Symbol für den Kampf gegen die dänische „Fremdherrschaft“. Und deshalb ziert der Grünkohltopf aus der Erzählung (zusammen mit der dänischen Krone und dem halben Reichsadler) noch heute das Wappen Nordfrieslands.

Wappen der Nordfriesen

Zum Shopping sind diese sehr betriebsamen Einkaufsmeilen interessant, architektonisch jedoch so wenig gelungen wie größtenteils auch die übrigen Bezirke der Inselhauptstadt, denn Westerland (fries.: *Weesterlön*) ist bis heute im Grunde genommen nichts anderes als eine ganz und gar inseluntypische, große Bausünde der 1970er-Jahre. Nur rund um die weiß getünchte St.-Niels-Kirche mit ihrem spätgotischen Schnitzaltar im Osten der Stadt haben ein paar historische Friesenhäuser die Zeit überdauert.

Hauptattraktion ist aber ohnehin der breite und von zahlreichen Strandkörben gesäumte Strand von Westerland. Wenn Sie diesen oder nur die Strandpromenade betreten wollen, ist es jedoch mit der andernorts gewohnten Inselfreiheit vorbei. Zuvor müssen Sie nämlich am Kontrollhäuschen Ihre Gästekarte vorzeigen oder ein teures Strandticket bezahlen (Tageskurkarte 4 €). Dann können Sie ein Stückchen gen Norden an der Musikmuschel und vorbei am Erlebnisbad „Sylter Welle" laufen und die herrliche Aussicht auf den Strand genießen.

4 km nördlich von Westerland schließt sich **Wenningstedt** (fries.: *Woningstair*) an, das fast schon mit dem Hauptort zusammengewachsen ist, sich jedoch als gemütlich-unaufgeregter Ferienort ohne Betonbettenburgen oder Einkaufsstraßen präsentiert. Im Dorfkern sorgt der alte Dorfteich mit der Friedenskapelle (Baujahr 1914) für etwas Beschaulichkeit. Direkt dahinter befindet sich mit dem *Steinzeitgrab Denghoog* ein auf den ersten Blick eher unscheinbarer, früher als Thingstätte genutzter Hügel. Dieser jedoch ist ein prähistorischer Leckerbissen und zugleich das größte Ganggrab Schleswig-Holsteins. Vor über 5000 Jahren wurde die sich tief im Hügel befindende 5 x 3 x 2 m große Grabkammer angelegt, deren Decke drei von zwölf großen Steinen getragene Felsblöcke bilden. Das beeindruckende Großsteingrab (→ Megalithgrab, S. 299) ist zu besichtigen, der Zugang zur Grabkammer erfolgt über einen niedrigen, 6 m langen Gang (von nur 1 m Höhe) oder durch eine Öffnung auf dem 3,20 m hohen Hügel (Mai–Sept. 11–17 Uhr, Erw. 3 €, Kinder 1 €).

Hochsaison: Strand von Westerland

Braderuper Heide am Weißen Kliff

Inseln und Halligen → Karte S. 174

Zu Wenningstedt gehört auch der nur 2 km östlich und damit schon am Wattenmeer gelegene Ortsteil **Braderup** (fries.: *Brērerep*). Fast schon wie in Kampen besteht er hauptsächlich aus reetgedeckten, noblen Ferienvillen, deren ruhige Lage oberhalb des Kliffs und direkt an der am Ortsrand beginnenden Braderuper Heide einzigartig ist. Von hier aus zieht sich das sog. *Weiße Kliff* bis nach Munkmarsch und überragt stellenweise bis zu 15 m das Meeresufer.

Der Inselnorden

Wer in den Norden Sylts will, kommt zwangsläufig durch das exklusive **Kampen.** Das in den 1970er-Jahren für seine ausschweifenden Partys der Schönen und Reichen am Nacktbadestrand „Buhne 16" berühmt gewordene Promi-Dorf präsentiert sich heute als ruhiger Ferienort mit weitläufiger Bebauung, in dem sich die noch immer millionenschweren und nicht übergroßen Reetdachvillen hinter dichten Steinwällen verstecken. Häuser über 8 m Höhe sind hier seit 1913 per Gemeindestatut verboten, das zudem einen großzügigen Mindestabstand vorschreibt und eine Reetdachdeckung verlangt. Darüber hinaus sorgt das angrenzende, streng geschützte Heidegebiet vor ungezügelter Bauwut und zugleich dafür, dass einerseits die Idylle Keitums nicht zerstört wird und andererseits die Exklusivität und damit die exorbitanten Immobilienpreise des Ortes erhalten bleiben. Überragt wird die Szenerie vom schwarz-weiß gestreiften *Leuchtturm Kampen* im Süden des Dorfes. Seit 1856 zeigt der 40 m hohe, im Volksmund „Langer Christian" genannte Turm den Schiffen verlässlich den Weg und ist daher auch nicht zu besichtigen.

Die eigentliche Sehenswürdigkeit von Kampen (fries.: *Kaamp*) ist jedoch der Strand vor dem Roten Kliff, zu dem vom Parkplatz aus ein Weg durch die Dünen führt. Am Strandzugang führt eine Treppe von der großen Holzplattform hinunter auf den weichen Strand, in dessen Rücken steil das bis zu 30 m hohe *Rote Kliff* aufragt und sich von hier aus 4 km bis nach Wenningstedt

Kampen, Rotes Kliff … und List

erstreckt. Besonders im Abendlicht wird das tagsüber eher erdig aussehende Kliff seinem Namen gerecht. Dann nämlich erscheint es rötlich, was den eisenhaltigen Bestandteilen des Geschiebelehms, aus dem das Kliff besteht, geschuldet ist. Nach Norden hin, ab dem seit 1923 an markanter Stelle erbauten „Haus Kliffende", geht der wunderbare Strand vor dem Roten Kliff in niedrige Dünen über. Wenn Ihnen die Aussicht über Kliff und Küste noch nicht reicht, dann sollten Sie zur nur zu Fuß erreichbaren *Uwe-Düne* westlich des Dorfes laufen (benannt nach dem 1838 verstorbenen Unabhängigkeitskämpfer *Uwe Jens Lornsen*). Dies ist der höchste natürliche Punkt der Insel, der immerhin eine Höhe von 52 m ü. NN aufweist. Um den Rundumblick genießen zu können, müssen Sie jedoch zuvor eine Holztreppe mit 110 Stufen erklimmen.

Auf dem Weg ins Listland kommen Sie 3 km nördlich von Kampen an einer alten *Vogelkoje* vorbei (→ Kasten S. 192). Heute ist die Vogelkoje ein Naturschutzgebiet und auf einem Spazierweg mit Infoschildern zu besichtigen (April–Okt. 10–17 Uhr, Erw. 4 €, Kinder 2 €).

Bald darauf erreichen Sie **List,** die nördlichste Gemeinde der Bundesrepublik. An den vielen, heute zivil genutzten roten Ziegelsteinbauten ist noch abzulesen, dass der großflächige und ein wenig charmelose Ort jahrzehntelang als Marinestützpunkt diente. Doch seit dem Ende der militärischen Ära Lists im Jahr 2007 setzte rege Bautätigkeit ein – längst sind auch in List inseltypische Ferienhaussiedlungen entstanden, die mit den reetgedeckten Häusern in Kampen locker konkurrieren können.

Kern des Ortes ist der Hafen, an dem seit 1963 die Autofähren von der dänischen Insel Rømø anlegen. Am modernen Hafenvorplatz ist das geschäftige Einkaufszentrum „Alte Tonnenhalle" entstanden, das mit zahlreichen Geschäften und Restaurants lockt. Nicht

List: Haus auf dem Ellenbogen

Inseln und Halligen → Karte S. 174

weniger beeindruckend ist der auffällige Bau des **Erlebniszentrums Naturgewalten** – in Blau und Orange soll er einen Leuchtturm inmitten wogender Wellen darstellen. Präsentiert wird hier eine dreigeteilte Erlebnisausstellung: Der Themenbereich „Klima, Wetter, Klimaforschung" hat v. a. die Klimaerwärmung im Fokus, z. B. aus der Perspektive eines im All schwebenden Astronauten. In „Leben mit Naturgewalten" wird anhand von mitreißenden Naturaufnahmen gezeigt, mit welchen Überlebensstrategien sich Pflanzen und Tiere auf den Lebensraum Nordsee eingestellt haben. Der dritte Bereich „Kräfte des Nordens" setzt sich mit den Gezeiten und Stürmen auseinander. Hier können Sie in einem Wellenkanal selbst Wellen erzeugen und in einem „Sturmraum" erleben, wie sich ein laues Lüftchen zum Orkan erhebt (tägl. 10–18 bzw. 19 Uhr; Erw. 14,50 €, Kinder 9 €, Familien 39 €, www.naturgewalten-sylt.de).

Vor dem Erlebniszentrum Naturgewalten gibt es einen kleinen Badestrand am Wattenmeer. Der brandungsreiche Hauptstrand von List befindet sich allerdings 4 km westlich am offenen Meer. Dieser absolut weitläufige, viele Kilometer lange Weststrand liegt am Rande einer einzigartigen, naturbelassenen Dünen- und Heidelandschaft, dem sog. **Listland,** das Sie auf einer Straße umrunden können. Hier gibt es noch drei gewaltige, insgesamt 2 km lange und jeweils etwa 400 m breite *Wanderdünen* – die einzigen ihrer Art in Deutschland. Sie stehen schon seit 1923 unter Naturschutz und wandern pro Jahr etwa 5 m gen Osten. Alle anderen Wanderdünen der Insel wurden bereits vor 200 Jahren durch die Anpflanzung von indischem Strandhafer und Heidepflanzen gezähmt. Kurioserweise befindet sich das Listland in Privatbesitz, ebenso wie Deutschlands nördlichster Punkt, der besonders schöne Lister Ellenbogen. Der dänische König hatte dieses Land vor Jahrhunderten zwei hier ansässigen Fischerfamilien als unteilbares Erblehen überlassen – das gilt bis heute. Die Erben des Listlandes verlangen eine Maut für Autos, die den **Lister Ellenbogen** befahren wollen, um auf diese Weise die Straße instand halten und die naturgeschützten

Dünen bewahren zu können (6 €/Tag). Es ist quasi der Eintritt zu einem Paradies, denn paradiesisch oder zumindest sehr ursprünglich ist es hier tatsächlich. Die schmale Landzunge zieht sich wie ein Haken um den Lister *Königshafen*, der nichts anderes als eine natürliche, im 18. Jh. versandete Bucht ist und wegen des flachen Wassers v. a. bei Kitesurfern beliebt ist. Im Gegensatz zum ansonsten mitunter recht trubeligen Sylt gibt es am Lister Ellenbogen herrlich einsame Strände. Es ist lohnend, sich vom Parkplatz am Ostende auf eine kurze Strandwanderung zu begeben, um von hier aus in ca. 45 Min. die markante Nordostspitze Sylts zu umrunden. Deutlich können Sie dann erkennen, wie die strömungsreiche Nordsee auf das Wattenmeer trifft, und Sie haben zudem einen schönen Blick auf die von hier aus nur 4 km entfernte Insel Rømø.

Sylter Royal – Segen oder Fluch?

Sie ist eine Delikatesse, die edle Muschel, die seit 1986 in der flachen Blidselbucht südlich von List in kartoffelsackgroßen Kunststoff-Netztaschen gezüchtet wird. Das flache Wattenmeer bietet hier ideale Bedingungen für die edle Muschel, die nach drei Jahren Mast geerntet und dann als „Sylter Royal" auf den Feinkostmarkt gebracht wird (derzeit rund 1 Mio. Stück jährlich). Mittlerweile hat sich „Dittmeyer's Austern-Compagnie" mit Deutschlands einziger Austernzucht fest in der Gourmet-Szene etabliert, gilt ihr Produkt doch als wohlschmeckende, zart-festfleischige Auster, die dazu noch äußerst resistent gegen Schädlinge ist.

Aber sie ist auch widerstandsfähig gegenüber Nützlingen, das aber ist die Schattenseite des Erfolgs. Denn bei der Genehmigung dieser Zuchtanlage hatte man offenbar nicht bedacht, dass jede Auster pro Laichvorgang viele Millionen Eier produziert. Diese werden natürlich nicht von den Netztaschen aufgehalten und dringen somit in das Ökosystem des Wattenmeeres ein. Dort verdrängen die wilden Austern teilweise die heimischen Miesmuschelbänke. Und weil es sich bei den „Sylter Royal" eigentlich um Pazifische Felsenaustern handelt, haben sie in der Nordsee praktisch keine natürlichen Fressfeinde. Selbst die auf Muscheln spezialisierten Vögel können deren harte Schale kaum knacken. Lediglich Temperaturen von -5 °C und darunter machen der Auster bei Ebbe zu schaffen – Temperaturen, die es angesichts des Klimawandels immer seltener gibt. Ärgerlich ist auch, dass die scharfkantigen Schalen der Austern zunehmend für Wattwanderer zum Problem werden, indem sie bei den Barfußläufern für schmerzhafte Schnittverletzungen sorgen. Die einheimische und weniger scharfkantige Europäische Auster hingegen gilt in der Nordsee mittlerweile als ausgestorben. Aus diesem Grund hat das Bundesamt für Naturschutz (BfN) im Jahr 2016 ein Projekt ins Leben gerufen, um diese Austernart auf künstlich angelegten Austernbänken vor Helgoland wieder anzusiedeln. Doch ein Zuchterfolg steht bislang noch aus.

Der Inselosten

Der Inselosten wird auch Nösse-Halbinsel genannt und ragt quasi als großer Landzipfel ins Wattenmeer hinein. Hier wirkt Sylt stellenweise recht ländlich. Von Westerland aus gesehen beginnt der Osten hinter dem übergroßen Flugplatz bei **Munkmarsch**, das heute nicht viel mehr als eine schöne Badebucht mit kleinem Hafen ist, dessen altes Fährhaus zum Luxushotel umgebaut wurde. Wenig erinnert heute daran, dass der beschauliche Hafen vor dem Bau des Hindenburgdamms von großen Raddampfern angelaufen wurde und für die damaligen Sommerfrischler quasi das Tor zur Insel war.

Keine 2 km dahinter liegt **Keitum**, das wahrscheinlich schönste Dorf der Insel. Im verwinkelten Ortskern haben noch viele alte Kapitänshäuser mit Steinwällen und hübschen Gärten die Zeit überdauert, alle natürlich reetgedeckt. Ihre Blüte erlebte die alte Seefahrersiedlung während der Walfängerzeit im 17. und 18. Jh., weshalb sich das in einem der alten Kapitänshäuser untergebrachte *Sylt Museum* mit seinem Tor aus zwei großen Walkieferknochen und einem Finnwalschädel im Garten v. a. auch diesem Thema widmet. Gleich nebenan befindet sich in ebenso exponierter Lage am Wattenmeer das *Altfriesische Haus*, das gleichfalls als Museum fungiert und die Wohnkultur des 18. Jh. originalgetreu dokumentiert (beide Museen sind fast tägl. von 10–17 Uhr zu besichtigen; Erw. jeweils 4 €, Kinder 2 €).

Keitum (fries.: *Kairem*) liegt leicht erhöht auf einer grasbewachsenen Steilküste, die auch „Grünes Kliff" genannt wird. Am südöstlichen Ortsstrand liegen direkt an der Kliffkante zwei Steinzeitgräber: Der *Tipkenhoog*, ein Hügelgrab von 2500 v. Chr., daneben das viel ältere Megalithgrab (→ S. 299) *Harhoog* (um 4500 v. Chr., → Foto S. 284). Dieses entdeckte man

Tor aus Walkieferknochen: das Sylt Museum in Keitum

erst 1926 beim Bau des Hindenburgdamms und versetzte es hierher. Eine weitere Sehenswürdigkeit ist die *St.-Severin-Kirche* am nördlichen Ortsrand, die weithin sichtbar auf dem höchsten Punkt des Sylter Geestkerns thront. Der Dachbalken des Chores datiert aus dem Jahr 1194, der Dachstuhl des Langhauses stammt nach den Ergebnissen einer Holzbalken-Analyse von 1216, was die Kirche zur ältesten von ganz Schleswig-Holstein macht. Seitdem hat sie allen Stürmen getrotzt und so manche Umbauten erfahren. Uralt ist auch der Taufstein von 1250. Bemerkenswert in ihrem vergleichsweise schlichten Inneren ist v. a. der spätgotische Schnitzaltar von 1480.

Noch weiter östlich folgen als kleinstes Inseldorf zunächst **Archsum** (fries.:

Naturschutzgebiet seit 1923: Morsum Kliff

Ärichsem) und ein Stück weiter **Morsum** (fries.: *Muasem*), die sich beide als ländliche Streusiedlungen präsentieren. Doch auch dort hat der Sylter Bauboom nicht haltgemacht und mit schmucken Ferienhäusern im Friesenlook das Erscheinungsbild der Dörfer verändert. Morsum ist der erste Ort, den Sie erblicken, wenn Sie über den Hindenburgdamm anreisen – die Bahnlinie mit den vielen Autozügen führt mitten durch den weit zersiedelten Ort. Bekannt ist das Dorf v. a. wegen seines ursprünglichen, fast 2 km langen Kliffs am nordöstlichen Zipfel der Insel. Das *Morsum Kliff* bietet Einblicke in eine 8 Mio. Jahre alte Erdgeschichte, weil hier unterschiedliche Gesteinsschichten nebeneinander (und nicht wie üblich übereinander) liegen und für ein besonderes Farbenspiel in Grau, Weiß und Rotbraun sorgen. Über der Abbruchkante erstreckt sich herrliche, violett blühende Heidelandschaft, zudem zeugen einige vorgeschichtliche Grabhügel (4000–1800 v. Chr.) rund um das Kliff von einer frühen Besiedlung des Gebiets. Vom Parkplatz führt ein Bohlenweg zu einer Aussichtsplattform am Kliff, zudem können Sie das geologisch einzigartige, kleine Naturschutzgebiet auf einem 3,5 km langen Panorama-Rundweg umlaufen.

Besuchenswert ist auch die weiß getünchte *St.-Martin-Kirche* im Süden des Dorfes, die sich als turmloses, uraltes romanisches Gotteshaus präsentiert. Auch hier ist der Taufstein von 1240 das älteste Inventarstück, gefolgt von einem um 1500 gefertigten Flügelaltar.

Der Inselsüden

Wie ein dünner Finger ragt Sylts teilweise nur rund 550 m schmaler, aber 14 km langer Südteil zwischen Nordsee und Wattenmeer, auf dem als einzige Verbindung eine nahezu schnurgerade verlaufende Straße die meerumspülte Dünenlandschaft durchzieht. Der Inselsüden beginnt beim Rantum-Becken, das in den 1930er-Jahren als tideunabhängiger Landeplatz für die Wasserflugzeuge der Luftwaffe eingedeicht wurde und heute als Schutzgebiet zu einem einmaligen Vogelparadies geworden ist. Der angrenzende, sozusagen an der Wespentaille Sylts gelegene Ort **Rantum** (fries.: *Raantem*) erstreckt sich von der Wattenmeerseite bis zu dem vor hohen Dünen gelegenen Weststrand. Am Wattenmeer gibt es einen kleinen, nur aus einem Steg bestehenden Yachthafen mit Mole, dessen Boote bei Ebbe auf dem Trockenen liegen. Zudem liegt zwischen Dorf und dem ehemaligen Kasernengelände ein kleines Gewerbegebiet mit den Gebäuden der *Sylt-Quelle*. In der angeschlossenen lichtdurchfluteten Galerie wird in regelmäßigen Ausstellungen zeitgenössische Kunst präsentiert, eine weitere Halle dient als Eventlocation für Kabarett- und andere Bühnenveranstaltungen. Vor allem aber wird hier tatsächlich seit 1993 Mineralwasser aus einem Vorkommen, das man in 650 m Tiefe unter den Dünen Rantums gefunden hat, in Flaschen abgefüllt, die hauptsächlich auf der Insel selbst vermarktet werden.

Sansibar – Sylts Promitreff

Einst eine einfache Imbisshütte aus Holz, hat sich die einsam in den Dünen im Inselsüden liegende „Sansibar" seit 1978 zum Gault-Millau-Spitzenrestaurant und damit zum Treff der Schönen und Reichen gemausert. Dennoch blieb der Strandhüttencharakter mit großer Terrasse und rustikalen Holzmöbeln gewahrt. Der gebürtige Schwabe Herbert Seckler hat die Strandlocation nicht nur zu einer Sylter Institution, sondern mitsamt seinem Logo der zwei gekreuzten Piratensäbel längst zu einer Marke gemacht, die Weine und Genussmittel, aber auch eine Modekollektion, Taschen und Geschenkartikel vertreibt.

Warum das alles so gut funktioniert, weiß niemand so genau zu sagen, unterscheidet sich die berühmte Sansibar doch auf den ersten Blick nicht allzu sehr von anderen Strandbistros auf Sylt. Vielleicht liegt es, abgesehen von der Lage, am exzellenten Service, an der Mischung aus bodenständiger Einfachheit und Schlemmerküche oder daran, dass man hier schlicht unter sich ist. Manch einen schrecken die Nobelkarossen der Upperclass auf dem gebührenpflichtigen Parkplatz vor den Dünen ab (3 €). Oder die schwarzen Luxuslimousinen des Shuttle-Services. Abends findet man als Normalsterblicher ohnehin garantiert keinen freien Tisch, falls man nicht schon Monate im Voraus reserviert hat. Mittags jedoch oder nachmittags gibt es keine Reservierungen, dann kann man durchaus noch einen freien Platz erwischen und die Sansibar für sich entdecken.

Der Name leitet sich übrigens vom gleichnamigen Strandabschnitt ab, schon in den 1930er-Jahren hieß dieser vor den Dünen gelegene Nacktbadestrand wie die nach Meer und Sonne klingende Ostafrika-Insel Sansibar. Und auch wenn der Strand dort offiziell immer noch als FKK-Gelände ausgewiesen ist, lässt dort heute kaum noch jemand alle Hüllen fallen.

Inseln und Halligen → Karte S. 174

Wesentlich ansehnlicher ist der Westen des Dorfes, wo noble Reetdach-Ferienhäuser weitläufig in den Dünen verteilt sind.

Auf halber Strecke zwischen Rantum und dem 10 km entfernten Hörnum kommen Sie am Nobel-Strandbistro **Sansibar** vorbei; aber auch andernorts auf dieser Strecke gibt es (gebührenpflichtige) Parkplätze, von denen Wege durch die hohen Dünen zum unendlich weiten Weststrand führen.

Auch **Hörnum** (fries.: *Hörnem*) ist wie das nördliche List ein ehemaliger Militärposten in wunderbarer Lage, dessen weiß getünchte, einst für die Familien der Soldaten errichtete Häuser längst anderweitig genutzt werden. Besonders schön ist es im Südwesten des Dorfes, wo gleichmäßig in den Dünen verteilt schmucke Ferienhäuser stehen, in denen es sich herrlich urlauben lässt. Kernstück des auf drei Seiten von Sand umgebenen Ortes mit seinen wunderbaren Stränden ist jedoch der große Hafen, in dem nicht nur einige Fischtrawler und Yachten vertäut sind, sondern das Ausflugsschiff von Amrum und Schlüttsiel viele Tagesgäste anlandet. Diese steigen dann zumeist in bereitstehende Linienbusse, mit denen man problemlos die Insel erkunden kann. Der Hafen von Hörnum bietet zudem eine putzige Attraktion: Seit vielen Jahren nämlich lassen sich Kegelrobben-Weibchen Willi und Tochter Sylta in den Sommermonaten direkt im Hafenbecken von Touristen füttern. Und praktischerweise können Sie ein paar Heringe für die Fütterung der Kegelrobben gleich nebenan am Fischimbiss kaufen.

Hörnum: Strand vor dem Leuchtturm

Dominiert wird Hörnum jedoch seit jeher von dem weithin sichtbaren, 34 m hohen *Leuchtturm*, der 1907 erbaut wurde und mit seiner typischen rot-weiß-roten Bemalung und der schwarzen Haube wie aus einem Bilderbuch gesprungen scheint. „Hauptfeuer Hörnum-Odde", so der offizielle Name, ist übrigens nicht aus Ziegelstein gemauert, sondern wurde aus 600 gusseisernen Platten zusammengefügt (Besichtigung nur im Rahmen einer Führung Mo und Mi/Do 9, 10, 11 und 12 Uhr nach vorheriger Anmeldung in der Touristinfo Hörnum, Erw. 6 €, Kinder ab 8 J. 3 €).

Nicht entgehen lassen sollten Sie sich auch einen Spaziergang um die *Hörnum-Odde*, die von ständigen Landverlusten bedrohte Südspitze der Insel. Für diesen kleinen, 5 km langen Ausflug sollten die etwa 1:30 Std. einplanen.

Praktische Infos

Einwohner 18.000

Information **Insel Sylt Tourismus-Service,** Strandstr. 35 und Friedrichstr. 44, 25980 Sylt/Westerland, zudem Touristinfos in allen Ortsteilen, ✆ 04651-9980, www.insel-sylt.de. **Kurverwaltung List auf Sylt,** Landwehrdeich 1, 25992 List/Sylt, ✆ 04651-95200, www.

list.de. **Tourismus-Service Hörnum,** Rantumer Str. 20, 25997 Hörnum, ✆ 04651-96260. Gästekarte (Kurabgabe): Mai–Okt. Erw. 3,30 €/Tag, übrige Zeit 1,65 €/Tag. Tagesausflügler zahlen satte 4 € (Nebensaison 2 €). Der Strandzugang ist zumeist nur gegen Kurabgabe möglich.

Anreise Die **Autozüge** starten von Niebüll aus und fahren etwa im Halbstundentakt. Bei der 35-minütigen Fahrt über den Hindenburgdamm nach Westerland bleiben Sie im Auto sitzen. 2 Anbieter bedienen die Strecke: *Deutsche Bahn* (Rote Autozüge, Hin- und Rückfahrt 85–99 €/Pkw, Motorrad 57 €, www.syltshuttle.de) und *RDC Deutschland* (blaue Autozüge, Hin- und Rückfahrt 81–93 €/Pkw, www.autozug-sylt.de). Der Autozug-Terminal funktioniert wie eine Mautstation (Zahlautomat oder Kasse. Fahrkarten gibt es auch online).

Eine Alternative ist die Überfahrt mit der **Sylt-Fähre,** die allerdings nur von der dänischen Insel Rømø aus etwa im 2-Std.-Takt in 40 Min. bis nach List verkehrt (der Hafen Havneby auf Rømø ist über einen kostenlosen Autodamm zu erreichen). Anbieter ist die deutsche Reederei *FRS* (Hin- und Rückfahrt 91 €/Pkw, Motorrad 50 €, Tagesrückfahrt inkl. Pers. 73 €); Infos und Reservierung unter www.syltfaehre.de oder ✆ 0461-864601.

Zudem gibt es bei der DB oder der Syltfähre eine **Tagesrundfahrkarte** für 79 € (je eine Fahrt mit dem Sylt-Shuttle und der Syltfähre).

Reisende ohne Gefährt können aus vielen Städten Deutschlands mit der **Bahn** direkt nach Westerland fahren. Bahnreisende können zudem sowohl in Niebüll als auch in Klanxbüll in den DB-Regio-Zug steigen, z. B. für einen Tagesausflug (Hin- und Rückfahrt 8,65–10,50 €, Kinder 5,20 €. Parkplatz in Niebüll oder Klanxbüll 3 €/Tag), und dann auf Sylt bequem die Linienbusse nutzen.

Sie können nach Sylt sogar mit dem **Flugzeug** anreisen. Von Düsseldorf, München, Frankfurt/M., Mannheim, Stuttgart, Berlin und Zürich gibt es Direktflüge (stark schwankende Tarife, auch Billigflüge ab 49 €). Vom Flughafen Westerland gibt es keine Busverbindung. Taxi in die Innenstadt 8 €, www.flughafen-sylt.de.

Fahrradverleih Ihre Dienste bieten u. a. an: **Mietrad Sylt,** Kirchenweg 7, Westerland, ✆ 04651-3509300; **Velo-Quick,** Industrieweg 20, Westerland, ✆ 04651-21506 und ✆ 04651-5803; **Inselrad,** Kjerstr. 3a, Westerland, ✆ 04651-3383510; **Lydias Fahrradverleih,** Kirchenweg 10 und Theodor-Storm-Str. 19, Westerland, ✆ 04651-2999494; **Holst Sylt,** Osterweg 22, Wenningstedt, ✆ 04651-43315; **Bruno Fahrradverleih,** Hafenstr. 7, List, ✆ 0170-2935431; **Der Fahrradladen,** Gurtstig 44, Keitum, ✆ 04651-32879; **Fahrradverleih Rantum,** Strandweg 7, ✆ 0170-3272076; **Claßen,** Budersandstr. 27, Hörnum, ✆ 04651-880354; **Fahrradverleih M&M**

(9 Filialen auf Sylt), u. a. Kirchenweg 2, Bahnhof Westerland, www.sylter-fahrradverleih.

Inselrundfahrten/Bus Zum Kennenlernen der Insel bietet die *Sylter Verkehrsgesellschaft (SVG)* eine Tageskarte für den **Linienbus** an, mit der man die Insel auf eigene Faust erkunden kann. Tageskarte 9,90 € (Kinder unter 6 J. frei), Familienkarte 23,20 €. Die *SVG* bietet zudem ab ZOB/Westerland informative **Inselrundfahrten** an. Die **Kleine Rundfahrt** führt über Wenningstedt und Kampen nach List. Nach einer Pause geht es über Munkmarsch und Keitum zurück (tägl. 11–13 Uhr, Erw. 17,50 €, Kinder 12,50 €, Familien 47,50 €). Die Große Rundfahrt bedient zunächst dieselbe Strecke und fährt dann weiter in den Inselsüden nach Rantum und Hörnum (tägl. 14–17.15 Uhr, Erw. 20 €, Kinder 13,50 €, Familien 53,50 €). ✆ 04651-836100, www.svg-busreisen.de.

Schiffsausflüge **Ab Hörnum:** Ausflüge durch den Nationalpark und zu den **Kegelrobben** sowie nach **Amrum, Föhr, Hooge, Langeneß** und gelegentlich nach **Gröde** mit MS „Adler-Express" oder mit MS „Adler IV" (Erw. 29 €, Kinder bis 14 J. 19,50 €, Familien 74,50 €. Mo–Do geht es mit dem „Adler CAT" sogar nach **Helgoland** (Erw. ab 64,50, Kinder ab 36,50 €, Familien 178 €; www.adler-schiffe.de). Infos und online-Buchung unter www.adler-schiffe.de/ab-sylt, ✆ 04651-9870888, Fahrkarten aber auch direkt an Bord.

Ab List: Mit der Autofähre nach Havneby auf der dänischen Insel **Rømø** (Tageskarte Erw. 12,30 €, Kinder 8,10 €), www.syltfaehre.de. Zudem April–Okt. tägl. Fahrten mit den Kuttern „Rosa Paluka" und „Gret Palucca" der *Adler-Reederei* zu den **Seehundbänken** (Erw. 22 €, inkl. Kind 39 €, Familien 71 €; inkl. Linienbusanreise; www.adler-schiffe.de).

Essen & Übernachten in der Inselmitte (→ Karte S. 237) **Café Wien 1,** Westerlands Café und Schokoladenmanufaktur ist eine Institution auf Sylt und präsentiert sich im typischen Kaffeehausambiente. Hier gibt es ausgesprochen leckere Torten. Auch Tische vor dem Haus in der zur Fußgängerzone gehörenden Strandstraße. Geöffnet tägl. 9–21 Uhr. Strandstr. 13 (fast Ecke Neue Straße), Westerland, ✆ 04651-5335.

meinTipp **Alte Friesenstube 5,** gehobene Küche im ältesten Haus Westerlands, gemütlich-friesisches Interieur mit Kacheln an den Wänden, folgerichtig gibt es die Speisekarte auf Platt. Die Küche ist gehoben, oft regional (Husumer Ochse, Nordsee-Angeldorsch) und sehr schmackhaft. Schöner Garten. Ganzjährig ab 17.30 Uhr geöffnet (Mo Ruhetag). Gaadt 4, Westerland, ✆ 04651-1228.

Beach Box 3, hier gibt's Essen auf die Hand, v. a. leckere XL- und Veggie-Burger, dänische Hotdogs und natürlich prima Pommes. Dazu

Sonnenuntergang in Westerland

chillige Lounge-Musik. In der Saison tägl. 11.30–18.30 Uhr geöffnet (Mo Ruhetag). In Westerland am Strandübergang in der Käpt'n-Christiansen-Str. 40 gelegen.

MeinTipp **Hotel Clausen 2**, direkt im Stadtzentrum in Westerlands Fußgängerzone. Saubere, über mehrere Etagen verteilte, unterschiedlich große Zimmer mit renovierten Bädern (kein Aufzug), DZ 140–180 €. Netter Service, das Frühstück wird im hell gestalteten Raum im 1. Stock eingenommen; im Erdgeschoss befinden sich Ladengeschäfte. Friedrichstr. 20, Westerland, ✆ 04651-92290, www.hotel-clausen-sylt.de.

Haus Noge 4, 8 sehr individuell, mit Liebe zum antiken Detail eingerichtete Zimmer im strandvillenartigen Haus, DZ 143–175 €. Gutes Frühstück mit leckeren Eierspeisen. Dr.-Ross-Str. 31, Westerland, ✆ 04651-1795, www.haus-noge-sylt.de.

Hotel am Südwäldchen 6, 20 Min. südlich des Westerländer Zentrums gelegen (Bushaltestelle vor Ort), vom weiten Strand nur durch das Wäldchen getrennt. Freundlicher Service, reichhaltiges Frühstück, geräumige Sauna. 24 schöne Zimmer, DZ 155–195 €. Fischerweg 45, Westerland, ✆ 04651-836300, www.-hsw-sylt.de.

Campingplatz Westerland 7, schöne Stellplätze am Rande der Dünen, auch Mobile Homes zu mieten, und auch für kleine Zelte finden sich schöne Plätze (man sollte dann an Sandheringe denken). Restaurant (Osteria) vor Ort. Süderstr. 66, Westerland, ✆ 04651-2991 939, www.duenencamping-westerland.de.

Essen & Übernachten im Inselnorden (→ Karte S. 225) **Gogärtchen 7**, seit 1951 ein Klassiker auf der Insel auf Kampens „Whiskeymeile", wo sich bis heute gerne die Prominenz trifft, daher hochpreisig. Geschmackvolles Ambiente, vorzügliches Essen (Steinbutt, gebratene Garnelen, natürlich gut sortierte Weinkarte, aber z. B. auch Currywurst). Garten und Außenbar. Tägl. ab 17 Uhr geöffnet (Sa/So ab 13 Uhr), Mo Ruhetag. Strönwai 12, Kampen, ✆ 04651-41242.

Buhne 16 4, legendäres und chilliges Strandbistro in den nördlichen Dünen des Kampener Weststrandes, in dem sich seit Jahrzehnten Surfer und FKKler, Normalos und Promis tummeln. Zum Strandabschnitt Buhne 16 müssen Sie vom Parkplatz aus oder über den Strand etwa 15 Min. laufen. Es gibt Bistroküche, z. B. Ofenkartoffel, Currywurst, gegrillten Fisch oder auch den berühmten Rosinenkuchen. Ostern bis Mitte Okt. geöffnet. Listlandstr. 133b, Kampen, ✆ 04651-4996.

Haus Rechel 6, strandnahes und relativ bezahlbares kleines Hotel in Kampen, schöner Garten, bewacht vom aufmerksamen Hausdackel. 8 gepflegte Zimmer, DZ 110–130 €. Kroghooger Wai 3, Kampen, ✆ 04651-98490.

Campingplatz Kampen 8, relativ kleiner Platz in schöner Lage unweit des roten Kliffs und damit in Strandnähe (daher besser rechtzeitig reservieren). Trotz oder gerade wegen der üblichen, relativ einfachen Infrastruktur genau so, wie man sich einen erholsamen Platz vorstellt. Möwenweg 4, Kampen, ✆ 04651-42086, www.campen-in-kampen.de.

Königshafen 1, traditionelles Speiserestaurant mit guter Küche in einem der wenigen alten Friesenhäuser Lists. Beliebt sind v. a. die Frischfisch-Gerichte. Schöne Gartenterrasse. Tägl. 17.30–21.30 Uhr geöffnet, So auch mittags, Di (im Winter auch Mo) Ruhetag. Alte Dorfstr. 1, List, ✆ 04651-870446.

Gosch List 2, die erste und zugleich größte Fischbude des Sylter „Fischpapstes" Jürgen Gosch. „Bude" ist natürlich untertrieben. Gosch beherrscht den Hafen geradezu: Fischgeschäft und Shop in der „Alten Tonnenhalle", gegenüber gleich 3 verrückt-maritim gestaltete Restaurants: „Knurrhahn", im 1. Stock das „Hafendeck" und südlich des Hafens das „Lister Fischhaus". Am Hafen, List, ✆ 04651-870401.

Hotel Weisses Kliff 10, etwas abseits des Trubels im Friesendorf Braderup gelegenes, renoviertes Kapitänshaus von 1852. Nur 6 im zweckmäßigen Landhausstil eingerichtete Zimmer mit Boxspringbetten, DZ 128–138 €. M.T. Buchholzstich 7, Braderup, ✆ 04651-43008, www.weisses-kliff.de.

Campingplatz Wenningstedt 9, empfehlenswerter, großer Platz in bester Lage hinter den Dünen, alles gepflegt und kinderfreundlich, nettes Personal, so sollte es immer sein. Kleines Restaurant am Platz, auch ein Brötchenshop. Osetal 3, Wenningstedt-Braderup, ✆ 04651-944044, www.campingplatz.wenningstedt.de.

Essen & Übernachten im Inselosten (→ Karte S. 225) **Kleine Küchenkate 15**, frische Zutaten, regionale Gerichte (Fisch, Galloway-Rind), offene Küche, netter Service und akzeptables Preis-Leistungs-Verhältnis. Nachmittags Cafébetrieb, schöne Terrasse. Geöffnet tägl. 12–22 Uhr (Mi/Do Ruhetag).

Mitten in Keitum in der Nähe des Kliffs gelegen, Hoyerstieg 2, Keitum, ✆ 04651-33387.

Kamp's Hotel & Café 17, kleines, reetgedecktes Hotel in Keitum mit nur 7 modern-hell eingerichteten Zimmern/Appartements. DZ 170–185 €, reichhaltiges Frühstück. Im angeschlossenen Café (zugleich eine Galerie mit zeitgenössischer Kunst) gibt es hausgemachten Kuchen. Gurtstig 41, Keitum, ✆ 04651-98390, www.kamps-sylt.de.

mein Tipp **Kleine Teestube 16**, gemütlich-enge Friesenstube am Ortseingang von Keitum, auch Strandkorb-Plätze im Garten, prima Teeauswahl und sehr leckerer Kuchen (z. B. Mohnkuchen). Tägl. 10–18 Uhr geöffnet (Do Ruhetag). Westerhörn 2, Keitum, ✆ 04651-31862.

Landhaus Severins 18, Hotel und Restaurant in Alleinlage am Naturschutzgebiet Morsum-Kliff ganz im Inselosten. Lohnt die Einkehr nach einer langen Wanderung. Restaurant mit schmackhafter Fisch- und Fleischküche (auch Galloway-Burger). Nachmittags Cafébetrieb, schöne Sonnenterrasse mit Aussicht. Es gibt auch 13 geschmackvoll-hell eingerichtete Zimmer, die in der Hochsaison allerdings recht hochpreisig sind (350–410 €). Gute Saunalandschaft. Nösistig 13, Morsum, ✆ 04651-4606880.

Campingplatz Mühlenhof 19, nicht allzu großer Platz in einsamer Lage im Inselosten südlich von Morsum. Insgesamt schöne und v. a. nicht nur die Sanitäranlagen betreffend auch saubere Anlage. Melnstich 7, Morsum, ✆ 04651-890444, www.campingplatz-sylt.de.

Essen & Übernachten im Inselsüden (→ Karte S. 225) **Kaffeerösterei Sylt 21**, in Sylts kleiner, nett eingerichteter Kaffeerösterei (mit Shop) können Sie am Rantumer Segelhafen leckere Kaffeespezialitäten genießen, während gelegentlich im Hintergrund die Rösttrommel rotiert. Tägl. 11–17 Uhr geöffnet. Hafenstr. 9, Rantum, ✆ 04651-2995757.

Hafenkiosk 22, ebenfalls am Hafen von Rantum gelegen, hier gibt es nicht nur gute Currywurst, sondern ebenso leckere Fischbrötchen (auch Aalbrötchen). Tische auf der Veranda. Hafenstr. 24, Rantum, ✆ 04651-7391.

Haus Hanseat 23, gepflegtes, familiengeführtes „kleines Friesenhotel" im reetgedeckten Haus auf einer Düne im ruhigen Ortszentrum von Rantum. DZ im Landhausstil 145–160 €. Dünem Wai 2, Rantum, ✆ 04651-23256, https://hanseat-sylt.de.

mein Tipp **Samoa Seepferdchen 3**, traumhafte Lage mitten in den Dünen am Samoa-Strand 2 km südlich von Rantum. Schöne Seeterrasse. Tagsüber Strandrestaurant, abends gibt es gehobene, wirklich leckere, weil frische Küche (Frischfisch, Lammbratwurst, Flugente, Pasta). Guter, unkomplizierter Service. Ganzjährig tägl. ab 12 Uhr geöffnet. Hörnumer Str. 70, Rantum, ✆ 04651-5579.

Sansibar 5, Sylts Kultstrandbar, schöne Aussicht in den Dünen, bodenständige Einrichtung, fixer Service, hervorragende Küche, hohe Preise (→ Kasten S. 235). Tägl. ab 10.30 Uhr geöffnet. Zwischen Rantum und Hörnum gelegen, Hörnumer Str. 80, Rantum, ✆ 04651-964646.

Hotel 54°Nord 14, luxuriöses Designhotel ganz im Inselsüden in Hörnum, 22 Zimmer, Wellnessbereich (Dampfbad, Sauna). DZ ab 180 €. Stylisches **Bistro** mit kleinen Speisen (Burger, Flammkuchen). Strandstr. 2, Hörnum, ✆ 04651-449170, www.hotel54gradnord.de.

Möller's Anker 12, rustikales Vintage-Ambiente, zudem prima Küche in Bio-Qualität. Es gibt leckeren Fisch, aber auch Beef-Burger, Lammhaxe und auch vegetarische und vegane Speisen. Ab 12 Uhr geöffnet (Mo Ruhetag). Blankes Tälchen 8, Hörnum, ✆ 04651-881050.

Café Lund 13, Hörnums traditionelle Bäckerei und Konditorei mit großer, windgeschützter Terrasse, aber auch Restaurant- bzw. Bistrobetrieb mit regionalen Speisen. Tägl. (außer Mo) 9–18 Uhr geöffnet. Rantumer Str. 1–3, Hörnum, ✆ 04651-881034.

Campingplatz Rantum 20, ein für Sylt sehr großer und gepflegter Platz zwischen der Westküste (400 m Fußweg zum Strand) und dem Wattenmeer (schöner Blick aufs Rantum-Becken), allerdings ohne Schatten spendende Bäume. Auch Mobile Homes zu mieten. Gute Sanitäranlagen. Shop und Restaurant vor Ort. Hörnumer Str. 3, Rantum, ✆ 04651-80755, www.camping-rantum.de.

Camping Hörnum 11, prima Lage in unmittelbarer Strandnähe in der Dünenlandschaft bei Hörnum (kein natürlicher Schatten). Daher gibt es hier auch herrliche Sandzeltplätze (Sandheringe nicht vergessen!). Duschen kostet extra. Mietwohnwagen vorhanden. Rantumer Str. 31, Hörnum, ✆ 04651-8358431, www.hoernum.de.

> Mehr Infos zu Sylt finden Sie in unserem Reiseführer **Sylt** von Dirk Thomsen, Michael Müller Verlag, 6. Aufl. 2020, 17,90 €.

Klassisch: Ausflugsschiff und Börteboot

Helgoland

Bis zu Deutschlands einziger echter Hochseeinsel ist es schon eine richtige Seereise, doch der Weg lohnt sich. Sie können einen unvergesslichen Blick auf Helgolands Wahrzeichen werfen, die 47 m hohe „Lange Anna“, und kommen den auf den Vogelfelsen brütenden Basstölpeln und Trottellummen erstaunlich nahe.

Traditionell ankern die Seebäderschiffe vor der roten Felseninsel. Die Passagiere werden daher noch immer „ausgebootet“, d. h., sie müssen in Helgolands rustikale Börteboote umsteigen und werden von diesen an Land gebracht. Der schnelle Katamaran hingegen macht direkt am Südhafen fest.

Der Aufenthalt auf der Insel bei einem Tagestörn beträgt nur etwa 3:30 Std. Genug, um auf dem rund 3 km langen Klippenrandweg die Inselnatur zu genießen und in einem der zahlreichen Parfüm-, Alkohol- und Zigarettenläden im Unterland zollfrei einzukaufen. Aber eben zu wenig Zeit, um die Insel richtig zu erkunden – das ist den Inselurlaubern vorbehalten.

Helgoland teilt sich in ein plateauartiges Oberland im Norden und Westen und ein künstlich geschaffenes Unterland im Süden und Osten, das durch Aufschüttungen im 20. Jh. entstanden ist. Zudem gibt es das kleine Mittelland mit der Nordseeklinik. Die meisten der im Sommer bis zu 3500 Tagesgäste besuchen zunächst das Oberland, indem sie bei den malerisch-bunten Hummerbuden direkt den Weg hinauf Richtung Funkturm nehmen oder aber erst ein Stück durch die Einkaufsstraße (Lung Wai) flanieren und dann bequem mit dem Aufzug hinauf zum Oberland (0,60 € Gebühr) fahren oder aber dort die Treppe erklimmen. Historische Gebäude sucht man auf der Insel übrigens vergebens, alles fiel den Kriegszerstörungen zum Opfer.

Der dicht an den Klippen verlaufende, etwa 3 km lange Rundweg ist gewissermaßen das Pflichtprogramm der Tagestouristen und führt zur **Langen Anna,** wie der charakteristische Buntsandsteinfelsen am äußersten Nordwestende der Insel heißt. Er entstand 1860 durch den Einsturz eines natürlichen Felsbogens, eines sog. Brandungstores. Auf Friesisch heißt der Felsen *Nathurn Stak* („Nordhorn-Brandungspfeiler"). Er wird schon lange durch Helgolands Nordmole geschützt, Felsenabbrüche des Sandsteins kann diese jedoch kaum verhindern. Irgendwann in naher Zukunft wird die Lange Anne somit Geschichte sein. Der Name „Lange Anna" bürgerte sich erst im frühen 20. Jh. ein und geht wahrscheinlich auf eine schöne, schlanke Helgoländer Kellnerin aus dieser Zeit zurück.

Auf dem Weg zur Langen Anna kommen Sie auch am Lummenfelsen vorbei (Skittenhörn). Dieser Klippenabschnitt ist mit einer Fläche von nur 1,1 ha das kleinste Naturschutzgebiet Deutschlands. Im Sommer können Sie hier aus nächster Nähe die im Fels dicht beieinander hockenden Vögel bei der Aufzucht ihrer Jungen beobachten, bei Basstölpel- und Lummengeschrei ein wirklich faszinierender Anblick. Höhepunkt für Vogelfreunde ist der Lummensprung (in den Abendstunden) im Juni, wenn die stummelflügeligen jungen **Trottellummen** flügge werden und sich reichlich unbeholfen vom hohen Felsen hinunterstürzen. Doch am häufigsten brüten hier die erst in den 1990er-Jahren aus Schottland zugewanderten **Basstölpel.** Das sind imposante Stoßtaucher mit einer beachtlichen Flügelspannweite von bis zu 1,80 m, die mit einer Geschwindigkeit von bis zu 100 km/h ins Nordseewasser eintauchen, um Heringe und Makrelen zu erbeuten. Für beide Vogelarten (sowie für den Tordalk, den Eis-

Helgolands Wahrzeichen: die Lange Anna

Brütende Basstölpel: Vogelfelsen Helgoland

sturmvogel und die Dreizehenmöwe) sind die Klippen der einzige Brutplatz in Deutschland. Beim Rückweg an der Ostseite der Insel haben Sie einen wunderbaren Blick bis hinüber zur Düneninsel und kommen kurz vor dem Dorf an windgeschützten, sich auf den Klippen dicht drängenden Schrebergärten vorbei, in denen aufgrund des milden Inselklimas eine erstaunliche Vielfalt an Obst-, Gemüse- und Gartenpflanzen gedeiht.

Eigentlich besteht Helgoland nicht nur aus einer einzigen Insel, sondern es sind genau genommen zwei. Knapp 1 km dem roten Felsen vorgelagert ist die sog. Düneninsel (mit einer Fläche von 0,7 km²), die nur „Düne" genannt wird. Im Gegensatz zum roten Buntsandstein der Hauptinsel, der vor 2 Mio. Jahren durch den unvorstellbaren Druck einer bis zu 500 m mächtigen Salzschicht an einer Schwachstelle der Erdkruste an die Oberfläche gedrückt wurde, kamen im Bereich der heutigen Düne durch ähnliche Kräfte Kreideschichten empor. Doch die daraus entstandenen weißen Klippen des weichen Kalksteins wurden im Laufe der Zeit abgetragen und mit der Sturmflut 1720/21 endgültig zerstört, ebenso wie eine Landverbindung zwischen beiden Inseln. Übrig blieb nur die von Sand bedeckte Düneninsel. Heute ist sie eine wunderbare Badeinsel mit fantastischen Stränden, auf der sich zudem Helgolands Flugplatz, der Friedhof der Namenlosen (auf dem auch der Toten von Schiffstragödien gedacht wird) sowie zwei kleine Bungalowdörfer und im Sommer ein kleiner Zeltplatz befinden. Alle 30 Min. können Sie für 5 € hin und zurück mit der Dünenfähre ab Landungsbrücke übersetzen (Hunde nicht erlaubt). Es ist ein Erlebnis, die kleine Düneninsel zu umrunden, vielleicht auf der Suche nach dem besonderen roten Feuerstein, den es weltweit nur hier gibt, insbesondere am Ostrand der Düne. Vor allem aber haben Sie hier die realistische Chance, die sich auf den Stränden tummelnden Seehunde und Kegelrobben aus nächster Nähe beobachten zu können.

Inseln und Halligen → Karte S. 174

Geschichte

Helgoland liegt als strategisch wichtiges Eiland mitten in der Deutschen Bucht, etwa 70 km vom Festland entfernt. Es ist Deutschlands einzige Felseninsel, deren rote, gut 50 m hohe Sandsteinfelsen steil aus dem Meer ragen – der höchste Punkt der Insel, der 61,3 m hohe Pinneberg, ist durch ein kleines Kreuz gekennzeichnet.

Seinen Namen erhielt das „heilige Land" wohl schon in der Vor- und Frühzeit, als der Meeresspiegel deutlich tiefer lag und die Bewohner des umliegenden grünen Marschlandes hier ihre Häuptlinge begruben und den hoch aufragenden Felsen als heiligen Ort nutzten. Drei nachgewiesene Hügelgräber und v. a. das 1845 gefundene spektakuläre bronzezeitliche Steinkistengrab stützen diese These. Erwähnt wurde Helgoland erstmals in einer Heiligenlegende des Bischofs Willibrord von Utrecht (um 700 n. Chr.) als ein Eiland, dessen Bewohner eine friesische Gottheit anbeteten und sich hartnäckig einer Christianisierung widersetzten. Doch schon 100 Jahre später kamen die Insulaner zum „rechten Glauben" und standen wie das übrige Nordfriesland ab dem 12. Jh. unter dänischer Herrschaft.

Helgoland-Düne: Baden mit Robbenbegleitung

Die Inselgeschichte blieb dennoch wechselhaft. Mal sorgte der 1401 vor der Insel gefangen genommene Seeräuber Klaus Störtebeker für Unruhe, dann wieder waren es die riesigen Heringsschwärme, die Besitzansprüche der Hansestädter an dem Eiland weckten. Als dann keine 100 Jahre später die Gewässer überfischt waren und die Heringe plötzlich ausblieben, heuerten die Helgoländer Fischer v. a. auf holländischen Walfangschiffen an. Ab 1544 gehörte die Insel, mit einem dänischen Zwischenspiel, zum Herzogtum Schleswig, das aber 1713 abermals an die dänische Krone fiel, bis 1807 kurzerhand die Briten die Insel besetzten und Helgoland zur Kronkolonie erklärten. Nun begann eine kurze Blütezeit für die Insel, weil britische Kaufleute Helgoland als Brückenkopf zum Kontinent entdeckten und damit die von Napoleon ausgerufene Kontinentalsperre umgehen konnten. Helgoländer Seeleute übernahmen den Transport und britische Kriegsschiffe gaben den die deutschen Küsten ansteuernden Handelsseglern Geleitschutz. So ließ sich mit der Schmuggelware prächtig Geld verdienen.

Doch spätestens mit dem Ende der napoleonischen Herrschaft 1814 endeten auch die einträglichen Touren. Die Helgoländer mussten sich nach neuen Einnahmequellen umsehen und versuchten nun recht erfolgreich, durch die Gründung eines Seebades im Jahr 1826 den Tourismus anzukurbeln. Schnell entwickelte sich die Insel zum Rückzugsort für deutsche Dichter und

Helgoland bei Vollmond: Blick auf das Unterland

Freidenker. Zahlreiche illustre Herrschaften gaben sich auf Helgoland die Klinke in die Hand, bis die Insel von den Briten 1890 endlich wieder an Deutschland abgetreten wurde. Entgegen der landläufigen Meinung ging Helgoland nicht im Tausch gegen Sansibar an Deutschland, sondern das Deutsche Reich verpflichtete sich im Gegenzug, keine weiteren Gebietsansprüche in Ostafrika geltend zu machen. Den Helgoländern, die mehrheitlich gerne bei England verblieben wären, wurde damals als Entgegenkommen Zollfreiheit zugesichert, die bis heute gilt.

Alsbald wurde Helgoland vom Kaiserreich zur Festung ausgebaut. Am 31. Juli 1914, am Vorabend der deutschen Kriegserklärung des Ersten Weltkriegs, mussten die Helgoländer die nun dem Militär vorbehaltene Insel in einer Evakuierungsaktion fluchtartig verlassen, lediglich mit dem Allernotwendigsten im Gepäck. Ende 1918 durften die Bewohner zurückkehren, die Militäranlagen wurden gemäß Versailler Vertrag vollständig abgebaut. Der Fremdenverkehr rollte wieder an. Doch bald schon wurde die von Hitler als „Fels der Deutschen" verklärte Insel wieder zur Betonfestung ausgebaut und auf der Düneninsel eine U-Boot- und Marinebasis errichtet.

Ab 1939 prasselten regelmäßig Bomben der Alliierten auf die Seefestung nieder, um deren Ausbau zu stören. Noch heute sind die zahlreichen Bombenkrater auf dem Oberland leicht zu erkennen. Zum Schutz der Bevölkerung errichtete man ein riesiges gängeartiges Bunkersystem, das fast den gesamten Inselfelsen durchzog. Ein konzentrierter Angriff 1000 britischer Flugzeuge im April 1945 übertraf alles, was die Insel bisher an Angriffen erlebt hatte – nahezu kein Stein stand mehr auf dem anderen, während die Menschen in den Bunkern ausharrten. Direkt nach diesem Angriff wurde die überlebende Zivilbevölkerung komplett aufs Festland evakuiert.

Im Jahr 1947 wollten die Briten die Bunkeranlagen der Seefestung Helgoland mit 6700 t Munition für alle Zeiten zerstören bzw. die Insel als künftige potenzielle Bedrohung ausradieren. Dieser „Big Bang" war die bis zu diesem

Zeitpunkt größte nichtatomare Sprengung – sie besaß die Hälfte der Sprengkraft der Hiroshima-Bombe. Doch der poröse Sandstein der Insel ließ die Druckwelle weitgehend entweichen. Die Südspitze Helgolands wurde jedoch völlig zerstört, und so entstand eine gewaltige Sprengmulde, das heutige Mittelland, auf dem nun die Inselklinik ihren Standort hat. Nur ein „Wunder von Helgoland" genannter Maulbeerbaum überstand als einziger Baum die Sprengung (Oberland/Kirchstraße). Obwohl augenscheinlich zerstört, sprossen aus dem 150 Jahre alten Baumstumpf wieder frische Triebe.

Noch bis zu Beginn der 1950er-Jahre wurde die Insel von den Briten für Übungszwecke bombardiert, dann war es eine Gruppe von Friedensaktivisten, die im kalten Winter von 1950 die zerbombte Insel besetzten und aus Protest die damalige Europaflagge über Helgoland hissten. Die Aktion hatte Erfolg. Nach zahllosen Verhandlungen wurde die Insel am 1. März 1952 an die Bundesrepublik Deutschland zurückgegeben, der 1. März ist heute Inselfeiertag.

Umgehend wurden das Unter- und das Oberland bis Mitte der 1960er-Jahre wieder aufgebaut. Inspiriert durch die damalige dänische Architektur, die von eckig geformten Baukörpern mit flächenbündig eingesetzten Fenstern und asymmetrischen Giebeln geprägt war, entstand eine besondere bauliche Geschlossenheit – die Gebäude aus dieser Zeit sind heute denkmalgeschützt.

Helgoland (fries.: *deät Lun* = „das Land") ist so klein, dass die Sträßchen zwar mittlerweile Namen tragen, aus postalischen Gründen sind aber die Häuser noch immer vom Unter- bis zum Oberland bis etwa Hausnummer 720 fortlaufend nummeriert. Dass die Insel seit 1932 zum binnenländischen Kreis Pinneberg gehört, hatte damals nur verkehrstechnische Gründe. Weil es das Fährschiff von Büsum noch nicht gab, konnten die Verwaltungsbeamten am schnellsten von Pinneberg aus anreisen. Sie nahmen einfach den Vorortzug nach Hamburg, und von dort aus ging's per Schiff zur Insel. Folgerichtig fanden nach der Evakuierung des roten Felsens im Jahr 1945 auch die

Hummerbuden: Museum Helgoland

meisten Insulaner im Kreis Pinneberg vorübergehende Unterkunft.

Und noch eine verwaltungstechnische Kuriosität gibt es auf der kleinen Insel: Wegen des Radfahrverbots (§ 50 StVO) sind viele Einheimische mit einem Roller unterwegs. Nur die beiden Polizisten und der Inselarzt fahren bei ihren Einsätzen mit dem Rad – typisch deutsch natürlich mit einer gut sichtbaren Ausnahmegenehmigung unter dem Lenker.

Sehenswertes

Denkmal des August Heinrich Hoffmann von Fallersleben (1798–1874): Seine Büste aus dem Jahr 1892 steht heute direkt vor der Landungsbrücke und erinnert daran, dass der revolutionär gesinnte Hoffmann von Fallersleben bei seinem Besuch auf Helgoland im Jahr 1841 das „Lied der Deutschen" schrieb, dessen dritte Strophe heute der Text der von Joseph Haydn komponierten deutschen Nationalhymne ist.

Museum Helgoland: Anschaulich werden hier mit vielen maritimen Exponaten ziemlich allumfassend die Helgoländer Geschichte und Wohnkultur dargestellt, ergänzt um eine erdgeschichtliche Sammlung mit beeindruckenden Fossilien.

Die bunten Hummerbuden auf dem Museumshof sind verschiedenen Themen gewidmet, beispielsweise dem Helgoländer Kinderbuchautor *James Krüss* (1926–1997) und dem kaiserlichen Hoffotografen *Hans Schensky* (1871–1957), der 60 Jahre lang das Inselleben fotografisch dokumentierte.

Zudem können Sie auf dem Museumshof eine 2014 aufgestellte Replik von Helgolands berühmtem bronzezeitlichem *Steinkistengrab* bewundern (1600 v. Chr.). Das Original wurde 1890 samt Skelett und reichen Grabbeigaben auf der Insel ausgegraben, kam 1896 in das Königliche Museum für Völkerkunde nach Berlin, verbrachte nach den

Einigkeit und Recht und Freiheit: Hoffmann von Fallersleben

Kriegswirren falsch zugeordnet fast 50 Jahre völlig unbeachtet in einem Park beim Schloss Charlottenburg, bevor es 2008 wieder als das verschollene Helgoländer Grab entdeckt wurde und nun im Neuen Museum in Berlin an exponierter Stelle präsentiert wird.

■ Tägl. 10–14.30 Uhr geöffnet. Erw. 4 €, Kinder 2 €. Kurpromenade 1430, ✆ 04725-1292, www.museum-helgoland.de.

Leuchttürme: Neben dem in Stahlfachwerkbauweise konstruierten Richtfunkturm steht unübersehbar auf dem Oberland Helgolands *Leuchtturm*, der das einzige Gebäude der Insel ist, das den „Big Bang" von 1947, wenn auch beschädigt, überstanden hat. Ursprünglich im Jahr 1941 von der Wehrmacht als Flakleitstand aus dickem Stahlbeton errichtet, dient er seit 1952 bzw. nach einem Umbau im Jahr 1965 als Leuchtturm. Kaum zu erkennen ist, dass die Fenster in den unteren Stockwerken nur Fake sind – dahinter verbirgt sich

Inseln und Halligen → Karte S. 174

ein Atombunker aus der Zeit des Kalten Krieges. Der Turm ist 35 m hoch, inklusive der Felsenhöhe kommt die Leuchtfeuerhöhe auf satte 82 m, weshalb das Licht von Deutschlands stärkstem Leuchtfeuer in klaren Nächten bis zu 52 km weit zu sehen ist.

Auch auf der Düne steht ein Leuchtturm, und zwar mitten auf dem Südstrand mit seinen bunten Strandkörben. Der charakteristisch rot-weiß gestreifte *Leuchtturm Helgoland Düne* wurde 1936 errichtet und ist damit sogar ein wenig älter als sein großer Bruder auf der Hauptinsel, jedoch mit einer Höhe von 15 m wesentlich kleiner.

▪ Beide Türme sind nicht zu besichtigen.

Praktische Infos

Einwohner 1500

Information **Helgoland Touristik,** Lung Wai 28 (im Rathaus), 27498 Helgoland, ✆ 04725-81370, www.helgoland.de. Mo–Fr 9–12 Uhr. Keine Kurtaxe für Tagesgäste, ansonsten Kurabgabe Erw. 2,75 € (Nebensaison 1,50 €), Kinder sind frei.

Zollbestimmungen Helgoland gehört weder zum Zollgebiet der Europäischen Union noch zum deutschen Steuergebiet, Zoll und Mehrwertsteuer sind somit nicht fällig. Für Ihren persönlichen Ge- oder Verbrauch dürfen Sie auf Helgoland Waren bis zu einem Wert von 430 € zollfrei einkaufen (Kinder unter 15 Jahren nur bis 175 €). Für Personen ab 17 Jahren gilt dabei die Höchstmenge von 200 Zigaretten (oder 100 Zigarillos bzw. 50 Zigarren oder 250 Gramm Rauchtabak) sowie 1 l Alkohol von mehr als 22 Volumenprozent (bzw. 4 l Wein bzw. 16 l Bier). Allerdings erhebt Helgoland eine Gemeindeeinfuhrsteuer (z. B. von 2,56 €/l hochprozentigen Alkohols), die den Preisvorteil teilweise wieder mindert.

Inselrundfahrt April–Okt. mit der **Börte-Bahn** von der Landungsbrücke in 40 Min. über das Unterland oder in 60 Min. auch über das Oberland. ✆ 0151-10470424.

Schiffsverbindung Mit der MS „Funny Girl" tägl. um 9.15 Uhr ab **Büsum/Fischerkai** (Ankunft 18.45 Uhr); 3. Std. Fahrtzeit, dann 3:30 Std. Aufenthalt (Erw. 42 €, Kinder 23 €, Fa-

milien 110 €; Parkplatz am Anleger 5 €). ✆ 04 721-667600, www.adler-eils.de. Mo–Do bringt zudem der „Adler CAT" Gäste von **Dagebüll, Föhr, Amrum** und **Sylt** nach Helgoland (Erw. ab 62,50 €, Kinder 39,90 €, Familien 159 €); ✆ 04751-9870888, www.adler-schiffe.de.

Schwimmbad mare frisicum, beheiztes Meerwasserfreibad mit kleinem Innen- und großem Außenbecken, zudem mit Whirlpool auf der Dachterrasse und Saunalandschaft. Wechselnde Öffnungszeiten. Erw. 5,50 €, Kinder 3,50 €, Sauna 12 €. Kurpromenade 6, ✆ 04725-814611.

Strandkorb Nur auf der Düne (Süd- oder Nordstrand), 7 €/Tag.

Essen & Übernachten Bunte Kuh 6, das Restaurant ist benannt nach dem Flaggschiff der Hamburger Kaufleute zu Störtebekers Zeiten. Direkt am Aufgang zum Oberland, mit einfachen Bänken vor dem Haus. Hier gibt es solide Hausmannskost (Pannfisch, aber auch guten Knieper), zudem Salate, vegetarische Gerichte oder Backkartoffeln mit Krabben. Tägl. ab 12 Uhr geöffnet (Mi Ruhetag). Hafenstr. 1013, ✆ 04725-811343.

meinTipp **Aquarium Café 3,** weniger ein Café als vielmehr ein hervorragendes Restaurant mit frischer, regional/mediterraner Küche (leckerer Fisch und gute Steaks). Nettes Ambiente, prima Service, gutes Preis-Leistungs-Verhältnis. Aquariumstr. 186, ✆ 04725-640339.

Rickmers Seafood 7, Imbiss in einer blauen Hummerbude, wo Sie sich auf dem Weg zurück zum Schiff noch mit einem leckeren Fisch- oder (als Empfehlung vom Autor) mit einem Knieperbrötchen stärken können. Es gibt auch warme Fischgerichte (z. B. Kabeljau mit Kartoffelsalat), die man draußen auf den Holzbänken am Binnenhafen z. B. mit einem frisch gezapften Bier verzehren kann. Hafenstr. 1052, ✆ 04725-81410.

Falm-Café 4, in der Nähe des Aufzugs bzw. an der Treppe zum Unterland gelegenes Café, von dessen Terrasse Sie bei Kaffee und leckerem, jedoch nicht ganz preiswertem Kuchen einen tollen Blick über den Ort und hinüber zur Düneninsel haben. Der Service könnte etwas besser sein. Warme Gerichte oder Matjes mit Brot sind ebenfalls im Angebot. Tägl. 11–18 Uhr geöffnet. Norderfalm 322a, ✆ 04725-811163.

Haus Rooad Weeter 2, Hotel garni mit schönem Blick vom Oberland zur Reede und Düne, helle, für die Insel typische klare Formen im skandinavischen Design, Zimmer zur See- und zur Landseite. Ein schöner Klippenrandgarten gehört zum Haus. DZ 124–154 €. Am Falm 323, ✆ 04725-535.

Mocca-Stuben 5, Hotel und im besten Sinne des Wortes gutbürgerliches Restaurant abseits des Trubels auf dem Oberland. Einige der 18 Zimmer haben sogar einen Balkon und Meerblick. Abwechslungsreiches Frühstück. DZ 120–160 €. Im Restaurant gibt es bodenständige Küche, und hier v. a. auch als regionale Spezialität frische Knieper (Scheren der vor Helgoland lebenden Taschenkrebse). Auch einfache Tische vor dem Haus. Tägl. 17–21 Uhr geöffnet (Do Ruhetag). Hingstgars 447, ✆ 04725-1253 (Restaurant) und ✆ 04725-666 (Hotel), https://mocca-stuben.de.

Dünenrestaurant 1, hinter den Strandkörben an Helgolands Badestrand gibt es alles, was man von einem typisch-einfachen Strandrestaurant erwartet (z. B. Currywurst und kaltes Bier, aber auch Kaffee und Apfelstrudel). Nach einem Dünenspaziergang können Sie sich auf der großen Sonnenterrasse mit nettem Ausblick auf das Strandgeschehen oder im einfachen, aber geräumigen Innenraum stärken. Düne, ✆ 04725-544.

Inseln und Halligen → Karte S. 174

Hummerzucht auf Helgoland

Noch bis in die 1930er-Jahre wurden vor Helgoland jährlich 80.000 Hummer gefangen, heute sind es nur noch etwa 1000 Stück, was sie zur teuer gehandelten Delikatesse macht. Zum Schutz und zur Vermehrung dieses Riffbewohners werden seit den 1990er-Jahren in der Hummerstation der *Biologischen Anstalt Helgoland* Junghummer aufgezogen. Die Wissenschaftler arbeiten dabei mit den Fischern zusammen. Geht diesen ein großes Weibchen ins Netz, das Eier an der Bauchseite trägt, wird dieses in ein Meerwasserbecken der Hummerstation gebracht, wo die Larven dann schlüpfen. Diese werden vom Ei bis zu einem Alter von etwa einem Jahr aufgezogen, dann werden die 4 cm langen Junghummer markiert und auf dem Helgoländer Felssockel ausgewildert. Man ist außerdem bemüht, den Europäischen Hummer auch auf den durch Kies und grobe Steine gesicherten Fundamenten der Offshore-Windparks anzusiedeln.

Hallig Hooge

Zehn Warften sind es, die sich auf der „Königin der Halligen" zwischen den flachen Wiesen und zahlreichen Salzwasserläufen erheben. Wegen des die Hallig umgebenden Sommerdeichs fühlt man sich hier wie auf einer kleinen Insel.

Hooge lebt v. a. vom Tagestourismus – an sonnigen Tagen sind es Hunderte Tagesbesucher, die für zwei bis drei Stunden auf das kleine Eiland strömen (insg. etwa 90.000 pro Jahr). Halligkutschen stehen dann am wenig attraktiven Fähranleger bereit und erwarten die Gäste. Am besten lässt sich die 5,8 km² kleine Hallig aber mit einem der Mietfahrräder erradeln. Zuvor wird allerdings am Anleger ein Obolus erbeten, der sog. Halligtaler, der nichts anderes als eine Tageskurabgabe ist (Erwachsene 1 €, 6–18 Jahre 0,20 €).

Vom Fähranleger führt der geteerte Weg zunächst zur **Backenswarft** und von dort weiter zur in der Mitte der Hallig gelegenen **Hanswarft**, dem nicht nur geografischen Zentrum der Insel. Hier gibt es eine Touristinfo, das Bürgermeisteramt und das Gemeindehaus, die Feuerwehr, ein Heimatmuseum und den berühmten Königspesel, des Weiteren die Schutzstation Wattenmeer mit einer großen Nationalpark-Ausstellung (Spendenempfehlung Erw. 3 €, Kinder 2 €), das Sturmflutkino, einige Cafés und Restaurants, einen Souvenirladen und den Laden des Halligkaufmanns (mit Festlandspreisen) – alles dicht gedrängt. Mit einigen Gärten und alten Bäumen sind die 15 Häuser der nur 200 mal 180 m großen Hauptwarft schon fast so etwas wie ein kleines Dorf.

Vor oder nach der Besichtigung der Hanswarft ist natürlich ein Besuch der **Kirchwarft** obligatorisch. Zudem ist der kleine Hallighafen an der Schleuse in der Nähe der Kirchwarft einen Blick wert. Er ist tideabhängig und fällt bei

Ebbe trocken. Auffällig ist auch das kleine Häuschen der Hafenmeisterei: Zum Schutz vor den Fluten ist es auf Stelzen erbaut. Die Schleuse selbst wird benötigt, damit bei „Land unter" das Wasser innerhalb des 1914 erbauten, knapp 12 km langen Sommerdeichs (etwa zwei Tage lang) wieder abfließen kann, was auf Hooge etwa 3- bis 5-mal pro Jahr vorkommt.

Hooges faszinierender Halligcharakter lässt sich aber v. a. abseits der tagestouristischen Pfade entdecken. Wer Zeit, Muße und ein Fahrrad hat, kann von der Hanswarft über den Weg nach Osten die **Ockenswarft** mit dem Sendemast und dahinter den kleinen Strand und den Bootsanleger am Landsende mit einem Weitblick bis nach Pellworm besuchen. Westlich der Hanswarft führt der Weg zu den übrigen Halligwarften, die sich noch den ursprünglicheren Charakter als kleine Ensembles roter Backsteinhäuser bewahrt haben. Hier können Sie z. B. an der **Ockelützwarft,** auf der es eine Schule mit derzeit acht Schülern gibt, vorbeifahren und dem Gartencafé auf der **Lorenzwarft** einen Besuch abstatten. Die **Mitteltritt-Lorenzwarft** wurde in den 1960er-Jahren aus einst durch einen kleinen Priel getrennten Warften zusammengelegt und bildet seither die einzige Doppelwarft der Halligen. Oder Sie fahren den kompletten Weg durch bis zur an exponierter Stelle gelegenen **Westerwarft** mit ihrer Badestelle direkt vor der Haustür.

Der Name „Hallig Hooge" (fries.: *de Huuge*) leitet sich wahrscheinlich einfach von dem Wort „hoch" ab, denn Hooge ist die höchste und damit auch die sturmflutsicherste der Halligen, die aber natürlich dennoch durch Steindämme und Buhnen gesichert ist. Der Hallig vorgelagert ist der *Japsand*, ein Außensand an der Grenze zwischen offener Nordsee und dem Wattenmeer, welcher der Hallig ein wenig Schutz bietet und dessen Nordspitze im Rahmen einer geführten Wattwanderung oder gelegentlich auch mit dem Ausflugsschiff MS „Hauke Haien" besucht werden darf.

Romantische Halliglandschaft: Kirchwarft auf Hooge

(Über-)Leben auf den Halligen

Die Bewohner der weltweit einzigartigen Halligen leben sprichwörtlich mitten im Wattenmeer. Dass Halligen keine Inseln sind – darauf legen ihre Bewohner wert. Denn im Gegensatz zu einer Insel wird das fast schutzlos der stürmischen Nordsee ausgelieferte Halligland regelmäßig überflutet und ist dann praktisch ein Teil des Wattenmeeres. Die Salzwiesen rund um die künstlich aufgeschütteten Warften liegen nur gut 1 m über dem Meeresspiegel, bei hohen Fluten ragen daher nur noch die künstlich aufgeschütteten Warften aus dem Wasser, auf denen eng zusammengedrängt die wenigen Hallighäuser stehen. „Land unter" nennen das die Halligbewohner. Je nach Lage der Hallig werden diese im Schnitt 5- bis 30-mal im Jahr überflutet, und das v. a. im Herbst und Winter.

In der warmen Jahreszeit sorgen insbesondere auf Hooge und Langeneß seit den 1930er-Jahren niedrige Sommerdeiche (mit 1,10–1,40 m Höhe) dafür, dass die Salzwiesen seltener überflutet werden und das darauf grasende Vieh geschützt ist. Doch nicht nur die Anzahl der die sommerliche Heuernte vernichtenden „Land unter"-Situationen wurde so verringert, der Deich ermöglicht in der Hochsaison auch ein störungsfreies Tourismusgeschäft.

Die Tatsache, dass die Halligen fast schutzlos der stürmischen Nordsee ausgeliefert sind, war lange Zeit jedoch nicht das Hauptproblem der sturmgeplagten Halligfriesen. Noch problematischer war die Versorgung mit Süßwasser. Daher wurde an der höchsten Stelle im Zentrum einer jeden Warft ein sog. *Fething* angelegt. In diesen Teich leitete man durch ein Graben- und Rohrleitungssystem Regenwasser, um damit das Vieh zu tränken. Für die Menschen wurden hygienischere Zisternen installiert, sog. *Soode*, in die das Regenwasser der Dächer floss. Besorgniserregend, um nicht zu sagen lebensbedrohlich, wurde es, wenn bei einer außergewöhnlich heftigen Sturmflut auch die Warften überflutet wurden – dann waren sämtliche Trinkwasservorräte mit einem Mal ungenießbar, so wie beispielsweise bei der Jahrhundertsturmflut im Jahr 1962. Heute übernehmen Wasserleitungen, die vom Festland zu den Halligen führen, die Trinkwasserversorgung, doch noch bis in die 1970er-Jahre mussten die Halligbewohner auf diese Süßwasserleitungen verzichten und teilweise auch ohne elektrischen Strom auskommen.

Natürlich war auch Brennmaterial auf den Halligen schon immer knapp. Nach wie vor begehrt ist daher angespültes Holz, normalerweise wurde einst jedoch mit sog. *Ditten* geheizt, aus Kuhdung gestampften und getrockneten Briketts.

Im Rahmen der Halligsanierung nach der Sturmflut von 1962 wurden neben der Erhöhung und Verstärkung der Warften auch die meisten Wohnhäuser saniert. Hierzu baute man zum Schutz der Bevölkerung im ersten Stock flutsichere Schutzräume ein, die auf tief im Halligboden

Immer eine frische Brise – hier auf Hallig Langeneß

verankerten Betonpfählen ruhen. Die Kehrseite der Medaille war, dass man zu diesem Zweck viele der alten reetgedeckten Hallighäuser abreißen musste.

Heute gibt es noch zehn Halligen im deutschen Wattenmeer, von denen sieben bewohnt sind. Aus Küstenschutzgründen wurden sie teilweise durch Dämme mit dem Festland verbunden, über die eine Lorenbahn führt (Oland, Langeneß, Nordstrandischmoor). Ursprünglich gab es wohl einmal über 90 dieser kleinen, durch Aufschwemmungen und Sedimentablagerungen entstandenen Marscheninseln. Dass es heute nur noch vergleichsweise wenige sind, liegt nicht daran, dass sie alle Opfer der Fluten vergangener Jahrhunderte wurden, vielmehr sind die meisten von ihnen durch Eindeichungen von Kögen mittlerweile Teil des Festlands (z. B. Dagebüll).

Umstritten ist übrigens die Herkunft der Bezeichnung „Hallig". Am wahrscheinlichsten ist die Herleitung des Begriffs vom altenglischen *halth* (von *hill* = Hügel) oder aber vom germanischen Wort *hallan* (für Salzkruste), was auf die mittelalterliche Salzgewinnung aus den hiesigen Salztorfen hinweisen würde (→ S. 286).

Sehenswertes

St.-Johannis-Kirche: Die reetgedeckte, 1642 fertiggestellte Halligkirche liegt auf der fast kreisrunden Kirchwarft an der Schleuse. Die Warft besteht lediglich aus zwei Häusern, und zunächst vermutet man in dem größeren die Kirche. Das jedoch ist das 1907 errichtete Wohnhaus des Pastors. Und weil ein großer Turm dem Wind zu viel Angriffsfläche bieten würde, erfüllt den Zweck ein kleines, auf Holzständern stehendes Glockentürmchen.

Viele Einrichtungsgegenstände des Kirchleins wie das herrliche Taufbecken, die Kirchenbänke mit ihren schön geschnitzten Wangen und die kunstvoll verzierte Kanzel stammen aus einem in der Burchardiflut 1634 untergegangenen Gotteshaus auf der zerstörten Insel Alt-Nordstrand. Auch die Backsteine für den Kirchenbau stammen z. T. von dort. Der 1857 erbaute Altar wurde erst 1931 in die Kirche verbracht, ursprünglich stand er in der Kirche von Klanxbüll auf dem Festland. Ältestes Kunstwerk ist das Kruzifix an der Südwand neben der Kanzel (Anfang 16. Jh.). Der Gekreuzigte ist im wahrsten Sinne des Wortes ein „Gestrandeter", wurde er doch nach der Sturmflut von 1825 auf Hooge als Treibgut angespült.

Die beiden bunten Fenster im Chor zeigen Petrus im Sturm (links) und Christus als guten Hirten (rechts). Das von der Decke hängende Schiff war ursprünglich ein Geschenk der Hooger an ihren dänischen König Friedrich VI., der allerdings verfügte, dass das Schiff auf Hooge bleiben solle.

Der Mittelgang zwischen dem Kirchengestühl ist lose geklinkert, der Fußboden zwischen den Bänken mit Sand und Muscheln bedeckt – auf diese Weise kann bei Sturmfluten das eindringende Wasser gut abfließen bzw. versickern.

Ein kleiner Friedhof umgibt die Kirche, auf dem ein schlichtes Holzkreuz die „Heimat für Heimatlose" markiert – hier wurden seit 1917 drei unbekannte, auf Hooge angespülte Strandleichen

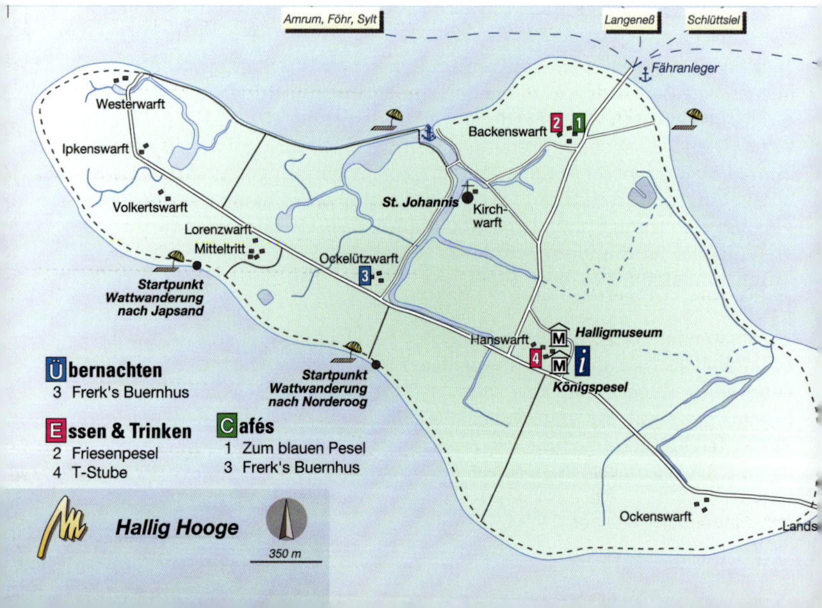

begraben. Bemerkenswert ist zudem der Feigenbaum an der südlichen Kirchenwand neben dem Eingang, der dem rauen Klima an dieser geschützten Stelle seit Langem trotzt. Ein Sturmflutpfahl vor der Warft zeigt die Wasserstände der großen Fluten von 1634 bis 1981.

▪ März–Okt. tägl. (außer Mo) geöffnet. Gottesdienst sonntags um 10 Uhr. Für den Besuch der Kirche wird eine Spende erwartet (Erw. 1 €, Kinder 0,20 €). Kirchengemeinde Hooge, Kirchwarft, ✆ 04849-230.

Königspesel: Die wohl berühmteste Friesenstube Nordfrieslands befindet sich auf der Hanswarft in einem um 1770 errichteten Friesenhaus. Als „Pesel" bezeichnet man den schönsten Raum, also die „gute Stube", die nur zu besonderen Anlässen genutzt wurde – auch wenn sich in diesem ein 1,60 m langer Alkoven (Bettnische) befindet. Seinen wohlklingenden Namen erhielt der eindrucksvolle Pesel aufgrund einer Notlage: Der dänische König Friedrich VI. musste hier gezwungenermaßen übernachten, als ein Sturm ihn auf seiner Inspektionsfahrt nach der Halligflut 1825 an der Weiterfahrt hinderte. Das Gastgeschenk des Königs, eine kostbar verzierte tönerne Taufschale, ist hier noch zu bestaunen.

Dieser Pesel ist eine wahre Schatztruhe: Die Wände sind von oben bis unten mit ca. 6500 handbemalten Delfter Kacheln geschmückt, die biblische Motive sowie maritime Szenen zieren. Bemerkenswert sind zudem die Decken und Türen, die mit Naturfarben aus Ochsenblut und Eigelb bemalt sind. Viele Einrichtungsgegenstände des Pesels und seiner Nachbarräume wurden vom Erbauer des Hauses, Kapitän Tade Hans Bandiks, zusammengetragen. Heute wird sein Erbe bereits in achter Generation als Privatmuseum weitergeführt. Zu sehen gibt es auch einen uralten, mit biblischen Motiven verzierten gusseisernen sog. *Bilegger* (Beilegerofen). Auch andere Kostbarkeiten zieren den Pesel, so ein Barockschrank mit Alabasterfiguren aus Italien, eine englische Standuhr von 1667, die eigens in Japan vergoldet wurde, und ein rund 1000 Jahre alter Teller aus Bayeux (er zeigt die Schlacht bei Hastings von 1066). Zudem schmücken 400 Jahre altes chinesisches Porzellan und 270 Jahre altes Meißner Porzellan die Stube. Zur Katastrophe kam es im Oktober 1995: Damals brannte das denkmalgeschützte Haus bis auf die Grundmauern nieder; das kostbare Inventar jedoch konnte in einer Gemeinschaftsaktion der Halligbewohner weitgehend gerettet werden.

▪ April–Okt. tägl. nach Ankunft der Ausflugsschiffe geöffnet (10–17 Uhr). Eine Kutsche fährt direkt vom Hafen zum Königspesel. Informative Besichtigung stets im Rahmen einer kleinen Führung (ab 5 Pers.), einfach vor dem Haus oder im **Café Königspesel** melden. Eintritt 2,50 €, Jugendl. 2 €, Kinder 1,50 €. Hanswarft 11, ✆ 04849-219.

Heimat- und Halligmuseum: Die Entstehung dieses kleinen Heimatmuseums im Obergeschoss ist der Sammel-

Königspesel Hooge ▲

St.-Johannis-Kirche ▼

leidenschaft des ehemaligen Postschiffers Hans von Holdt zu verdanken, der dieses etwas skurrile Privatmuseum 1980 im Obergeschoss seines Hallighauses einrichtete. Zu sehen gibt es auf 120 m² zahlreiche im Watt gesammelte Fundstücke, auch ausgestopfte Vögel oder Seehunde, aber ebenso historische Dokumente der 300-jährigen Halliggeschichte sowie Einrichtungsgegenstände alter Friesenhäuser und Alltagsgegenstände des Halliglebens.

■ April–Okt. tägl. 11.30–14 Uhr geöffnet. Erwachsene 3 €, Kinder 2 €. Hanswarft 10a, ✆ 04849-238.

Sturmflutkino: Kleines, aber nett gemachtes Kino mit 85 Plätzen, in dem v. a. den zahlreichen Tagesbesuchern auf einer großen Leinwand ein 15-minütiger Film vorgeführt wird, der das Halligleben bei „Land unter" eindrucksvoll zeigt.

■ Tägl. 10–17 Uhr alle 20 Min., Vorführungen ab 5 Pers., Erw. 3 €, Kinder bis 16 J. 2 €. Hanswarft, ✆ 04849-271, www.sturmflutkino.de.

Praktische Infos

Einwohner 100

Information **Touristikbüro „Uns Hallig Hus"**, Hanswarft 1, 25859 Hallig Hooge, ✆ 04 849-9100, www.hooge.de. Gästebeitrag (Halligtaler), 1 €/Tag, Kinder 0,20 €.

Fähre und Parkplätze Ab **Schlüttsiel** 2-mal tägl. mit der kleinen Autofähre der *W.D.R.* (10 und 18 Uhr. Hin- und Rückfahrt Erw. 15,40 €, Kinder (6–14 J.) 7,70 €, Fahrrad 6,40 € (www.faehre.de. Parken in Schlüttsiel, 3 €/Tag; Münzen erforderlich) sowie im Sommerhalbjahr mit Ausflugsschiffen von den Nachbarinseln und Halligen oder Di–So mit dem *Adler*-Schiff von **Nordstrand** (Strucklahnungshörn) aus (9.15 und 14.35 Uhr). Hin- und Rückfahrt Erw. 24,50 €, Kinder (6–14 J.) 19 €, Familien 49 €. Parken auf Nordstrand 3,50 € (www.adler-schiffe.de).

Fahrradverleih Während der Saison Fahrradvermietung am Fähranleger bzw. auf der Backenswarft: **H. und D. Diedrichsen**, ✆ 04 849-224. Reservierung u. U. ratsam, Tag 4,50–5 €/Tag.

Kutschbetriebe Auf die Tagesgäste warten am Anleger gelbe Pferdefuhrwerke, die für 3,50–5 € zum Transfer zur Hanswarft oder zu Rundfahrten inkl. Besuch von Königspesel oder Sturmflutkino einladen: **Gelbe Planwagen**, ✆ 04849-250; **Kutsche zum Königspesel**, ✆ 04849-259.

Essen & Übernachten (→ Karte S. 254)

Friesenpesel **2**, hier, ganz in der Nähe des Fähranlegers, steht Hooges ältestes Gasthaus (von 1746). Eingerichtet ist der Friesenpesel mit gemütlichen Holzmöbeln; teilweise ist die Gaststube auch mit Delfter Kacheln verziert. In den antik eingerichteten, namensgebenden Pesel kann man jedoch zumeist nur hineinschauen. Deftige, allerdings nicht ganz preiswerte Küche mit zahlreichen Hooger Spezialitäten und natürlich mit dem typischen Halliggericht Mehlbüddel und Porrenpann (Krabbenpfanne). Sie können auch unter dem Baum auf der Terrasse Platz nehmen. Der Kutschbetrieb „Gelbe Planwagen" gehört zum Haus. Backenswarft 6, ✆ 04849-250.

meinTipp **Zum blauen Pesel** **1**, Hallig-Café im reetgedeckten Friesenhaus von 1750 auf der Backenswarft. Sehr einfache Tische auf dem Rasen vor dem Haus und innen ein feierlich-gemütlicher Gastraum. Der blaue (oder besser blaugrüne) Pesel selbst dient heute noch als Wohnraum und ist nur durch ein kleines Fenster zu betrachten. Im unweit des Fähranlegers gelegenen Café gibt es ab 14 Uhr leckeren Kuchen (auch vegan), auch Fischbrot und als Spezialität Halliggebäck (Mo Ruhetag). Backenswarft 2, ✆ 04849-231.

T-Stube und Hallig-Galerie **4**, in einem der ältesten Hallighäuser (von 1736) sitzt man in dieser Teestube, wo viele Sorten Tee angeboten werden. Unter einem offenen Reetdachgebälk sitzt man gemütlich auf alten Sofas, das Essen aber ist nicht die erste Wahl. Es gibt nicht nur Kaffee und Tee, die T-Stube ist auch ein Restaurant mit einfachen (allerdings nicht preiswerten) Gerichten wie Matjes, Labskaus oder Krabbensuppe. Natürlich gibt es auch eine nette Terrasse. Tägl. 10.30–24 Uhr geöffnet. Hanswarft 6c, ✆ 04849-9097977.

Frerk's Buernhus **3**, eine der wenigen Hotel-/Pensionsunterkünfte auf der Hallig, schön auf der Lorenzwarft und damit ein wenig abseits des Tagestourismus gelegen. Einfache, aber ordentliche Zimmer, DZ 72–94 €. Frühstücksbüfett (auch für externe Gäste) und Halbpension möglich. Nachmittags ab 14 Uhr gibt es (nur) auf der ruhigen Sonnenterrasse im windgeschützten Strandkorb mit Blick auf die umliegenden Inseln und das Wattenmeer Kaffee und frischen Kuchen. Lorenzwarft, ✆ 04849-254, www.halligbotel.de.

Beschauliche Ruhe: Peterhaiztwarf auf Langeneß

Inseln und Halligen → Karte S. 174

Hallig Langeneß

Während es im Sommer auf Hallig Hooge vergleichsweise geschäftig und touristisch zugeht, kann man auf Langeneß noch eher jene besondere Eigentümlichkeit entdecken, die das Halligleben eigentlich ausmacht.

Die Ausflugsschiffe und Fähren legen an der **Rixwarf** an, die direkt an der Waterkant liegt und mit Buhnen und Steinbefestigungen vor weiteren Uferabbrüchen geschützt ist. Hier befinden sich auch das *Nationalpark-Informationszentrum* mit interessanten Schautafeln und einem kleinen Aquarium sowie ein Hafenkiosk.

Wegen der Größe der Hallig (11,5 km²) und dem meist nur kurzen Aufenthalt der Tagesbesucher (etwa 3 Std.) ist eine ausgiebige Erkundung von Langeneß für Tagesgäste unmöglich. Meist gibt es ein festes Besucherprogramm, der Halligbus steht am Anleger schon bereit und bringt die Gäste für 7 € zu den Hallig-Highlights, nämlich zum sehenswerten Kapitän-Tadsen-Museum auf der malerischen Ketelswarf und zur Halligkirche. Alternativ (und vom Autor empfohlen) können Sie sich aber auch am Hafenkiosk ein Rad leihen und die Hallig auf eigene Faust erkunden. Aber Vorsicht, wegen der zumeist vorherrschenden Westwinde haben Sie zunächst Rückenwind, für den Rückweg müssen Sie bei starkem Gegenwind daher erheblich mehr Zeit einplanen.

Eine schmale, gut 9 km lange asphaltierte Straße führt von der Rixwarf über die ganze Hallig. Von ihr zweigen Stichwege jeweils zu den einzelnen weit verstreuten Warften ab. Einige Ausweichstellen auf der einspurigen

Verbindung deuten darauf hin, dass es auf der langen Hallig tatsächlich ein wenig Autoverkehr gibt. Die Halligstraße endet am kleinen Lorenbahnhof im Osten. Von da ab geht es nur noch mit abenteuerlich anmutenden Motorloren weiter – 3 km sind es zur benachbarten Hallig Oland und noch einmal 7 km bis zum Festland. Der Damm nach Oland besteht bereits seit 1840, die Verlängerung zum Festland seit 1927.

Langeneß („lange Nase", fries.: *Nees*) ist mit seinen 18 wie auf einer Perlenkette aufgereihten Warften sowie einer Länge von 10 km und einer Breite von nur etwa 1,5 km die größte Hallig im nordfriesischen Wattenmeer. Sie wurde Mitte des 19. Jh. aus den drei ehemaligen Halligen Nordmarsch, Butwehl und Langeneß mithilfe eines Dammes gebildet, der die einzelnen Halligen durch weiteren Landgewinn zusammenwachsen ließ. Zuvor hatte der Blanke Hans die heute auch durch Buhnen gesicherte Hallig immer wieder schwer verwüstet bzw. ihr Land entrissen. Doch immer noch heißt es hier etwa 20-mal pro Jahr „Land unter": Kurzzeitig sind die Warften dann gewissermaßen von der Außenwelt abgeschnitten – ein Zustand, den die Feriengäste durchaus lieben und als Abenteuer verbuchen, für die Einheimischen ist er Normalität.

Langeneß bildet mit der Hallig Oland eine eigene Gemeinde. Tourismus und Küstenschutz sind auch hier die Haupteinnahmequellen, doch es gibt auch noch einige Bauernhöfe.

Sehenswertes

Ketelswarf mit Kapitän-Tadsen-Museum: Mit ihren elf reetgedeckten, um den *Fething* (Regenwasserteich) gruppierten Häusern gilt die in der Inselmitte gelegene Ketelswarf als die schönste Warft der Hallig. Hier befindet sich auch das Kapitän-Tadsen-Haus. Das original erhaltene und entsprechend restaurierte Friesenhaus wurde 1987 als Museum gestaltet. Mit *Döns* (Wohn- und Schlafraum), *Pesel* (gute Stube), Küche, Stall und sogar einem kleinen Keller gewährt es einen guten Einblick in das Leben der Halligbewohner vor über 250 Jahren, zumal viele der Einrichtungsgegenstände aus dem Haus selbst stammen. Über 1600 holländische mit alttestamentarischen Motiven verzierte Kacheln zieren einen Teil der Wände. Eigentümer des Halligbauses war Tade Volkerts, der als Kapitän auf holländischen Schiffen zu Reichtum kam und sich 1741 dieses Haus baute. Nach Beschädigungen durch die große Sturmflut 1825 wurde es noch einmal deutlich erweitert.

Die sehr kleine, rund 3 m hohe Bockwindmühle auf der Ketelswarf ist ein Nachbau von 1995. Das Original stand ursprünglich auf der Warft Norderhörn und wurde als letzte Mühle dieses früher auf fast jeder Hallig vorkommenden Typs im Jahr 1953 ins Wyker Friesenmuseum verbracht. Seit 2004 steht auf der Ketelswarf zudem der Nachbau einer bis 1970 verwendeten Segellore.

▪ **Kapitän-Tadsen-Museum,** nur mit Führung, geöffnet Ostern bis Ende Okt. Mo–Sa nur 13.30–14 Uhr (i. d. R. im Rahmen der Tour mit dem „Hallig-Express"). Erw. 2 €, Kinder bis 12 J. 0,50 €.

Inselkirche: Das heutige Gotteshaus auf der extra für einen Sakralbau aufgeschütteten Kirchwarft wurde 1894 auf den Grundmauern zweier Vorgängerbauten (von 1666 und 1725) errichtet, 1975 zu seiner heutigen Form umgestaltet und 2018 noch einmal grundlegend renoviert. Ein Teil der Kirche wurde lange Zeit auch als Schule genutzt, bis man 1960 auf der gleichen Warft eine Schule mit Gemeinderaum errichtete – sie wird derzeit von 12 Kindern der Klassen 1 bis 9 besucht.

Die Innenausstattung ist deutlich älter als der Bau selber und stammt z. T. aus der durch Stürme schwer beschädigten, im 18. Jh. verschwundenen Kirche der ehemaligen Hallig Nordmarsch, die heute einen Teil der Hallig Langeneß

Langeneß und Oland

Langeneß: Motorlore zum Festland

bildet. Der ehemalige Friedhof von Nordmarsch auf der im Westen gelegenen Kirchhofswarf besteht jedoch nach wie vor. Der von zwei Langeneßer Handelsschiffern gestiftete Flügelaltar von 1670 zeigt in der Mitte die Kreuzigung Jesu und das letzte Abendmahl; auf den sichtbaren Innenseiten der Altarflügel sind die vier Evangelisten abgebildet, auf den Außenseiten Jesus und Petrus. Besonders schön ist die mit biblischen Motiven bemalte Holzdecke.

■ Die Kirche ist normalerweise geöffnet.

Friesenstube Honkenswarf: Im Gegensatz zum Kapitän-Tadsen-Museum auf der Ketelswarf oder gar dem viel besuchten Königspesel auf der Hooger Hanswarft verirren sich in den Osten von Langeneß deutlich weniger Touristen. Dabei vermittelt das kleine Privatmuseum in dem gut erhaltenen Halligbaus von 1875 mit vollständig eingerichteter Wohnstube mit *Alkoven*, *Bilegger* (Beilegerofen) und alten Delfter Kacheln einen ebenso authentischen Einblick in die frühere Wohnkultur der Halligbewohner.

■ Nur Di und Do 10.30 Uhr im Rahmen einer Führung; Öffnung und Führung i. d. R. im Rahmen der Tour mit dem „Hallig-Express". Erw. 2 €, Kinder (6–14 J.) 1 €. Hofladen vor Ort. Honkenswarf, ✆ 04684-235, www.friesenhaus-honkenswarf.de.

Praktische Infos

Einwohner 110

Information **Tourismusbüro,** Ketelswarf 3, 25863 Hallig Langeneß, ✆ 04684-217 (auch für die Hallig Oland), www.langeness.de. Mo–Fr 9–12 Uhr geöffnet. Kurabgabe Erw. 1,10 €, Kinder 0,70 €. Tagesbesucher sind (noch) kurtaxenfrei.

Einkaufen (→ Karte S. 259) **Kiosk auf der Rixwarf** 5 (auch Fischbrötchen), ✆ 04684-952060; **Kiosk „Bi de Katja"** auf der Hunnenswarf (Mo Ruhetag), ✆ 04684-952051. Die Lebensmittelversorgung der Hallig erfolgt über einen Supermarkt in Niebüll. Feriengäste und Insulaner werden nach Vorbestellung per Hausservice beliefert: Im Sommerhalbjahr immer Di und Sa, im Winter Do; Sie müssen Ihre Warenwünsche spätestens 24 Std. vorher anmelden (Infos unter www.edeka-niebuell.de).

Fähre und Parkplätze Ab **Schlüttsiel** 2-mal tägl. mit der kleinen Autofähre der *W.D.R.* (10 und 18 Uhr). Hin- und Rückfahrt Erw.

15,40 €, Kinder (6–14 J.) 7,70 €, Fahrrad 6,40 € (www.faehre.de). Parkplatz in Schlüttsiel (3 €/Tag; Münzen erforderlich). Mit Ausflugsschiffen von den Nachbarinseln und -Halligen oder nur montags von **Nordstrand** (Strucklahnungshörn) aus (9.15 und 14.35 Uhr). Hin- und Rückfahrt Erw. 24,50 €, Kinder (6–14 J.) 19 €, Familien 49 €, Parken auf Nordstrand 3,50 € (www.adler-schiffe.de).

Fahrradverleih **Familie Karau,** Verleih mit Kiosk auf der Rixwarf. Ab 5 €/Tag. ☏ 04684-952060.

Halligbus VW-Bus, der gewöhnlich um 12 Uhr ab der Rixwarf zu den Sehenswürdigkeiten fährt (7 €, Kinder 3,50 €), aber auch nach Bedarf (z. B. von Wanderern) jederzeit kontaktierbar ist unter ☏ 01575-6604684.

Essen & Übernachten (→ Karte S. 259)

Hilligenley 3, Restaurant und Hotel in der Nähe des Fähranlegers mit geräumiger Gaststube und netter Sonnenterrasse mit schönem Ausblick auf die Halligen und die Insel Amrum. Lecker sind die Scholle und v. a. die frischen Krabben mit Bratkartoffeln, die Krabben werden hier noch von Hand gepult und haben nicht den Umweg über Marokko hinter sich. Im Haus gibt es zudem nette, sehr unterschiedlich eingerichtete Zimmer, DZ 90–110 €. Hilligenley 4, ☏ 04684-223.

****** Anker's Hörn 4,** mit Liebe zum Detail wurde ein ehemaliger Bauernhof zum 11-Zimmer-Hotel umgebaut. Von außen eher unscheinbar, aber innen gemütlich und mit wunderbarem Ausblick. Gutes Frühstücksbüfett, abends gibt's ein wirklich leckeres 3-Gänge-Menü, für das man wegen der beschränkten Küchenkapazität etwas Zeit mitbringen muss (was bei einem Halligurlaub aber kein Problem sein sollte). Sauna gegen Aufpreis, auch E-Bike-Verleih. Etwas für Ruhesuchende. DZ 120–130 €. Mayenswarf 2, ☏ 04684-291, www.ankers-hoern.de.

Kookenstuv 2, liebevoll eingerichtetes Café mit Strandkörben vor dem Haus auf der Ketelswarf, in dem sich nicht nur Besucher des Kapitän-Tadsen-Museums mit selbst gebackenem Kuchen und leckeren Waffeln stärken können. Gebacken wird mit Bio-Mehl, zudem gibt's Fair-Trade-Kaffee und kleine Snacks. Ketelswarf 11, ☏ 04684-9524498.

Hallig Gröde

Auf Gröde gibt es lediglich fünf Häuser auf zwei eng beieinanderliegenden Warften. Vier davon stehen auf der Knudswarft, die nach der Sturmflut von 1962 im Wesentlichen neu bebaut und zusätzlich mit einem kleinen Ringdeich umgeben wurde. Aber man gruppierte die Häuser an alter Stelle rund um den *Fething* (Regenwasserteich) und deckte die Häuser traditionell mit Reet. Die benachbarte kleine und ebenfalls durch einen Ringdeich geschützte Kirchwarft mit winzigem Friedhof beherbergt nur ein einziges, dafür aber historisches Gebäude. Dieses ist Kirche, Schule (mangels Nachwuchs derzeit geschlossen) und Lehrerwohnung (ehemaliges Pastorat) zugleich.

Mit nur acht Einwohnern ist Gröde die kleinste Gemeinde Deutschlands und somit ein eigener Wahlbezirk. Wenn Bundes- oder Landtagswahlen sind, dann flimmern bereits kurz nach 18 Uhr Grödes Stimmergebnisse über die Bildschirme der Wahlberichterstatter – und das normalerweise mit einer vorbildlichen Wahlbeteiligung von 100 %. Es sei denn, einige der Hallig-Bewohner befinden sich am Wahlwochenende auf dem Festland, dann nämlich müssen sich alle Wahlberechtigten für die Briefwahl entscheiden, weil andernfalls das Wahlgeheimnis nicht mehr gewährleistet wäre. Gerne wird aber vergessen: Gröde ist mit einer Pro-Kopf-Verschuldung von ca. 32.000 € auch die höchstverschuldete Gemeinde der Bundesrepublik; die Kosten für Versorgungsleitungen lassen sich eben nur auf wenige Personen verteilen.

Gröde (fries.: *di Grööe*) hatte in seiner Geschichte viel Landverlust zu beklagen – vor der Sturmflut von 1825 lebten hier immerhin noch 90 Menschen.

Kleinste Gemeinde Deutschlands: Hallig Gröde

Erst Anfang des 20. Jh. konnte man dem Einhalt gebieten, auch weil man den zwischen Gröde und Appelland verlaufenden Priel durch einen Damm unterbrach. Beide Halligen sind seitdem zu einer zusammengewachsen, die korrekterweise Gröde-Appelland heißt. Gröde hat sogar noch einen weiteren „Ortsteil“, nämlich die benachbarte **Hallig Habel,** die aber für Besucher nicht zugänglich ist. Auf dieser mit einer Fläche von nur 6 ha (0,06 km²) kleinsten Hallig im Wattenmeer wohnt heute im Sommer nur noch ein Vogelwart; 1924 verließen die letzten festen Bewohner das Eiland.

Die nur 2,5 km² kleine Hallig Gröde ist übrigens die einzige, auf der noch die bis in die 1950er-Jahre überall auf den Halligen übliche *Allmende* gilt, das heißt, die Gröder bewirtschaften ihr Land gemeinsam. Zäune gibt es nur wenige, die Schafe können fast überall grasen, wo es ihnen gerade passt. Die zuweilen auf der Hallig ebenfalls grasenden Kühe sind reine Sommergäste, sie werden im Herbst wieder mit dem Schiff zum Festland gebracht, denn v. a. im Winter wird die kleine Hallig besonders häufig von der Nordsee überspült. Etwa 30-mal im Jahr heißt es hier „Land unter“.

Sehenswert ist die **Halligkirche St. Margarethen** auf der benachbarten Kirchwarft. Dort standen schon mehrere Vorgängerbauten, die alle dem Blanken Hans zum Opfer fielen. Der jetzige turmlose Reetdachbau ist wahrscheinlich bereits die siebte Kirche, die immerhin schon seit 1779 allen Stürmen trotzt (wenngleich sie 1955 erneuert wurde). Die hübsche Innenausstattung ist – wie so oft bei den sturmflutgefährdeten Halligkirchen – älter als die Kirche selbst und stammt größtenteils aus dem 16. Jh. Der bunte Flügelaltar wurde 1592 geschnitzt, das Triumphkreuz um 1500, und die kleine Zweierfigurengruppe links neben dem Altar wurde um 1550 angefertigt, die Kanzel kam 1695 hinzu. Natürlich hängt auch in dieser Kirche ein kleines Votivschiff von der einfach bemalten Holzbalkendecke, die in einem ähnlich türkisfarbenen Ton gehalten ist wie das Kirchengestühl. Die Kirche wird vom Langeneßer Pfarrer betreut, der hier mit seiner (noch) eigenständigen Gemeinde einmal pro Monat Gottesdienst feiert.

Anreise Eine regelmäßige Fährverbindung gibt es nicht. Tagesausflügler (und Gäste) kommen mit Ausflugsschiffen von Schlüttsiel (MS „Seeadler" → S. 156) oder von Pellworm/Hooge/Amrum. Wegen der kurzen Hochwasserzeit haben Tagesgäste nur gut 1 Std. Aufenthalt und laufen dann vom 800 m entfernten Westanleger zur Warft. Für das leibliche Wohl und für Souvenirs sorgt dann ein kleiner **Kioskwagen.** Es gibt auf der Hallig 21 Gästebetten.

Hamburger Hallig

Die Hamburger Hallig ist ein reines Ausflugsziel, denn hier wohnt niemand mehr. Es gibt nur eine schöne Warft mit dem reetgedeckten Hallig-Krog (mit drei Nebengebäuden) – das war's.

Eigentlich ist die Hamburger Hallig auch keine echte, ständig vom Meer umspülte Hallig mehr, sondern eher so etwas wie eine halbinselartig ins Wattenmeer hineinragende Salzwiesenlandschaft. Und dennoch ist es wirklich ein Erlebnis, über den 4 km langen Radweg neben dem zur Hallig führenden, schnurgeraden, mit Platten belegten Spurbahnweg zu fahren oder zu laufen. Sofern dieser nicht überflutet ist – auf der Hamburger Hallig gibt es besonders häufig „Land unter", bis zu 50-mal im Jahr, v. a. bei Springflut im Winter, mitunter aber auch bei Sommerstürmen.

Auf halber Strecke kommt man an dem auf der kleinen Schafberg-Warft stehenden NABU-Infohäuschen vorbei (Claus-Jürgen-Reitmann-Haus), wo Sie Infos zur Salzwiesenlandschaft erhalten, die ein wichtiges Rückzugsgebiet für Brut- und Rastvögel sind.

Nirgendwo sonst haben Sie einen so guten Blick auf die anderen Halligen wie von der Hamburger Hallig aus. Diese nur 1,1 m² kleine Hallig liegt

Inseln und Halligen → Karte S. 174

Auf dem Weg zur Hamburger Hallig

Amsinck-Haus im Söhnke-Nissen-Koog

zentral inmitten der Halligwelt, von hier aus können Sie ringsherum die Halligen Habel, Gröde, Oland, Langeneß, Hooge, Nordstrandischmoor und die Insel Pellworm erkennen. Entgegen ihres Namens war die Hallig nie in Besitz der Hansestadt Hamburg – benannt ist sie vielmehr nach dem Herkunftsort der Hamburger Kaufleute Arnold und Rudolf Amsinck, die in den Jahren 1624–1628 an der Nordostecke der riesigen Insel Strand (Alt-Nordstrand) einen Koog eindeichten und sich dort auf einer Warft ein stattliches Haus bauten. Doch schon wenige Jahre später zerstörte 1634 die verheerende Burchardiflut die Insel Strand. Nur die Warft mit dem „Hamburger Haus" blieb bestehen, vom Amsinck-Koog selber blieben nur Reste erhalten.

Erst ab 1860 begann man aus Küstenschutzgründen mit dem Bau eines kleinen Dammes vom Festland zur Hallig. Wenig später wurde die Hallig vom Staat erworben und zur Bewirtschaftung verpachtet. Durch den zunehmenden Ausbau des Damms, der seit 1901 befahrbar ist, verlor die Hallig allmählich endgültig ihren Inselcharakter. Beiderseits des Dammes bildeten sich immer mehr Salzwiesen, 1930 wurde die Hallig zum Naturschutzgebiet erklärt. Ab 1964 stellte eine Wasserleitung die Wasserversorgung sicher, der Anschluss an das Stromnetz erfolgte sogar erst im Jahr 2001.

Verwaltungstechnisch gehört die Hamburger Hallig (fries.: *Hamborjer Håli*) zur Gemeinde **Reußenköge** (300 Einwohner), deren sechs bewohnte Köge sich auf einer Länge von ca. 12 km entlang der Nordseeküste auffädeln. Am bekanntesten ist der dünn besiedelte, nur aus 28 Höfen bestehende **Söhnke-Nissen-Koog.** Dieser wurde 1924–1926 auf private Initiative heimischer Landwirte eingedeicht. Weil verschiedene Banken das Finanzierungsrisiko des Koogbaus scheuten, gelang die Eindeichung nur aufgrund der Finanzierungszusage des Eisenbahningenieurs *Söhnke Nissen* (1870–1923), der ein Vermögen mit Diamanten im ehemaligen Deutsch-Südwestafrika, dem heutigen Namibia, gemacht hatte. Als Gegenleistung für Nissens finanziellen

Einsatz, den er kurz vor seinem Tod zugesagt hatte, gingen sieben der neuen Höfe des Koogs an seine Nachfahren. Diese Gehöfte tragen noch heute die Namen von Bahnhöfen jenes südwestafrikanischen Streckenabschnittes, an dem Nissen als Ingenieur tätig gewesen war. Charakteristisch für den Koog sind die grünen Wellblechdächer der seit 2005 größtenteils denkmalgeschützten Höfe. Direkt an der Deichüberfahrt zur Hamburger Hallig befindet sich das ebenfalls grün gedeckte **Amsinck-Haus,** das Nationalpark-Haus.

Information **Amsinck-Haus,** Service- und Informationszentrum für die Hamburger Hallig und das mittlere Nordfriesland (mit Radverleih). Als Nationalpark-Haus zeigt es eine sehenswerte Ausstellung zur Geschichte, Natur und Kultur der Kooglandschaft (geöffnet April–Okt. tägl. 10–18 Uhr, Eintritt frei). Sönke-Nissen-Koog 36a, 25821 Reußenköge, ✆ 04671-927154, www.amsinck-haus.de.

Anfahrt Sie können den Plattenweg zur Hallig auch mit dem Auto befahren (z. B. für einen abendlichen Restaurantbesuch). Dann sind 6 € am Automaten am Amsinck-Haus zu entrichten (keine Kartenzahlung). Schöner ist die Zufahrt mit dem Fahrrad, das Sie problemlos vor Ort leihen können (2 € + Auto-Parkgebühr 1 €). Wegen der vielen „Land unter" in der kalten Jahreszeit ist die Zufahrt zur Hallig im Winterhalbjahr aus Sicherheitsgründen gesperrt.

Baden Auf der Hallig gibt es eine mit einem kleinen Teerstreifen befestigte Badestelle, von der eine Treppe hinab ins Wattenmeer führt. Wegen starker Strömungen ist Baden hier allerdings nur ca. 3–2:30 Std. vor dem Höchststand der Flut möglich.

Fahrradverleih Am **Amsinck-Haus** (geöffnet April–Okt. 10–18 Uhr, s. o.). Außerhalb der Geschäftszeiten können Sie sich einfach eines der unverschlossenen blauen Räder nehmen und hinüber zur Hallig radeln. Die 2 € Leihgebühr werfen Sie einfach in eine Box an der Halle ein.

meinTipp **Essen & Trinken** **Hallig-Krog,** schönes Ausflugsziel im reetgedeckten Haupthaus der Hamburger Hallig. Mittags gibt es kleine Speisen wie Krabbensuppe, Strammer Friese, Hallig-Haxe oder auch saftige Lammfrikadellen sowie Kaffee und Kuchen in der urigen Gaststube oder auf der Warft-Terrasse. Aber auch abends gibt es wohlschmeckende kulinarische Angebote von Küchenchef Erik Brack (Reservierung erbeten, Besuch mit dem Auto möglich, s. o.). Geöffnet Ostern–Okt. tägl. ab 11 Uhr. ✆ 04671-942788, www.hallig-krog.de.

Hallig Norderoog

Die westlichste aller Halligen liegt 25 km vor der Festlandsküste im Wattenmeer, ist nur 9 ha groß (0,09 km²) und aufgrund der Lage besonders hart dem „Blanken Hans" (= „tobende Nordsee") ausgesetzt.

Wie bei der Hallig Süderoog erstreckt sich auch westlich von Norderoog mit dem *Norderoogsand* eine 7,5 km lange Sandbank, die damit um ein Vielfaches größer als Norderoog ist und der Hallig etwas Schutz bietet. Neben Tausenden von Vögeln (v. a. der stark gefährdeten Brandseeschwalbe) leben hier nur zeitweise einige Vogelwarte, deren Beobachtungsstation zum Schutz vor den Fluten auf hohen Stelzen errichtet ist, da die ursprüngliche Warft zerstört wurde. Seit 1909 ist die Hallig im Besitz des Vereins Jordsand und dient dem Natur- und Vogelschutz, aber auch dem Küstenschutz, weshalb man auch um Norderoog herum zahlreiche Lahnungen errichtet hat. Eine landwirtschaftliche Nutzung hat es nie gegeben, weshalb es hier eine großflächige natürliche Salzwiesenvegetation gibt.

Norderoog (fries.: *Noorderuug*) ist die einzige Hallig, die sich noch immer in Privatbesitz befindet (Verein Jordsand), verwaltungstechnisch gehört sie aber zur Hallig Hooge. Die Vogelhallig darf von Mitte Juli bis Ende Oktober im Rahmen der von Hooge aus durchgeführten Wattführungen betreten werden (Wattlaufstrecke 8 km).

Inseln und Halligen → Karte S. 174

Perfekte natürliche Deichpflege: Schafe vor dem Lorendamm

Hallig Nordstrandischmoor

Am Beltringharder Koog, von der Badestelle Lüttmoorsiel aus (→ S. 152) können Sie in der Ferne die vier kleinen Halligháuser erspähen, die auf den Warften der Hallig Nordstrandischmoor stehen. Von hier aus führt seit 1934 als Lebensader ein 3,5 km langer Lorendamm hinüber zur Hallig, der bei Hochwasser gerne auch mal überspült wird. Jede Familie der Hallig besitzt eine eigene wackelige Lore (Transportwagen auf schmalen Gleisen), mit der Versorgungsgüter und Gäste hinübergebracht werden.

Die von den Einheimischen „Lüttmoor" (fries.: *Lätj Möör*) genannte Hallig ist gut 2,5 km lang, aber nur 800 m breit (1,9 km²), für eine Umrundung braucht man etwa 1 Std. Die Hallig besteht aus vier Warften und fünf Häusern: Im Osten befindet sich die **Neuwarft,** die aus zwei Haushalten besteht und damit schon die Hauptwarft der Insel ist (mit kleinem Hallig-Krog zur Einkehr). Dann folgt die **Amalienwarft,** die heute anstelle der untergegangenen Kirche einen kleinen Glockenstapel von 1984, aber v. a. die Zwergschule beherbergt (mit derzeit immerhin 4 Schülern und einer Lehrerwohnung). Bei Gottesdiensten wird einfach das Klassenzimmer als Kirchenraum genutzt. Eine Besonderheit ist der alte seit 1926 nicht mehr belegte Halligfriedhof in der Nähe der Schulwarft, der nicht viel mehr als eine von einem Wassergraben umgebene Wiese ist, auf dem die Grabsteine flach in den Boden eingelassen sind und mehrfach im Jahr bei „Land unter" überflutet werden. Zudem gibt es in Nordstrandischmoor noch ein Haus auf der **Halbwegwarft** sowie auf der **Norderwarft.** Ganz im Westen der Hallig gibt es zudem einen kleinen Segelhafen für die nur 22 Einwohner und an der Südostspitze sogar einen ebenso kleinen Schiffsanleger für das Ausflugsschiff.

Nordstrandischmoor gehört verwaltungstechnisch zu Nordstrand. Sie ist die jüngste der zehn Halligen und entstand, wie die Hamburger Hallig, erst, als die furchtbare Burchardiflut 1634 die einstige Insel Strand in Stücke riss (→ S. 287). Besiedelt wurde sie aber erst nach der großen Sturmflut, bis dahin diente das heutige Nordstrandischmoor, wie der Name schon andeutet, der Torfsalzgewinnung (→ S. 286). Um 1700 lebten 125 Menschen auf der Hallig, in der Folgezeit verlor die ursprünglich einmal 500 ha große Hallig immer mehr Land und v. a. auch Einwohner.

Anreise/Information → **Tourist-Information Nordstrand,** S. 211. Eine regelmäßige Fährverbindung gibt es nicht. Feriengäste (15 Gästebetten) werden mit der Lorenbahn von **Lüttmoorsiel** (→ S. 151) abgeholt. Tagesgäste kommen für ca. 1:30 Std. Aufenthalt mit dem Ausflugsschiff von Strucklahnungshörn/**Nordstrand** oder **Pellworm** oder im Rahmen einer wegen des vielen Schlicks anspruchsvollen Wattwanderung von der Badestelle Lüttmoorsiel, die neben dem Lorendamm entlangführt.

Hallig Oland

Für viele ist dies die schönste der Halligen, weil deren einzige Warft wie ein winziges, fast kreisrundes Dorf inmitten der Nordsee wirkt. Hier leben 21 Einwohner in immerhin 15 Häusern, die sich eng um den *Fething* (Regenwasserteich) gruppieren, inklusive einer Schule (derzeit ohne Kinder, stattdessen mit einer Ausstellung des Halligmalers *Lorenz Kühn*), einem Gasthaus und einem Kiosk. In den hübschen Gärten erlaubt die geschützte Lage einen für eine Hallig üppigen Pflanzen- und Baumbewuchs. Zudem steht auf der Warft Deutschlands einziger reetgedeckter **Leuchtturm.** Das rote Backsteintürmchen mit viereckigem Grundriss wurde im Jahr 1929 erbaut und ist mit einer Höhe von nur gut 7 m zugleich der *kleinste Leuchtturm Deutschlands*. Der Turm ist nach wie vor in Betrieb und hat lediglich eine

Klein, aber fein: Halligkirche auf Oland

Außenlaterne (an der Nordseite), die als Quermarkenfeuer für das Dagebüller Fahrwasser dient.

Und natürlich gibt es auf der Olandwarft auch eine stets geöffnete Halligkirche mit Friedhof. Die kleine reetgedeckte Saalkirche wurde 1824 erbaut. Eine reich verzierte und bemalte Renaissancekanzel aus Eichenholz (1620) steht zentral hinter dem Altartisch, von der schön bemalten Kirchendecke hängen ein dänisch beflaggtes Votivschiff (1733) und zwei Messingleuchter. Weitere markante Ausstattungsstücke sind ein romanischer Taufstein (um 1200), ein fast ebenso altes frühgotisches Kruzifix, eine Apostelfigur aus dem 15. Jh. sowie eine ebenso alte Apostelgruppe an der Nordwand.

Oland (fries.: *Ualöön*) ist – wie der übersetzte Name „altes Land" schon sagt – die älteste aller Halligen und wurde bereits im 13. Jh. urkundlich erwähnt. Sie gehört heute verwaltungstechnisch zum nur 2,5 km entfernten Langeneß, mit dem es bis zur Burchardiflut im Jahr 1634 verbunden war. Noch bis 1850 hatte Oland eine zweite bewohnte Warft, die jedoch ebenfalls einer Sturmflut zum Opfer fiel.

Durch den Norden der Hallig führt die Lorenbahn, ein kleines, motorisiertes Schienenfahrzeug, im Süden gibt es sogar einen Hafen, der jedoch nur bei Flut von kleinen Booten angefahren werden kann. Schon seit 1840 verbindet ein Lorendamm Oland mit der Nachbarhallig Langeneß. Erst 1927 gelang es, auch bis zum Festland einen stabilen Damm zu errichten, der vordringlich die Strömung brechen sollte, also primär der Befestigung der Halligen diente. Der ursprünglich sich nur 1,5 m über den Meeresspiegel erhebende Damm wurde bis zum Jahr 2014 um 60 cm erhöht und ist jetzt auch bei Flut befahrbar. Die marode Holzkonstruktion der **Lorenbahn** wurde dabei durch einen Schienenstrang auf Betonschwellen ersetzt. Begegnen sich zwei der skurrilen Motorloren, gibt es auf halber Strecke eine Ausweichstelle, um ein vollständiges Zurücksetzen zu vermeiden. Übrigens, alle Loren sind „Marke Eigenbau", aber TÜV-geprüft.

Information Tourismusbüro → Langeneß, S. 260.

Anreise Eine regelmäßige Fährverbindung gibt es nicht. Tagesausflügler und Gäste kommen mit Ausflugsschiffen von **Schlüttsiel** (MS „Rungholt", → S. 156) und **Hooge/Amrum** oder im Rahmen einer geführten Wattwanderung von **Dagebüll** (dann aber nur 1:30 Std. Aufenthalt). Ein Teil der Feriengäste (45 Gästebetten) wird auch von Dagebüll aus mit der Motorlore abgeholt.

Einkaufen Oland hat keinen Laden, die Lebensmittelversorgung der Hallig erfolgt über einen Supermarkt in Niebüll. Feriengäste und Insulaner werden nach Vorbestellung immer Mi per Hausservice beliefert, wobei man Warenwünsche spätestens 24 Std. vorher anmelden muss (Infos unter www.edeka-niebuell.de).

Essen & Trinken (→ Karte S. 259) **Kiek in** **1**, Olands einziges Gasthaus mit Blick auf den kleinen Halligghafen heißt „Kiek in" und hat nur selten geöffnet (Mai–Okt. Sa ab 18 Uhr). Grillbüfett, ansonsten für größere Gruppen auf Anmeldung, ✆ 04667-390.

Hallig Süderoog

Die kleine, knapp 7 km südwestlich von Pellworm sehr einsam gelegene Hallig hat wie Südfall nur eine einzige Warft mit einem Wohn- und Wirtschaftsgebäude. Bewohnt wird sie nur von einem einzigen Pächterpaar, beides Angestellte des Landesbetriebes für Küstenschutz. Damit ist Süderoog die kleinste ganzjährig bewohnte Hallig.

Hinter dem großen u-förmigen Hallighof schließt sich der von Bäumen umsäumte *Fething* (→ S. 252) an. Das

Minidorf in der Nordsee:
Hallig Oland

„Flaschenpost" mit Happy End vor Süderoog

Anfang November 2017 lief *Roland Spreer* am Flutsaum der Hallig Süderoog entlang und entdeckte etwas silbrig Glänzendes. Das Strandgut entpuppte sich als wasserdichte Kamera, die sogar noch blinkte. Aufgezeichnet hatte die Kamera nicht nur ein 11 Min. langes Filmchen mit verwackelten Bildern, sondern auch ihren eigenen Untergang. Man sieht darauf zunächst einen kleinen Jungen, der sich erst selbst beim Spielen mit einem Eimer an einem felsigen Strand filmte, bevor er die Kamera auf einem Stein abstellte und dort vergaß. Schnell kam die Flut und die Ereignisse nahmen ihren Lauf – die kleine Action-Cam filmte noch, wie sie von der Flut weggerissen wurde und schaltete sich dann ab. Zwei Monate später wurde sie dann am Ufer der Hallig Süderoog angespült.

Um den Jungen zu finden, stellten die Halligpächter das Video ins Internet. Hier wurde es überraschend zum viralen Hit, über den verschiedene Medien berichteten. So erfuhr auch der Vater des 10-jährigen *William Etherton* davon, der die Kamera am 1. September an der etwa 800 km entfernten Ostküste Englands in East Yorkshire verloren hatte.

Im Januar 2018 kam es dann zum Happy End. William reiste mit seiner Familie nach Pellworm und lief von dort samt einer Horde neugieriger Pressevertreter bei herrlichem Winterwetter über das Watt zur Hallig Süderoog, um seine immer noch funktionstüchtige Kamera höchstpersönlich vom Finder in Empfang zu nehmen.

Pächterpaar betreibt auf der Hallig mit Coburger Rotfuchsschafen, Pommernenten und Heidebienen einen sog. Arche-Hof – das sind Höfe, die entsprechend eines festen Kriterienkatalogs der Erhaltung seltener Nutztierrassen dienen.

Besuchen können Sie das herzförmige Eiland im Rahmen von Wattwanderungen (Mai–Okt.), beispielsweise mit dem Wattpostboten *Knud Knudsen*, der Gäste in rund 1:30 Std. von Pellworm aus zur Hallig geleitet (Wattführung 4 € + 1 € Halliggebühr/Spende, Anmeldung bei der Schutzstation Wattenmeer). Nach einer kurzen Stärkung mit Suppe und Kuchen und einer kleinen Halligführung mit einem Blick in das historische Bauernhaus geht es dann bereits nach etwa einer Stunde wieder zurück nach Pellworm, denn man muss ja vor der nächsten Flut wieder auf der Insel sein. Gelegentlich fährt aber auch das Ausflugsschiff MS „Nordfriesland" von Pellworm aus die nur 0,6 km² kleine Hallig an (www.faehre-pellworm.de).

Süderoog (fries.: *Saruug*) liegt wesentlich weiter westlich als die Nachbarhallig Südfall. Damit ist die kleine Hallig der stürmischen Nordsee vergleichsweise ungeschützt ausgesetzt, wenngleich mit dem durch eine hohe Bake markierten *Süderoogsand* im Westen eine 7 km lange und 4 km breite Sandbank vorgelagert ist, die ein wenig Schutz bietet. An Heiligabend 1870 strandete auf der Sandbank in schwerem Eis die nagelneue, eiserne spanische Bark „Ulpiano". Als Dank für die Rettung der zwölf Besatzungsmitglieder schenkte der Schiffseigner das prächtige, geschnitzte Heckzier der gestrandeten Bark dem Halligbesitzer. Es hängt noch heute über der Eingangstür am Südgiebel des Hallighauses, dessen friesischer Pesel auch als Trauzimmer zur Verfügung steht (seit 2016 hängt es dort allerdings als Kopie, das Original kam ins Schifffahrtsmuseum nach Pellworm; die Galionsfigur hingegen hängt im Friesenmuseum Wyk auf Föhr). Jahrhundertelang war die Hallig im Besitz der Familie Paulsen. 1927 begründete *Hermann Neuton Paulsen* (1898–1951) hier ein internationales Jugendferienlager zur Völkerverständigung, das bis Ende 1966 Bestand hatte. Bis 1971 blieb die Hallig Privatbesitz der Familie Paulsen, dann wurde sie an das Land Schleswig-Holstein verkauft.

Ein Stück westlich der Hallig erstreckt sich mit dem **Süderoogsand** eine riesige Sandbank, die um ein Vielfaches größer als die Hallig und ein wichtiges Rückzugsgebiet für Seehunde ist. Sie bildet gewissermaßen mit den Stränden von Sylt, Amrum und St. Peter-Ording die Grenzlinie zwischen Wattenmeer und offener Nordsee.

Hallig Südfall

Südfall besteht lediglich aus einer einzigen Warft mit hübschem Wohnhaus, Stallgebäude und einem *Fething*. Dort begrüßt das hier nur im Sommerhalbjahr wohnende Ehepaar Erichsen die vielen Tagesgäste mit Würstchen und Kuchen. Natürlich ist das Ehepaar zudem beruflich mit Ufersicherungsarbeiten im Küstenschutz und mit dem Natur- und Vogelschutz betraut.

Die meisten Tagesbesucher kommen von Nordstrand aus über das Watt per geführter Wanderung oder per Kutschfahrt (→ S. 212). Verwaltungstechnisch gehört die kleine Hallig jedoch zu Pellworm, von wo aus Sie bis zu 3-mal wöchentlich die kleine Hallig auch mit dem Ausflugsschiff MS „Nordfriesland" besuchen können.

Ihren Namen erhielt die nur 0,56 km² kleine Hallig wegen ihrer Lage südlich des „Falls", wie der zwischen Pellworm und Nordstrand verlaufende Prielstrom Norderhever einst hieß. Ursprünglich bestand die Hallig aus drei Warften, auf denen 12 Familien lebten. Doch bei der fürchterlichen Halligflut von 1825 wurden fast alle Familien ausgelöscht, und zwei Drittel der Hallig verschwanden für immer in den Fluten. 1910 erwarb *Gräfin Diana von Reventlow-Criminil* die Hallig, ließ sich dort eine Villa errichten und zog dann samt Personal, Hunden und Pferden nach Südfall. Diese von den Einheimischen ehrfürchtig „Halliggräfin" genannte ledige Dame blieb über vier Jahrzehnte lang auf Südfall und starb dort kurz nach ihrem 90. Geburtstag im Jahr 1953. Ihre Erben verkauften die Hallig im Jahr 1954 an das Land Schleswig-Holstein. Seit 1957 wird Südfall als Bestandteil des Nationalparks vom Verein Jordsand betreut. Historisch bedeutend ist Südfall auch deshalb, weil Funde im Wattenmeer darauf hindeuten, dass hier das sagenumwobene Rungholt (→ S. 213) lag, das in der zweiten Marcellusflut 1362 unterging.

Hallig-Kunst: Strandgut auf der Lorenzwarft von Hooge

Nachlesen

& Nachschlagen

Herrliche Weite: Watt vor Büsum

Landschaft und Natur

Keine Hektik, keine Großstadt, dafür schöne Dörfer, endlose Deiche, grüne Wiesen, riesige Felder – und natürlich das Wattenmeer, die klare Luft und der weite Himmel. Die Nordseeküste Schleswig-Holsteins ist ein Refugium für alle, die weite Landschaften lieben und völlig auf Entspannung setzen.

Wattenmeer

Wer voll Vorfreude auf die Nordsee die Küste erreicht und den Blick aufs Wasser genießen oder gar ein Bad in den Fluten nehmen möchte, dem kann es passieren, dass das Meer gerade mal nicht da ist (→ Kasten S. 277) – schuld sind die Gezeiten. Stattdessen blickt man auf eine braungraue Fläche, die an eine feuchte Wüstenlandschaft erinnert: das Watt. Doch keine Sorge, das Meer kommt ja wieder, und zwar verlässlich etwa alle sechs Stunden. Gut zwölf Stunden liegen somit zwischen zwei Hochwassern, zweimal am Tag bestimmen damit Ebbe und Flut den Rhythmus an der Küste. Geformt wurde diese grandiose Landschaft von den Gletschern der letzten Eiszeit und eben jenem ständigen Gezeitenwechsel. Das Wort „Watt“ stammt vom altfriesischen Wort „wad“, was „seicht“ bzw. „untief“ bedeutet.

Die augenscheinlich karge Umgebung entpuppt sich auf den zweiten Blick als das genaue Gegenteil. Durch die große Menge fruchtbaren Sediments, das die ins Wattenmeer mündenden Flüsse und Siele ablagern, wimmelt es hier geradezu von Leben. Es gibt auf der Erde kaum einen biologisch produktiveren Ort. Dieser bildet als Ausgangspunkt der Nahrungskette die Grundlage allen Lebens in der Nordsee. Für das menschliche Auge kaum zu erkennen, machen Abermillionen von Kieselalgen das Watt zur Kinderstube für Fische, Muscheln und Krebse und damit zur bevorzugten Rast- und Brutstätte für Abermillionen von Wat- und Wasservögeln. Im Sommer finden sich bis zu 1 Mio. Algenzellen auf nur einem Quadratzentimeter Watt. Insgesamt bevölkern mehr als 10.000 verschiedene Tier- und Pflanzenarten (inkl. Einzellern und Pilzen) diesen einzigartigen Lebensraum. Auf einer Fläche von 100 m² bilden alleine die kleinen Tierchen eine Biomasse von 3–12 t Nassgewicht – das ist mehr als in einem Urwald. Als Deutschlands „letzte Wildnis" und eine der letzten ursprünglichen Naturlandschaften Mitteleuropas ist das große Feuchtgebiet längst unter Schutz gestellt. Im Jahr 1985 wurde der **Nationalpark Schleswig-Holsteinisches Wattenmeer** gegründet (s. u.) und 1990 – ergänzt um die Halligen – zum **Biosphärenreservat** ernannt. Auch die Bundesländer Hamburg, Niedersachsen und die Anrainerstaaten haben in dieser Zeit ihre Wattflächen zum Nationalpark erklärt. Und weil es weltweit keine größere zusammenhängende Sand- und Schlickwattfläche gibt, hat die UNESCO diese faszinierende Landschaft im Jahr 2009 zum **Weltnaturerbe** erklärt. Insgesamt erstreckt sich diese 450 km lange Welt zwischen Land und Meer auf einer Breite von 5 bis 20 km vom dänischen Esbjerg bis zum holländischen Den Helder und bedeckt über 13.000 km² Fläche. Das geschützte Gebiet umfasst neben den bei Ebbe frei werdenden Wattflächen, Muschelbänken und Seegraswiesen auch die Salzwiesen vor den Deichen.

Watt ist nicht gleich Watt: Noch gut begehbar ist das **Sandwatt** in Küstennähe mit etwa 25 % Bodenwassergehalt und noch relativ groben Sandkörnern. Im **Mischwatt** steigt der Wasseranteil schon auf 50 %, die Korngröße des Sandes wird bedeutend feiner. Das **Schlickwatt** hingegen ist jener strandnahe Bereich an der Hochwasserlinie, der den Besucher tief einsinken lässt, weil der Wassergehalt nahezu 70 % beträgt. Hier stinkt es zuweilen nach faulen Eiern, und man holt sich schwarze Füße, was nicht etwa an Teerablagerungen liegt, sondern an den Schwefelwasserstoffen, die beim anaeroben, also sauerstofflosen Abbau organischen Materials frei werden. Durchzogen wird der Wattboden bei Ebbe von kleinen Flussläufen, sog. **Prielen.**

Das **Biosphärenreservat Schleswig-Holsteinisches Wattenmeer** erstreckt sich mit Ausnahme der Inseln von Dänemark bis zur Elbmündung. Es umfasst 4431 km² des gleichnamigen **Nationalparks** und ist in drei Zonen eingeteilt: **Zone 1** (35,4 % der Fläche) ist die Ruhe- und Kernzone des Parks, die durch keinerlei menschliche Eingriffe gestört werden darf. Sie umfasst hauptsächlich Vogel- und Robbenschutzgebiete. Auch **Zone 2** (64,1 %), die Zwischenzone, soll der Mensch nur eingeschränkt nutzen, sie darf aber frei betreten bzw. von Schiffen befahren werden. Lediglich die flächenmäßig sehr kleine **Zone 3** (0,5 %) ist dem Menschen als Erholungsgebiet vorbehalten und lässt eine eingeschränkte wirtschaftliche Nutzung im Sinne des Nationalparkgesetzes zu. Diese kleine dritte Zone schließt die Halligen Langeneß, Hooge, Oland, Gröde und Nordstrandischmoor mit ein. Dort leben insgesamt 360 Menschen. In der Kernzone 1 des Nationalparks hingegen leben ganzjährig nur drei Menschen, und zwar auf der Hallig Süderoog. Im Sommer kommen noch einige Vogelwarte auf den anderen kleinen Halligen hinzu.

Wattwanderungen: Auf dem Meeresboden unterwegs zu sein, ist gerade auch für Kinder ein faszinierendes Erlebnis. So gibt es dem ersten Eindruck zum Trotz immer etwas zu entdecken, und zwar nicht nur Muscheln und Krebse. Weil die Priele bei einsetzender

Wattwandern – hier nach Oland – ist immer ein Erlebnis

Flut unerwartet schnell volllaufen und den Rückweg abschneiden können, sollte eine Wattwanderung allerdings keinesfalls ohne Führer unternommen werden. Zudem kann selbst bei schönem Sommerwetter urplötzlich Seenebel auftreten und die Orientierung erschweren. Daher bieten staatlich geprüfte Wattführer/-innen und vor allem die in fast jedem Ferienort eingerichteten Schutzstationen Wattenmeer ihre Dienste an (Infos z. B. unter www.nordseetourismus.de). Gelaufen wird mit kurzen Hosen und barfuß. Weil in jüngster Zeit jedoch immer mehr scharfkantige, von Sylts Muschelfarm ausgewilderte Pazifische Austern den Wattboden bevölkern, ist Vorsicht geboten. Zum Schutz vor Schnittverletzungen haben sich daher „Beachies" bewährt, das sind Socken mit weicher Silikonsohle. Zur Not tun es aber auch ein paar alte Socken oder billige Leinenturnschuhe (Gummistiefel sind für den weichen Schlick mitunter ungeeignet). Nehmen Sie in Ihrem Rucksack auch einen Pullover bzw. eine Windjacke mit, ebenso ein kleines Handtuch für die Füße und evtl. eine Hose zum Wechseln, und denken Sie an ausreichend Sonnenschutz.

▪ Die Angebote an Wattwanderungen sind vielfältig und reichen von kleinen naturkundlichen Führungen im Watt vor Dithmarschen (www.watterleben.de) und Eiderstedt bis hin zu mehrstündigen Wanderungen zu den Halligen (von Dagebüll nach Oland, von Schlüttsiel nach Gröde, von Pellworm nach Süderoog, von Lüttmoorsiel oder Nordstrand nach Nordstrandischmoor oder zur Hallig Südfall). Der Klassiker unter den Wattwanderungen ist jedoch die Wanderung zwischen Föhr und Amrum (→ S. 187).

Marschland

Die Marsch ist ein Geschenk des Meeres: Es ist das unmittelbar die Küste säumende *Schwemmland*, das sowohl in Dithmarschen und Eiderstedt als auch auf dem nordfriesischen Festland den größten Teil der Landfläche ausmacht. Marschboden entsteht über lange Zeiträume auf natürliche Weise, indem die Flut zweimal am Tag feinste Tier- und Pflanzenreste anspült, die sich als Sedimente ablagern und so langfristig neues Land bilden. Pionierpflanzen besiedeln dann die zeitweise trockenfallenden Böden, sog. *Salzwiesen* entstehen, die allmählich verlanden. Schrittweise gesellen sich andere Pflanzen dazu, wobei sich der Boden langsam durch absterbendes organisches

Die Gezeiten: Ebbe und Flut

Unter den **Gezeiten** oder den Tiden (niederdeutsch *tiet* = Zeit) versteht man den Zyklus von Ebbe und Flut. Dieses Phänomen ist v. a. eine Folge der Massenanziehungskraft des erdnahen Mondes und der Fliehkraft der Erde. An der dem Mond zugewandten Seite der Erdkugel ist die Anziehungskraft des Mondes stärker als die Fliehkraft der Erde. Folglich wird das Meerwasser zum Mond hingezogen und es bildet sich ein Flutberg. Gleichzeitig entsteht auch auf der gegenüberliegenden – mondfernen – Seite der Erde ein (um 7 % kleinerer) zweiter Flutberg, weil dort die Fliehkraft der Erde überwiegt, die in diesem Bereich größer ist als die Anziehungskraft des Mondes. Diese Flutberge bzw. Flutwellen nennt man an der jeweiligen Küste **Hochwasser.** Läuft das die Flutberge bildende Wasser wieder ab, herrscht an der Küste **Niedrigwasser.**

Nun kommt die Rotation der Erde ins Spiel, die sich in 24 Std. in östlicher Richtung einmal um sich selbst dreht und sich damit gewissermaßen unter den beiden Flutbergen hindurchbewegt, sodass es den Anschein hat, als würden permanent zwei Flutberge um die Erde laufen. Auf diese Weise prägen zweimal täglich die **Ebbe,** also der gesamte Zeitraum des sinkenden Wasserspiegels, und die **Flut,** also das auflaufende Wasser, das Gesicht der Küsten und eben auch der Nordseeküste. Da während einer täglichen Erdumdrehung auch der das Wasser anziehende Mond ein Stück auf seiner eigenen Umlaufbahn um die Erde weiterrückt, verschiebt sich dieses Naturphänomen täglich um etwa 50 Min. Der Abstand zwischen zwei Hochwasserphasen beträgt entsprechend immer genau 12 Std., 25 Min. und 14 Sek., also genau einen halben Mondtag.

Weil sich nicht nur der Mond um die Erde, sondern auch die Erde sich mitsamt dem Mond um die Sonne dreht, wirkt außerdem zusätzlich die Anziehungskraft der Sonne. Die kann beide Gezeiteneinflüsse verstärken oder stören. Zwei Extreme können dabei auftreten: Die **Springtide** mit besonders hohem Hoch- und besonders niedrigem Niedrigwasser entsteht bei Voll- und bei Neumond, wenn Sonne, Mond und Erde auf einer Achse liegen. Die **Nipptide** mit weniger markantem Hoch- und Niedrigwasser entsteht bei Halbmond, wenn Mond, Erde und Sonne einen 90-Grad-Winkel bilden und sich die Anziehungskräfte z. T. gegenseitig aufheben.

Wäre die Erde nur von Wasser bedeckt, würde der Tidenhub (Unterschied zwischen Niedrig- und Hochwasser) nur 30 cm betragen. Erst die Morphologie der Küste macht das Ganze so kompliziert und führt zu meterhohen Tidenhüben. Starke Winde können die Gezeiten an Deutschlands Küsten zusätzlich verstärken oder abschwächen. Starker ablandiger Wind verringert die Wasserstände. Auflandiger Wind hingegen, v. a. bei Springtide, kann zu verheerenden **Sturmfluten** führen. Stunden- oder manchmal tagelang anhaltende Stürme aus West oder Nordwest drücken viel Wasser an die Deiche. Der Winddruck sorgt dafür, dass sich das Wasser bei Ebbe etwas weniger zurückzieht und die Wasserstände bei der nächsten Flut noch etwas höher ausfallen. Der Gezeitenhub (Tidenhub) fällt auf den Nordfriesischen Inseln mit normalerweise 2–3 m am geringsten aus, während er in Husum und Büsum knapp 4 m beträgt.

Material erhöht. In Tausenden von Jahren entstanden auf diese Weise überall an der Nordseeküste Marschböden, die durch die organische Zusammensetzung sehr fruchtbar sind.

Mit der Errichtung von *Buhnen* (senkrecht zum Ufer ins Meer verlaufenden Dämmen) und *Lahnungen* (mit Reisigbündeln und Geäst gefüllten doppelten Holzpflockreihen), die als Wellenbrecher dem Küstenschutz dienen, kann man die Sedimentation von Schwebstoffen und damit Landgewinnungsprozesse forcieren, eine Technik, die man schon früh in der Besiedlungsgeschichte anwendete. Und mit dem Beginn der Eindeichungen der Marschen schließlich waren die Bewohner über die Jahrhunderte in der Lage, nicht nur ihr Land zu schützen, sondern sich viel von jenem Land zurückzuholen, das Sturmfluten einst der Küste entrissen hatten.

Die Bezeichnung für das durch Eindeichung dem Meer abgerungene Land ist an der schleswig-holsteinischen Küste *Koog* (an der Niedersächsischen Nordseeküste *Polder* oder *Groden*). Schon im 11. Jh. begann man zunächst in Eiderstedt mit dem aufwendigen Bau von Kögen. Im Laufe der Zeit hat man in mühevoller Arbeit an der gesamten schleswig-holsteinischen Westküste insgesamt etwa 230 Köge eingerichtet. Überhaupt erst auf diese Weise entstand aus einer vormals der Nordsee relativ schutzlos ausgelieferten und von Prielen durchzogenen Insel- und Halbinsellandschaft so etwas wie eine zusammenhängende Küstenlinie. Ein Großteil der heutigen Küstenlandschaft ist somit künstlich geschaffen. Der letzte bislang zur Besiedlung gewonnene Koog ist der in Südtondern im Jahr 1954 eingedeichte Friedrich-Wilhelm-Lübke-Koog. Noch jünger sind der Hauke-Haien-Koog (1960) bei Dagebüll, der Rickelsbüller Koog (1981) an der dänischen Grenze und der Belringharder Koog (1987), mit dem die Insel Nordstrand faktisch an das Festland angebunden wurde. Diese drei Köge dienen jedoch nicht der Schaffung von Siedlungsflächen, sondern dem Küsten- und Naturschutz.

Fruchtbare Salzwiesen: Marschland in Dithmarschen

Dient der Landgewinnung: Lahnung im Watt

Geest

Landeinwärts an die Marschen anschließend und im Kern der Inseln erstreckt sich die leicht hügelige *Geest*, deren Rand einst die Küstenlinie bildete. Entstanden ist die Geest als Resultat der Eiszeiten, als die Gletscher, aus Skandinavien kommend, wie Bulldozer unaufhaltsam über Schleswig-Holstein hinwegrollten und enorme Mengen an Geröll, Kalk und Lehm und z. T. riesige Findlinge mit sich schleppten und vor sich herschoben. Die für das Land so typische Endmoränenlandschaft bildete sich nach dem Abschmelzen des Eises vor ca. 12.000 Jahren heraus, als dieser Schutt sich ablagerte und Schmelzwasser die Täler formte. Vor allem im Osten des Landes wurde auf diese Weise eine Landschaft aus Hügeln und Tälchen geformt, aber selbst noch ganz im Westen Schleswig-Holsteins entstanden durch Ausläufer der Gletschervorstöße einige, allerdings deutlich flachere Endmoränen, die als Landzungen bis zu den heutigen Nordfriesischen Insel reichten.

Ab der Jungsteinzeit schließlich wurde diese Landschaft – die *Geest* – besiedelt. Im Gegensatz zum flachen Marschland ist die höhere Geest weitgehend sturmflutsicher, besteht aber hauptsächlich aus wenig fruchtbaren Böden, da der Moränenschutt von Dünen bildenden Sanden überlagert wurde, die hauptsächlich als Wiesen und Äcker nutzbar sind. Der Name *Geest*, der sich vom Friesischen *güst* herleitet, illustriert das nur allzu deutlich, bedeutet er doch „unfruchtbar". Dennoch wurde die Geest im Laufe von Jahrtausenden zum Kulturboden, indem man die dort gedeihenden Wälder rodete und die vielfach den Geestrand begleitenden, als Folge von Staunässe nach der letzten Eiszeit entstandenen Moore trockenlegte. Dort wo sich im Laufe der Zeit die Sturmfluten bis an die Geestkerne herangefressen haben, sind Abbruchkanten entstanden, die man *Kliffs* nennt. Auf den Nordfriesischen Inseln, v. a. auf Sylt, gibt es einige dieser Kliffs, aber auch im heutigen Binnenland bei St. Michaelisdonn (Dithmarschen) ist eine solche Abbruchkante noch deutlich zu erkennen.

„The Small Five" – Insider des Wattenmeeres

Analog zum Begriff der *Big Five* als Umschreibung der „tierischen" Highlights der afrikanischen Savanne muss man bei einer Wattwanderung die *Small Five* gesehen haben. Als Meister der Anpassung an den Rhythmus von Überflutung und Trockenfallen ihres Lebensraumes sind sie die charakteristischen Tiere des Wattenmeeres.

Ein **Wattwurm** (Sandpierwurm) produziert etwa alle 40 Min. die auffälligen kleinen spaghettiförmigen Schlickhaufen, die zu Abertausenden überall im Watt zu sehen sind. Sie rühren daher, dass der bis zu 40 cm lange Wurm ständig Sand frisst und aus diesem organisches Material filtert. Auf diese Weise schichtet ein einziger Wurm pro Jahr etwas 25 kg Sand um. Damit hält er den Wattboden sauber und locker und reichert ihn zugleich mit Sauerstoff an, wovon viele hier lebende Tierarten und Organismen profitieren.

Sandfresser: Wattwurm

Die ebenso häufig vorkommende, etwa 3 cm große **Herzmuschel** gräbt sich im flachen Sediment ein und filtert pro Stunde etwa 2,5 l Meerwasser.

Weniger auffällig ist die **Wattschnecke** mit ihrem winzigen, geringelten Schneckenhäuschen. Sie ist nur 3–6 mm „groß" und frisst in großer Anzahl den Wattboden ab. Unvorstellbare 4000 bis 20.000 kleine Schnecken können sich auf 1 m^2 tummeln und binden durch ihre Ausscheidungen Sand und Schlick.

Die **Nordseegarnele** ist das Tier im Watt schlechthin, zeichnet sie sich doch nicht nur als Delikatesse auf dem Krabbenbrötchen aus. Der kleine Räuber gehört zoologisch zur Gattung der Zehnfußkrebse und kann je nach Umgebung problemlos seine Farbe ändern – von nahezu durchsichtig bis hin zu dunkel. Bei Gefahr gräbt sich die Nordseegarnele im Sand ein. Nur in den Sommermonaten bevölkert sie das Wattenmeer; wenn die Temperaturen im Winter sinken, wandert sie in tiefere Gewässer ab.

Allesfresser: Strandkrabbe

Ein auffälliger Wattbewohner und mit einem Durchmesser von bis zu 8 cm größter der „Small Five" ist die **Strandkrabbe.** Diese ist ein sich seitwärts bewegender Allesfresser und tritt zur Reinigung des Wattenmeeres v. a. als Aasfresser in Erscheinung. Kannibalismus ist bei dem gefräßigen Räuber ebenfalls keine Seltenheit. Zudem kann dieser Überlebenskünstler bei Gefahr wie einem Kampf mit Fressfeinden (etwa Möwen) seine Extremitäten abwerfen, z. B. eine Schere, die im Laufe mehrerer Häutungen wieder nachwächst. Bei Frost zieht sich auch die Strandkrabbe in tiefere Gewässer zurück.

Pflanzen und Tiere

Die schleswig-holsteinische Nordseeküste ist Rückzugsgebiet für Tausende teils bedrohter Tier- und Pflanzenarten, von denen eine Vielzahl im Watt, den Salzwiesen und Marschen zu Hause ist. Gerade zahlreichen Vogelarten bietet die Küste mit ihrem breiten Nahrungsangebot ideale Lebensbedingungen.

Flora

Die Westküste Schleswig-Holsteins wie auch die Marscheninseln und Halligen sind von **Salzwiesen** gesäumt. Auf diesen gelegentlich überfluteten Wattwiesen können nur etwa 25 Pflanzenarten gedeihen, die an den salzigen Extremlebensraum angepasst sind (unglaubliche 400 Insektenarten haben sich auf diese spezialisiert). Pionierpflanze ist v. a. der *Queller*, der so heißt, weil er durch die Aufnahme von Wasser, das er zur Verdünnung der Salzkonzentration in seinem Gewebe benötigt, aufquillt. Sie können den dickfleischig-knackigen Queller übrigens ohne Probleme probieren; neuerdings wird die salzig schmeckende Pflanze gerne in Salaten als Beilage verwendet. Schlickgras und lila blühender Strandflieder (Halligflieder) gehören ebenfalls zu den Pflanzen, die in diesem Grenzbereich zwischen Watt und Land wachsen.

Die fruchtbare **Marsch** ist vergleichsweise arm an wild wachsenden Pflanzen. Weil hier nahezu jeder Meter des Bodens intensiv landwirtschaftlich genutzt und gedüngt wird, konnten nur an den Rändern der bei nassem Wetter tief gründenden Zugangswege (Kleiwege) einige Gehölze und andere Pflanzenarten überleben. In den wenigen **Moorflächen** und kleinen Sumpfgebieten fallen v. a. Schilf- und Rohrkolben ins Auge; selten findet man auch den fleischfressenden Sonnentau.

Die wenigen sandigen Geestflächen (v. a. bei St. Peter-Ording oder auf den Inseln Amrum und Sylt) werden zudem durch **Dünenpflanzen** bereichert. Naturgemäß wächst hier v. a. der Strandhafer. Zudem werden einige Flächen von **Heide** bedeckt, insbesondere von der Besenheide und der Krähenbeere, die im Spätsommer so charakteristisch violett blühen.

Auf der Geest finden sich zudem die Wallhecken, welche die Felder und Äcker begrenzen und als Windschutz dienen. Die sich aus dicht wachsenden Sträuchern und Bäumen zusammensetzenden Hecken sind bis heute ein überaus wichtiger Lebensraum – zahlreiche Pflanzenarten, die andernorts längst der industriellen Landwirtschaft zum Opfer gefallen sind, kann man hier noch antreffen. Lange Zeit dienten diese Hecken auch als Brennholzlieferanten.

An den kleinen Straßen und Wegen stehen häufig auch die für die Küstenregion so charakteristischen **Windflüchter** – so nennt man die windschiefen Bäume, denen der jahrzehntelange Kampf gegen die immerwährenden Westwinde durch eine starke Ostkrümmung von Stamm und Krone (Windschur) anzusehen ist.

Fauna

Was die Tierwelt angeht, so ist insbesondere das **Wattenmeer** ein faszinierender Lebensraum. Im Laufe der Jahrtausende haben sich zahlreiche Arten diesem salzigen Extremraum angepasst, bekannt sind insbesondere die „Small Five" (→ Kasten S. 280). Viele weitere Überlebenskünstler machen das Watt zur Brutstätte des Lebens, beispielsweise die winzigen Schlickkrebse

(Flohkrebse) oder die vielen sich im Watt vergrabenden Sandklaffmuscheln. Typisch sind auch die **Miesmuscheln** – eine einzige Muschel filtert schier unglaubliche 50 l Wasser am Tag. Die schmackhaften Muscheln werden in großer Zahl von Muschelkuttern von den Sandbänken geerntet. Auch zahlreiche **Austern** gibt es im Wattenmeer, bei denen es sich um Wildaustern handelt, die aus der Zuchtanlage von Sylt sozusagen ausgebüxt sind (→ Kasten S. 232).

Der Schaum übrigens, der häufig an die Strände gespült wird und bei dem man zunächst an Verschmutzungen denkt, ist zwar übelriechend, aber an sich völlig ungefährlich. Er wird v. a. von **Schaumalgen** verursacht, winzigen, von einer eiweißhaltigen Hülle umgebenen Einzellern, die im Frühsommer im nährstoffreichen Nordseewasser massenhaft in Kolonien auftreten. Sterben diese ab, wird das Eiweiß dieser Algenhüllen durch die Wellen aufgeschäumt und in wahren Schaumteppichen an die Strände gespült. Bakterien bauen diesen Schaum dann wieder ab.

Storch auf Föhr

Gerade die kleinen Watttiere stellen ein reichhaltiges Nahrungsangebot dar, das Hunderttausende **Brut- und Zugvögel** anlockt. Im Frühjahr und im Herbst ist das Wattenmeer Drehscheibe des Vogelzuges von und nach Nordeuropa bzw. in die südlichen Überwinterungsgebiete. Dann wird es zu einem der vogelreichsten Gebiete der Erde. Allerorten kann man Schnepfen, Knutts, Kiebitzregenpfeifer, Säbelschnäbler, Küstenseeschwalben und viele mehr sehen, die die Küstenstreifen und Inseln zur Brut nutzen oder auch nur zur Rast, um sich für den Weiterflug lebensnotwendige Reserven anzufuttern. Während dieser einzigartigen Fressorgie verdoppeln einige Arten nahezu ihr Gewicht. Einige von ihnen, wie z. B. die Austernfischer, bleiben auch im Winter der Küste treu, man zählt sie zu den sog. *„Flying-Five"*, den besonders typischen Vogelarten der Nordseeküste. Dazu gehören auch die vielen hier ganzjährig lebenden Silbermöwen und Brandgänse sowie die weit verbreiteten Zugvogelarten Alpenstrandläufer und Ringelgans. Doch bei aller Faszination, die von den Vögeln ausgeht, sind die eigentlichen Stars unter den Tieren des Wattenmeeres die **Seehunde** (→ Kasten S. 44), die bei Ebbe auf den Seehundbänken liegen (z. B. am Japsand westlich von Hooge). Seit einigen Jahren sind auch die etwas größeren **Kegelrobben** wieder ins Wattenmeer zurückgekehrt, die wegen ihrer kegelförmigen Schnauze so heißen. Nicht nur auf dem Jungnamensand, einer kleinen Sandbank westlich von Amrum, hat sich eine Kolonie von Kegelrobben angesiedelt, v. a. auch auf Helgolands Düneninsel sind diese Meeressäuger aus nächster Nähe zu beobachten. Die Kegelrobbe ist übrigens mit einem Gewicht von bis zu 300 kg das größte freilebende Raubtier Deutschlands. Ihre weißfelligen Jungen kommen schon im stürmisch-kalten Dezember zur Welt. Das westlich von Amrum und Sylt eingerichtete Walschutzgebiet ist darüber hinaus auch Kinderstube für den delfinähnlichen und daher auch „Kleiner Tümmler" genannten **Schweinswal,** der dritten Meeressäugetierart im Wattenmeer. Die heimischen Schweinswale werden nur etwa 1,50–1,80 m lang und wiegen 50–80 kg.

Das Bild der Nordseeküste prägen aber v. a. die fleißigen **Deichschafe** und die **Kühe.** Überall bevölkern die schwarz-weiß oder rot-weiß gefleckten Holsteinrinder die fruchtbaren Weiden und verwandeln das frische Gras in schmackhafte Milch. Die Schafe wiederum (zumeist Texelschafe) sind nicht nur die schleswig-holsteinische Antwort auf den Rasenmäher, sondern unersetzbar für den Küstenschutz. Ihre Hufe treten jedes Mauseloch zu und sorgen für eine festgestampfte Deichoberfläche. Ihr ständiger Appetit sorgt für eine kurze, feste und widerstandsfähige Grasdecke. Kurzum: Sie sind die perfekte natürliche Deichpflege.

Quallen – lästige Begleiter am Nordseestrand

Ausgerechnet im Sommer, und dann v. a. bei Ostwind, tauchen vor den Inselstränden Quallen auf. Im küstennahen Bereich sind dies häufig *Wurzelmundquallen,* die in ihrer Form an einen Blumenkohl erinnern, oder *Ohrenquallen.* Beide sind an sich völlig harmlos, aber beim Schwimmen eben nicht jedermanns Sache. Die vier kreis- oder eben ohrenförmigen Kringel, die man in den durchsichtigen Hauben der Ohrenquallen gut erkennen kann, sind übrigens Geschlechtsorgane – bei den Männchen sind diese weiß, bei den Weibchen rosa- oder lilafarben. Unter ihrem glockenförmigen Schirm haben Wurzelmund- und Ohrenquallen zur Beutejagd Fangfäden, die bei Berührung winzige mit Gift gefüllte Nesselzellen absondern. Diese Quallen haben allerdings ein sehr schwaches und für den Menschen unschädliches Gift.

Mitunter sind aber auch andere Quallen vor der Nordseeküste anzutreffen, überwiegend *Kompassquallen.* Sie sind leicht zu erkennen, weil ihr gewölbter Schirm einer Kompassrose gleicht. Sie haben zudem lange Tentakel mit Nesselzellen. Vereinzelt tauchen auch *Gelbe Nesselquallen (Feuerquallen)* und *Blaue Nesselquallen* vor den Inseln auf. Nesselquallen sollte man immer meiden, denn sie können einem das Badevergnügen gründlich verleiden und bei Berührung schmerzhafte Ausschläge oder gar verbrennungsartige Hautveränderungen hervorrufen.

Hinweis: Für die Erste Hilfe empfiehlt es sich, die durch Nesselgift betroffenen Stellen schnell zu neutralisieren. (Es gibt Menschen, die für diesen Fall immer ein kleines Fläschchen Essig oder Rasierschaum mitführen.) Zudem sind die Nesselfäden vorsichtig mit einem stumpfen Gegenstand oder mit Sand abzuschaben. Sie können auch mit Salz-, aber keinesfalls mit Süßwasser abgewischt werden, da sonst noch unversehrte Nesselzellen augenblicklich zerplatzen und ihr Gift absondern. Später helfen zur Linderung der Schmerzen Kälte oder juckreizstillende (Brand-)Salben.

Uraltes Kulturland: Megalithgrab auf Sylt

Geschichte

Die Geschichte der Nordfriesischen Inseln und des Küstenlandes ist wegen des ständigen Gerangels zwischen den dänischen und deutschen Herrschern überaus kompliziert.

Dem britischen Premierminister Lord Palmerston (1784–1865), der die Dänen gegen die deutschen Einheitsbestrebungen unterstützte, wird folgendes Aperçu zugesprochen: Die Geschichte des Landes sei so verworren, dass sie nur drei Menschen auf der Welt richtig verstanden hätten. Der Erste sei der deutschstämmige Prinzgemahl Albert (1819–1861), seinerzeit Ehemann der englischen Königin Viktoria; dieser habe aber seine Kenntnisse mit ins Grab genommen. Beim Zweiten handele es sich um einen deutschen Professor, der aber sei durch die Beschäftigung mit dem komplizierten Thema verrückt geworden. Der Dritte sei er selber, ihm aber sei alles wieder entfallen ... Ich beschränke mich deshalb auf die Grundzüge.

Erste Besiedlung

Ab 3500 v. Chr. wurden in der eisfrei und wärmer gewordenen Region die ersten **steinzeitlichen Rentierjäger** sesshaft. Sie begannen ihren bewaldeten Lebensraum durch Abholzen zu verändern und errichteten befestigte Hütten, züchteten Vieh, handelten mit Flint (Feuerstein) und Bernstein und hinterließen v. a. mit ihren Hünengräbern (Großsteingräbern) monumentale Spuren ihrer Anwesenheit (die ältesten Hünengräber stammen aus der Zeit um 3000 v. Chr., → S. 298). Ansonsten ist über die Frühzeit der Besiedlung wenig bekannt. Man weiß nur, dass es am Ende der Jungsteinzeit (um 2000 v. Chr.) einen Anstieg des Meeresspiegels gab, sodass die Gebiete unterhalb der Geestflächen zunehmend überspült wurden. In der nachfolgenden **Bronzezeit** kamen neue Einwanderer, die Bevölkerungsdichte auf den Inseln nahm um 1000 v. Chr. allmählich zu. Auch hier sind es wieder Grabhügel auf den Geestrücken, die Zeugnis einer regen Besiedlung sind.

Bevölkerungsspuren aus der späten **Eisenzeit** (etwa 500 v. Chr.) sind besonders auf den Inseln nachweisbar. So gibt es z. B. auf Amrum eisenzeitliche Siedlungsreste, die den Kimbern, einem germanischen, vermutlich aus Jütland eingewanderten Volksstamm, zugeschrieben werden. Die **Völkerwanderung** (375–568 n. Chr.) ist auch an der Nordseeküste nicht spurlos vorübergegangen, auch hier kam es zu bedeutenden Abwanderungen.

Ab dem späten 8. Jh. nahm die Bevölkerungszahl an der schleswig-holsteinischen Nordseeküste wieder deutlich zu. Fast zeitgleich wanderten aus dem Gebiet zwischen Rhein- und Wesermündung zunächst die in der Besiedlung von Schwemmland erfahrenen **Friesen** und von Norden her um 900 dänische **Wikinger** ein. Allerdings bestimmten zunächst die Wikinger die Geschichte und hinterließen markante Relikte. Neben zahlreichen kleinen Urnen-Grabhügeln sind dies v. a. sog. Burgen, die in Form von Ringwallanlagen als Wohnstätten und zum Schutz vor Feinden und Sturmfluten dienten (z. B. bei Borgsum/Föhr und Tinnum/Sylt).

Die Zeit der Christianisierung und der großen Sturmfluten

Mit der ersten Besiedlung durch die Friesen im 8. Jh. kam auch das **Christentum** an die Küste. Als auch Dänemark mit dem Ende der Wikingerepoche um 1070 den christlichen Glauben annahm, war die Christianisierung Nordfrieslands um das Jahr 1100 weitgehend abgeschlossen. Der neue Glaube schien zu inspirieren. Rasch wurden Kirchspiele gegründet und die prächtigen, heute noch erhaltenen Kirchen erbaut.

Die wahrscheinlich einzige und damit führende mittelalterliche Stadt war Haithabu, das als Handelsmetropole der Wikinger im Jahr 1066 von den Slawen zerstört wurde. Doch in direkter Nachbarschaft entstand eine neue Stadt, die bald der ganzen Region nördlich der Eider ihren Namen gab, nämlich Schleswig (altnordisch = *Bucht der Schlei*), während das Gebiet südlich der Eider den Namen Holstein bekam (abgeleitet von den Holsten bzw. Holtsaten = *Waldbewohner*).

Für die Region entscheidend war die im Jahr 1227 ausgetragene Schlacht von Bornhöved (östlich von Neumünster), als Graf Adolf IV. mit seinen Verbündeten den Dänenkönig Waldemar II. niederrang und das Gebiet südlich der Eider, die ehemalige Grafschaft Holstein mit Dithmarschen, von der Dänenherrschaft (vorübergehend) befreite. Die Schlacht schuf auch die Voraussetzung für den Aufstieg der Hansestädte.

Das heutige Nordfriesland taucht erst im Jahr 1231 offiziell in der Weltgeschichte auf, als die meisten Orte der Region ihre erste urkundliche Erwähnung im sog. **Waldemar-Erdbuch** fanden. Es handelt sich dabei um ein Steuererfassungsbuch, welches der dänische König Waldemar II. in lateinischer Sprache anlegen ließ und das seine gesamten Besitztümer und Steuereinkünfte verzeichnete. Schon in dieser ersten Urkunde ist das heutige Nordfriesland in einige **Harden** unterteilt (Harde = dänischer Verwaltungsbezirk). Daher heißt der nordwestliche Küstenabschnitt rund um Klanxbüll bis heute Wiedingharde.

Damals hatte der Flachwasserbereich zwischen den Insel und dem heutigen Festland allerdings noch eine ganz andere Topografie. Man konnte eigentlich noch nicht von Festlandsküste und Inseln im heutigen Sinne sprechen, weil die **Uthlande** bis dahin ein mehr oder weniger zusammenhängendes Gebiet bildeten. Die heutigen Nordfriesischen Inseln und Halligen waren lediglich durch tiefe Priele getrennt. **Uthlande** („Außenlande") nannte man ab dem 12. Jh. erstmals urkundlich das der Küste vorgelagerte und durch eine lange Dünenkette geschützte Marschland mit einigen Geestrücken. Es reichte im Mittelalter in etwa von Sylt bis zur Halbinsel Eiderstedt (St. Peter-Ording). Deren Bewohner begannen schon im frühen Mittelalter, die fruchtbaren Marschwiesen durch kleine Deiche und Dämme vor den Gezeiten zu schützen. Zugleich gewannen sie durch den Abbau der etwa 1 m mächtigen Torfschicht der ehemaligen Hochmoorböden Brennmaterial, vereinzelt sogar noch bis in die 1950er-Jahre. Und weil in diese Böden jahrhundertelang Salzwasser eingesickert war, war der Torf sehr salzhaltig. Also siedeten die Uthlandfriesen den Torf und gewannen aus seiner Asche das im Mittelalter so begehrte „weiße Gold", das allerdings wegen seiner mineralischen Beimischungen hier eher grau war. So wurden über Jahrhunderte hinweg riesige Flächen dieses Torfs unter der halliglandähnlichen Marsch und später auch unter dem Wattenmeer ausgegraben, was Nordfriesland für die damalige Zeit zu einem vergleichsweise reichen Land machte. Aber alles hat eine Kehrseite: Durch diese Maßnahmen wurde die unbedeichte Marsch teilweise um 1 m abgesenkt. Heute weiß man, dass das nun flachere Land einer Abtragung durch die anbrandenden Wassermassen schutzlos ausgeliefert war und es in der Folge bei Sturmfluten zwangsläufig zu wesentlich größeren Landabbrüchen kam.

Ganz schlimme Folgen hatte die zweite **Marcellusflut** („Grote Mandränke"), eine Sturmflut, die das Gesicht der Küste nachhaltig verwandelte. Im Januar 1362 verursachte ein heftiger Weststurm einen Anstieg des Wassers um etwa 2,5 m, was dazu führte, dass die wenigen, damals noch recht niedrigen Deiche brachen und weite Teile der Uthlande überflutet und zerrissen wurden. Damals sollen acht Kirchspiele mit 30 Siedlungen untergegangen sein, darunter auch der legendäre Ort Rungholt (→ Kasten S. 213), der Hauptort der Nordfriesen. Allein im Gebiet des heutigen Nordfriesland sollen über 7500 Menschen in den Fluten umgekommen sein, manche Chroniken sprechen – sicherlich übertrieben – gar von 100.000 Toten an der Westküste. Viele Menschen wurden obdachlos und verloren ihr Vieh. Insgesamt waren die Verluste für das damals dünn besiedelte Gebiet exorbitant. Übrig blieben die Nordfriesischen Inseln und einige Halligen, die entsprechend genau genommen ihre Existenz eigentlich einer Katastrophe zu verdanken haben.

Die ständige Bedrohung durch das Meer brachte es mit sich, dass sich die Nordfriesen und die Eiderstedter als Teil der friesischen Uthlande immer eine gewisse Eigenständigkeit bewahrten. Schließlich konnte die Bedeichung des Landes und deren Unterhaltung nur in gemeinschaftlicher Zusammenarbeit aller Bewohner gewährleistet werden. Die Uthländer waren zwar Untertanen des dänischen Königs (sog. Königsfriesen), durften aber eigenes friesisches Recht sprechen. Bis 1326 gehörten die Uthlande vollständig zu Dänemark, dann kam es zu kriegerischen Erbauseinandersetzungen im dänischen Königshaus, in deren Folge das Herzogtum Schleswig im Jahr 1435 eine gewisse Autonomie erhielt und es zu Landaufteilungen kam. Von da an rangen rund 450 Jahre lang das dänische Königshaus und die holsteinischen Grafen in einem erbitterten Erbfolgestreit um die Macht im Herzogtum Schleswig (→ Kasten „Doppeleiche" S. 37).

Für die Uthländer kam es am 17. Juni 1426 auf Föhr zu einer denkwürdigen Versammlung. Um ihre politische Ei-

Nordseeküste: entstanden durch zwei große Sturmfluten

genständigkeit und damit ihre weitgehende Unabhängigkeit von Dänemark weiterhin zu wahren und auch zu dokumentieren, kamen dort Vertreter von sieben nordfriesischen Harden zusammen und beschlossen mit der **Siebenhardenbeliebung** ein eigenständiges Landrecht. Damit wurde das überlieferte (Gewohnheits-)Recht erstmals aufgezeichnet, das in 23 Artikeln v. a. das Vermögensrecht (z. B. das Strandrecht), das Erbrecht (die Erbfolge der Verwandten) und das Strafrecht (z. B. vererbbare Blutrache bzw. deren Ablösung durch ein Sühnegeld) regelte. Im gleichen Jahr kam es in den friesischen Dreilanden im südlichen Bereich der Uthlande, also dem heutigen Eiderstedt, mit der **Krone der rechten Wahrheit** zu einer inhaltlich ganz ähnlichen Beliebung (Zweckgemeinschaft). In ihr wurden die entsprechenden Rechtsnormen aufgezeichnet, um das überlieferte friesische Recht auch in den drei Harden Eiderstedts (Utholm, Everschop und Eyderstede) zu sichern. In den Geestgebieten auf dem Festland wie auch auf Amrum und Westföhr hingegen galt weiterhin das unter dem Dänenkönig Waldemar II. in Kraft getretene, bemerkenswert **fortschrittliche jütische Recht**, das auch im restlichen Herzogtum Schleswig bis 1864 gültig blieb.

Im Oktober des Jahres 1634 kam es mit der **Burchardiflut („Zweite Grote Mandränke")** zu einer weiteren verheerenden Sturmflut und damit abermals zu einer gewaltigen Landveränderung in den Uthlanden, bei der die Inseln in etwa ihre heutige Form erhielten. Mitten in der für die Küstenbewohner ohnehin schon furchtbaren Zeit, als etwa zwei Drittel der Bevölkerung von Pestepidemien dahingerafft wurden und dazu noch der Dreißigjährige Krieg tobte, wurden durch die etwa 4 m hohe Flut die meisten Deiche überspült und an 44 Stellen durchbrochen. Der Burchardiflut fielen etwa 15.000 Menschen zum Opfer. Zwei Halligen gingen damals komplett unter, v. a. aber verschwanden zwei Drittel der 220 km² großen dänischen Insel Strand in nur einer Nacht in den tosenden Fluten. Diese zerfiel in die heutigen Inseln Nordstrand und Pellworm sowie in das kleine Nordstrandischmoor und einen winzigen Rest auf der Hamburger Hallig. Allein auf der Insel Strand ertranken damals von 9041 Einwohnern exakt 6408 Personen, während die Überlebenden alles Hab und Gut verloren.

Von den 22 Inselkirchen gingen 19 in den Fluten für immer verloren. Gut 1300 Häuser wurden weggerissen, knapp 30 Windmühlen zerstört, und das für das Überleben so wichtige Vieh ertrank (etwa 50.000 Stück).

Freie Bauernrepublik Dithmarschen

Etwas anders lagen die Verhältnisse in Dithmarschen, denn die Eider war im Mittelalter die Grenze zwischen dem dänischen und fränkischen Reich. Die „Urbevölkerung" dieses fruchtbaren Gebiets südlich der Eider waren jedoch eingewanderte Sachsen, die zu Beginn des 9. Jh. unter der Regentschaft von Karl dem Großen christianisiert und dem Frankenreich angegliedert wurden.

Dithmarschen war dabei ein weitgehend politisch selbstständiger, abgelegener Landstrich, in dem sich einzelne Siedlungsgemeinschaften (sog. „Geschlechter") zunächst selbst organisierten, in dem im Laufe der Zeit jedoch Abgesandte der jeweiligen Bauerngeschlechter gemeinsame Volks- und Gerichtsverhandlungen durchführten. So machte sich Dithmarschen bald einen Namen als freie Bauernrepublik. Streng genommen ist das ein bis heute gepflegter Mythos, denn Dithmarschen hatte formal immer einen Lehensherren (bereits um 1100 die Bremer Erzbischöfe). Deren Einfluss jedoch war nie sehr ausgeprägt, weshalb sich hier bald eine Art Selbstverwaltung mit mächtigen Bauerngeschlechtern herausbildete. Die freien Dithmarscher waren aber immerhin nie Leibeigene irgendeines Adelsgeschlechts oder von Kirchenfürsten. Die geografischen Gegebenheiten brachten es einfach mit sich, dass diejenigen, denen die mühselige Eindeichung und Kultivierung des fruchtbaren Marschlandes gelang, auch die unmittelbare Herrschaft über dieses Land ausübten.

Zunächst waren es 20 Kirchspiele, die nach und nach aus der Mutterkirche in Meldorf entstanden. Diese waren rechtlich und politisch autonome Verwaltungseinheiten und wurden von gewählten Beauftragten regiert (sog. „Schließer" und „Geschworene"). Diese schlossen sich im Jahr 1447 zusammen und gründeten den **Rat der „Achtundvierziger"**, eine Versammlung von 48 auf Lebenszeit eingesetzten Richtern aus den einflussreichsten Großbauerngeschlechtern der Kirchspiele, die gewissermaßen eine eigenständige Regierung mit einem eigenen Landrecht und damit eine Art **Bauernrepublik** bildeten. Als wichtigster historischer Identifikationspunkt der Bauernrepublik Dithmarschen gilt die Schlacht bei Hemmingstedt im Jahr 1500 (→ Kasten Dusenddüwelswarf S. 60), als die Dithmarscher Bauern das zahlenmäßig weit überlegene dänische Heer schlugen und ihre Unabhängigkeit behielten – allerdings nur vorübergehend. Denn mit dem Einmarsch dänisch-schleswiger Truppen im Jahr 1559 war es mit dieser Freiheit endgültig vorbei.

Nach der Eroberung wurde Dithmarschen zunächst unter den Siegern aufgeteilt. Die Herzöge von Schleswig-Holstein-Gottorf bekamen den nördlichen und mittleren Teil und der dänische König den südlichen Teil. Rund 200 Jahre später fielen mit dem Niedergang des Hauses Schleswig-Holstein-Gottorf sogar die kompletten Herzogtümer Schleswig und auch Holstein und damit ganz Dithmarschen an die dänische Krone. Doch wenigstens das altbewährte Dithmarscher Landrecht blieb in einer reformierten Fassung bis zur preußischen Herrschaft (1864) bestehen. Auf Grund dieser Vorgeschichte bezeichnet sich der Landkreis Dithmarschen noch heute mit gewissem Stolz als der älteste Landkreis Deutschlands.

Die Zeit der Walfänger, der Handelskapitäne und der Bauern

Infolge der schweren Sturmfluten war jahrhundertelang für die Küstenbewoh-

Auf Föhr: Erinnerung an ein Seefahrerleben

ner und v. a. für die Insulaner ein nur kärgliches Leben möglich. Dann, im 17. und 18. Jh., begann mit dem aufkommenden **Walfang** in den nördlichen Gewässern eine ungeahnte Blütezeit, die als das „Goldene Zeitalter" in die nordfriesische Geschichte einging. Wie in einer Art Goldgräberstimmung versprach die Beteiligung am Walfang einerseits schnellen Reichtum, bedeutete andererseits aber auch große Strapazen und Gefahren. Zunächst war es die niederländische Grönlandflotte, die fast den gesamten Walfang in den arktischen Gewässern kontrollierte, sodass ab etwa 1650 insbesondere die Insulaner massenhaft auf holländischen Walfangschiffen anheuerten. Bald kamen einige englische und auch Hamburger Schiffe hinzu. Doch nicht nur Hamburg, auch der damals noch zu Dänemark gehörende Lokalrivale Altona rüstete eine Walfangflotte aus.

Die Tüchtigkeit und Unerschrockenheit der seemännisch erfahrenen Nordfriesen war unübertroffen, und so arbeiteten sich auf den Walfangschiffen viele Insulaner vom Bootsmann, Speckschneider oder Harpunier hoch bis zum Offizier oder Kapitän (der auf den Walfangschiffen „Commandeur" hieß). Im Winter bildeten ehemalige Commandeure oder Pastoren die jungen Seeleute im Navigieren aus. Im Sommer waren in jener Zeit fast alle arbeitsfähigen Männer und sogar Knaben ab etwa 12 Jahren dann auf den Schiffen tätig – das war etwa ein Drittel der Gesamtbevölkerung.

Natürlich gab es auch eine Kehrseite. Schon die Reise auf sog. Schmackschiffen zu den Ausgangshäfen (meist Amsterdam) war gefährlich, auch die weite Fahrt ins Nordmeer forderte wegen heftiger Frühjahrsstürme zahlreiche Opfer. Der Walfang selbst, der auf kleinen Beibooten (Schaluppen) mit einfachen Harpunen durchgeführt wurde, war ein Unterfangen auf Leben und Tod. Es gab Zeiten, da kam die Hälfte aller Seefahrer nicht mehr von ihrer Reise zurück. Dementsprechend lebten zur Zeit der Walfänger auch viele Witwen und Waisen auf den Inseln. Nach jedem Winter mussten die Frauen und Kinder wieder voller Angst von ihren Männern und Vätern Abschied nehmen (→ Biikebrennen, S. 294).

Seemannsohrringe

Bis zum 18. Jh. war es auf allen friesischen Inseln und in manchen Küstenorten üblich, dass Männer einen goldenen Ring am linken Ohr trugen, in den gewöhnlich die Initialen des Trägers eingearbeitet waren. Einst wurden derartige kleine Ohrringe von Fischern und v. a. jenen Seeleuten getragen, die als Handelsschiffer auf großer Fahrt unterwegs waren. Starb ein Seemann in der Fremde, konnte man ihn so leichter identifizieren, zudem deckte der Wert des Goldes die Kosten für ein christliches Begräbnis. Aber auch auf dem Festland diente der Ohrring den Handwerksgesellen während der Wanderjahre als finanzielle Absicherung, sozusagen als Wertanlage des kleinen Mannes.

Wer erfolgreich von seiner gefährlichen Fahrt heimkehrte, dem winkte ein stattlicher Sold, sofern er nicht nur einfacher Matrose war. Heute wird leicht vergessen, dass zweifellos die meisten Seefahrer als Bootsmänner oder Speckschneider unterwegs waren und mit ihrem bescheidenen Lohn kaum ihre Familien ernähren konnten. Von sich reden machten jedoch v. a. diejenigen, die bis zum Commandeur aufstiegen, weil ihr Wohlstand Spuren in Form schöner Friesenhäuser (Kapitänshäuser) oder „sprechender Grabsteine" (→ Kasten S. 180) hinterließ.

Übrigens beruht der Begriff „Grönlandfahrer" eigentlich auf einem geografischen Missverständnis. In Wirklichkeit waren die Walfänger zunächst nur in den Buchten Spitzbergens unterwegs, das sie für Grönland hielten. Erst ab etwa 1750, als durch den ungezügelten Walfang in den Gewässern um Spitzbergen der Grönlandwal fast ausgerottet war, fuhren die Walfänger tatsächlich bis nach Grönland, um auch andere Wale zu jagen. Doch auch deren Bestände waren rasch erschöpft. Zuletzt (bis 1850) verlegte man sich mangels Walen auf den weniger lukrativen Robbenfang und knüppelte große Mengen der Tiere von den grönländischen Eisflächen.

Aus Mangel an Walen und Robben mussten sich bald immer mehr seemännisch erfahrene Inselbewohner nach anderen Erwerbsquellen umsehen und verdienten ihr Geld nun vorwiegend in der **Handelsschifffahrt.** Das hatte einen gravierenden Einfluss auf die Bevölkerungsentwicklung, denn die Männer kamen nun nicht mehr jeden Herbst in die Heimat zurück, sondern blieben teilweise jahrelang fort. Viele kamen überhaupt nicht mehr zurück, und so sank die Geburtenzahl auf den Inseln in dieser Zeit um etwa ein Drittel. Durch den Niedergang der Handelsschifffahrt gegen Ende des 19. Jh. wurden die wirtschaftlichen Verhältnisse auf den Inseln jedoch immer schlechter, sodass viele verarmte Insulaner nach Amerika auswanderten.

Während die Inselfriesen also vornehmlich Seefahrer wurden, waren die Bewohner der Marschen an der Küste **Bauern** und widmeten sich ausschließlich der Landwirtschaft. Aufgrund der sehr ertragreichen Böden und der Gepflogenheit, nur untereinander zu heiraten, bildeten sich hier im Laufe der Jahre regelrechte Dynastien wohlhabender Bauerngeschlechter. Vor allem Dithmarschen erlebte wegen seiner Getreideexporte eine wirtschaftliche Blütezeit. Zudem begann man dort Ende des 19. Jh. mit dem großflächigen und lukrativen Kohlanbau. Die Einkommensverhältnisse auf dem Festland waren zu dieser Zeit also wesentlich besser als auf den kargen Inseln.

Entwicklung des Badetourismus und Angliederung an Preußen

Das änderte sich erst, als auf den Inseln und in den Küstenorten einige Geldgeber für die aus England auf den Kontinent übergreifende Idee der **Seebäder** begeistert werden konnten. Den Anfang machte Wyk auf Föhr (1819), dann folgten Büsum (1837) und Westerland/Sylt (1855). Badekuren waren zu dieser Zeit ein heikles und v. a. sittenstrenges Gewerbe. Der Strand wurde unterteilt in ein Damen- und ein Herrenbad, dazwischen verlief eine neutrale Zone, um vor lüsternen Blicken zu schützen. Zudem verwendete man sog. Badekarren. In diesen komplett geschlossenen Gefährten wurde man von Pferden ins hüfttiefe Wasser gezogen. Dort angelangt, konnte man seine mobile Umkleidekabine nach hinten verlassen, selbstverständlich in langer Badekleidung und geschützt von einer ausladenden Markise, die wirklich jeden neugierigen Blick verhinderte.

Der gerade aufkeimende Tourismus wurde aber zunächst wieder gebremst, weil es zu großen politischen Veränderungen in Nordfriesland und Dithmarschen kam. Als 1848 die endgültige Einverleibung ins dänische Königreich drohte, erhoben sich die – durch den zunehmenden Deutschnationalismus ermutigten – Holsteiner, aber auch die deutschsprachigen Einwohner im südlichen Herzogtum Schleswig gegen die dänischen Gesamtstaatspläne und bildeten eine provisorische schleswig-holsteinische Regierung in Kiel. Doch die Revolte scheiterte zunächst. 1852 wurde in einem völkerrechtlich geschlossenen Vertrag (Londoner Protokoll) festgehalten, dass die Herzogtümer Schleswig und Holstein zwar weiterhin unter dänischer Verwaltung stehen, aber eine eigene Erbfolge haben und als einerseits dänisches und andererseits deutsches Lehen ihre Eigenständigkeit bewahren sollten, also nicht stärker an den dänischen Staat zu binden seien. Als Dänemark 1864 versuchte, sich zumindest den Landesteil Schleswig vollends einzuverleiben, nutzte das mächtige **Königreich Preußen** die Gelegenheit

Zum Meer ist es nie weit: wie hier in Tönning

und erklärte Dänemark den Krieg. Preußische Truppen und eine große Kompanie der mit ihnen verbündeten Österreicher rückten ein und besiegten nach hartem Kampf die Dänen in der Entscheidungsschlacht an den Düppeler Schanzen (am Brückenkopf zur dänischen Insel Als). Doch schon im Jahr 1866 kam es zum erneuten Krieg, diesmal zwischen den beiden kurz zuvor noch eng verbündeten Großmächten Preußen und Österreich. Obwohl Preußen kleiner war als seine mächtigen Kontrahenten des Deutschen Bundes unter Führung Österreichs, war es wegen der 1813 eingeführten allgemeinen Wehrpflicht in Hinsicht auf die Truppenstärke ebenbürtig und gewann diesen Krieg, in dessen Folge ganz Schleswig-Holstein im Jahr 1867 preußische Provinz wurde.

In preußischer Zeit begann ein ungeahnter wirtschaftlicher Aufschwung, auch den Bädertourismus betreffend. Vielerorts an der Küste und auf den Inseln entstanden neue Seebäder und Heilkurorte mit Hotels und Pensionen, so folgten 1877 St. Peter Ording und 1889 Amrum – der Bädertourismus war nun nicht mehr aufzuhalten. Dementsprechend stieg die Anzahl der Feriengäste beständig von Jahr zu Jahr, bis der **Erste Weltkrieg** eine Zäsur brachte.

Infolge des Krieges wurde 1920 für die nördlichen Gebiete Schleswigs eine Volksabstimmung zum Verbleib im deutschen Staatsgebiet durchgeführt. Nordschleswig mit Tondern wurde daraufhin an Dänemark abgetreten. In Mittelschleswig mit Niebüll, Föhr und Amrum stimmte jedoch die überwiegende Mehrheit der Bevölkerung (80 %) für den Verbleib bei Deutschland. Als eine geschichtliche Anekdote sei erwähnt, dass lediglich drei kleine Gemeinden in Westföhr sich für einen Wechsel zum Staatsgebiet von Dänemark aussprachen.

Im **Zweiten Weltkrieg** war es bezüglich des Seebäderbetriebs mit der Herrlichkeit abermals vorbei. Glücklicherweise blieb die Region weitgehend von Bombenangriffen und Kampfhandlungen verschont, an einen geregelten Kurbetrieb war dennoch nicht mehr zu denken. In den ersten Nachkriegsjahren wurden, wie überall in Schleswig-Holstein, die Ferienunterkünfte durch Flüchtlinge aus den deutschen Ostgebieten belegt. Doch ab etwa 1950 entwickelte sich der Badetourismus in einem bemerkenswerten Tempo.

In den 1970er-Jahren kam es in den meisten Ländern der Bundesrepublik zu einer **Gebietsreform** mit dem Zusammenschluss vieler ehemals selbstständiger Gemeinden. In Schleswig-Holstein war das jedoch nicht so. Die meisten kleinen Gemeinden wollten und durften ihre Unabhängigkeit bewahren, weshalb es auf dem Festland und den Inseln auch heute noch viele eigenständige Gemeinden gibt, die häufig nur wenige Hundert Einwohner haben, mitunter sind es sogar weit unter 100 Einwohner.

Längst ist der Tourismus nicht nur auf den Inseln, sondern auch in den Küstenorten zum führenden Wirtschaftsfaktor geworden. Bettenburgen nach dem Motto „Masse statt Klasse" werden auch an den wenigen touristischen Hotspots schon lange nicht mehr gebaut. Stattdessen rückt man die herrliche Natur und das reiche kulturelle Erbe der Region in den Mittelpunkt, setzt also insgesamt auf sanftere und zeitgemäßere Formen des Tourismus.

Die dänische Minderheit übrigens spielt im Bundesland Schleswig-Holstein bis heute eine politische Rolle. Ihre Interessen vertritt die Partei **Südschleswigscher Wählerverband (SSW)** und ist als einzige Partei im deutschen Parteiensystem bei Wahlen von der 5%-Hürde befreit (derzeit stellt der SSW in Schleswig-Holstein drei Landtagsabgeordnete).

Fliegender Basstölpel

Oft reetgedeckt: Friesenhaus, hier in hier Boldixum auf Föhr

Typisch Nordseeküste

Biikebrennen

Das Biikebrennen ist ein uralter nordfriesischer Brauch, der heute an der ganzen schleswig-holsteinischen Küste sowie auf den Inseln und Halligen den Winter vertreiben soll. Außerhalb der Feriensaison ist das Biikebrennen v. a. das Fest der Einheimischen, auch wenn die Tourismusverbände diesen Termin längst als Attraktion zu Hauptsaisonpreisen vermarkten. Dabei werden jedes Jahr am 21. Februar, dem Vorabend des Petritages, beim Einbrechen der Dunkelheit überall riesige Feuer entzündet. Wochenlang werden zu diesem Zweck Hölzer und Sträucher gesammelt und zu einem großen Haufen auf dem Biikeplatz aufgeschichtet. Natürlich gehören zum Fest auch Musik, Budenzauber und Teepunsch. Und nach dem Biikebrennen trifft man sich traditionell in den Gaststätten zum Grünkohlessen.

Biike kommt von „Bake“ und bedeutet so viel wie (Feuer-)Zeichen. Das Biikebrennen wurde in seiner langen Geschichte aus unterschiedlichsten Anlässen veranstaltet, ursprünglich wahrscheinlich schon in heidnischer Zeit als Mittwinter- oder Opferfest zur Vertreibung der Wintergeister. Mit der Christianisierung der Nordfriesen hat man es zweckmäßigerweise mit dem Gedenktag für den Apostel Petrus verbunden. Heute wird mit dem Feuer das Ende des rauen Winters eingeleitet. Dabei ist es Brauch, den *Piiader* (Petermann) in Form einer lebensgroßen Strohpuppe in die Flammen zu werfen. Auf diese Weise wird symbolisch der Winter verbrannt bzw. vertrieben.

Zur Zeit der großen Seefahrten hat man das Biikebrennen vermutlich auch veranstaltet, um die Walfänger, die sich aufmachten zu ihrer langen und gefährlichen Fahrt, zu verabschieden. Wahrscheinlicher ist, dass am Petritag nicht nur das Feuer entzündet wurde, sondern auch ein Frühjahrsthing (Volks- und Gerichtsversammlung) stattfand, bei dem sich auch die Seefahrer trafen, um die Heuerverträge für die nun bald beginnende Walfangsaison zu verhandeln. Traditionell war es nämlich so, dass die Seefahrt aufgrund eines mittelalterlichen Beschlusses der Hansestädte zwischen dem Martinstag (11. November) und dem Petritag (22. Februar) ruhte. Je nach Wetterlage verließen dann die tapferen Seefahrer in den darauffolgenden Wochen ihre Heimathäfen.

Boßeln/Klootschießen

Zu jeder Jahreszeit, aber insbesondere im Winter, kann es passieren, dass man auf den gefrorenen Feldern, am Deich, am Strand und gelegentlich auch auf der Straße plötzlich auf eine Gruppe von Boßlern trifft. Boßeln (mit langem „o" gesprochen) ist ein außerordentlich populärer Mannschaftssport an der Nordseeküste Schleswig-Holsteins und Niedersachsens. Gewöhnlich treten zwei Teams von jeweils 5–20 Spielern gegeneinander an. Das plattdeutsche Wort *Boßel* bedeutet ganz einfach „Kugel". Abwechselnd wird beim Boßeln eine etwa 1 Pfund schwere Gummi- oder Kunststoffkugel von 6–10 cm Durchmesser über das Feld oder entlang des Deiches geworfen. Mitunter geht man auch zum in Kegeltechnik praktizierten Straßenboßeln über. Es gewinnt die Mannschaft, die nach einer vorher festgelegten Zahl von Würfen die Boßel über die längste Strecke treiben kann, wobei leicht ein Weg von 5–10 km zurückgelegt wird.

Vor allem in Dithmarschen wird das Feldboßeln auch Klootschießen genannt. Der Begriff kommt von ndt. *Kluten*, was „Erdklumpen" heißt. Damit die Kugel nicht auf Nimmerwiedersehen im Matsch verschwindet, wird das traditionell als Feldkampf durchgeführte Klootschießen nur bei Frostwetter ausgetragen und ist somit für die Küstenbewohner der einzig wahre Wintersport.

Friesenhäuser

Die reetgedeckten Friesenhäuser, auch „uthlandfriesische Häuser" genannt, geben den Dörfern an Nordfrieslands Küste und auf den Inseln ihren ganz eigenen Charakter. Bereits in der Bronzezeit entwickelte sich die Urform dieses länglichen Haustyps, der dadurch gekennzeichnet ist, dass Mensch und Vieh unter einem (Reet-)Dach lebten.

Natürlich wählte man für den Häuserbau einen möglichst sturmflutsicheren Ort auf den leicht erhöhten Geestrücken oder schüttete Wohnhügel (Warften) auf. Da man aber dennoch nie ganz sicher vor den Fluten war, erbaute man zunächst eine frei stehende Holzständerkonstruktion, die in der sturmflutgefährdeten Region einen besseren Schutz vor Unterspülung bot als ein Haus mit tragenden Wänden. Hinter den Ständern wurde eine Außenwand errichtet, die nur sich selbst trug und zunächst aus Grassoden oder Lehm bestand, später aus Ziegelsteinen aufgemauert wurde. Um den vorherrschenden Westwinden möglichst wenig Angriffsfläche zu bieten, wurden die Häuser vorwiegend in West-Ost-Richtung errichtet und die Dächer tief herabgezogen, wobei sich der Wohnbereich auf der windabgewandten Seite befand.

Typisch für das uthlandfriesische Haus ist der spitze Giebel über der Eingangstüre – aus zweckmäßigen Gründen: Zum einen befand sich im Spitzgiebel eine Luke, durch die Heu und Getreide auf den Dachboden verfrachtet werden konnten. Zum anderen wurde durch diese Bauart aber auch verhindert, dass bei einem Dachbrand brennendes Reet vor den Eingang fiel und den Bewohnern den rettenden Weg versperrte. Die oft als „Klöntür" zweigeteilte Eingangstüre darunter war überdies eine sehr praktische Lösung. Man konnte die obere Hälfte separat öffnen

Nordfrieslandidylle in Nieblum

und auf diese Weise das Haus lüften, ohne dass die Tiere (oder Kleinkinder) entwischten. Hinter der Türe befand sich der Flur bzw. Mistgang, der die meisten Häuser ziemlich genau mittig in einen Wirtschaftsbereich mit Stall und Dreschtenne und einen Wohnbereich teilte. Der Wohnbereich umfasste normalerweise vier kleine Räume: Küche, Kammer, *Pesel* und *Dörnsk* (bzw. *Döns*). Pesel ist seit jeher die Bezeichnung für den schönsten Raum, also die gute Stube der Friesenhäuser, die im Gegensatz zum Dörnsk, dem täglich beanspruchten Wohn- und Schlafraum, nur zu besonderen Anlässen genutzt wurde. Geheizt wurde meist durch einen *Bilegger* (Beilegeofen), der von der Küche aus befeuert wurde. Die Nacht verbrachte man in *Alkoven*, also in mit Vorhängen oder Holzluken abgetrennten, etwa 1,60 m langen Bettnischen, in denen gewissermaßen halb im Sitzen geschlafen werden musste.

Erst Ende des 18. Jh. wurde die reine Ständerkonstruktion mehr und mehr durch Ziegelbauten abgelöst, bei denen die Dach- und Deckenbalken direkt auf der Außenwand auflagen. Mit zunehmendem Wohlstand, den der Walfang mit sich brachte, bauten sich viele Kapitäne schöne Friesenhäuser als Altersruhesitz. Schmiedeeiserne Maueranker stellen häufig das Baujahr und die Initialen der Erbauer dar. Mit ihren abgewalmten Reetdächern, kleinsprossigen Fenstern und den nach wie vor typischen Giebeln über den blau-weiß oder grün-weiß bemalten Eingangstüren sind die sog. *Kapitänshäuser* noch heute ortsbildprägend. Für das Vieh wurden ab dieser Zeit oft separate Backsteinställe und -scheunen erbaut.

Umgeben werden viele der Häuser mit ihren kleinen Bauerngärten auch heute noch von einer aus Feldsteinen errichteten Mauer, dem sog. Friesenwall. Dieser Steinwall ist oft mit Gräsern oder Büschen bewachsen.

Nur auf der Halbinsel Eiderstedt gibt es noch einen weiteren besonderen Haustyp, den **Haubarg.** Haubarge sind riesige, meist quadratische Gehöfte reicher Bauern, bei denen ebenfalls Mensch und Tier gemeinsam unter einem Dach lebten (→ Kasten S. 130).

Reetdächer – funktional und malerisch

Nirgendwo in Deutschland gibt es mehr reetgedeckte Häuser als an der schleswig-holsteinischen Nordseeküste und v. a. auf den Nordfriesischen Inseln. Nicht nur die alten Friesenhäuser, auch die im friesischen Stil neu erbauten Ferienhäuser werden neuerdings wieder mit Reet gedeckt.

Doch Reetdächer sehen nicht nur malerisch aus, sie sind auch funktional – im Winter sorgen sie für Wärme und im Sommer für angenehme Kühle. Sie sind regen- und schneedicht, frostbeständig und atmungsaktiv, luftfilternd und feuchtigkeitsregulierend und bei Sturm elastisch. Früher galten Reetdächer als billige Lösung für arme Leute, heute sind sie wegen der teuren Handarbeit purer Luxus geworden. Hinzu kommen noch die Kosten für eine teure Brandversicherung, denn das Material ist natürlich relativ leicht entzündbar.

Bei der Arbeit: Reetdachdecker

Die Reetdachdecker arbeiten sich von der Traufe zum First hoch. Die Halme werden gleichmäßig in einer Dicke von gut 30 cm auf dem Unterbau verteilt, mit einer etwa 1 m langen Stahlnadel und Bindedraht an die Dachlatten genäht und dann ordentlich geschnitten. Ein Reetdach ist dann ebenso lange haltbar wie ein gewöhnliches Ziegeldach. Heute wird hochwertiges Reetgras mangels geeigneter Schilfgürtel nur noch an wenigen Stellen Schleswig-Holsteins geerntet und kommt deshalb meist aus Osteuropa. Alteingesessene Reetdachdecker schwören allerdings auf die Qualität des heimischen, ausschließlich bei Frost geernteten Reets, das zwar ein wenig gebogener ist als Importware, dafür aber umso haltbarer.

Friesische Sprache

Die Nordseeküste Schleswig Holsteins und speziell Nordfriesland ist im Grunde genommen ein Vielsprachenland. Hier schnackt man nicht nur Hochdeutsch und im Grenzland zu Dänemark sogar auch Südjütländisch *(Sønderjysk)*, sondern v. a. Plattdeutsch und Friesisch.

Friesisch ist eine eigenständige westgermanische Sprache und keinesfalls – wie Plattdeutsch – ein Dialekt des Niederdeutschen. Seine sprachlich nächsten Verwandten sind das Dänische, aber mehr noch das Englische (*wai* bedeutet beispielsweise Weg, *green* bedeutet grün und *knif* heißt Messer). Weil im Friesischen in den letzten hundert Jahren kaum neue Wörter gebildet wurden, hat es zahlreiche Begriffe aus dem Hochdeutschen übernommen, besonders jene, die aufgrund des technischen Fortschritts entstanden sind (z. B. Bus). Dies hat die „Reinheit" des Friesischen sicherlich etwas verfälscht. Im Jahr 2004 hat der Kieler Landtag verfügt, dass Friesisch für den Kreis Nordfriesland (und für Helgoland) nun tatsächlich die zweite **anerkannte Amtssprache** neben Hochdeutsch ist, weshalb sich auf vielen Ortsschildern die Dorfnamen in beiden Sprachen finden, und auch so manche Straßennamen wie „Taarepswoi" (Dorfstraße) oder „Uasterstigh" (Ostweg) deuten (v. a. auf den Inseln) darauf hin, dass Sie sich in einer fremdsprachigen – nämlich friesischen – Region befinden.

Insgesamt gesehen teilt sich das Friesische in drei Sprachgruppen: das Westfriesische (gesprochen noch von etwa 400.000 Menschen in der niederländischen Provinz Friesland), das Ostfriesische (im eigentlichen Ostfriesland ausgestorben, wird aber noch von etwa 2000 Menschen im Saterland aktiv beherrscht) und das Nordfriesische (das nur noch von etwa 9000 Menschen vorwiegend auf den Inseln (aber nicht auf Pellworm und Nordstrand) und vereinzelt an der Festlandsküste zwischen Bredstedt und Klanxbüll gesprochen wird. Man unterscheidet in der Region elf verschiedene Dialekte, so gibt es beispielsweise Unterschiede zwischen dem Föhrer Friesisch, das die Föhringer (also friesisch sprechende Föhrer) *Fering* nennen, dem Amrumer Friesisch *(Öömrang)*, dem Sylter Friesisch *(Sölring)* und dem Helgoländer Friesisch, das *Halunder* heißt. Gemeinsam ist den meisten friesischen Dialekten, dass ein lang gesprochener Laut durch die Doppelschreibung des Vokals angezeigt wird (*Feer* für Föhr oder *Öömrang* für Amrum).

Der bekannte friesische Ausspruch *„Rüm hart – klaar kimming"* bedeutet „Weites Herz, klarer Horizont" und gilt als Wahlspruch der Nordfriesen, ebenso wie die Parole *„Lewer duad üs Slaav!"* („Lieber tot als Sklave!"), im Dialekt *„Liiwer düüdj as slaaw"* (→ Kasten S. 227). Beim Standardgruß *„moin, moin"* übrigens, mit dem sich die Inselfriesen zu jeder Tages- und Nachtzeit begrüßen, ist allerdings nicht ganz klar, ob es sich um einen plattdeutschen oder friesischen Ausdruck handelt. Jedenfalls ist er keinesfalls eine Entstellung des Wortes „Morgen", sondern leitet sich wahrscheinlich vom niederdeutschen *mooi* her, was „gut" und „schön" heißt. Man wünscht sich also schlicht einen „Guten", lässt im Sprachgebrauch das folgende „Morgen", „Tag" oder „Abend" einfach weg und verdoppelt stattdessen das „Guten" bzw. *„moin"*.

Hünen- und Hügelgräber

Ursprünglich waren das hügelige Geestland und v. a. die Geestkerne der Inseln geradezu übersät mit Gräbern aus der Stein-, Bronze- und Eisenzeit, nachgewiesen sind alleine 500 Grabstätten auf Sylt, 550 auf Föhr und 140 auf Amrum. Dies spricht für eine dichte Besiedlung in der Vorzeit. Jahrtausendelang wurden diese mangels geeigneter Maschinen, aber insbesondere auch aus Respekt gegenüber den Vorfahren nicht angetastet. Doch spätestens ab dem 19. Jh. hat man die meisten von ihnen geplündert und die großen Findlinge als willkommenes Baumaterial u. a. für den Deichbau verwendet. Vor allem aber mit Beginn der industriellen Landwirtschaft nach dem zweiten

Weltkrieg wurden insbesondere auf dem Festland die meisten dieser Gräber eingeebnet, weil sie beim Pflügen der großen Äcker störten oder wegen ihrer oft exponierten Lage Baumaßnahmen im Wege standen.

Nur Hünen – so die dem volkstümlichen Namen zugrunde liegende Vorstellung – konnten in der Lage gewesen sein, die riesigen Steine herbeizuschaffen und zu Gräbern aufzuschichten. Tatsächlich errichteten die Menschen der Jungsteinzeit ihre aufwendigen Begräbnisstätten mithilfe von Zugtieren und einfachsten Karren. Entstanden sind die Großsteingräber im Zeitraum zwischen 4000 und 2000 v. Chr. In der Wissenschaft heißen sie **Megalithgräber** (*mega* = groß, *lithos* = Stein). Die „Gräber aus großen Steinen" waren ursprünglich von einem Erdhügel überdeckt, doch die Erde wurde im Laufe der Zeit abgespült (mit Ausnahme des Sylter Großsteingrabes Denghoog, → S. 228). Im Inneren bargen sie rechteckige Grabkammern aus riesigen Findlingen. Auf einer Seite gab es einen tief liegenden Zugang, sodass die Ruhestätten meist über mehrere Generationen Verwendung fanden. Für ein Leben nach dem Tode wurden den Verstorbenen Tongefäße, Schmuck und Waffen mitgegeben. Vor allem im leicht hügeligen Dithmarschen bei Albersdorf und Heide (Ostrohe), aber auch auf Sylt sind noch einige von diesen Großsteingräbern bzw. Reste davon erhalten geblieben.

In der nachfolgenden Bronzezeit (etwa 2200–800 v. Chr.) wurden die Menschen in einer anderen, augenscheinlich ähnlichen Form bestattet, den **Hügelgräbern.** Man legte sie in ausgehöhlte Eichenstämme, umgab diese mit weniger großen Steinen und überwölbte das Ganze schließlich mit Erde. Kostbare Grabbeigaben wie Schmuck und Waffen waren dabei nicht selten. Über die bereits bestatteten Verstorbenen wurden nachfolgende gelegt, sodass im Laufe der Zeit ein riesiger Hügel entstand. In der späten Bronzezeit ging man dann dazu über, die Toten zu verbrennen und in von Steinen umgebenen Urnen in den schon vorhandenen Grabhügeln beizusetzen (zu sehen in Albersdorf und auf den Nordfriesischen Inseln).

Hünengrab bei Ostrohe

Auch in der Eisenzeit (800–15 v. Chr.) behielt man die Verbrennung der Leichen bei und begrub die Urnen in – allerdings flacheren – Hügelgräbern (so wie in Albersdorf zu sehen). Die Grabbeigaben waren nun längst nicht mehr so prächtig wie in der Bronzezeit. Lediglich Nadeln und etwas Schmuck wurden den Toten mitgegeben. Die Grabhügel wurden mit der Zeit fast alle eingeebnet – waren nach dem Zweiten Weltkrieg noch Hunderte eisenzeitliche Hügel in Nordfriesland und besonders auf den Inseln nachweisbar, so sind heute kaum welche übrig geblieben.

Auch in der Wikingerzeit (793–1066 n. Chr.) wurden die Menschen noch in solch hügeligen Urnenfriedhöfen bestattet (z. B. auf Föhr bei Süderende oder auf Amrum in Steenodde).

Bernstein – das Gold der Nordseeküste

Wo heute die südliche Ostsee rauscht, standen einst – vor etwa 40 Mio. Jahren – subtropische Wälder. Das herabtropfende Harz der Bäume gelangte mit den Flüssen in ein vorzeitliches Meer, wo es unter Luftabschluss versteinerte und im Laufe der Zeit zu Bernstein wurde. Mit dem Anstieg des Meeresspiegels nach der letzten Eiszeit entstanden riesige Schmelzwasserflüsse, die nicht nur in die heutige Ostsee, sondern auch in die friesische Nordseeküste mündeten. Diese transportierten Geröll und Gestein, darunter auch große Mengen Bernstein.

Etwa 300 verschiedene Bernsteinarten sind bekannt, die Farbpalette reicht von hellen Elfenbein- bis zu dunkel schimmernden Brauntönen. Der Stein selbst kann milchig, trüb oder klar sein, mitunter sind kleine Insekten eingeschlossen, die am Harz kleben geblieben sind. Schon in frühester Zeit wurde Bernstein an Stränden gesammelt und zu Schmuck verarbeitet. Im antiken Griechenland und in Rom galt er als so kostbar, dass er dort häufig mit Gold aufgewogen wurde. Unverwechselbares Kennzeichen der Steine ist ihre Brennbarkeit (auch ihr Name ist von dieser Eigenschaft abgeleitet: niederdeutsch *börnen* = brennen). Hinzu kommt, dass Bernstein ganz leicht ist und in konzentriertem Salzwasser schwimmt.

Naturbernstein

Wer sich am Flutsaum auf die Suche nach dem „Gold der Nordsee" machen will, sollte einen der Herbst- oder Winterstürme abwarten. Dann ist die Chance am größten, dass der dem Meeresgrund entrissene Bernstein zusammen mit Muscheln und Algen an die Strände und Deiche gespült wird. Aber Vorsicht: Sie sollten den gefundenen Bernstein nie in der Hosen- oder Jackentasche aufbewahren. Denn Bernstein sieht dem gefährlichen weißen Phosphor zum Verwechseln ähnlich, der als Bestandteil von über der Nordsee abgeworfenen Brandbomben des Zweiten Weltkriegs mitunter an die Strände gespült wird. Und dieser fängt bei Trocknung durch den Kontakt mit Sauerstoff plötzlich zu brennen an, wodurch es bereits immer wieder zu Unfällen kam.

■ Wenn Sie einen Stein kaufen möchten, sollten Sie Folgendes wissen: Bei mit „Echt Bernstein" gekennzeichneten Produkten handelt es sich um Pressbernstein, der bei seiner Herstellung erhitzt, gepresst und gelegentlich mit einem Farbzusatz versehen wird. Der tatsächlich echte Bernstein firmiert dagegen unter dem Label „Naturbernstein".

Julbogen

Der Julbogen, in der Region auch *Jööl-boom* (Sylt), *Kenkenbuum* (Föhr, Amrum) oder einfach nur Friesenbaum genannt, ist die nordfriesische Version des Weihnachtsbaums. Woher sollte man in dieser baumlosen Region (v. a. auf den Inseln und Halligen) auch einen Tannenbaum nehmen? Also begnügte man sich mit einem Holzstab, den man auf ein fensterbankgroßes Holzbrett steckte und darauf drei Querlatten anbrachte. Auf diesen wurden ein wenig Weihnachtsschmuck und Figuren aus Salzteig angebracht, zudem legte man um den Julbogen einen Kranz aus grünen Zweigen. Nachdem der Brauch längere Zeit ein wenig in Vergessenheit geraten war, gehört das Schmücken des Julbogens seit den 1980er-Jahren für jeden traditionsverbundenen Inselfriesen und zunehmend auch wieder an der Küste zum festen Weihnachtsritual.

Kirchen

In kaum einem anderen Landstrich Deutschlands findet man auf vergleichbarer Fläche so viele uralte Sakralbauten wie an der Nordseeküste Schleswig-Holsteins. Im Schutz der im Mittelalter beginnenden Bedeichung der Küste sind manche der Gotteshäuser bereits Anfang des 12. Jh. entstanden – möglichst sturmflutsicher immer auf einer hohen Kirchwarft. Der Kirchenbau in dieser stein- und baumlosen Gegend war mangels Baustoffen ein außerordentlich kostspieliges Unterfangen. Als Baumaterial verwendete man anfangs quaderförmig bearbeitete Granitfindlinge und rheinischen Tuffstein, bevor der Backstein den Norden eroberte. Viele der bereits in Feldsteinbauweise begonnenen Kirchen wurden nach dieser Erfindung mit Ziegeln vollendet oder später mit diesen umgebaut. Wegen der oft stürmischen Winde baute man die Kirchen meist etwas wuchtiger und verzichtete v. a. auf hohe Türme. Oft genügt bis heute stattdessen ein hölzernes Glockentürmchen (Glockenstapel), das ein wenig abseits auf dem Kirchhof steht. Wenn doch einmal ein hoher Kirchturm errichtet wurde, dann fügte man diesen v. a. im 19. und 20. Jh. oft direkt an die Westseite des Gotteshauses an.

Die Last der Jahre hat viele Kirchen schief werden lassen, weil sie in früheren Zeiten ohne besonderes Fundament auf der Warft erbaut wurden. Vielfach sind die Bauwerke daher heute durch mächtige gemauerte Stützen gesichert.

Viele Sakralbauten verfügen über eine bemerkenswerte Ausstattung, die einst jedoch noch wesentlich prächtiger gewesen sein muss. Viele der Schätze sind jedoch insbesondere durch nachreformatorische Bilderstürme, aber auch durch Zerstörungen und Plünderungen im Dreißigjährigen Krieg (1618–1648) und im Großen Nordischen Krieg (1720–1721) verloren gegangen.

Die größte Kirchendichte herrscht auf der Halbinsel Eiderstedt, allein hier gibt es 18 historische Kirchen. Bei nur 13.000 evangelischen Christen in der Region ist das ein gewaltiges, aber auch belastendes Kulturerbe – einige der Gotteshäuser sind schlichtweg baufällig. In jüngster Zeit hat sich daher die Initiative **Eiderstedter Schutzengel** gegründet, die mit großem Engagement und Veranstaltungen Gelder für die Rettung der historischen Eiderstedter Kirchen sammelt, die teilweise über 900 Jahre alt sind (die in Tating stammt aus dem Jahr 1103, die in Garding von 1109, die in Tönning von 1120). Diese alten Sakralbauten sind mit wertvollen Altären, Taufsteinen, Emporen, Orgeln, Abendmahlsbänken und anderen Kirchenschätzen ausgestattet. Vor allem die geschnitzten, achteckigen Renaissance-Kanzeln sind typisch für die Region und bilden einen eigenen Typ, den sog. „Eiderstedter Typ".

Klotstockspringen

Mehr ein Freizeitvergnügen als ein Sport ist das Klotstockspringen, das einen praktischen Ursprung haben soll: Ausgerüstet mit 3–6 m langen Pullstöcken sind die Nordwestdeutschen einst bei der Jagd über Gräben und Siele gesprungen. Mit diesem Stockspringen beanspruchen sie für sich, Erfinder des Stabhochsprungs zu sein, obwohl es ja eher in die Weite als in die Höhe geht. Von einigen Jägern einmal abgesehen, wird heute das Klotstockspringen meist nur noch bei Tourismusveranstaltungen oder bei Wettkämpfen durchgeführt.

Küstenschutz: Warften, Deiche, Siele

„Gott schuf das Meer, der Friese die Küste", so beschrieb man nicht ohne Stolz das unvorstellbar gigantische Bauwerk, mit dem die Friesen seit Tausend Jahren gegen das Hochwasser kämpfen. Doch bevor die Deichlinie an der Küste geschlossen war (und natürlich auch später, weil man dem Deich nie ganz trauen konnte ...), bauten die Marschbauern ihre Gehöfte auf künstlich aufgeworfenen Wohnhügeln, den *Warften*, die je nach Region auch *Warf* oder *Wurt* heißen. Auf der Hallig Langeneß beispielsweise heißen die Erdhügel *Warfen*, auf der benachbarten Hallig Hooge jedoch *Warften*. Und während man sie auch auf dem nordfriesischen Festland als Warften bezeichnet, nennt man die Wohnhügel im benachbarten Dithmarschen *Wurten*. Die ersten derartig aufgeworfenen Erdhügel sind bereits vor 2000 Jahren entstanden und waren zunächst etwa 3 m hoch. Später sind auf den bis zu 7 m hohen Hügeln ganze Warftendörfer entstanden – zumeist mit der Dorfkirche am höchsten Punkt (z. B. Dagebüll, Westerhever).

Wegen fortschreitender Absenkungen und den immer höher steigenden Sturmfluten kam man im 11. Jh. auf die Idee, in einem riesigen Gemeinschaftswerk das ganze Land zu schützen: Man begann mit dem Bau von *Deichen*. Eine erste einigermaßen geschlossene, wenn auch mit 1,5–2 m Höhe noch relativ niedrige Deichlinie war bereits um 1300 vorhanden. Doch die Deiche waren noch schwach und konnten den regelmäßig über das Land hereinbrechenden Sturmfluten nicht standhalten. Die Folge waren nicht nur große Verluste an Menschenleben, sondern auch gewaltige Einbußen an Land. Unverdrossen hat man jedoch immer wieder kleine Bereiche eingedeicht und so durch den Bau von Kögen (→ S. 278) der Nordsee wieder einiges von dem durch Stürme geraubten Land abgerungen.

Jahrhundertelang waren die Bauern, deren Äcker den Deich berührten, auch für den Deich verantwortlich. Man nannte dieses direkt an der Binnenseite des Deiches liegende Land „Spätland", abgeleitet vom Grabwerkzeug „Spaten". Durch das Abgraben des Kleibodens entstanden zahlreiche kleine Teiche an der Deichlinie. Wer seinen Deichabschnitt nicht in Ordnung hielt, konnte enteignet werden. Daher rührt auch der berühmte Spruch: *„Well nich will dieken, de mutt wieken"* („wer nicht will deichen, der muss weichen"). Längst ist der Deichbau jedoch Ländersache. Wegen der Klimaerwärmung und dem damit verbundenen Abschmelzen der Polkappen hat man ab 2013 landesweit damit begonnen, die Landesschutzdeiche um 70 cm und damit auf eine Höhe von 8,70 m ü. NN zu erhöhen. Die Deichkronen sind mit einer Breite von 5 m (statt vorher 2,5 m) nun wesentlich breiter. Die Deichböschungen zur See hin hat man noch einmal deutlich flacher gemacht. Den bislang höchsten gemessenen Wasserstand gab es übrigens im Januar 1976 (in Husum 5,66 m ü. NN, in Hamburg 6,45 m ü. NN); so gesehen hat man – hoffentlich – noch ein wenig „Luft nach oben".

Die Seedeiche sind nicht völlig undurchlässig – und sie dürfen es auch nicht sein. Wären sie es, würden weite Teile des Marschlandes im Regenwasser ertrinken. Deshalb wurden zur Entwässerung *Siele* gebaut. Die seeseitig angeordneten Tore des Siels sind so konstruiert, dass sie sich automatisch durch den Druck des bei Ebbe auslaufenden Wassers öffnen und sich bei Flut durch den steigenden Wasserdruck der auflaufenden See wieder schließen. So wird ein Eindringen von Salzwasser in das Hinterland verhindert. Weil aber häufig die Marschen sogar 1–2 m unter dem Meeresspiegel liegen, hat man zudem an der Küste auch eine Reihe von *Schöpfwerken* errichtet, die das Wasser aus den Sieltiefs außendeichs pumpen.

Das bei Ebbe durch die Schleusentore abfließende nährstoffreiche Wasser spült tiefe Rinnen ins Watt. Auf diese Weise haben sich schiffbare Wasserwege gebildet, weshalb an einigen Sielen Häfen entstanden sind. Insgesamt gesehen ist aber wegen der Gezeitenlage und dem damit flachen Wattenmeer die Anzahl von Häfen an der schleswig-holsteinischen Küste sehr überschaubar. Nur hier und dort ermöglicht es ein tiefer, bis zum Festland reichender Priel bzw. ein Siel, dass auch Schiffe mit größerem Tiefgang einen Hafen erreichen können. Die bedeutendsten Küstenhäfen sind ihrer Größe nach: Büsum, Brunsbüttel und Husum, ferner die Fährhäfen Dagebüll, Schlüttsiel und Strucklahnungshörn.

Im Grunde genommen gibt es an der schleswig-holsteinischen Westküste zwei Küsten: die vom Menschen durch jahrhundertelange Eindeichung geschaffene Festlandsküste und so etwas wie eine Außenküste, die durch das Zusammenspiel von Wind und Wellen entstanden ist und die jenseits des Wattenmeeres durch die Seeseite der dem Festland vorgelagerten Inseln wie Sylt oder Amrum und einiger großer Sandbänke gebildet wird.

Leuchttürme

Leuchtturm ist nicht gleich Leuchtturm: Jedes der weltweit etwa 5000 Exemplare ist in dreierlei Hinsicht einzigartig und unverwechselbar: in Form, farblicher Markierung und hinsichtlich des Lichtsignals. Auch wenn die moderne Satellitennavigation viele Leuchttürme ihrer Funktion beraubt hat, sichern einige nach wie vor die Schifffahrtswege. An der Nordseeküste stehen eine Reihe besonderer Leuchtfeueranlagen, allen voran der berühmte Turm von Westerheversand, der – auf einer Warft stehend und von Zwillingshäusern umgeben – geradezu das Idealbild eines Leuchtturms darstellt. Große und sehr markante Leuchttürme stehen auch auf Sylt, Amrum, Pellworm und Helgoland. Hinzu kommen einige kleinere Leuchtfeueranlagen, die oft als sog. Quermarkenfeuer dienen.

Leuchtturm Amrum

Nordwestdeutsche Küche

An der Nordseeküste gibt es passend zum rauen Klima vorwiegend deftige Hausmannskost. Wahre Touristenfallen mit fettigen Schnitzeln oder Bratfischgerichten und ebensolchen Pommes gibt es aber immer weniger. Stattdessen eröffnen mehr und mehr gute Gaststätten, gelegentlich sogar Spezialitätenrestaurants. Das Fleisch heimischer Deichlämmer und frischer Fisch sind schon vielerorts Standard. Einem kulinarischen Erlebnis steht also nichts entgegen, allerdings gilt für fast alle Restaurants gerade in der Hochsaison: Eine **Reservierung ist unerlässlich.**

Wer die etwas ungewöhnlichere regionale Küche ausprobieren möchte, dem seien folgende Gerichte empfohlen: zunächst der **Mehlbüddel.** Dieser große Mehlteigkloß wird etwa eine Stunde – in ein Leinentuch gehüllt – im kochenden Wasser gegart und dann zu deftigem Essen wie geräucherter Schweinebacke oder Kochwurst gereicht, oft in Kombination mit etwas Süßem wie Kirsch- oder Rosinensoße. Der kulinarische Klassiker schlechthin ist im ganzen Norden ausschließlich im Winter jedoch der **Grünkohl.** Längst schon wurde aus dem ehemaligen „Arme-Leute-Essen" eine Delikatesse. Die Grünkohlsaison beginnt nach dem ersten Frost, wenn dieser die Bitterstoffe der Pflanze in Zucker umgewandelt hat. Passend zum rauen Klima gibt es dann Grünkohl mit Schweinebacke, Kochwurst oder Rauchfleisch, wobei alte Grünkohlesser sagen, „Schweinebacke muss, Kochwurst kann, Kasseler braucht es nicht". Eher gewöhnungsbedürftig ist das früher als Schlachtessen zubereitete **Swattsuer** („Schwarzsauer"). Dabei wird frisches Schweineblut zusammen mit kleingeschnittenen Fleischresten und einer Reihe von Gewürzen und Zwiebeln gekocht und dann gemeinsam mit Klößen oder Kartoffeln serviert.

Wolfsbarsch im Speckmantel

Typisch für die Region ist auch das **Labskaus,** das wohl bekannteste Seemannsgericht. Ursprünglich handelte es sich um ein typisches Restegericht, mittlerweile ist dessen Zusammensetzung natürlich standardisiert: Matjes, gepökeltes Fleisch, Rote Bete und Kartoffeln werden vermengt und mit einem Spiegelei gekrönt. Wenn Sie gerne frischen **Matjes** essen, also den einige Tage in eine milde Salzlauge eingelegten Hering, dann ist dafür der Frühsommer die beste Zeit, denn die Matjes-Heringe werden wegen des erhöhten Fettgehalts vor ihrer Fortpflanzungszeit nur Ende Mai bis Anfang Juni gefischt. Lecker ist auch die **Porrenpann** („Krabbenpfanne") in Petersiliensoße. Noch eher selten stehen **Austern** auf dem Speiseplan, obwohl das Wattenmeer voll von diesen scharfkantigen Muscheln ist, die aus der Zuchtanlage vor Sylt ausgebüxt sind und sich ohne natürliche Feinde prächtig vermehren. Vereinzelt stehen sie als „Wildaustern" auf der Speisekarte; dann gibt es sie weniger roh, denn beliebt ist die Auster auch als Grillspezialität.

Seefisch wird natürlich fast überall angeboten, weil es die Touristen so erwarten. Die Gerichte unterscheiden sich jedoch zumeist nicht wesentlich von den gängigen Fischspezialitäten anderer deutscher Küstenregionen. Und

Fischkutter gibt es nur noch wenige, weshalb es auch nur in wenigen guten Restaurants wirklich frischen Fisch gibt. Scholle, Butt, Kabeljau und anderes Meeresgetier, das auf den Tellern landet, gelangt daher im Regelfall genauso tiefgekühlt von großen Fangschiffen per Lkw an die Küste und auf die Inseln wie auch im Rest der Republik.

Bei den Fleischgerichten sieht das schon anders aus. In vielen Restaurants wird **Deich-** oder **Salzwiesenlamm** angeboten. Hier können Sie relativ sicher sein, dass es sich dabei um heimisches Lammfleisch handelt.

Egal, ob Fisch oder Fleisch gegessen wird – was den Nachtisch angeht, ist eine Speise in ganz Norddeutschland überhaupt nicht wegzudenken: Die aus verschiedenen Beeren zubereitete **rote Grütze** *(rode grütt)*, die gerne mit Vanillesoße serviert wird. Typisch und vielerorts im Angebot ist auch die **Friesentorte,** für die es verschiedene Rezepte gibt. Zumeist besteht sie aus dünnen Schichten von Blätter- oder Brandteig, reichlich Sahne, Pflaumenmus und Nüssen oder Mandeln. Fast überall bekommen Sie auch frische **Waffeln** mit warmen Sauerkirschen und Sahne.

Zur Kaffeezeit gibt es dann noch Besonderheiten wie den Pharisäer oder die Tote Tante. Während es sich beim **Pharisäer** (→ Kasten S. 208) um Kaffee mit einem Schuss Rum und Schlagsahne obenauf handelt, wird bei der **Toten Tante,** die in anderen Regionen eher als Lumumba bekannt ist, Kakao statt Kaffee verwendet und die Sahnehaube mit Schokostreuseln verziert.

Ein besonders in der dunklen Jahreszeit gern getrunkenes Getränk der Norddeutschen ist der **Grog,** also Rum mit heißem Wasser und Zucker. Er schmeckt besonders an kalten, stürmischen Wintertagen und wärmt von innen. Manchmal gießen die Friesen oder Dithmarscher auch gleich Rum in ihren Tee. Eine v. a. auf den Nordfriesischen Inseln und auf Helgoland beheimatete Variante ist der *Eigergrog*, bei dem auch noch Eigelb in die Mischung gegeben und dann verrührt wird. Der Grog ist aber keine norddeutsche Erfindung, sondern hat seinen Ursprung in der englischen Seeschifffahrt des 18. Jh., als zur Aufrechterhaltung der Moral an Bord große Mengen Rum verteilt wurden. Zunehmende Trunkenheit auf den Schiffen war die Folge. Ein gewisser Admiral Vernon ordnete damals an, den Rum mit Wasser zu strecken. Und weil dieser Admiral stets ein wasserfestes Gewand aus derbem Grogramstoff trug, wurde er Old Grog genannt. Vielleicht kommt der Name aber auch einfach vom englischen *groggy*, denn zu viel leckerer Rum macht auf Dauer wirklich müde.

Gerne stärkt man sich an der Nordseeküste auch mit einem kräftigen **Teepunsch**, also einem mit Zucker oder Kandis gesüßten Tee mit *Köm* (Kümmel bzw. Aquavit). Und natürlich ist weniger der Schnaps als vielmehr der **Tee** für einen Nordfriesen nicht wegzudenken. Und das spätestens, seit im Jahr 1735 vor Amrum ein Tee-Clipper auf Grund lief und massenhaft Teekisten an den Strand gespült wurden, aber auch wegen der frühen Handelsbeziehungen der Dithmarscher und Eiderstedter Großbauern mit England. Geliefert wurde v. a. Getreide, im Gegenzug kamen die Schiffe mit britischen Kolonialwaren zurück, darunter Tee und Porzellan auch aus China, das bald als besonders schick galt. Der Teeverbrauch an der Nordseeküste erreicht bis heute fast britische Verhältnisse, die Tasse Tee gehört zum täglichen Leben. Natürlich gibt es ein festes Zeremoniell beim Teetrinken: Serviert wird die dünnwandige Kanne immer mit Stövchen. Zuerst kommt der echte *Kluntje* (Kandiszucker) in die Tasse, dann bringt der heiße Tee den Zucker zum Knistern. Nun wird mit dem silbernen Löffel die Sahne in den Tee gegeben.

Die kalte Sahne läuft im heißen Tee nach unten und steigt dann – warm geworden – wieder auf. Keinesfalls darf man den Tee umrühren, das wäre wahrer Frevel und würde Sie sofort als Dilettanten entlarven. Der Friese genießt seinen Tee gewissermaßen dreistöckig – zunächst die milde Sahne, dann den herben Tee und schließlich den süßen Kandiszucker.

Wie kommt die Krabbe aufs Brötchen?

Eigentlich ist es ein Etikettenschwindel: Die Nordseekrabbe ist gar keine Krabbe, sondern die kleinste Speisegarnele der Welt. Sie ist eine hochwertige Delikatesse mit süßlich-nussigem Aroma und wird in Nordfriesland auch „Porre" oder „Porn" genannt. Sofort nach dem Fang werden die Krabben noch an Bord in Seewasser gekocht und bekommen dadurch ihre typische rotbraune Farbe. Am besten kauft man sie frisch vom Kutter und pult sie dann selber. Denn wegen der Lohnkosten und weil laut einer EU-Verordnung von 1990 das Pulen zu Hause für den Verkauf aus hygienischen Gründen verboten ist, werden über 80 % der in Nordfriesland gefangenen Krabben gleich zum Pulen nach Marokko und zu einem kleinen Teil nach Polen gebracht. Krabbenpulmaschinen haben nie die endgültige Marktreife erreicht. So ist es sehr wahrscheinlich, dass die Krabben auf dem angeblich frischen Fischbrötchen schon den langen Weg per Kühllaster von der Nordsee nach Marokko und wieder zurück hinter sich haben, haltbar gemacht mit gesundheitsgefährdenden Konservierungsstoffen. Zwei holländische Firmen beherrschen diesen Markt. Sollten Sie doch einmal frische Nordseegarnelen erstehen können, etwa in Büsum, Husum oder auf Pellworm, so brauchen Sie ein wenig Fingerfertigkeit zum Pulen. Am besten, Sie nehmen den Kopf einer gekochten Garnele zwischen Daumen und Zeigefinger der einen Hand und zupfen mit einem leichten Drehen mit dem Daumen und Zeigefinger der anderen Hand das Hinterteil ab. Das wohlschmeckende Fleisch wird auf diese Weise gewissermaßen zum Anbeißen freigelegt. Doch der Schwund ist beträchtlich: 1 kg ungepulte Krabben ergibt nur ca. 200 g gepulte Krabben.

Frisch vom Kutter: Krabben

Ringreiten

Was andernorts das Schützenfest ist, ist in fast jedem Dorf an der Nordseeküste Schleswig-Holsteins und auf den Inseln das **Ringreiterturnier.** Es ist gewissermaßen der Nationalsport der Region, dessen Ursprünge wahrscheinlich im Mittelalter liegen. Vereinsmäßig wird diese Sportart allerdings erst seit dem Ende des 19. Jh. betrieben. Bei den beliebten Ringreiterveranstaltungen werden auf den Wiesen etwa 4 m hohe Pfähle aufgestellt, zwischen denen eine locker gespannte Leine hängt, an der ein Metallring von einem Magneten gehalten wird. Es gilt nun, diesen an der Schnur aufgehängten, mit roten Bändern gekennzeichneten Ring mit einer etwa 1,40 m langen Lanze im Galopp aufzuspießen. Zunächst werden Ringe mit einem Durchmesser von ca. 3 cm aufgehängt, doch im Verlauf des Turniers werden diese ausgewechselt durch noch kleinere bis zu solchen mit einer Größe eines 1-Cent-Stücks. Es geht darum, möglichst viele Ringe zu „erstechen". Dem Reiter, dem dies am besten gelingt, wird beim jährlichen Höhepunkt vieler Ringreitervereine, dem Königsreiten, dann die Königswürde zuteil.

Traditionell wird zu Beginn des Ringreitens – begleitet durch eine Musikkapelle – in einem Umzug zum Wettkampfplatz geritten, wobei der amtierende Ringreiterkönig abgeholt wird. Angesichts der dabei üblichen Umtrunke ist die Zielsicherheit der galoppierenden Reiter durchaus erstaunlich. Denn natürlich erfordert das Ringreiten Geschicklichkeit und eine gute Beherrschung des Pferdes. Und selbstverständlich wird auch nach dem Ringreiten noch gebührend gefeiert.

Windkraftanlagen

Anstelle der historischen Windmühlen schießen heute an der Küste Windkraftanlagen wie Pilze aus dem Boden. Die Kinderstube der Windindustrie ist gewissermaßen Dithmarschen, hier nämlich ging im Jahr 1987 der erste Windpark Deutschlands ans Netz. Mittlerweile recken sich fast überall an der Küste die spargelartigen und lukrativen

Tradition: Ringreitturnier in Utersum auf Föhr

Energiequellen in die Höhe und gehören fest zum Landschaftsbild. Bundesweit werden derzeit 17 % der Stromversorgung durch Onshore-Windenergie gedeckt, langfristig sind bis zu 35 % geplant; in Schleswig-Holstein sind es bereits heute schon rund 95 %.

Das technische Hauptproblem dieser sauberen Energiequelle ist neben der Netzkapazität der unstete Wind und die damit ständig schwankende Energieleistung der Windkrafträder. Diese muss kontinuierlich durch andere in Bereitschaft stehende Kraftwerke dem ebenfalls wechselnden Stromverbrauch angepasst werden.

Trotz der offenkundigen ökologischen Vorteile der Windkraft sind auch vermehrt kritische Stimmen von Landschafts- und Naturschützern zu hören. Ein Grund dafür ist, dass die kolossalen, bis zu 220 m hohen Windkraftanlagen im Verdacht stehen, Zugvögel und Fledermäuse zu verwirren oder gar zu erschlagen. Durch ihren Schlagschatten und den tieffrequenten Schall sowie den nicht hörbaren, aber weitreichenden Infraschall beeinträchtigen sie darüber hinaus das Wohlbefinden der in unmittelbarer Nachbarschaft lebenden Anwohner. Und natürlich stören sie das Landschaftsbild.

Abhilfe versprechen gigantische Windparks im Meer, die sog. Offshore-Anlagen (z. B. „Amrumbank West"). Doch auch die Offshore-Technik ist nicht nur wegen der (Lärm-)Belastung für die Meeresbewohner oder wegen ihrer enormen Bau- und Wartungskosten problematisch. Die Stromübertragung zum weit entfernten Festland mittels der am Meeresgrund verlegten Seekabel verursacht auch riesige Energieverluste, die beim Transport von Strom durch Abwärme am Meeresgrund entstehen. Die Kabel heizen also beständig das sensible Ökosystem Wattenmeer auf, ein Aspekt der in der Öffentlichkeit bislang kaum Gehör findet.

Windmühlen

Man sagt, Mühlen gehören zur Nordseeküste wie die Berge zur Schweiz. Obwohl zur Zeit des großen Mühlensterbens Ende der 1950er-Jahre sogar staatliche Stilllegungsprämien gezahlt wurden, ist in vielen Gemeinden zumindest eine ortsbildprägende historische Windmühle erhalten geblieben, über die gesamte Region verteilt sind es gut 40 Stück. Doch nur wenige der in den Jahren 1850–1890 entstandenen Mühlen sind noch voll funktionsfähig.

Ältester Mühlentyp ist die *Bockwindmühle*. Sie wird auch „Deutsche Windmühle" genannt und existiert nachgewiesenermaßen schon seit 500 Jahren an der deutschen Küste. Bei diesem Typ ruht die ganze kastenförmige Mühle auf einem Bock (oder Ständer), der in den Wind gedreht wird. Alle Bockwindmühlen der Region wurden im Laufe der Zeit durch die leistungsfähigeren Galerieholländer ersetzt, lediglich im Friesenmuseum in Wyk auf Föhr gibt es noch eine kleine Pfahlmühle dieses Typs.

Als holländische Weiterentwicklung folgte zunächst die *Koker-* oder *Spinnkopfwindmühle*. Sie besteht aus einem festen, oft pyramidenförmigen Unterbau, der fast die gesamte Mühlentechnik beherbergt. Auf diesem ruht ein drehbarer Antriebskasten mit dem Flügelkreuz. Die meisten Kokerwindmühlen wurden als Wasserschöpfmühlen eingesetzt, die zur Entwässerung des eingedeichten Landes archimedische Schrauben (schraubenförmige „Schnecken") antrieben. Von ehemals Hunderten Mühlen dieses Typs an der Nordseeküste Schleswig-Holsteins hat nur eine einzige in Honigfleth-Stördorf in der benachbarten Wilstermarsch bei Itzehoe die Zeit überdauert.

Häufiger erhalten geblieben sind hingegen die *Kappenwindmühlen*, die auch als „Holländerwindmühlen" be-

Formschön: Amrumer Windmühle

zeichnet werden, weil sie ebenfalls in den Niederlanden aus der Kokerwindmühle weiterentwickelt wurden. Bei diesem Typ – meist einem achteckigen Holzbau – ist nur die obere Kappe drehbar. Das Drehen geschah zunächst von Hand mithilfe eines *Steert*, eines mit der Kappe verbundenen Balkens, der v. a. beim *Erdholländer* heute noch zu sehen ist. Ähnlich ist es beim *Bergholländer*, der auch *Kellerholländer* genannt wird. Diese Mühlen stehen auf einem aufgeschütteten Erdhaufen, in dem sich der (künstliche) Keller befindet. Oft wurde in späteren Jahren der Mühlenberg an den Rändern wieder abgetragen und der Keller mit Lagerhäusern umbaut, auf denen die Mühle nun zu stehen scheint (z. B. in Meldorf, in Friedrichskoog und in Oldenswort).

Damit die Mühlen besser im Wind standen, wurden diese zuweilen ein wenig erhöht auf einem Sockelgeschoss erbaut. An der windigen Nordseeküste reichte dazu meist schon ein einziges Stockwerk (z. B. in Westerdeichstrich und Wöhrden). Im Binnenland oder in Siedlungsgebieten hingegen wurden der Mühle bis zu fünf Stockwerke untergebaut (Turmholländer). Um die Flügel noch erreichen zu können, baute man eine Art umlaufenden Balkon bzw. eine Galerie um die Mühle. Bei diesen *Galerieholländern* musste man die Mühlenkappe aber meist nicht mehr mithilfe des *Steerts* in den Wind drehen, sondern brachte stattdessen eine Windrose an, die die Kappe der Mühle mit ihren kleinen Flügeln über ein Zahnradgetriebe selbstständig in den Wind drehte.

▪ **Info:** Einmal im Jahr, am Pfingstmontag, ist **Deutscher Mühlentag.** Dann sind auf Betreiben der Deutschen Gesellschaft für Mühlenkunde und Mühlenerhaltung (DGM) auch viele der sonst geschlossenen historischen Mühlen an der schleswig-holsteinischen Nordseeküste für die Öffentlichkeit zugänglich.

Reisepraktisches von A bis Z

Anreise

Mit dem Auto: Bei der Anreise mit dem Pkw müssen Sie sich fast immer durch Hamburg und damit durch ein Nadelöhr quälen. Und das bedeutet fast zwangsläufig, auf der A 7 den stauträchtigen Elbtunnel zu passieren. Gerade wenn Sie noch eine Inselfähre erreichen müssen, sollten Sie hier entsprechend Zeit einplanen. Umfahren können Sie Hamburg nur, wenn Sie das Glück haben, vom äußersten Nordosten der Republik über die A 20 (Lübeck) anzureisen, und dann bis Bad Segeberg und weiter über Neumünster zur Nordseeküste fahren. Oder aber Sie kommen von Nordwesten über Bremen. Dann kann eine lohnende Alternative die Elbfähre von Wischhafen nach Glückstadt sein; für 2020 geplant ist auch eine Wiederbelebung der Fährverbindung von Cuxhaven nach Brunsbüttel.

Von Hamburg aus empfehlen sich für die Reiseziele Dithmarschen und Eiderstedt die A 23 Richtung Itzehoe und – sofern Sie nicht das südliche Dithmarschen besuchen – der Weg weiter nach Norden (ab Heide über die B 5).

Wenn Sie jedoch in Nordfriesland oder auf den Inseln und Halligen urlauben, sollten Sie von Hamburg aus die A 7 nutzen und von dort bei Schleswig über Husum fahren bzw. mit dem Reiseziel Niebüll/Sylt erst in Flensburg die A 7 verlassen.

Mit der Bahn: Die Bahn ist eine echte Alternative für eine entspannte Anreise an die Küste; auch hier führen so gut wie alle Wege über Hamburg, zumeist jedoch nicht über Hamburg Hbf., sondern über Hamburg-Altona. Von dort startet im Schnitt einmal pro Stunde ein Zug der *DB Regio*. Dieser fährt die alte Strecke der Marschenbahn, also die Westküste entlang bis hoch nach Westerland und passiert dabei Heide, Husum und Niebüll. Von Heide aus gibt es eine von Neumünster kommende Anschlussverbindung nach Büsum (von der *nordbahn* betrieben) und von Husum aus eine DB-Strecke nach St. Peter-Ording. Zudem fahren von Niebüll aus Züge über eine von der *neg* betriebene Trasse bis nach Dagebüll/Mole. Mit dem Sommerfahrplan und in den Weihnachtsferien rollen sogar einige wenige IC-Züge bzw. Kurswagen aus dem Westen (Köln), der Mitte (Karlsruhe, Frankfurt/M.) und dem Osten (Dresden) der Republik direkt bis Westerland/Sylt. Zudem gibt es durchgehende IC-Kurswagen bis direkt auf die Mole von Dagebüll. Von Zürich und Wien existiert eine Nachtzugverbindung der *ÖBB (Nightjet)* bis Hamburg, von Wien bis Hamburg verkehrt dieser Zug sogar als Autoreisezug.

▪ **Tipp:** Wenn Sie auf die Inseln oder Halligen wollen, lösen Sie Ihre Bahnfahrkarte am besten bis direkt auf die Insel – in diesem Fall sind i. d. R. die Fähre und am An- und Abreisetag ggf. auch die Linienbusse im Fahrpreis enthalten. Infos unter www.bahn.de und www.nightjet.com.

Mit dem Fernbus: Eine günstige Anreise-Alternative sind die Fernbusse, mit denen man aus ganz Deutschland, Österreich und der Schweiz an die schleswig-holsteinische Nordseeküste fahren kann, jedoch längst nicht jeden Ort erreicht. Derzeit gibt es nur eine Verbindung nach St. Peter-Ording, die auch in Heide, Tönning, Garding und Tating Station macht (von Berlin und Hamburg aus ohne Umsteigen).

▪ **Fernbusse:** Infos und Fahrpläne auf www.flixbus.de oder www.busliniensuche.de. Die Ticketpreise für eine einfache Fahrt beginnen bei 25 € und steigen in der Hochsaison rasch an; der Aufschlag für die Fahrradmitnahme liegt bei 10 €.

Der Strandkorb – Freiluftsofa in steifer Brise

Er gehört zum Bild der deutschen Küste wie der Strand und das Meer. Ein Strandkorb erlaubt es, den Tag am Meer bei jedem Wetter zu genießen, er ist Windschutz und Schattenspender zugleich. In ihm kann man sogar einen kurzen Regenschauer abwettern, und das schon seit fast 140 Jahren.

Allwetterschutz: Strandkorb

Allerdings hat der Strandkorb seine Wurzeln nicht an der Nordsee, sondern an der Ostseeküste: Im Jahr 1882 ging die rheumakranke *Elfriede von Maltzahn* aus Kühlungsborn (ein damals bereits bekanntes mecklenburgisches Seebad) zum Rostocker *Hof-Korbmacher Wilhelm Bartelmann* und beauftragte ihn, ihr einen Korbstuhl zu fertigen, mit dem sie die Seeluft windgeschützt weiterhin genießen konnte. Damit war der Strandkorb geboren und feierte schon bald auch an der Nordseeküste durchschlagende Erfolge. Schnell wurde aus dem windsicheren Single-Korb ein Paar-Korb, der mit der Zeit immer komfortabler wurde und ein bewegliches Oberteil erhielt. Zuletzt musste das Rohrgeflecht weichen und wurde durch witterungsbeständigeren Kunststoff ersetzt. Trotz aller Vorteile ist diese ausgesprochen praktische Erfindung eine ganz und gar deutsche Eigenheit geblieben (ebenso wie der Strandburgenbau) und konnte sich im Ausland nie richtig durchsetzen.

▪ Für alle, die es einmal ausprobieren möchten – die Auswahl ist groß: Etwa 100.000 Körbe warten an den deutschen Küsten auf Urlauber. Mit einer Tagesmiete von 8 bis 11 € sind Sie dabei.

Gästebeitrag/Kurabgabe

Zur Finanzierung und Instandhaltung der öffentlichen Einrichtungen, die der Erholung dienen, wird in den Küstenorten und auf den Inseln eine Kurabgabe bzw. ein Tourismusbeitrag erhoben. Gäste von Ferienwohnungen entrichten den Beitrag üblicherweise bei den jeweiligen Touristinfos. Hotels und Pensionen sind gehalten, diesen Gästebeitrag gleich mit der Übernachtung abzurechnen. Im Gegenzug erhält man dann eine Gästekarte, die zum freien Strandzugang und zum freien oder ermäßigten Eintritt in Schwimmbäder oder sonstige Einrichtungen berechtigt. Mittlerweile erkennen fast alle Gemeinden ihre Gästekarten gegenseitig an, sodass Tagesausflügler an „fremden" Stränden nicht noch einmal zur Kasse gebeten werden.

▪ An der nordfriesischen Küste und im Binnenland ist normalerweise keine Kurabgabe (Kurbeitrag) fällig. In einigen Küstenorten in Dithmarschen (v. a. in Büsum und Friedrichskoog) und Eiderstedt (St. Peter-Ording und Tönning) und insbesondere auf den Inseln wird sie jedoch erhoben. Der Tourismusbeitrag variiert je nach Saison und Ort zwischen 0 und 3 €/Tag). Kinder sind i. d. R. frei.

Hunde an die Leine

Hunde und die endlose Weite der Nordseeküste Schleswig-Holsteins – das passt auf den ersten Blick gut zusammen und garantiert ein unbeschwertes Herumtollen. Freilaufende Hunde sind jedoch für die zahlreichen nordfriesischen Brutkolonien und die Zugvögel, die sich Fettreserven für den Weiterflug anfressen müssen, auch eine große Gefahr. Daher besteht zum Schutz der Vögel und Schafe im Nationalpark Schleswig-Holsteinisches Wattenmeer, aber auch auf den Deichen und in den meisten Urlaubsorten Leinenpflicht. Dennoch sind Hundehalter natürlich willkommene Gäste. Für ein tierisch unbeschwertes Strandvergnügen gibt es extra ausgewiesene Hundestrände, beispielsweise auf allen Nordfriesischen Inseln sowie in Friedrichskoog, Büsum, St. Peter-Ording, Husum, Dagebüll und Emmelsbüll-Horsbüll. Zudem gibt es einige umzäunte Hundeauslaufflächen. Natürlich finden Sie in jedem Ferienort auch Hundkotbeutel für die Hinterlassenschaften.

▪ **Tipp:** Nehmen Sie zum Strand eine Flasche Süßwasser für Ihren Hund mit, damit dieser nicht das salzige Nordseewasser trinkt. Zudem empfehlen sich für einen Ausflug ins Watt Wundspray und Verband, falls sich Ihr Hund an einer scharfen Muschel schneidet.

Strand von St. Peter-Ording

Klima und Reisezeit

Entgegen ihrem Ruf gehört die Nordseeküste zu den sonnenreichsten Regionen Deutschlands. Der warme Golfstrom sorgt für ausgeglichene Temperaturen mit milden Wintern und Sommern. Und weil sich die Wolken oft erst über dem Festland entladen, gehört die Nordseeküste auch zu den regenärmsten Gebieten Deutschlands. Vor allem die Nordfriesischen Inseln liegen bezüglich der Sonnenstunden weit vorne. Wenn es auf dem Festland noch regnerisch ist, scheint auf den Inseln bereits wieder die Sonne. So weit die Statistik – tatsächlich geht es an der Küste meist ganz schön stürmisch zu. Doch wegen der ständigen Brise ändert sich das Wetter auch oft schlagartig, sodass lange Regenperioden eher selten sind.

Die staubfreie, jod- und salzkristallhaltige Luft gilt insbesondere für Allergiker als gesundheitsfördernd. Die heilende Wirkung wird v. a. auf den Inseln vermarktet als eine den Stoffwechsel aktivierende, natürliche Sole-Inhalation, die Hilfe bei Atemwegsbeschwerden, Herz- und Kreislauferkrankungen sowie bei Störungen des vegetativen Nervensystems und der Schilddrüsenfunktion verspricht. Wie dem auch sei – die Abwehrkräfte werden auf jeden Fall durch das milde Reizklima und das erfrischende Meerwasser mobilisiert.

Die Nordseeküste ist daher nicht nur im Sommer eine Reise wert. Vor allem auf den Inseln und in vielen Küstenorten ist das ganze Jahr über Saison. Badetemperaturen werden aber nur im Hochsommer erreicht. Dann lässt sich besonders bei Ebbe beim Blick über das Wattenmeer ein Phänomen beobachten, das man nur von der Wüste her zu kennen meint, nämlich eine echte Fata Morgana. An heißen, windstillen Sommertagen sind diese Luftspiegelungen besonders häufig auf den Inseln zu sehen – dann muten ferne Boote wie übers Wasser schwebende Geisterschiffe an.

> **Tipp:** Wenn Sie sich für den aktuellen **Schiffsverkehr** vor der Nordseeküste interessieren, empfiehlt sich ein Blick auf die Seite www.marinetraffic.com (auch als App für das Smartphone erhältlich) – hier erfahren Sie alles Wissenswerte über sämtliche Schiffsdaten, Zielhäfen und den Routenverlauf der vorbeiziehenden Pötte.

Übernachten

Eine gute Lage hat ihren Preis, auch an der Nordseeküste, das Preisniveau auf den Inseln ist daher hoch. Günstige Unterkünfte sind hier nur in Jugendherbergen oder Schullandheimen zu bekommen. Auch an den bevorzugten Küstenorten haben die Preise in den letzten Jahren stark angezogen. Relativ preiswert kann man hingegen auf dem strukturschwachen nordfriesischen Festland und in Dithmarschen übernachten.

Hotels/Pensionen: Hotels sind an der Küste Mangelware, sieht man einmal von Büsum, St. Peter-Ording und Sylt ab. Die meisten Häuser auf den Inseln und zunehmend auch auf dem Festland gehören der gehobenen Kategorie an und sind entsprechend teuer. Auch Pensionen gibt es relativ wenige, da viele Häuser in den letzten Jahren zu Appartementanlagen umgebaut wurden. Alle Preise in diesem Buch beziehen sich auf Doppelzimmer in der Hauptsaison und schließen das Frühstück ein. Außerhalb dieser Zeiten fallen die Preise teilweise erheblich.

Ferienwohnungen: Nordseeurlauber schlafen mehrheitlich in Ferienwohnungen, von denen es ein breites Angebot gibt. Besonders in der Hochsaison

Friesisch gemütlich: Hotel in Büsum

zwischen Juni und August sind die Inseln und die Küste häufig ausgebucht. Die Wohnungsvermittlung übernehmen fast überall die örtlichen Fremdenverkehrsbüros, wer entsprechende Angebote einholen möchte, ist hier an der richtigen Adresse. Gut informieren kann man sich zudem im Internet. Gelegentlich bieten auch private Vermittlungsbüros Wohnungen an.

▪ Wegen der wirklich unüberschaubaren Fülle an Angeboten im Bereich Ferienwohnungen haben wir im Reiseteil dieses Buches auf entsprechende Hinweise verzichtet, lediglich örtliche Vermittlungsagenturen werden genannt.

Urlaub auf dem Bauernhof und Heuherbergen: Auch auf den Bauernhöfen werden i. d. R. Ferienwohnungen vermietet, gelegentlich sind aber auch Zimmer im Angebot. Eine urige und neue Variante der Übernachtung sind die vereinzelt eingerichteten Heu- und Strohhotels. Einfacher geht's nicht, günstiger auch nicht. Geschlafen wird in ehemaligen Pferdeboxen oder auf dem schön hergerichteten Heuboden. Schlafsack und Taschenlampe sind mitzubringen. Ein Badezimmer, eine kleine Küche und ein gemütlicher Aufenthaltsraum sind i. d. R. vorhanden. Pro Person sind um die 15 € zu zahlen, dafür gibt es aber auch ein deftiges Frühstück.

Dünencamping Amrum

▪ Infos bei den Touristinfos und unter www.landsichten.de/schleswig-holstein, www.bauernhofurlaub.de und www.heuherbergen.de. Nette Heuherbergen gibt es beispielsweise auf Föhr (Jensen/Süderende), in Stadum (Hedwigsruh) oder Joldelund (Frühlings Hof).

Jugendherbergen: An der schleswig-holsteinischen Nordseeküste ist die Jugendherbergsdichte hoch, so kann man beispielsweise bei Fahrradtouren jeden Tag eine andere Herberge erreichen. Auch auf den Inseln gibt es nette Jugendherbergen. Sie sind allen Altersgruppen zugänglich, Voraussetzung ist nur ein gültiger Jugendherbergsausweis (bis 26 J. 7 €/Jahr, ab 27 J. und Familien 22,50 €/Jahr). Für den Aufenthalt hat man die Wahl zwischen Übernachtung/Frühstück, Halb- oder Vollpension (ÜF 26–30 €). Gäste ab 27 J. zahlen einen Zuschlag von 5,50 €/Nacht. Eine Ein- oder Zweibettbelegung ist vielerorts gegen Aufpreis möglich.

▪ Herbergen gibt es in Büsum (✆ 04834-93371), Heide (✆ 0481-71575), Albersdorf (✆ 0835-642), Tönning (✆ 04861-1280), Friedrichstadt (✆ 04881-936261), Husum (✆ 04841-2714), Niebüll (✆ 04661-937890), Wittdün/Amrum (✆ 04682-2010), Wyk/Föhr (✆ 04681-2355), Hörnum/Sylt (✆ 04651-880294), Westerland/Sylt (✆ 04651-8357825) sowie in List/Sylt (✆ 04651-870397). Infos beim DJH unter www.jugendherberge.de.

Camping: Sicher ist die Nordseeküste ein Eldorado für Campingfreunde. Viele Küstenorte verfügen über meist gemeindeeigene Campingplätze. Und auch auf den Inseln gibt es Campingmöglichkeiten. Die z. T. sehr großen

Plätze bieten Sportmöglichkeiten, Kinderbetreuung und Animation, fast immer sind auch ein Lebensmittelladen und ein Restaurant vorhanden. Weil sie oft vor den Deichen liegen und somit durch Sturmfluten gefährdet sein könnten, sind viele Plätze jedoch nur in der Zeit von April bis Oktober geöffnet. Im Hochsommer wird es oft sehr voll, eine Reservierung ist dann dringend zu empfehlen. Camping ist kein billiges Vergnügen, die Preise pro Übernachtung liegen für eine Familie pro Stellplatz bei 27–37 €.

▪ Eine schöne Übersicht und Beschreibung der Campingplätze entlang der Küste finden Sie beim Verband für Camping- und Wohnmobiltourismus in Schleswig-Holstein e. V. unter https://vcsh.de.

Wohnmobil: Wohnmobilisten sind an der Nordseeküste Schleswig-Holsteins gerne gesehen. Fast jede Gemeinde hat Stellplätze speziell für Wohnmobile ausgewiesen und gut ausgeschildert, teilweise direkt am Meer bzw. dem Hafenbecken, wie beispielsweise in Tönning, Büsum, Utersum/Föhr oder Nordstrand. Campingplätze bieten sich zudem immer als Alternative an. Freies Übernachten direkt an der Küste ist hingegen ein Problem, im Hinterland auf einigen Stellplätzen aber möglich, v. a. bei Landgasthöfen.

▪ Eine Übersicht und Beschreibung der Wohnmobilplätze entlang der Küste finden Sie z. B. unter https://stellplatz.info/reisemobilstellplatz/nordsee.

Schlafstrandkorb: Als neue Übernachtungsmöglichkeit (zumeist für 1–2 Nächte) erobern derzeit sog. Schlafstrandkörbe die Küste. In diesen in einer Meldorfer Werkstatt für Behinderte produzierten, wetterfesten und mit einem großen Faltdach verschließbaren XXL-Strandkörben (2,40 m lang und 1,30 m breit) können zwei Erwachsene sozusagen unter freiem Himmel übernachten und dabei den Sonnenaufgang oder -untergang genießen.

▪ Derzeit gibt es solche Körbe nur in Büsum, Husum-Simonsberg, Wyk/Föhr und Helgoland-Düne. Preis: 61–85 €/Korb und Nacht. Bettwäsche bzw. Schlafsäcke sind im Übernachtungspreis enthalten, können aber auch selbst mitgebracht werden. Buchbar bei der jeweiligen Touristinfo.

Neuer Trend: Schlafstrandkörbe wie hier in Büsum

Den Kegelrobben ganz nah:
Helgoland-Düne

Kartenverzeichnis

Zeichenerklärung für die Karten und Pläne

Autobahn (mit Ausfahrt)	Flughafen/Flugplatz
Schnellstraße (vierspurig)	Hafen
Schnellstraße	Parkplatz, Bushaltestelle
Hauptstraße	Krankenhaus, Post
Nebenstraße	Campingplatz
Fußweg	Information
Bahnlinie	Sehenswürdigkeit
Fährlinie	Schloss/Burg, Kirche
Grenze	Archäologische Stätte
Fluss/Kanal	Steinzeitgrab
Fußgängerzone	Museum
Militär. Sperrgebiet	Leuchtturm
Nationalpark	Windmühle, Windkraftanlage
Naturschutzgebiet [NSG]	Sendemast
Waldfläche	Badestrand
Strand	Naturattraktion
Schwemmland/Moor	Aussichtspunkt

Vielen Dank!

Ich möchte mich bei allen Leserinnen und Lesern bedanken, die diesen Reiseführer durch ihre Zuschriften mit wertvollen Tipps und Hinweisen unterstützt haben.

Alles im Kasten

Was haben Sie entdeckt?

Haben Sie ein besonderes Restaurant, ein neues Museum oder ein nettes Hotel entdeckt? Wenn Sie Ergänzungen, Verbesserungen oder Tipps zum Buch haben, lassen Sie es uns bitte wissen!

Schreiben Sie an: Dieter Katz, Stichwort „Nordseeküste Schleswig-Holstein"
c/o Michael Müller Verlag GmbH | Gerberei 19, D – 91054 Erlangen
dieter.katz@michael-mueller-verlag.de

Beschaulich: Pellworms Leuchtturmstrand

Impressum

Text und Recherche: Dieter Katz **Lektorat:** D&M Services GmbH: Dagmar Tränkle **Redaktion:** Annette Melber **Layout:** D&M Services GmbH: Christiane Bauer, Jana Locker, Dirk Thomsen **Karten:** Theresa Flenger, Valerie Heyne, Judit Ladik, Benedikt Neuwirth **Herausnehmbare Karte:** Benedikt Neuwirth **Fotos:** Dieter Katz, außer S. 40 Moritz Lemp und S. 167 Helmut Kunde, Nolde Stiftung Seebüll **GIS-Consulting:** Rolf Kastner **Covergestaltung:** Karl Serwotka **Covermotiv:** Am Grünstrand von Büsum (Dieter Katz)

ISBN 978-3-95654-763-8

 Druck: Westermann Druck Zwickau GmbH.

Haftungsausschluss

Die in diesem Reisebuch enthaltenen Informationen wurden vom Autor nach bestem Wissen erstellt und von ihm und dem Verlag mit größtmöglicher Sorgfalt überprüft. Dennoch sind, wie wir im Sinne des Produkthaftungsrechts betonen müssen, inhaltliche Fehler nicht mit letzter Gewissheit auszuschließen. Daher erfolgen die Angaben ohne jegliche Verpflichtung oder Garantie des Autors bzw. des Verlags. Autor und Verlag übernehmen keinerlei Verantwortung bzw. Haftung für mögliche Unstimmigkeiten. Wir bitten um Verständnis und sind jederzeit für Anregungen und Verbesserungsvorschläge dankbar.

Abruzzen ▪ Ägypten ▪ Albanien ▪ Algarve ▪ Algarve ▪ Allgäu ▪ Altmühltal & Fränk. Seenland ▪ Amsterdam ▪ Andalusien ▪ Andalusien ▪ Apulien ▪ Australien – Der Osten ▪ Azoren ▪ Bali & Lombok ▪ Barcelona ▪ Bayerischer Wald ▪ Berchtesgadener Land ▪ Berlin ▪ Bodensee ▪ Bornholm ▪ Bremen mit Bremerhaven ▪ Bretagne ▪ Brüssel ▪ Budapest ▪ Chalkidiki ▪ Chiemgauer Alpen ▪ Chios ▪ Cilento ▪ Comer See ▪ Cornwall & Devon ▪ Costa Brava ▪ Costa de la Luz ▪ Costa Rica ▪ Côte d'Azur – Alpes Maritimes ▪ Cuba ▪ Dolomiten ▪ Dolomiten ▪ Dominikanische Republik ▪ Dresden ▪ Dublin ▪ Düsseldorf ▪ Ecuador ▪ Eifel ▪ Elba und der Toskanische Archipel ▪ Elsass ▪ Elsass ▪ Fehmarn ▪ Florenz & Chianti ▪ Föhr & Amrum ▪ Franken ▪ Fränkische Schweiz ▪ Fränkische Schweiz ▪ Friaul-Julisch Venetien ▪ Fuerteventura ▪ Gardasee ▪ Gardasee ▪ Golf von Neapel ▪ Gomera ▪ Gran Canaria ▪ Graubünden ▪ Hamburg ▪ Harz ▪ Haute-Provence ▪ Ibiza & Formentera ▪ Irland ▪ Island ▪ Istanbul ▪ Istrien ▪ Kalabrien & Basilikata ▪ Kanada – der Westen mit Südost-Alaska ▪ Karpathos ▪ Kärnten ▪ Katalonien ▪ Kefalonia & Ithaka ▪ Köln ▪ Kopenhagen ▪ Korfu ▪ Korsika ▪ Korsika Fernwanderwege ▪ Korsika ▪ Kos ▪ Krakau ▪ Kreta ▪ Kreta ▪ Kroatische Inseln & Küstenstädte ▪ Kvarner-Bucht – Zentralkroatien, Zagreb ▪ Kykladen ▪ Lago Maggiore ▪ Lago Maggiore ▪ La Palma ▪ La Palma ▪ Languedoc-Roussillon ▪ Lanzarote ▪ Latium mit Rom ▪ Lesbos ▪ Ligurien – Italienische Riviera, Genua, Cinque Terre ▪ Ligurien ▪ Limnos ▪ Limousin & Auvergne ▪ Liparische Inseln ▪ Lissabon & Costa de Lisboa ▪ Lissabon ▪ London ▪ Lübeck inkl. Travemünde ▪ Madeira ▪ Madeira ▪ Madrid ▪ Mailand ▪ Mainfranken ▪ Mainz ▪ Mallorca ▪ Mallorca ▪ Malta, Gozo, Comino ▪ Marken ▪ Marseille ▪ Mecklenburgische Seenplatte ▪ Mecklenburg-Vorpommern ▪ Menorca ▪ Midi-Pyrénées ▪ Mittel- und Süddalmatien ▪ Montenegro ▪ Moskau ▪ München ▪ Münchner Ausflugsberge ▪ Naxos ▪ Neuseeland ▪ New York ▪ Niederlande ▪ Nord- u. Mittelengland ▪ Nord- u. Mittelgriechenland ▪ Norddalmatien ▪ Norderney ▪ Nördliche Sporaden – Skiathos, Skopelos, Alonnisos, Skyros ▪ Nordportugal ▪ Nordspanien ▪ Normandie ▪ Norwegen ▪ Nürnberg, Fürth, Erlangen ▪ Oberbayerische Seen ▪ Oberitalien ▪ Oberitalienische Seen ▪ Odenwald mit Bergstraße, Darmstadt & Heidelberg ▪ Ostfriesland – Ostfriesische Inseln ▪ Ostseeküste – Mecklenburg-Vorpommern ▪ Ostseeküste – von Lübeck bis Kiel ▪ Paris ▪ Peloponnes ▪ Pfalz ▪ Pfälzerwald ▪ Piemont & Aostatal ▪ Piemont ▪ Polnische Ostseeküste ▪ Porto ▪ Portugal ▪ Prag ▪ Provence & Côte d'Azur ▪ Provence ▪ Rhodos ▪ Rom ▪ Rügen, Stralsund, Hiddensee ▪ Rumänien ▪ Rund um Meran ▪ Sächsische Schweiz ▪ Salzburg & Salzkammergut ▪ Samos ▪ Santorini ▪ Sardinien ▪ Sardinien ▪ Schottland ▪ Schwäbische Alb ▪ Schwarzwald Mitte/Nord ▪ Shanghai ▪ Sizilien ▪ Sizilien ▪ Slowakei ▪ Slowenien ▪ Span. Jakobsweg ▪ Sri Lanka ▪ St. Petersburg ▪ Steiermark ▪ Stockholm ▪ Straßburg ▪ Südböhmen – Böhmerwald ▪ Südengland ▪ Südfrankreich ▪ Südnorwegen ▪ Südschwarzwald ▪ Südschweden ▪ Südtirol ▪ Südtoscana ▪ Südwestfrankreich ▪ Sylt ▪ Tallinn ▪ Teneriffa ▪ Teneriffa ▪ Tessin ▪ Thailand – der Norden ▪ Thassos & Samothraki ▪ Thüringen ▪ Toscana ▪ Toscana ▪ Tschechien ▪ Türkei ▪ Türkei – Lykische Küste ▪ Türkei – Mittelmeerküste ▪ Türkei – Südägäis ▪ Türkische Riviera – Kappadokien ▪ Umbrien ▪ USA – Südwesten ▪ Usedom ▪ Varadero & Havanna ▪ Venedig ▪ Venetien ▪ Wachau, Wald- u. Weinviertel ▪ Wales ▪ Warschau ▪ Westböhmen & Bäderdreieck ▪ Wien ▪ Zakynthos ▪ Zypern

Reisehandbuch **MM-City** **MM-Wandern**

Seebrücke in St. Peter-Ording

Register

Die in Klammern gesetzten Koordinaten verweisen auf die herausnehmbare Schleswig-Holstein-Karte.

Nordseeküste Schleswig-Holstein
4,5 km
Büsum
Die Hervorhebungen weisen auf besonders sehenswerte Orte hin.
Helgoland
Düne
Amrum
Büsum
Nationalpark Schleswig-Holsteinisches Wattenmeer
Helgoländer Bucht
Meldorfer Bucht
Trischen
Neuwerk
Ölplattform Mittelplate
Trischendamm
Friedrichskoog-Spitze
Friedrichskoog
militärisches Sperrgebiet
Wesselburen
Heide
Süderdeich
Reinsbüttel
Westerdeichstrich
Oesterdeichstrich
Büsumer Deichhausen
Wöhrden
Dusenddüwelswarf
Nordermeldorf
Epenwöhrden
Speicherkoog
Miele
Meldorf
Elpersbüttel
Busenwurth
Windbergen
Gudendorf
Trennewurth
Barlt
Kronprinzenkoog
Helse
Marne
Kaiser-Wilhelm-Koog
Diekhusen
Neufeld
Brunsbüttel
Brunsbüttel Schleuse
Ostrohe
Süderholm
Wrohm
Welmbüttel
Osterrade
Nordhastedt
Bunsoh
Hemmingstedt
Albersdorf
Odderade
Röst
Sarzbüttel
Hanerau-Hademarschen
Tensbüttel
Schafstedt
Nindorf
Krumstedt
Eggstedt
Süderhastedt
Holstenniendorf
Gribbohm
Frestedt
Hochdonn
Wacken
St. Michaelisdonn
Buchholz
Burg
Vaale
Marschbahn
Draisinenbahn
Dingerdonn
Kuden
Aebtissinwisch
Kleve
Dingen
Kudensee
Neuendorf-Sachsenbande
Eddelak
Averlak
Tiefste Landstelle Deutschlands
Wilster
Kudensee
Landscheide
Nord-Ostsee-Kanal
Steinburg
St. Margarethen
Stör
Beidenfleth
Brokdorf
Wewelsfleth
Glückstadt
Niedersachsen
Oste
ELBE
Cuxhaven
Otterndorf
Altenwalde - Franzenburg
A 23
A 27
B 5
B 73
B 203
B 431
Bremerhaven, Bremen
Stade, Bremen
Itzehoe, Hamburg
Itzehoe
Rendsburg, Kiel